KB045449

고구려 중 · 후기 지배체제 연구

고구려 중·후기 지배체제 연구

高句麗 中·後期 支配體制 研究

이동훈 지음

서경문화사

_ 책을 펴내며

    대학에 입학하기 전, 1989년 재수하던 시절에 우연히 당시 유행하던『桓檀古記』라는 책을 접하게 되었다. 이 책은 우리나라의 역사연구를 식민사학이라고 비판하고, 한국 상고사를 새롭게 해석함으로서 민족의 정체성과 자긍심을 부여하려고 한 僞書이다. 그러나 막연히 역사를 좋아하기만 했던, 고등학교를 갓 졸업한 그 시절, 한권에 불과했던 책은 한 사람의 인생을 좌우하기에 충분했다. 우리나라의 역사를 제대로 이해하려면 한국사라는 좁은 울타리에서 벗어나 중국사를 포함한 동양사라는 큰 틀에서 접근할 필요성이 있지 않을까 하는 치기어린 마음에 고려대학교 동양사학과에 입학했다. 그리고 북경대학교 역사학과 석·박사과정을 거쳐 2016년 한국사학과 대학원에서『고구려 중·후기 지배체제 연구』라는 논문으로 박사학위를 받았다. 동양사라는 큰 틀에서 한국고대사에 관한 논문을 남기겠다는 오랜 꿈이 27년 만에 이루어진 것이다. 본서는 바로 그 학위논문을 출간한 것이다. 약간의 수정만 가했을 뿐 내용은 거의 그대로이다. 논문이 나온 지 3년이 지났으니까 30년만이라고 할 수도 있다. 원래의 계획은 몇 편의 논문을 더 발표하여 출간할 예정이었으나, 학위논문 작성과정에서 얻은 질병의 후유증으로 한동안 책을 보는 것조차 힘들어 목적을 달성하지 못했다. 그렇지만 간간이 책의 출판 여부를 묻는 선생님들이 계셔 더 이상 미루면 안 되겠다는 생각에 미흡하나마 일단 출간을 하려고 한다. 부족한 부분은 추후 다른 논문을 통해 보완할 계획이다.

    본서는 고구려사에 관한 기존의 통설과 많은 점에서 차이가 있다. 고구려 정치체제의 변화과정을 부체제-중앙집권체제-귀족연립정권체제로 보는 일반적인 시각과는 달리 고구려가 중기 이후에도 지속적으로 정치, 경제, 대민지배 등 전 분야에서 중앙집권체제를 강화하고 정비해나간 것으로 이해했다. 고구려 후기의 지배세력에 대해서는 일반적으로 평양천도를 계기로 하여 평양성계 귀족이 정권을 장악하고 고구려 후기 역사를 주도한 것으로 이해했지만, 본서는 이와는 입장을 달리했다. 즉 천도 이후에도 국내성계 귀족이 정권을 계속 장악했으며, 몇 차례의 정치파동이 발생할 때마다 상호 정쟁으로 인해 자기 도태가 진행되면서 점차 소수의 특권 가문이 과두제적으로 정치를 좌지우지하는 식으로 변모했다고 인식한 것이다. 그리고 연개소문은 귀족의 대표자가 아니라 왕권의 대리자로서, 후한 말기 천자를 옆에 끼고 천하를 다스렸던 조조와 같은 인물로 이해했다. 고구려 후기의 집권자들은 모두 왕권을 매개로 하여 권력을 유지했던 집단이라는 공통점이 있으며, 왕의 위상은 약화되었지만, 과두제적 또는 일인 독재적 방식으로 운영된 중앙집권적 지배체제가 고구려가 국력을 집중하여 수당전쟁에서 승리할 수 있었던 하나의 요인인 것으로 보았다.

　본서의 구상은 서울시립대학교 이우태 교수님의 한국고대경제사연구 강의를 들으면서 시작되었다. 기말과제 보고서를 준비하는 과정에서 『隋書』 고려전에 실린 '父子同川而浴 共室而寢'이라는 조항에 주목하게 되었다. 단순히 "부자가 같이 목욕하고 같은 집에서 생활 한다"는 풍속을 묘사한 것으로 해석하고 넘어갈 수도 있었지만, 이 글을 보자마자 상앙의 변법에서 "始秦戎翟之教 父子無別 同室而居(처음에 진나라는 융적의 풍습을 받아들여 부자가 구별됨이 없이 한집에서 지냈다)" 하는 풍속을 개선하기 위해서 "令民父子 兄弟同室內息者爲禁(성인이 된 부자 형제가 한 집에서 지내는 것을 금한다)" 하는 조치를 취했던 것이 생각났다. 해당 문구는 단순히 부자가 함께 목욕하고 동침한다는 사회풍속을 설명한 것이 아니라 7세기 고구려의 가족제도를 보여주는 중요한 자료라는 사실을 파악한 것이다. 이것은 고구려의 호당 인구수를 5명으로 추정한 일반적인 인식과 다른 것이었다. 그리고 당시 북한에서 발견된 初元 4年 목간명이 한국학계에 소개되면서 고구려의 호당 인구수가 7명이라는 확신을 갖게 되었다. 그러면서 자연스럽게 고구려의 인구변화에 대한 관심을 갖게 되었고, 그 결과 고구려 인구가 고구려 후기로 갈수록 점차 늘었다는 것을 발견했다. 그런데 고대사회에서 인구의 증가는 중앙 집권력의 강화와 밀접한 관련이 있다. 중앙집권체제가 약화되면 대민지배에 있어 왕과 경쟁관계에 있는 귀족에 의한 인구 탈점이 진행되어 국가가 장악하는 호구는 필연적으로 감소하기 마련이다. 그런데 인구사적으로 보면 고구려는 통설에서 제기되는 고구려 후기의 양상과는 전혀 다른 반대의 상황이 발생한 것이다. 이것이 바로 본서가 고구려 후기의 정치체제가 귀족연립정권이었다는 학계의 통설에 반기를 든 이유였다. 그후 정치·경제·군사 등 다양한 분야를 연구하면서 기존 학설의 여러 가지 문제점을 발견하였고, 당초의 구상을 완성하여 학위논문의 형식으로 그 결과를 제출하게 되었다.

가끔씩 내가 순수한 한국사 전공자였다면 『수서』고구려 조세조항에 나온 그 문구를 접했을 때 어떻게 반응했을까 상상해본다. 아마 그냥 지나쳤을 것이라고 생각한다. 그나마 중국사를 전공했기 때문에 그 문구를 보자마자 상앙의 변법조항을 떠올리면서 새로운 해석을 가하게 되었고, 정치, 군사, 경제 등 여러 방면에서 고구려사에 대해 좀 더 다른 시각으로 접근할 수 있었던 것 같다. 그런 점에서 본다면 시간적 낭비로만 느껴졌던 27년이라는 긴 세월이 결코 헛되지 않았던 것 같다. 본서의 출간을 통해 조금이나마 보상받는 느낌이다. 본서에 수록된 내용 중 일부는 학회에서 발표되거나 투고된 적이 있다. 그러나 분량상의 제약으로 제대로 된 논문을 공간할 수 없었다. 이것은 고구려사를 바라보는 시각에 근본적인 차이가 있기 때문에 새로운 해석에 대한 설명이 요구되었고, 이를 논문에 반영하면 분량상의 문제가 발생했고, 이를 축소하면 심사과정에서 이에 대한 보완 또는 설명이 요구되어 이를 충족하게 되면 다시 분량상의 문제가 발생하게 되는 그런 악순환이 연속되었기 때문이다. 이러한 일이 반복되자 본서와 관련된 내용을 개별 논문으로 발표하는 것을 일절 꺼리게 되었다. 그 결과 제4장 제1절의 일부와 보론 부분을 제외한 본서의 거의 대부분은 그동안 학계에 전혀 공개되지 않았던 내용이다. 그렇기 때문에 고구려사 전공자를 제외한 다른 분야의 전공자들은 한국고대사 전공자라고 할지라도 본서의 내용에 관한 정보를 거의 가지고 있지 못하다. 본서를 출간하게 된 또 하나의 이유이다.

한국고대사를 제대로 이해하기 위해서는 중국사를 먼저 이해하자면서 시작했던 공부가 강산이 3번 바뀌게 되는 시점에서 본서의 출간이라는 결실을 내놓게 되었다. 중국사를 전공했기 때문에, 한국사를 국내적 관점으로만 보지 않고, 동아시아적 시각에서 조망할 수 있는 안목을 약간은 갖추게 되었다. 하지만 아직도 한국고대사에 대한 지식은 오랫동안 이 분야를 천착한 한국고대사 전공자들에 비하면 많이 미흡하다. 그럼에도 불구하고 본서를 감히 출판하는 것은 새로운 마무리를 하고, 새로운 주제로 한 단계 더 도약하기 위한 다짐 때문이다.

그동안 역사학을 공부하면서 수많은 분들의 도움을 받았다. 학부과정의 이춘식, 신승하, 박원호 교수님은 역사학과 중국사에 대한 기초적인 지식을 갖추게 했으며, 특히 박원호 지도교수님은 중국에 유학할 때 틈틈이 찾아오시면서 격려를 아끼지 않으셨다. 北京大 석사과정 지도교수였던 陳蘇鎭 선생님은 3년 동안 매주 목요일 오전 자택에서 일대일로 자치통감을 강독하면서 제자의 질문에 답하기 위해 거실에 비치된 문헌을 직접 찾아 주는 수고를 통해서 중국의 각종 문헌을 활용하는 방법을 자연스럽게 익히게 했다. 박사과정 지도교수인 閻步克 선생님은 논문 작성과정에서 금석취편 등 각종 문헌자료와 새로 출토된 금석문 자료를 적극적으로 활용했는데, 이러한 과정을 답습하면서 자연스럽게 금석문에 대해서 두려움 없이 접근할 수 있게 되었다. 이밖에 祝總斌, 吳宗國, 李孝聰, 榮新江, 王小甫 등 북경대학 역사학과 교수님께 정치제도, 역사지리, 민족관계, 역사문헌 등 다방면에서 많은 가르침을 받았다. 이 때 배웠던 중국사 연구방법은 분야는 다르지만 한국사를 연구하는데 실질적으로 많은 도움이 되었다.

또한 한국고대사 박사과정의 최광식 교수님은 중국사를 전공했지만 한국사에 대해서는 무지했던 저자를 제자로 선뜻 받아주고 졸업까지 책임지셨으며, 박대재 교수님은 박사과정에서 연구하는데 최대한의 편의를 봐주셨다. 박용운, 이진한, 강제훈, 조광 교수님 등 고려대학교 한국사학과 교수님들은 대학원 강의를 통해 중국사와는 다른 한국사의 연구방법을 소개하여 이에 대한 이해를 심화하는데 일조하셨다. 특히 본서가 작성되기까지 심사과정에서 심사위원님들의 많은 도움과 가르침을 받았다. 정운용 교수님은 초기 논문을 구상하는 과정에서 논문의 전체적인 문제점을 지적하시고 전체적인 틀과 방향을 잡아주시는 등 많은 조언을 하셨다. 박경철 교수님은 처음부터 끝까지 전체적인 내용을 꼼꼼하게 점검하시면서 사실상 지도교수님 같은 역할을 맡으셨다. 연구방향이 본서의 주제와 밀접한 여호규 교수님은 전문가적 식견으로 논문의 잘못된 점을 일일이 지적해주셨다. 그리고 고려시대사 전공인 이진한 교수님은 고구려사를 한국사 전체의 큰 틀에서 조망할 수 있도록 따끔한 질책을 아끼지 않으셨다. 본서의 출간에 앞서 다시 한 번 감사드린다. 또한 학위논문작성과정에서 조언과 격려를 아끼지 않은 이용현 박사님과 윤용구 박사님께도 감사를 드린다. 본서에서 중요하게 다루고 있는 '强臣과 大臣', '强族과 豪族' 등 용어의 차이와 이에 근거한 '强臣執政體制'라는 새로운 개념의 도출은 이 박사님의 지지가 없었다면 死藏될 뻔했다. 그 밖에 일일이 언급할 수는 없지만 학문하는 과정에서 많은 도움을 주셨던 수많은 분들에게 감사드린다. 그리고 중요한 학문적 선택의 기로에서 고민할 때마다 올바른 방향을 제시했던 동북아역사재단 노기식 연구위원님께 특별히 감사를 드린다. 아울러 연구에 필요한 자료를 아낌없이 제공하고, 아무 때나 만나서 술 한 잔 기울이며 연구에 관한 소회를 기탄없이 논의할 수 있었던 전상걸, 윤춘근 학형에게도 깊은 감사를 드린다. 지금은 건강 문제 때문에 커피로 대체하게 되었지만, 학문의 동반자로서 두 분의 조속한 東山再起를 기원한다.

본서의 완성에 이르기까지 힘의 원천이 되었던 가족 친지 분께 감사를 드리지 않을 수 없다. 사실 역사에 관심을 갖게 된 것은 어렸을 때부터 족보를 가지고 조상의 사적에 대해 귀에 박히도록 말씀해주신 아버님의 영향이 컸다. 학위과정이 길어지자 기네스북에 오를 일이라고 개탄하시면서도 늘 옆에서 물심양면으로 지원하시면서 마음껏 공부할 수 있도록 성원해주신 아버님과 어머님의 은혜는 평생 잊을 수 없다. 거의 하루도 빠짐없이 언제나 새벽이면 절에 가서 불공을 드리면서 자식이 잘되기만을 기도하시는 부모님을 생각하면 가슴이 아리다. 현생에서 형제의 연을 맺은 관계로 바보처럼 외길만 걷는 부족한 형을 믿고 응원해 준 이창훈 변호사와 이수민 박사의 돈독한 우애도 큰 힘이 되었다. 특히 매부 이희덕 교수는 학문적·인간적으로 바람직한 학자의 상을 제시하여 영원히 배우고 싶은 일생의 귀감이 되었다. 그리고 그 흔한 잔소리 한번 안하시고 좋은 말로 격려를 아끼지 않으셨던 장모님을 비롯한 처가 식구들에게도 감사를 드린다. 마지막으로 출판을 흔쾌히 맡아주신 서경문화사 김선경 대표님과 원고의 교정과 편집을 맡아주신 출판사 편집부 김소라님께도 감사를 드린다. 아울러 본서의 標題를 쓰신 林亭 선생님께도 謝意를 表한다.

조강지처라는 말이 어울리는 사랑스런 인생의 동반자 아내 김은주와 자신의 일을 주도적으로 해나가는 믿음직스러운 두 딸 가언, 선호에게 이 자리를 빌려 다시 한 번 깊은 사랑과 감사를 전하며 이 책을 바친다.

2019년 2월
이동훈

_ 목차

서론

1. 연구현황과 과제

전제주의중앙집권체제에서 전제주의는 군신관계를 통해 표출되고 중앙집권은 중앙과 지방과의 관계를 통해 그 특징이 드러난다. 전제주의체제에서 국가의 최고 권력은 군주 한 사람에게 집중됨으로써 군사·정치·재정 등 주요 정책은 군주에 의해 독단적이고 자의적으로 결정된다. 중앙집권체제에서 지방은 정치·경제·군사 등 여러 방면에서 자체의 독립성을 갖지 못하고 중앙의 명령에 반드시 복종하며 중앙의 통제를 받는 것을 그 특징으로 한다. 주의할 것은 군주전제는 반드시 중앙집권을 수반하지만, 중앙집권이 반드시 군주전제를 전제하지 않는다는 점이다. 봉건사회에서 일반적으로 실시되었던 군주전제적인 중앙집권체제는 사회가 발전됨에 따라 도태되는 길을 걸었는데 반해 중앙집권체제가 오늘날에도 여전히 강력한 힘을 발휘하고 있다는 사실은 군주전제체제와 중앙집권체제가 반드시 일치하지 않는다는 사실을 여실히 보여준다. 본서는 바로 이러한 관점에서 출발하여 고구려 중·후기 지배체제를 이해하기 위한 목적에서 비롯되었다.

고구려는 초기의 那部體制를 거쳐 4세기경 중앙집권적 영역국가를 수립한 이후 왕권의 강화와 비례하여 대민지배가 강화되면서 국가체제를 정비해 갔다. 고구려의 지배체제는 초기와 중·후기를 거치면서 많은 변화를 겪었기 때문에 일찍부터 연구자들의 관심을 끌었다. 지배체제를 살펴보기 위해서는 관료체제, 지방제도, 사회경제적 형태, 군사편제, 법령 등 지배체제를 구성하고 있는 제 요소를 분석해야 하지만, 문헌 자료의 부족으로 인하여 지금까지 관련 연구는 주로 정치체제를 중심으로 전개되었다. 고구려의 정치체제와 관련된 연구는 주로 초기의 국가형성 및 정치체제에 집중되었다.[1] 部體制論으로 대표되는 주장이 현재 학계의 주류를 형성하고 있지만 그와 대립되는 早期集權論도 여전히 그 명맥을 이어오고 있다.[2] 일반적으로 고구려는 4~5세기에 중앙집권적 정치체제를 구축한 후 6세기 이후 왕권이 약화되면서 귀족 중심의 정치 운영 양상을 보이면서 귀족연립체제로 변화한 것으로 파악하고 있다.[3] 그리고 이에 대해서는 별다른 이견이 없는 상태이다. 그런데 고구려 국가발전단계를 부체제-중앙집권적 영역국가-귀족연립정권체제로 파악하는 입론은 신라사의 전개 과정을 고구려에 준용한 것이었다.[4] 일찍이 이기백 등은 신라의 정치체제가 귀족연합-전제주의-귀족연립으로 발전한 것으로 파악했으며 이러한 모델은 고구려와 백제에도 적용되는 것으로 이해했던 것이다.[5] 하지만, 7세기는 삼

---

1) 고대국가형성론에 관한 연구사는 노태돈, 1981,「국가의 성립과 발전」『한국사연구입문』, 지식산업사; 노중국, 1990,「총론: 한국 고대의 국가형성의 제문제와 관련하여」『한국고대국가의 형성』, 한국고대사연구회 편, 민음사; 최광식, 2006,「한국의 고대국가형성론」『한국고대사입문』 1, 신서원 참조.

2) 부체론과 조기집권론의 특징과 차이점에 대해서는 여호규, 1997,『1~4世紀 高句麗 政治體制 研究』, 서울대학교 박사학위논문, 4~9쪽 참조.

3) 노태돈, 1976,「고구려의 한강유역 상실에 대하여」『韓國史學報』 13.

4) 김영하, 2002,「三國時代의 王과 權力構造」『韓國史學報』 12; 2003,「고대귀족의 존재 양태와 변화」『강좌 한국고대사』 2, 가락국사적개발연구원.

5) 이기백·이기동, 1982,『한국사강좌』 1 고대편, 일조각, 171·176쪽.

국이 각국을 병합하려는 총력전을 펼쳤던 시기로서 최후의 전쟁에서 살아남기 위해 최선을 다하던 시기였다. 당시 신라의 정치체제가 중앙집권적 정치체제로 운영되었던 것과 마찬가지로 고구려와 백제 정치체제 역시 중앙집권적 정치체제로 운영되었을 가능성이 크다. 그러므로 멸망의 길을 걸었던 고구려와 백제의 왕조 말기적 현상을 과도하게 해석하여 신라를 제외한 양국이 귀족연립체제 방식을 채택하였고, 이것이 바로 왕조 멸망으로 이어졌다고 보는 것은 결과론에 입각한 해석이라고도 볼 수 있다. 물론 고구려 후기에 왕권이 약화된 것은 사실이다. 그러나 앞에서 언급한 것처럼 왕권이 약화되었다고 중앙집권체제가 붕괴되었다고 볼 수는 없다. 고구려 후기는 왕의 위상 변화와는 상관없이 중앙집권체제가 유지되었던 시대였던 것이다.

이와 관련하여 김영하의 연구가 주목된다. 그는 왕과 귀족과의 권력관계를 중심으로 하여 삼국의 정치체제가 귀족평의체제에서 대왕전제체제로 전환되었다고 주장했다.[6] 그리고 대민지배의 강화와 귀족의 관료화와 함께 신라의 중대왕권이 중앙집권적 (골품)귀족관료체제로 전환된 것으로 이해했다.[7] 즉 정치체제의 발전단계를 귀족평의체제-대왕전제체제-중앙집권적 귀족관료체제로 설정한 것이다. 전제체제와 중앙집권체제를 각각의 단계로 파악하고 있다는 점에서 본서의 문제제기와 상통하는 면이 있지만, 고구려 중후기와 관련된 시기를 대왕전제체제로 설정하였다는 점에서 커다란 차이가 있다. 그는 삼국시대에 귀족세력에 대해 초월적인 대왕이 출현했지만, 중앙의 지방에 대한 전일적 지배가 아직 제도적으로 관철되지 않았다는 이유로 삼국시기에 중앙집권이 실체적으로 존재했다는 것을 부인하고, 이에 따라 중앙집권단계는 삼국통일 이후에 이루어진 것으로 파악

---

6) 金瑛河, 2002, 『韓國古代社會의 軍事와 政治』, 321~322쪽.

7) 김영하, 2007, 『신라중대사회연구』, 182~192쪽.

했던 것이다. 그러나 본서에서 본격적으로 논하겠지만, 고구려 후기는 관료화의 심화와 함께 대민지배가 강화되었던 시기였기 때문에 그의 기준에 의하면 중앙집권적 귀족관료체제로 분류가 가능한 시기였다.

김영하는 고구려 후기의 추군–세군의 권력 투쟁과 연개소문의 정변을 모두 대왕전제체제 하에서 야기된 귀족세력 간의 권력 투쟁으로 파악하였다.[8] 이것은 일반적으로 고구려 후기로 인식되는 시기까지도 대왕전제체제에 포함시킴으로서 고구려 중·후기가 같은 단계에 있다는 것을 보여준 것이다. 즉 그의 시대구분론에 의하면 고구려 후기는 여전히 왕권이 귀족보다 우위에 있던 시기인 셈이다. 그런데 노태돈은 고구려 후기 정치체제를 귀족연립정권체제라고 명명했지만, 고구려 후기 지방통치방식과 관련하여 설명하는 가운데 귀족연립정권체제 하에서도 근본적으로 중앙집권체제는 계속 유지되었다고 하여 고구려 후기가 중앙집권체제라는 것을 부인하지는 않았다.[9] 나아가 고구려사를 정치체제에 따라 연맹체적인 부체제시기와 영역국가적인 중앙집권체제시기로 크게 구분한 다음, 중앙집권체제시기 중에서 6세기 이후를 특별히 귀족연립정권체제로 다시 구분했다.[10] 그러므로 본서에서 고구려 중·후기의 정치체제를 기본적으로 동질적이라는 전제하에 중앙집권체제라고 정의한 것은 기존의 연구에서 이미 언급되었던 내용인 것이다.

그럼에도 불구하고 본서에서 고구려 중·후기 정치체제를 주제로 다루고자 한 이유는 정치·경제·사회 등 세부적인 측면에서 고구려 중·후기의 지배체제가 중앙집권적으로 운영되었다는 사실이 제대로 규명되지 않았기 때문이다. 사실 지배체제는 지배와 피지배자와의 상호 관계 속에서 형성

---

8) 김영하, 2012, 『한국고대사의 인식과 논리』, 95쪽.
9) 노태돈, 1999, 『고구려사연구』, 사계절, 288쪽.
10) 노태돈, 1999, 앞의 책, 483~491쪽.

되는 것이기 때문에 王(국가)과 貴族(관료)뿐만 아니라 民까지 포함하여 왕-귀족-민의 삼자 관계를 통해 분석해야 한다. 즉 중앙의 지방에 대한 지배, 왕의 귀족에 대한 지배, 국가의 민에 대한 지배 등 모든 요소의 검토를 통하여 지배체제를 정확히 파악할 수 있는 것이다. 물론 이외에도 지배체제를 뒷받침할 수 있는 법령의 정비, 관료조직의 정비 등에 대한 검토도 필요하다. 또한 지배체제의 형성에 직접 참여한 집단의 존재와 성격도 살펴봐야 한다. 일찍이 중앙집권체제의 성립 조건으로 귀족의 관료화 및 민의 법제적 공민화를 통한 왕경민과 지방민의 신분적 차이 해소라는 명확한 기준이 제시된 바 있는데,[11] 지배체제에 관한 분석 방법과 궤를 같이 한다. 그러므로 본고에서 다루고자 하는 지배체제 연구는 정치체제에 대한 연구라고 할 수 있다. 하지만 고구려 중·후기 지배체제 연구가 -특히 고구려 후기에 있어서는- 주로 왕과 귀족과의 권력관계를 중심으로 진행되고 있기 때문에, 지방지배체제와 대민지배방식까지도 모두 포괄할 수 있는 용어가 필요하다. 이것이 본고에서 정치체제나 통치체제 대신 지배체제라는 용어를 사용한 이유다.

그런데 고구려 중·후기 지배체제에 논하기에 앞서 고구려 중·후기사의 시대구분이 필요하다.[12] 왜냐하면 중앙집권적 지배체제도 고구려사의 전개과정에 따라 약간씩 그 형태를 달리했기 때문이다. 4세기 이후 중앙집권화의 길을 걸었던 고구려 내부에서 발생한 대표적인 정치적 사건은 평양천

---

11) 김영하, 2007, 앞의 책, 182~187쪽. 한편 노태돈은 왕권에 종속된 관료조직의 확충, 피복속민 집단에 대한 중앙정부의 지배력 강화, 지방관의 파견을 통한 지방에 대한 직접 지배, 율령에 입각한 민의 직접 지배, 지방제도의 정비를 중앙집권체제의 근거로 삼고 있다(노태돈, 1999, 앞의 책, 486쪽).

12) 본서에서는 통설에 따라 고구려의 시기 구분을 초기, 중기, 후기로 설정하였다. 초기는 BC.1세기~AD.3세기(~봉상왕), 중기는 4~6세기 중반(미천왕~안원왕), 후기는 6세기 후반~668년(양원왕~보장왕)이다(노태돈, 1999, 『고구려사연구』, 사계절, 489쪽).

도이다.[13] 평양천도는 장기적으로 고구려의 국가의 발전과 지배구조 변화에 커다란 영향을 미쳤다. 그러나 단기적인 관점에서 보면 천도 직후 고구려의 정치사회는 상당히 안정적이었다. 오히려 장수왕 말기에 발생한 정치적 사건을 시발점으로 하여 몇 차례의 정치적 사건이 큰 영향을 미쳤다. 이를 순서대로 정리하면 다음과 같다. (1) 제1차 정치파동: 장수왕 말기의 지배층 정리, (2) 제2차 정치파동: 안원왕말기의 왕위 계승 분쟁, (3) 제3차 정치파동: 연개소문의 정변이 바로 그것이다.[14]

현재까지의 학계의 동향을 보면 고구려는 안원왕 말기의 왕위계승분쟁을 계기로 평양성 출신 세력이 국내성 출신 세력을 압도하고 고구려 후기의 역사를 주도한 것으로 이해하고 있다. 그리고 장수왕 말기의 지배층 정리와 연개소문의 정변은 각각 그 배경과 결과인 것으로 설명하고 있다. 그러나 본서는 이와 관점을 달리하여 이 사건들의 승리자는 결과적으로 모두 국내성 출신의 정치세력이라고 판단한다. 즉 제1차 정치파동 결과 낙랑계·북연계·국내성 출신 정치세력이 모두 타격을 받았지만, 그 중 오랜 전통과 강한 세력을 보유하고 있었던 국내성 출신 잔여세력이 살아남아 고구려 후기의 정치사를 주도한 것으로 이해한 것이다. 그리고 제2차 정치파동은 제1차 정치파동에서 살아남았던 국내성 출신 세력 내부의 권력투쟁이라는 성격을 가졌으며, 여기서 승리한 소수집단이 특권 귀족화의 길을

---

13) 徐永大, 1981, 「高句麗 平壤遷都의 動機 −王權 및 中央集權的 支配體制의 强化 과정과 관련하여−」『한국문화』 제2집.

14) 물리학적 용어로 '파동'이란 매질을 통해 운동과 에너지가 전달되는 사건이다. 에너지는 시간이 지나면 공간상으로 퍼져나가지만 매질 자체는 운동을 매개할 뿐 퍼져나가지는 않는다. 정치파동이라는 바로 물리학적 용어에서 차용한 말이다. 본서에서 '정치파동'이란 용어를 고구려 중후기사에 적용한 것은 고구려 중후기에 발생한 각각의 사건은 그 여파가 상당히 오랫동안 지속되어 각 시기의 정치구조의 특징을 규정지었다는 인식에서 비롯되었다. 또한 이 사건들을 일으킨 공통의 매질은 고구려의 중앙집권제적 정치구조였다고 생각한다.

걸었다고 본다. 마지막으로 대외정책의 견해 등의 차이로 제3차 정치파동이 발생했고, 그 결과 소수의 특권귀족집단 중에서 연개소문이 집권에 성공함으로써 일인독재의 길을 걸었던 것으로 이해한다. 즉 소수의 특권귀족집단의 권력독점화 경향이 계속 진행되었던 시기를 고구려 후기사라고 이해한 것이다.

고구려는 4세기 중앙집권적 지배체제가 성립된 이후 이를 계속 강화해 갔으며 이러한 추세는 제1차 정치파동 이후 왕권의 전제화가 완성되면서 정점에 도달했다. 그러나 제2차 파동을 거치면서 왕의 위상이 상대적으로 약화되었고, 왕을 대신하여 권신이 국정을 장악하는 현상이 발생했다. 제2차 정치파동은 고구려 역사가 중기에서 후기로 전환되는 중대한 역사적 사건이었던 것이다. 본서는 고구려가 4세기 이후 중앙집권적 지배체제를 성립했으며, 후기에는 이러한 지배체제가 약간의 변형을 거친 상태로 그대로 유지되었다고 생각한다. 본서는 이러한 관점에서 고구려 중·후기 지배체제에 대해 논하려고 했다. 지배체제는 왕과 귀족 등 지배층 사이의 신분적 위계질서의 확립, 중앙과 지방과의 영속관계와 행정체제의 정비, 왕(국가)의 대민지배방식 등을 통해서 나타나기 때문에 고구려 지배체제 분석은 지배체제를 구성하는 이러한 요소의 분석에 중심을 두었다. 그리하여 고구려 관위체계의 변화와 발전, 지방통치제도의 변화와 발전, 대민지배방식의 강화, 지배세력의 재편과 국정운영방식의 변화 등 총 4개의 소주제를 선택하여 구체적으로 살펴보았다.

본 논문과 관련된 연구동향과 문제점을 소주제를 중심으로 살펴보면 다음과 같다. 첫째 고구려 중앙정치제제의 발전과 변화에 관한 연구이다. 고구려 후기의 정치체제는 귀족연립정권으로 이해되고 있지만,[15] 본 논문은 앞에서 언급한 바와 같이 고구려 후기에도 중앙집권적체제가 유지되었다

---

15) 노태돈, 1999, 『고구려사연구』, 사계절, 436~456쪽.

고 이해하고 있다는 점에서 차이가 있다. 고구려 후기의 정치구조는 귀족연립체제이고, 안원왕 말기 평양성 출신 귀족과 국내성 출신 귀족의 대립이 귀족연립정권 탄생의 계기가 되었다는 설은 이제는 거의 도식화되어 이 시기의 통설이 되었다. 그에 따라 고구려 후기의 정치체제에 대한 연구는 매우 저조한 실정이다. 연개소문의 집권 이후 정치체제에 대해서는 연개소문의 독재정권으로 파악하거나[16] 연개소문과 보장왕의 이원집정제로 파악하는[17] 등 새로운 견해가 제기되기도 했지만, 아직까지 파급력은 크지 않은 편이다. 한편 연개소문과 관련하여 莫離支와 中裏制에 관한 이문기의 연구가 주목되는데, 국왕의 근시조직으로서의 중리제의 역할이 조명을 받았다.[18]

그런데 고구려 중·후기 중앙집권체제의 성립과 전개는 官位制와 밀접한 관계가 있다. 중앙집권적 관료체제에서 관위제는 지배세력의 편제와 운영원리로서 중요한 의미를 갖는다. 연구에 의하면 고구려 관위제는 초기에 이원적 혹은 다원적으로 구성되었지만, 고구려의 국가체제가 정비되면서 4세기경에 일원적 관위제로 발전했다고 한다.[19] 그 후 兄係 관위와 使者係 관위가 분화를 거듭하면서 10관위제로 표현되는 4~5세기의 관위

---

16) 전미희, 1994, 「연개소문의 집권과 그 정권의 성격」『이기백선생고희기념한국사학논총』.

17) 김기흥, 1992, 「고구려 연개소문 정권의 한계성」『서암 조항래교수화갑기념한국사학논총』, 아세아문화사.

18) 李文基, 1999, 「高句麗 덕흥리古墳壁畵의 '七寶行事圖'와 墨書銘」『歷史敎育論集』 25; 2000, 「고구려 막리지의 관제적 성격과 기능」『백산학보』 55; 2003, 「고구려 중리제의 구조와 그 변화」『대구사학』 71.

19) 대표적으로는 김철준, 1956, 「高句麗·新羅의 官階組織의 成立過程」『李丙燾博士華甲紀念論叢』; 武田幸男, 1989, 『高句麗と東アジア』, 岩波書店; 임기환, 2004, 『고구려 정치사 연구』, 한나래; 여호규, 2005, 「고구려 중기 관등제의 구조와 성립기반」『역사문화연구』 박성래교수정년특별호 등이 있다.

구조에서 12관위 혹은 13관위로 표현되는 6~7세기의 관위구조로 발전했다고 한다.[20] 고구려의 관위제에 대한 선학들의 연구 결과 고구려 관위제의 실체에 상당히 접근하게 되었다. 그리하여 고구려의 관위제가 후기로 가면 갈수록 점차 분화되고 정비되어 갔다는 것이 확인되었다. 그러나 관위제의 정비가 중앙집권체제의 발전과 밀접한 관련이 있음에도 불구하고, 현재까지의 연구는 관위제와 중앙집권체제의 발전을 유기적으로 결합하여 해석하지 못한 한계가 있었다. 그리고 고구려 초기의 관의 爵的 성격에 대한 연구가 충분하지 못했다. 또한 고구려의 관위제도가 중국적 관위제도와 일정한 관련을 맺으면서 전개되었다는 점도 그다지 주목하지 못했다. 그리하여 고구려 관위제의 실상을 정확히 이해하는 데는 어느 정도 한계가 있었다.

둘째, 고구려 중·후기 지방통치제도에 대한 연구이다. 일반적으로 고구려 중·후기의 지방통치제도는 고구려의 중앙집권화가 정비됨에 따라 점차 일원적인 통치체제로 발전된 것으로 이해된다. 이 분야에 대한 연구는 상당한 성과를 거두었음에도 불구하고[21] 사료의 한계로 인하여 아직 정확한

---

20) 12관위설은 임기환, 2004, 앞의 책, 13관위설은 武田幸男, 앞의 책 참조.
21) 이 시기에 지방통치제도에 대한 전문서로는 김현숙, 2005, 『고구려의 영역지배방식 연구』와 최희수, 2008, 『高句麗 地方統治 運營 研究』, 서강대학교 박사학위논문이 있다. 그 밖에 연구논문으로는 武田幸男, 1979, 「廣開土王碑からみた高句麗の領域支配」『紀要』78, 東京大學東洋文化研究所; 리승혁, 1987, 「고구려의 주·군·현에 대하여」『력사과학』1987-1; 林起煥, 1987, 「高句麗 初期의 地方統治體制」『慶熙史學·朴性鳳教授回甲紀念論叢』1987-11; 金賢淑, 1992, 「高句麗의 靺鞨支配에 관한 試論的 考察」『韓國古代史研究』6; 余昊奎, 1995, 「3세기 후반~4세기 전반 고구려의 교통로와 지방통치조직 −南道와 北道를 중심으로−」『한국사연구』91; 林起煥, 1995, 「4세기 고구려의 樂浪 帶方地域 경영」『歷史學報』147; 금경숙, 1996, 「4~5세기 고구려의 지방통치에 관한 시론적 고찰」『한국사학보』1; 노태돈, 1996, 「5~7세기 고구려의 지방제도」『한국고대사논총』8; 김미경, 1997, 「高句麗의 樂浪·帶方地域 진출과 그 支配形態」『學林』17; 金賢

실상이 규명되지 못했다. 그리하여 중·후기 지방통치체제의 기본 구도 및 변천 과정,[22] 군현제 시행 여부,[23] 5부 문제,[24] 낙랑대방지역 지배 문제[25] 등에서 다양한 견해가 표출되고 있는 실정이다.[26] 지방통치구조의 실체에

淑, 1997, 「高句麗 中·後期 地方統治體制의 發展過程」『韓國 古代社會의 地方支配』, 韓國古代史研究 11; 최희수, 2012, 「5~6세기 高句麗 地方統治의 운영」『한국고대사탐구』10; 김선숙, 2014, 「4~6세기 고구려 지방운영체제에 대한 일고」『정신문화연구』37-2 등이 있다.

22) 3단계〈욕살-처려근지-루초〉로 보는 견해(武田幸男, 1980, 「六世紀における朝鮮三國の國家體制」『東アジア世界における日本古代史講座』4; 林起煥, 1995, 앞의 논문; 余昊奎, 1995, 앞의 논문 참조)와 4단계〈욕살-처려근지-가라달-루초〉로 보는 견해(盧重國, 1979, 「고구려 율령에 관한 일시론」『동방학지』21 참조) 및 2단계(욕살-루초, 처려근지-루초)로 보는 견해(노태돈, 1996, 앞의 논문) 등이 있다. 그 밖에 가라달을 루초와 동급의 일종의 특수한 지방관으로 파악하여 3단계(욕살-처려근지-루초, 욕살-처려근지-가라달)로 구성되었다고 보는 견해(金賢淑, 1997, 앞의 논문 참조)와 가라달이 욕살, 처려근지, 루초의 속료에 모두 해당한다고 주장하는 견해(崔熙洙, 2008, 앞의 책, 134쪽)도 등장했다.

23) 대표적인 연구로는, 노태돈, 1996, 앞의 논문을 들 수 있다.

24) 이 분야에 관한 연구는 초창기에는 일본인 학자에 의해 주도되었다. 白鳥庫吉, 1914, 「丸都城及國內城考」『史學雜誌』25-4; 今西龍, 1921, 「高句麗五部及五族考」『史林』6-3; 池內宏, 1926, 「高句麗の五部及び族考」『東洋學報』16-1; 矢澤利彦, 1954, 「高句麗の五部について」『紀要』3, 埼玉大學; 三品彰影, 1954, 「高句麗の五族について」『朝鮮學報』6; 1970년대 이후로는 노중국, 1979, 앞의 논문; 鬼頭淸明, 1984, 「高句麗の國家形成と東アジア」『朝鮮史研究會論文集』21; 임기환, 1995, 앞의 논문; 川本芳昭, 1996, 「高句麗の5部と中國の「部」についての一考察」『東洋史論集』24, 九州大學東洋史研究會; 노태돈, 1996, 앞의 논문; 김현숙, 1997, 앞의 논문; 최희수, 2008, 앞의 책 등이 있다.

25) 공석구, 1998, 『高句麗領域擴張史研究』, 서경문화사; 임기환, 1995, 앞의 논문; 김미경, 1996, 앞의 논문; 여호규, 2009, 「4세기 고구려의 낙랑 대방 경영과 중국계 망명인의 정체성 인식」『한국고대사연구』53, 2009; 김선숙, 2014, 앞의 논문 참조.

26) 지방제도에 대한 연구사 정리는 임기환, 2004, 앞의 책, 35~40쪽; 김현숙, 2005, 『고구려의 영역지배방식 연구』, 23~33쪽; 崔熙洙, 2008, 『高句麗 地方統治 運營 研究』, 서강대학교 박사학위논문, 1~9쪽 참조.

접근하기 위해서는 기존 사료에 대한 보다 정치한 접근이 요구된다. 한편 평양지역은 고구려 중·후기 정치사에서 중요한 역할을 했던 지역이다.[27] 평양지역은 평양천도 이전에 간접지배방식으로 통치되었다가 천도 후에는 직접지배방식으로 전환되었기 때문에 고구려 지방제도의 변천 과정을 한 눈에 파악할 수 있는 좋은 사례가 된다. 그간 冬壽와 幽州刺史 鎭의 출자와 관직의 성격 문제와 낙랑군 지배방식의 형태 등에 대해 연구가 집중되었는데, 동수와 유주자사 진의 관직의 성격 분석은 고구려 중기 지방통치의 실상을 이해하는 관건이 되기 때문에 이에 대한 검토가 더 필요한 실정이다.

셋째, 대민지배방식에 관한 것이다. 개별적으로 下戶에 관한 문제가 많이 논의되었지만,[28] 民에 대한 연구도 함께 진행되었다.[29] 관련 연구는 영역지배방식, 지방지배방식과 함께 연구되는 경우가 많았다. 중기의 대민지배방식의 연구는 광개토왕비 등 비문을 중심으로 연구되는 경향이 강했다.[30] 그 중 광개토왕비에 나타난 國烟과 看烟의 성질문제 및 守墓制 등이 주로 논의되었는데, 최근에는 集安高句麗碑가 새로 발견되면서 守墓制와

---

27) 이 점에 있어서 임기환의 연구는 상당히 주목할 만하다. 낙랑대방지역의 유력 세력을 막부조직으로 편제하여 고구려의 전제왕권성립의 기반으로 삼았고, 평양천도 이후에는 이들이 고구려 후기 정치사의 한 축을 담당했다는 그의 연구는 고구려 중후기사의 흐름을 조망하는데 상당한 영향을 미쳤다.

28) 대표적인 것으로 洪承基의 연구를 들 수 있다(洪承基, 1974,「1~3世紀의 民의 存在形態에 관한 一考察-所謂 '下戶'의 實體와 관련하여」『歷史學報』63.

29) 피지배 일반과 관련한 연구성과는 노태돈, 1984「삼국의 사회구성」『한국사』2, 국사편찬위원회; 조법종, 2003,「고구려 사회 경제사의 연구 현황과 과제」『한국고대사연구』32 참조. 민에 대한 연구는 강봉룡, 1992,「삼국시기의 율령과 민의 존재형태」『한국사연구』78; 조법종, 1996,「삼국시대 민 백성의 개념과 성격에 대한 검토」『백제문화』25 참조.

30) 광개토왕비 연구와 관련된 논문은 한국고대사회연구소편, 1992,『역주한국고대금석문』제1권, 노태돈 광개토왕비역주 참조.

煙戶頭 등의 성격문제 등 관련 논고가 적지 않게 발표되었다.[31] 그 밖에
『수서』고려전 조세조항에 등장하는 조세의 성격과 遊人에 대한 연구도 많
이 진행되었다.[32] 군대편성에 관해서는 군사제도와 함께 논의되었다.[33]
그런데 대민지배방식과 관련하여 가장 기초적인 자료는 인구에 관한 자료
라고 할 수 있다. 고구려의 인구의 급격한 증가는 대민지배방식의 강화와
관련이 있기 때문이다.

인구와 관련된 연구사를 검토해 보면 문헌에 기록된 고구려의 인구수

---

31) 신발견 집안고구려비와 관련된 논문으로는 다음과 같은 것들이 있다. 한국고대
   사학회, 『신발견 집안고구려비 판독회 자료』(2013년 3월 9일); 공석구, 2013,
   「집안고구려비의 발견과 내용에 대한 고찰」『고구려발해연구』45; 윤용구, 2013,
   「집안 고구려비의 탁본과 판독」『한국고대사연구』70; 여호규, 2013, 「신발견 집
   안고구려비의 구성과 내용 고찰」『한국고대사연구』70; 정호섭, 2013, 「집안 고
   구려비의 성격과 주변의 고구려 고분」『한국고대사연구』70; 조우연, 2013, 「집
   안 고구려비에 나타난 왕릉제사와 조상인식」『한국고대사연구』70; 이성제,
   2013, 「집안고구려비로 본 수묘제」『한국고대사연구』70; 김현숙, 2013, 「집안
   고구려비의 건립시기와 성격」『한국고대사연구』72; 김수태, 2013, 「집안고구려
   비에 보이는 율령제」『한국고대사연구』72; 홍승우, 2013, 「집안고구려비에 나타
   난 고구려 율령의 형식과 수묘제」『한국고대사연구』72; 耿鐵華, 2013, 「集安高
   句麗碑考釋」『通化師範學報』(人文社會科學) 34-2; 集安博物館 編著, 2013, 『集
   安高句麗碑』, 吉林大學出版社; 張福有, 2013, 「集安高句麗碑碑文補釋」『中國文
   物報』(2013년 4월 10일); 集安博物館, 2013, 「集安高句麗碑調査報告」『東北史
   地』2013-3; 徐建信「中國新出 集安高句麗碑試析」『東北史地』2013-3; 魏存成,
   2013, 「關于新出集安高句麗碑的幾點思考」「東北史地」2013-3 등.

32) 대표적인 것으로는 김기흥, 1991, 『삼국 및 통일신라세제의 연구 -사회변동과
   관련하여-』, 역사비평사가 있다. 그 밖에, 白南雲, 1933, 『朝鮮社會經濟史』, 改
   造社; 하일식 옮김, 1994, 『朝鮮社會經濟史』, 이론과 실천, 1; 李丙燾, 1959,
   『韓國史』(古代篇), 震檀學會; 姜晋哲, 1965, 「韓國土地制度史」上, 『韓國文化史大
   系』II; 李景植, 2005, 『韓國 古代·中世初期 土地制度史』, 서울대학교 출판부; 전
   덕재, 2006, 『한국고대사회경제사』, 태학사 등도 이 문제를 다루었다.

33) 余昊奎, 1998, 「高句麗 初期의 兵力動員體系」『군사』36; 이인철, 2002, 「고대국
   가의 군사조직과 그 운영」『강좌 한국고대사』2, 가락국사적개발연구원.

에 관해 중국학계가 대체로 긍정적으로 평가하고 있는 반면,[34] 한국학계는 기록의 신빙성 자체에 대하여 의문을 제기하는 견해가 적지 않다.[35] 기록을 부정하는 학자들은 고려와 조선의 인구수를 기준으로 하여 고구려의 인구를 추계하는 방식을 이용했는데, 고려와 조선의 호적은 여자와 미성년자들이 다수 누락되어 있으므로 호적에 기재된 인구 숫자만으로 전체인구 수를 추정하는 것은 적지 않은 문제가 있다.[36] 근래 중국은 중국 正史에 나타난 기록을 인정하면서도, 다민족국가인 고구려에는 고구려민족 이외에도 고구려에 복속된 거란, 말갈, 한족 등의 민족이 다수 포함되었기 때문에 고구려의 실제 인구는 15만 호에 불과할 것이라는 의견을 제시하기도 했다.[37] 그러나 곧이어 고구려 멸망 후 고구려인의 행방을 중점적으로 다루는 논문들에서 지배층을 이루고 있었던 고구려인이 대부분 중국으로 귀속되었기 때문에 고구려사는 중국사라는 논리적 근거로 사용됨으로써 고구려인의 숫자를 의도적으로 낮추어 고구려사를 중국사에 편입하기 위

----

34) 孫文范 等, 2003, 『三國遺事』(校勘本), 吉林文史出版社, 38쪽; 楊保隆, 1998, 「高句麗族族源與高句麗人流向」『民族研究』1998-4; 楊軍, 2006, 「高句麗人口問題研究」『東北史地』2006-5; 李德山, 2006, 「高句麗族人口去向考」『社會科學輯刊』2006-1.

35) 李玉, 1984, 『高句麗民族形成과 社會』, 교보문고, 15~17쪽; 박용운, 1997, 『고려시대개경연구』, 일지사, 147~156쪽.

36) 실제로 권태환·신용하는 조선시대가 인구변천의 첫 단계인 多産多死에 의해 인구증가가 극히 낮은 수준에서 안정되었던 시기였을 것이라는 것과 1925년의 조선총독부에서 실시한 제1회 간이국세조사가 정확하고 완전하다는 전제하에 조선시대 평균인구증가율을 역산하여 조선전기의 인구규모를 추정하였다. 그들은 1900년과 1910년의 추정인구와 당시 조선에서 조사된 인구총계의 차이를 조사한 후 조선왕조실록에 기록된 조선말기의 인구수는 그 완전성이 40% 미만임을 밝혔다(權泰煥·愼鏞廈, 1977, 「朝鮮王朝時代 人口推定에 관한 一試論」『東亞文化』14, 173쪽).

37) 王鐘翰 主編, 1994, 『中國民族史』, 中國社會科學出版社, 150쪽.

한[38] 정치적인 목적이 내포되어 있음을 드러냈다.

넷째, 지배세력의 재편과 국정운영 방식에 관한 연구이다. 통설에 의하면 고구려 후기는 평양성 출신이 안원왕 말기에 발생한 추군-세군 왕위계승전을 계기로 국정을 장악하여 고구려 후기 국정을 주도했다.[39] 그리고 이들 지배세력은 관직의 承襲을 통해 그 지위를 계속 유지했다고 한다.[40] 아울러 후기의 국정운영은 귀족연립정권체제로 운영되었다는 것이다. 그런데 고구려 후기 지배세력의 출자에 대해서는 좀 더 검토가 필요하다. 여러 가지 정황상 고구려 후기를 주도했던 세력이 국내성 출신이라는 증거가 나타나기 때문이다. 또한 관위제의 발전에 따라 관료적 색채를 강화해 갔던 후기의 귀족을 초기의 귀족과 별다른 구별 없이 동일하게 사용함으로써 지배계층의 질적 변화에 대한 연구도 좀 더 진행될 필요가 있다. 이에 관해서는 중앙귀족으로 해석하기도 하고,[41] 관료제적인 측면을 중시하여 귀족관료[42] 혹은 관료적 귀족이나 관료로 이해하기도 한다.[43] 이 점은 사실 대단히 중요한 문제임에도 불구하고 아직까지 논의가 거의 이루어지지 못

---

38) 楊保隆, 1998, 「高句麗族族源與高句麗人流向」『民族研究』4, 67쪽.

39) 임기환, 2004, 앞의 책, 161~181쪽.

40) 여호규, 2014, 앞의 책, 411~421쪽.

41) 여호규, 1997, 『1~4세기 고구려 정치체제 연구』, 서울대학교 박사학위논문, 152~153쪽.

42) 김영하는 일괄적으로 귀족관료라고 용어를 통일하여 사용했다(김영하, 2002, 「한국고대사의 정치보론」『한국고대사의 군사와 정치』, 고려대학교 민족문화연구원, 289~323쪽).

43) 이에 대하여 전문적으로 논하지는 않았지만, 김현숙은 논술의 과정에서 '관료적 귀족'이라고 서술하였다(김현숙, 2005, 앞의 책, 17쪽). 한편 임기환은 『고구려 정치사연구』제4장에서는 '관료', 제7장에서는 '귀족'이라고 정의하여 이에 대한 개념에 아직 주의를 기울이지 않았다는 것을 알 수 있다(임기환, 2004, 앞의 책, 한나래).

한 상태이다. 이 점을 분명하게 밝히기 위해서는 사서에 지배세력으로 기록된 豪族, 强族, 大臣, 强臣 등에 관한 개념부터 명확하게 규정할 필요가 있다.

　이상으로 본서와 관련된 학계의 연구동향과 몇 가지 문제점에 대하여 살펴보았다. 기존의 연구현황을 검토한 결과 고구려 중·후기에 이르러 지방통치체제가 상당한 정도로 정비되었다는 사실이 밝혀졌다. 인구사적 측면에서도 후기로 가면서 고구려 인구가 점차 증가되었다는 사실이 규명되었다. 관료제 역시 후기로 갈수록 발전·정비되고 있다는 것이 확인되었다. 중앙집권적 지배체제가 중앙의 지방에 대한 지배 강화와 왕(國家)의 대민지배 강화라는 속성과 함께 한다는 점을 고려한다면 고구려 후기에도 중앙집권적 지배체제가 유지 내지는 강화되었다는 것이 기존 연구에 의해서 이미 확인된 셈이다. 그럼에도 불구하고 여전히 고구려 후기의 중앙정치체제를 귀족연립정치체제라고 규정한 것은 지방통치사와 인구사적인 관점에서 보았을 때 모순이 아닐 수 없다. 이렇게 된 것은 초창기의 연구가 삼국사기 이후 내려온 정치사 중심의 역사서술 방식에서 근본적으로 탈피하지 못했기 때문이다. 고구려 후기 정치체제 연구가 정치사와 관제사 측면을 중심으로 거의 고립되어 진행되면서 구축된 고구려 후기의 정치체제에 대한 형상은 다른 분야에서의 연구가 강화되면서 점차 실상에 접근하고 있는 것으로 보인다. 고구려 중·후기 정치체제 연구는 지방통치에 대한 연구와 대민지배방식에 대한 연구와 결합하여 종합적으로 접근할 필요가 있다. 고구려 중·후기 지배체제에 대한 종합적인 분석은 지배체제를 구성하는 정치·경제·사회 등 제반 요소를 총체적으로 고려하여 진행되어야하기 때문이다.

2. 연구의 방향과 방법

고구려는 한반도와 대륙을 아우르는 지정학적 위치로 인하여 한국 고유의 특징과 함께 대륙적 특징도 가지고 있었다. 고구려는 국가형성 과정에서부터 중국과 끊임없이 투쟁을 전개하면서 상호 영향을 주고받았기 때문에 고구려 역사 연구는 신라와 백제 등 한반도에 위치한 국가의 사료에 대한 분석과 함께 고구려 주변의 중국과 북방유목민족 등과의 관계에도 주의를 기울여야 한다. 본고는 바로 이러한 방식을 통하여 사료상의 한계를 극복하려고 노력하였다. 중국 정사뿐만 아니라 성씨 관련 문헌이나 비문 등 기존 연구에 잘 활용되지 않았던 사료를 최대한 이용하려고 하였다. 특히 최근에 중국에서 발견된 고구려유민 묘지명은 고구려 후기의 정치제도와 사회상을 밝히는데 상당한 도움이 되었다. 그리고 기존의 자료에 대한 재해석도 시도하여 고구려의 새로운 상을 밝히려고 하였다. 그 결과 고구려 중·후기 지배체제가 중앙집권적 지배체제로 운영되었다는 것을 다음과 같이 검토하였다.

제1장에서는 중앙통치체제의 발전과 변화 양상을 추적하기 위해서 중앙집권제와 밀접한 관련이 있는 官位制의 역사적 전개를 집중적으로 분석했다. 특히 초기 官이 那部에 세력기반을 둔 단위정치체를 대상으로 수여되었기 때문에 그 성격에 爵的 요소가 내포되었다는 전제 하에 초기 관의 爵的 성격을 검토했다. 그리고 고구려 관위제가 중·후기에 발전 정비되는 과정을 검토하고, 7세기에는 중국의 관품제적인 요소도 도입되고 있는 상황을 살펴보았다. 이 과정에서 그 동안 실체가 확실히 규명되지 않았던 皁衣, 先人 등 하위에 위치한 관의 성격을 분석해 내고, 중국의 제도를 근거로 형계 관위와 사자계 관위의 성격도 추정해 보았다. 그리고 이를 통하여 귀족의 성격 변화도 살펴보았다.

제2장에서는 고구려의 지방지배가 간접지배에서 직접지배로 전환되는

과정을 분석했다. 동수의 관직과 유주자사 진의 관직 분석을 통해 고구려가 평양지역에 실시했던 간접지배방식의 형태를 검토했다. 그리고 이를 토대로 고구려 초기의 간접지배 방식도 살펴보았다. 한편 고구려 중기의 守事와 고구려 후기의 可邏達에 대한 이해는 고구려 중·후기 지방행정체계를 파악하는데 가장 중요한 핵심 포인트이다. 본장에서는 중국식 관제에 대한 이해를 바탕으로 수사와 가라달의 성격 등을 분석함으로써 고구려 중·후기 지방제도의 발전과정을 검토했다.

제3장에서는 고구려 대민지배방식의 실상을 파악하기 위해서 인구자료를 집중적으로 분석했다. 그리고 인구 변화를 검토하기 위해서 다음과 같은 사항을 고려했다. 첫째, 사서에 기재된 인구의 숫자는 정확한 실상을 반영하지 않는다. 둘째, 고구려의 영역이 확대됨에 따라 그가 수용할 수 있는 인구 또한 부단히 증가했다. 셋째, 인구의 증가는 피지배집단에 대한 호구 파악력과 관련이 있고, 고구려는 지배체제의 정비에 따라 호구파악도 점차 강화되고 있었다. 넷째, 고대사회에서는 전쟁이나, 재난, 국가의 멸망, 대량 사민 같은 커다란 인구변동의 요인이 없는 한 토착사회에 거주하던 인구는 별다른 변동이 없었다는 사실이다. 그런데 고구려도 관련 제도가 정비됨에 따라 독자적인 호적제도를 갖추어 호구 파악을 진행했을 것이라고 판단되지만, 호구에 대한 전승 기록은 거의 없고, 『삼국유사』, 『삼국지』, 『구당서』 등에 약간의 사료만 남아있어서 정확한 실상을 파악하기는 힘들다. 그렇지만 대규모의 인력동원이 이루어졌던 전쟁과 그에 관한 기사를 검토하면 인구추계에 상당한 도움을 줄 수 있다고 생각한다. 그 밖에 한나라 때 낙랑군 등에 시행되었던 인구관련 기록 또한 고구려의 인구수를 추정하는데 매우 유용한 자료이다. 이러한 것들을 종합적으로 검토하면 고구려 인구의 대략적인 윤곽을 파악할 수 있을 것으로 보인다. 서술의 방법에 있어 편의상 수당과의 대규모의 전쟁으로 인하여 고구려의 인구관계 기사가 많이 나타나는 후기의 인구를 먼저 살펴본 후에, 후기의 인구를 도

출한 방법을 이용하여 전기와 중기의 인구 상황을 검토하도록 하겠다. 그리고 인구가 급격히 증가할 수밖에 없었던 여러 가지 요인을 추정해 볼 것이다.

한편 고구려 말기 인구의 급격한 증가와 관련하여 주목해 볼 것은 고구려 말기의 대민지배방식에 대한 이해이다. 고구려 후기의 대민지배방식이 어떻게 운영되었는가에 대하여 직접적으로 알려주는 문헌 기록은 거의 전무하다. 본고는 이에 방법을 달리하여 고구려 멸망 직후 중국으로 강제 이주되었던 고구려 유민의 사회조직에 주의하였다. 왜냐하면 고구려 유민 역시 중국에 이주한 이후에도 城傍제도를 통하여 오랫동안 그들의 사회조직을 그대로 유지하고 있었기 때문이다. 본장에서는 성방에 소속된 고구려 유민의 모습을 통하여 고구려 말기의 대민지배방식에 대해서 살펴보았다.

제4장에서는 지배세력의 변천과 국정운영방식의 변화에 대해서 검토했다. 먼저 고구려 중·후기 평양지역 재지유력자에 대한 고구려의 정책 변화를 살펴보았다. 또한 장수왕 말기에 발생한 정쟁과 안원왕 말기에 발생한 추군-세군 왕위계승전의 분석을 통해 고구려 지배세력의 실체를 검토하였다. 아울러 거듭된 정쟁에서 승리한 소수의 귀족이 점차 특권화되면서 고구려 후기를 주도적으로 이끌어 가는 소수의 특권집단으로 변모하는 상황도 살펴보았다. 그리고 대대로와 토졸 관련 기사의 분석을 통해서 고구려 후기 국정운영의 주도세력을 검토하고, 대대로와 막리지의 정치적 위상을 통해 고구려 후기의 국정운영방식을 재검토했다. 마지막으로 연개소문 집권의 성격과 의의에 대한 검토를 통해 고구려 멸망의 원인도 살펴보았다.

제1장
관위체의 발전과 정비

    고구려의 정치체제에 대한 연구는 주로 3세기까지의 고구려 초기에 집중되어 있다.[1] 이 시기의 정치체제에 대한 논의는 여러 가지가 있었지만 현재는 부체제론이 통설로 받아들여지고 있다. 고구려 중·후기의 정치체제는 일반적으로 전제왕권적 중앙집권체제에서 귀족연립정권체제의 단계를 거친 것으로 이해된다. 4세기 이후 중앙집권화에 성공한 고구려는 6세기 중엽 이후 왕의 위상이 약화되면서 귀족에 의해 정권이 주도되는 귀족연립정권체제의 단계로 전환되었다는 것이다. 본고는 이와는 시각을 약간 달리하여 중기에 성립된 중앙집권체제가 후기에도 지속되었으며, 관료화가 진행됨에 따라 관료적 성격이 강해진 특권귀족에 의해서 정국의 운영이 주도되었다고 이해한다. 제1장은 고구려 관위제의 사적 전개를 통해서 이를 입증하려고 하였다.

---

1)   고구려 초기 정치사에 대한 연구 현황은 노태돈, 1986, 「고구려사 연구의 현황과 과제」『동방학지』52; 임기환, 2003, 「고구려 정치사의 연구 현황과 과제」『한국고대사연구』31; 여호규, 2014, 「고구려 초기사의 연구 동향과 시기 구분」『고구려 초기 정치사 연구』등 참조.

고구려 官位制[2]에 관한 연구는 고구려의 중앙집권체제의 발전을 연구

2)　학자에 따라서는 관위제라는 용어 대신에 官等制, 官階制, 位階制를 사용한다(金哲俊, 1956, 「高句麗·新羅의 官階組織의 成立過程」『李丙燾博士華甲紀念論叢』; 1975, 『한국고대사회연구』, 지식산업사에 재수록; 宮崎市定, 1959, 「三韓時代の位階制について」『朝鮮學報』14; 武田幸男, 1978, 「高句麗官位制とその展開」『朝鮮學報』86; 1989, 『高句麗と東アジア』, 岩波書店에 재수록; 신동하, 1983, 「한국고대국가의 官等制와 身分制」『東大論叢』13; 하일식, 2000, 「삼국시대 관등제의 특성에 대하여－작제, 관위제와의 비교」『한국고대사논총』9, 한국고대사회연구소; 노중국, 2003, 「삼국의 관등제」『강좌한국고대사』2, 가락국사적개발연구원; 여호규, 2005, 「고구려 중기 관등제의 구조와 성립기반」『역사문화연구』특별호, 한국외국어대학교 역사문화연구소 등 참조). 그러나 엄밀히 따진다면 官階制와 位階制는 5세기 후반 品階制가 형성된 이후에나 사용이 가능한 용어이기 때문에 초기 고구려의 관제를 지칭하는 용어로서는 적합하지 못하다. 중국사에 있어서 官品制가 등장하는 것은 曹魏 후기부터이고, 北魏 후기에 이르러 9품이 18등 36계로 구분되는 현상이 나타나면서 品階라는 용어가 등장하기 때문이다. 실제로 臺灣中央硏究院의 '漢籍電子文獻資料庫'를 통하여 『사기』, 『한서』, 『후한서』, 『삼국지』, 『진서』, 『송서』, 『남제서』, 『양서』, 『진서』, 『위서』, 『주서』, 『북제서』, 『수서』, 『남사』, 『북사』, 『구당서』, 『신당서』에 기록되어 있는 해당 용어의 사례를 확인한 결과, '官階'는 『위서』 이전 단계의 사서에는 전혀 사용된 예가 없고, 『구당서』 5례, 『신당서』 44례를 포함하여 총 51례가 확인되었다. 또한 '位階'는 『晉書』, 『양서』, 『수서』에 각 1례씩 총 3례가 확인되었으며, '官等'은 『구당서』에 1례가 확인되었다. 이에 비해 '官位'는 『사기』 5, 『한서』 3, 『삼국지』 7례 등 총 82개의 사례가 확인되어 '官位'가 당시에 관제를 표현하는 가장 일반적인 표현이라는 것이 입증되었다(해당 숫자는 검출된 사례를 대상으로 원문을 다시 확인하여 조정하는 과정을 거친 후 도출된 결과이다. 단 원문은 일부 중복된 경우도 포함되었다. 또한 '官有十七等' 같은 경우는 '官等'을 지칭하는 것이겠지만, 산술의 편리를 위해 제외했으며, 직접적으로 '관등'이라고 지칭된 경우만 포함했다는 점을 알려 둔다). 노중국 역시 官等制 관련 용어를 개략적으로 검토하기는 했지만 상술한 시대적 변화 상황을 고려하지 않았기 때문에 도출된 결과도 역시 다를 수밖에 없었다(노중국, 2003, 앞의 논문 참조). 한편 고구려 고국천왕은 좌가려 등의 반란을 진압하고 난국을 수습할 인재를 등용하면서 "近者 官以寵授 位非德進 毒流百姓 動我王家 此寡人不明所致也"라고 하였다. 따라서 官位制라는 용어는 당시의 시대상에 가장 부합되는 용어라고 생각한다. 한편 官等은 사전적인 의미로 '관의 등급'을 뜻하고 있다. 여기서 관은 관직과 관위를 모두 포함할 수 있으므로, 주로 관직이 아닌 관위만을 전문적으로 다루고 있는 본고의 취지와는 정확히 들어맞지

하는데 있어 매우 중요하다. 관위제는 중앙집권적 국가체제의 형성 과정의 산물이기 때문이다.[3] 고구려 관제에 관해서는 그간 몇 편의 논고가 발표된 바 있으며[4] 이를 통해 고구려 관위의 실체에 상당히 접근할 수 있었다. 그 결과 고구려 관위제는 후기로 갈수록 점차 분화되고 정비되어 갔다는 사실이 확인되었다. 관위제의 발전이 전제 왕권의 성립, 중앙집권체제의 발전, 통치체제의 정비 등과 상당한 연관성을 가지고 전개되었음에도 불구하고 현재까지의 연구는 양자를 유기적으로 연결하여 해석하는데 주저하는 면이 없지 않았다. 고구려가 초기에서 중기로 전환되는 과정에서 나타나는 관제의 변화 양상을 정치체제의 변화와 연결시켜 중앙집권화의 정도를 고찰하는 작업은 비교적 성공적으로 구현되었지만,[5] 고구려 후기 단계에서는 관위제의 세분화,[6] 중리제의 정비[7] 등에서 나타나는 통치체제의 정비보다는 주요 논점이 관위구조에서 상위를 차지하고 있는 대대로와 五官會議 등의 귀족적 성격의 분석을 통하여 고구려 후기 정치체제가 귀족연립적정치체제라는 것을 입증하는데 집중되었던 까닭이다.[8] 본고는 중

않는다. 이것이 본고에서 일반적으로 통용되고 있는 '관등제'를 대신하여 '官位制'라는 용어를 선택한 이유이다. 한편 금경숙도 고국천왕의 해당 기사에 근거하여 官位制라는 용어를 선택 사용하였다(금경숙, 2004, 『고구려전기정치사연구』, 고대민족문화원, 70쪽 주3 참조). 본고에서는 관련 논문들을 인용하는 과정에서 학자들이 사용했던 관등제, 관계제, 위계제 등을 모두 관위제라는 용어로 환치하여 사용했다는 점을 미리 밝혀둔다.

3) 노중국, 2003, 앞의 논문, 91쪽.

4) 주1 참조.

5) 여호규, 1997, 『1~4세기 고구려 정치체제 연구』, 서울대학교 박사학위논문.

6) 武田幸男, 1978, 앞의 논문; 임기환, 2003, 앞의 책, 203~256쪽.

7) 이문기, 1999, 「고구려 덕흥리고분벽화의 '칠보행사도'와 묵서명」『역사교육논집』25; 이문기, 2000, 「고구려 막리지의 관제적 성격과 기능」『백산학보』55.

8) 노태돈, 1999, 앞의 책, 436~482쪽; 윤성룡, 1997, 「高句麗 貴族會議의 成立과 그 性格」『韓國 古代社會의 地方支配』, 한국고대사연구회 편; 임기환, 2004,

앙집권체제의 발전과 정비라는 전체적인 구조에서 고구려 관위제의 발전을 연속적으로 살펴보려고 시도하였다. 고구려 초기 관의 爵的 성격에 주목하고, 고구려 중기 이후 관위제의 발달과정을 살펴봄으로써 고구려에서의 관위 체계의 발전과정과 이를 통한 고구려 귀족의 관료적 성격의 증가 및 집권체제의 정비 과정을 살펴보려고 했다.

제1절 초기 官의 爵的 性格과 그 변화

고구려 초기 관제에 대해서 『삼국지』 위서 동이전은 다음과 같이 서술하고 있다.

> A-① 그 나라에는 王이 있고, 官은 相加, 對盧, 沛者, 古雛加, 主簿, 優台, 丞, 使者, 皁衣, 先人이 있는데, 존귀하고 비천함에 따라 각각 등급이 있었다.[9]

> A-② 관을 설치할 때 對盧가 있으면 沛者를 두지 않았고, 沛者가 있으면 對盧를 두지 않았다. 왕의 종족으로 大加인 자는 모두 古雛加를 칭했다. 涓奴部는 본래 國主였는데 지금은 비록 왕이 되지 못하지만 適統大人은 고추가를 칭할 수 있다. 또한 종묘를 설립하여 영성과 사직에 제사를 지낼 수 있었다. 絶奴部는 대대로 왕과 혼인했으므로 고추의 칭호를 더했다. 여러 大加들도 스스로 使者, 皁衣, 先人을 두었는데, 이름은 왕에게 보고되었다. 경대부의 가신과 같았는

앞의 책, 261~311쪽.

9) 『三國志』 卷30 烏丸鮮卑東夷傳 高句麗條 "其官有相加, 對盧, 沛者, 古雛加, 主簿, 優台, 丞, 使者, 皁衣, 先人, 尊卑各有等級"([晉]陳壽 撰, 陳乃乾 校點, 1982, 『三國志』). 본고에서 인용한 『三國志』를 비롯한 中國正史와 『資治通鑑』의 原文 標點은 모두 中華書局標點本을 근거로 함.

데, 모임에서 앉고 일어설 때 王家의 使者, 皁衣, 先人과 열을 같이
할 수 없었다.[10]

위의 기록에 의하면 3세기 무렵 고구려의 관은 상가, 대로, 패자, 고추
가, 주부, 우태, 승, 조의, 선인, 사자로 구성되어 있었다. 그리고 관은 그
세력기반의 크기에 따라 대가와 소가로 구분되었다.[11] 초기의 관제조직에
서는 대가도 독자적으로 사자, 조의, 선인이라는 가신을 설치할 수 있었기
때문에 고구려 관제는 이원적인 관제조직으로 이루어진 것으로 이해되었
다.[12] 그런데『삼국지』A기사에 나오는 고구려 초기 관에 대해서는 관직적
성격,[13] 관위적 성격,[14] 爵的 성격[15] 등이 지적되기도 하지만, 대체적으로
고구려 초기 관은 관직, 관위, 爵的 성격의 관 등 다양한 성격의 관으로 구
성된 것으로 이해되고 있다. 하위에 위치한 사자, 조의, 선인의 성격에 관
해서는 국왕이나 대가에 직속된 하급 관리라고 이해하는 것이 일반적이지
만, 상위에 속하는 관의 성격에 대해서는 연구자마다 의견이 다르다.

---

10)『三國志』卷30 烏丸鮮卑東夷傳 高句麗條 "其置官, 有對盧則不置沛者, 有沛者則
不置對盧. 王之宗族, 其大加皆稱古雛加. 涓奴部本國主, 今雖不爲王, 適統大人,
得稱古雛加, 亦得立宗廟, 祠靈星社稷. 絶奴部世與王婚, 加古雛之號. 諸大加亦自
置使者, 皁衣, 先人, 名皆達於王, 如卿大夫之家臣, 會同坐起, 不得與王家使者,
皁衣, 先人同列."

11) 박경철은 제군장사회의 수장인 군장을 대가로, 그 하부단위세력인 구역집단급 수
장은 소가로 재편되었으며, 조의, 선인, 사자가 구역집단 수장급인 소가에 해당
하는 것으로 인식한다(박경철, 1996,『고구려의 국가형성 연구』, 고려대학교 박
사학위논문, 208쪽).

12) 노중국, 2003, 앞의 논문, 102쪽.

13) 김철준, 1956,「高句麗·新羅의 官階組織의 成立過程」; 1990,『한국고대사회연
구』, 서울대학교 출판부, 230쪽.

14) 금경숙, 2004,『고구려 전기 정치사 연구』, 고려대학교 민족문화연구원, 70쪽.

15) 하일식, 2006,『신라 집권 관료제 연구』, 혜안, 123~135쪽.

대로·패자·주부·우태를 국왕 직속으로, 고추가·상가는 족장으로 파악하는 견해가 있는 반면,[16] 상가·대로·패자·고추가를 지배자공동체를 대표하는 제가계급에 수여된 관으로, 주부·우태·승은 왕 직속의 관료적 집단으로 이해하기도 한다.[17] 그리고 상가는 국상이라고 하고, 대로·패자·주부·우태·승을 국왕 직속의 관료로 파악하는 견해가 있는 반면[18] 패자·주부·우태를 왕 직속의 관료로 파악하는 견해도 있다. 또한 한편에서는 이들 관위명이 나부체제가 확립되는 태조왕대에 출현한 관이라는 사실에 주목하여 패자-우태-조의를 나부세력을 편제하는 관으로, 선인은 세력이 작은 후진적인 지역집단을 편제하는 관으로 이해하고, 고추가는 작호로, 주부는 계루부 왕권의 집권력을 뒷받침하는 관, 그리고 사자는 계루부를 포함하여 나부의 자치권을 뒷받침하는 관으로 이해하기도 한다.[19] 이와는 달리 패자-우태-조의는 나부계 관등으로, 대로-주부-사자는 방위부계 관등으로 분류하여 4세기 이후 나부계가 소멸되고, 방위부계만 분화 발전된 상황에 주목하는 견해도 있다.[20]

그럼에도 불구하고 이러한 연구로 인해 고구려 관제의 전개 과정에 대한 이해가 어느 정도 가능해졌다. 특히 고구려 초기를 하나의 단계로 취급했던 방법에서 벗어나 고구려 정치체제의 변화에 따라 관제의 변화와 발전을 분석한 방법은 관제의 연구를 질적으로 심화시켰다. 그런데 고구려 초

---

16) 김철준, 1990, 앞의 책, 229~232쪽.
17) 武田幸男, 1978, 앞의 논문; 1989, 앞의 책, 371~374쪽. 이에 반해 이종욱은 패자, 주부, 우태를 왕 직속의 관료로 파악하였다(李鍾旭, 1982, 「高句麗前期의 中央政府組織」『東方學志』33). 한편 김철준은 주부와 우태를 왕 직속의 관리로 파악하였다(김철준, 1990, 앞의 책, 232쪽).
18) 노중국, 1979, 「고구려국상고(상)」『한국학보』16.
19) 여호규, 2014, 『고구려초기정치사연구』, 신서원, 207~220쪽.
20) 임기환, 2004, 『고구려정치사연구』, 한나래, 133~140쪽.

기 정치체제가 지역적 기반을 둔 나부세력을 바탕으로 구성되었다는 점을 고려하면 관이라는 측면 이외에도 爵的인 성격도 함께 고려해서 살펴볼 필요가 있다. 고구려는 각급 자치체의 대소 수장층에게 관위를 수여하여 王과 加, 그리고 加들 상호간의 관계를 제도적으로 序階化했고, 따라서 초기 관은 다분히 작위적인 면을 지니고 있었기 때문이다.[21] 특히 패자, 우태, 조의 등의 관이 나부세력을 편제하는 관으로서 수여되었다는 앞의 견해들은 사용하는 개념은 다르지만 해당 관의 爵的 성격을 염두에 둔 것이었다. 그러므로 초기 관의 爵的인 성격에 대해서는 이미 선학들이 언급한 내용인 셈이다.

그런데 『삼국사기』에는 官이라는 표현 이외에도 爵이라는 표현이 종종 등장하여 주목된다. 그러므로 『삼국사기』에 등장하는 작의 성격을 밝히면 고구려의 관제에 대한 이해도 보다 심화될 것이라고 생각된다. 물론 『삼국사기』는 고려시대에 저술되어 고려시대 사람들의 관념이 투영되었을 여지가 많기 때문에 사료의 이용에 신중해야 하지만, 삼국시대부터 전해 내려온 사료도 적지 않기 때문에 주의하여 검토할 필요가 있다. 일단 작의 성격을 검토하기 위해서 『삼국사기』 고구려본기에 기록된 관 또는 작의 사여 기사를 추출하면 B와 같다. 이를 서술 방식에 따라 분류하면 3가지 유형으로 구분된다.

B 『삼국사기』 고구려본기 官爵 賜與 기사
⑴ 封~爲, 封爲 유형
　　ⓐ 2년 여름 6월, 송양이 나라를 바치며 항복해 오므로 그 땅을 다물도로 삼고 송양을 主로 封하였다.[22]

---

21) 노태돈, 1999, 『고구려사연구』, 사계절, 154쪽.

22) 『三國史記』 卷13 高句麗本紀 第1 始祖東明王 2年 6月條 "松讓以國來降 以其地爲

ⓑ (부여왕의 從弟가) 1만여 명과 더불어 항복해오니 왕이 그를 왕으로 封하여 연나부에 안치하였다.[23]

ⓒ 왕은 곧 (차대왕의 태자) 추안에게 구산뢰와 누두곡 두 곳을 주고 양국군에 封하였다.[24]

ⓓ 왕이 크게 기뻐하여 달가를 안국군으로 封하고, 내외의 병마사를 맡게 하고, 겸하여 양맥·숙신의 여러 부락을 통솔하게 하였다.[25]

(2) 加爵, 進爵 유형

ⓔ 환나부 우태 어지류를 좌보로 삼고 爵을 더하여 대주부로 삼았다.[26]

ⓕ 비류나부 양신을 중외대부로 삼고 爵을 더하여 우태로 삼았다.[27]

ⓖ (명림)답부를 拜하여 국상으로 삼고 爵을 더하여 패자로 삼아 내외병마를 맡게하고 겸하여 양맥 부락을 거느리게 하였다.[28]

ⓗ 왕이 사신을 보내 겸손한 말과 중후한 예로 (을파소를) 초빙하여 拜하여 중외대부로 삼고 爵을 더하여 우태로 삼았다. …… 왕이 그 뜻을 알고 곧 (을파소를) 국상으로 삼아 정사를 맡겼다.[29]

多勿都 封松讓爲主"

23) 『三國史記』卷14 高句麗本紀 第2 大武神王 5年 7月條 "(扶餘王從弟)乃與萬餘人來投 王封爲王 安置掾那部"

24) 『三國史記』卷16 高句麗本紀 第4 新大王 2年 正月條 "王卽賜狗山瀨婁豆谷二所 仍封爲讓國君"

25) 『三國史記』卷17 高句麗本紀 第5 西川王 11年 10月條 "王大悅 封達賈爲安國君 知內外兵馬事 兼統梁貊肅愼諸部落"

26) 『三國史記』卷15 高句麗本紀 第3 次大王 2年 7月條 "以桓那于台菸支留爲左輔 加爵爲大主簿"

27) 『三國史記』卷15 高句麗本紀 第3 次大王 2年 10月條 "沸流那陽神爲中畏大夫 加爵爲于台"

28) 『三國史記』卷16 高句麗本紀 第4 新大王 2年 正月條 "拜答夫爲國相 加爵爲沛者 令知內外兵馬兼領梁貊部落"

29) 『三國史記』卷16 高句麗本紀 第4 故國川王 13年 4月條 "王遣使 以卑辭重禮聘之

ⓘ 왕은 기뻐하여 고노자의 爵을 더해 대형으로 삼고 아울러 곡림을 식
읍으로 주었다.[30]

ⓙ 남부 대사자 창조리를 국상으로 삼고 爵을 올려 대주부로 삼았
다.[31]

ⓚ (왕이) 예를 갖추어 (온달을) 영접하고 爵을 주어 대형으로 삼았다.[32]

(3) 以~爲, 爲, 拜~爲, 拜爲 유형

ⓛ 갈사왕의 손자 도두가 나라를 들어 항복해오자, 도두를 우태로 삼았
다.[33]

ⓜ 왕이 환나부 패자 설유를 보내 주나를 정벌하고, 그 왕자 을음을 사
로잡아 고추가로 삼았다.[34]

ⓝ 패자 목도루를 좌보로 삼고, 고복장을 우보로 삼아, 수성과 함께 정
사에 참여하게 하였다.[35]

ⓞ 관나 패자 미유를 拜하여 좌보로 삼았다.[36]

ⓟ (왕이 안류를) 拜하여 대사자로 삼았다.[37]

拜中畏大夫 加爵爲于台 …… 王知其意 乃除爲國相 令知政事"

30) 『三國史記』卷17 高句麗本紀 第5 烽上王 2年 8月條 "王喜 加高奴子爵爲大兄 兼賜
鵠林爲食邑"

31) 『三國史記』卷17 高句麗本紀 第5 烽上王 3年 9月條 "以南部大使者倉助利爲國相
進爵爲大主簿"

32) 『三國史記』卷45 列傳 第5 溫達傳 "備禮迎之 賜爵爲大兄"

33) 『三國史記』卷15 高句麗本紀 第3 太祖大王 16年 8月條 "曷思王孫都頭 以國來降
以都頭爲于台"

34) 『三國史記』卷15 高句麗本紀 第3 太祖大王 22年 10月條 "王遣桓那部沛者薛儒 伐
朱那 虜其王子乙音 爲古鄒加"

35) 『三國史記』卷15 高句麗本紀 第3 太祖大王 71年 10月條 "以沛者穆度婁爲左輔 高
福章爲右輔 令與遂成參政事"

36) 『三國史記』卷15 高句麗本紀 第3 次大王 2年 2月條 "拜貫那沛者彌儒爲左輔"

37) 『三國史記』卷16 高句麗本紀 第4 故國川王 13年 10月條 "乃拜爲大使者"

ⓠ 왕이 고우루를 국상으로 삼았다.[38]

ⓡ 왕은 유유를 추증하여 구사자로 삼고, 또 그의 아들 다우를 대사자로 삼았다.[39]

ⓢ 비류부 패자 음우를 국상으로 삼았다.[40]

ⓣ 연나부 명림홀도로 공주를 취하게 하여 부마도위로 삼았다.[41]

ⓤ 상루를 국상으로 삼았다.[42]

ⓥ 왕이 고노자를 신성태수로 삼았다.[43]

이 중에서 (1) 封~爲, 封爲 유형은 封爵이라는 의미에서 爵制와 밀접한 관련이 있으며, 모두 分封을 수반하고 있다. (2) 加爵 또는 進爵 유형은 대주부(ⓔⓙ), 우태(ⓕⓗ), 패자(ⓖ), 대형(ⓘⓚ) 등 관위적 성격의 관을 수여할 때 사용되었다. (3) 以~爲, 爲, 拜~爲, 拜爲 유형은 우태(ⓛ), 고추가(ⓜ), 대사자(ⓟⓡ), 좌보(ⓔⓝⓞ), 우보(ⓝ), 중외대부(ⓕⓗ) 국상(ⓖⓗⓙⓢⓤ), 부마도위(ⓣ), 신성태수(ⓥ) 등을 임명하는 경우에 사용되었는데, 우태, 고추가, 대사자를 제외하고는 모두 관직을 수여하는 경우에 해당되었다. 이러한 사례를 통해 고구려본기에서 爵이라는 용어는 관위적 성격의 官에 국한되어 사용되었다는 것을 알 수 있다.

한편, 『삼국사기』 신라본기의 경우, 개별적인 인물에 대한 관직과 관위 수여 기사는 (3)번째 유형인 以~爲, 爲, 拜~爲, 拜爲 등으로 표기되어 관직

---

38) 『三國史記』卷16 高句麗本紀 第4 山上王 7年 8月條 "王以高優婁爲國相"

39) 『三國史記』卷17 高句麗本紀 第5 東川王 20年 10月條 "(王)追贈紐由爲九使者 又以其子多優爲大使者"

40) 『三國史記』卷17 高句麗本紀 第5 中川王 7年 4月條 "以沸流沛者陰友爲國相"

41) 『三國史記』卷17 高句麗本紀 第5 中川王 9年 11月條 "以椽那明臨笏覩 尙公主 爲駙馬都尉"

42) 『三國史記』卷17 高句麗本紀 第5 西川王 2年 9月條 "以尙婁爲國相"

43) 『三國史記』卷17 高句麗本紀 第5 烽上王 5年 8月條 "王以高奴子爲新城太守"

과 관위 수여에 전혀 구분을 두지 않았다. 이것은 『삼국사기』 고구려본기와는 다른 서술방식이었다. 신라본기에서 爵은 새로 즉위한 신왕이 중국의 책봉을 받는 경우[44]를 제외하면, 소지마립간 원년,[45] 성덕왕 원년,[46] 원성왕 원년[47] 등 신왕 등극이라는 국가적 대사를 맞이하여 모든 관인에게 작을 1등급씩 높여 주는 경우에 국한되어 사용되었다. 그런데 이때 爵은 "전공을 논하여 각간이나 이찬으로 총관이 된 자에게는 劍을 주고 잡찬·파진찬·대아찬으로 총관이 된 자에게는 戟을 주었으며, 그 이하에게는 각각 品位 1급씩을 올려 주었다"라는 문무왕 원년[48]조 기사에 등장하는 品位와 같은 의미로 사용되었다. 또한 문무왕 8년의 "유신에게 태대각간의 位를 하사하고, 인문에게 대각간을 하사했다. 이 밖에 이찬의 위에 해당하는 장군 등은 모두 각간으로 삼고, 소판 이하는 位 1급을 올려주었다"[49]라는 기사에 등장하는 位와 같은 의미였다. 즉 여기서 位는 官位를 의미하기 때문에 爵은 官位와 品位와 같은 개념으로 사용되었던 것이다.[50]

---

44) 『三國史記』卷8 新羅本紀 第8 神文王 元年條 "唐高宗遣使册立爲新羅王 仍襲先王官爵"; 『三國史記』卷9 新羅本紀 第9 景德王 2年 3月條 "仍册立王爲新羅王 襲先王官爵"

45) 『三國史記』卷3 新羅本紀 第3 炤知麻立干 "元年 大赦 賜百官爵一級"

46) 『三國史記』卷8 新羅本紀 第8 聖德王 元年 9月條 "大赦 增文武官爵一級"

47) 『三國史記』卷10 新羅本紀 第10 元聖王 元年 "增文武百官爵一級"

48) 『三國史記』卷6 新羅本紀 第6 文武王 元年 9月條 "論功 賜角干伊飡爲摠管者劍 迊飡波珍飡大阿飡爲摠管者戟 已下各一品位"

49) 『三國史記』卷6 新羅本紀 第6 文武王 8年 10月 22日條 "賜庾信位太大角干 仁問大角干 已外伊飡將軍等竝爲角干 蘇判已下竝增位一級"

50) 閻步克에 의하면 品位는 관리의 개인적인 대우와 자격과 지위에 관한 등급으로 職位와는 독립된 官階라고 한다(閻步克, 2009, 『從爵本位到官本位-秦漢官僚品位結構硏究』, 三聯書店, 5쪽). 또한 爵位와 官位는 모두 品位의 일종이며 官位制가 발달하기 전에는 爵位가 品位의 역할을 수행했다고 한다(閻步克, 2002, 『品位

즉 『삼국사기』의 저자 김부식은 고구려본기에서는 개별적인 인물이 관직과 관위를 하사받는 경우 관직은 以~爲, 爲, 拜~爲, 拜爲 등으로 표시하고, 관위는 加爵 또는 進爵이라고 표현하는 방식(ⓔⓕⓖⓗ)을 취하였다. 그러나 신라본기에서는 개별적인 인물의 경우에는 관직이나 관위에 상관없이 모두 以~爲, 爲, 拜~爲, 拜爲이라는 형식으로 기술하였으며, 관인 전체에게 관위를 하사하는 경우에만 작 또는 품위라는 용어를 사용하였다. 이렇게 고구려본기와 신라본기는 관의 수여 방식의 서술에는 차이가 있었지만, 爵을 관직과 대비하여 관위 즉 品位와 같은 의미로 사용했다는 점에서는 공통점이 있었던 것이다.

『삼국사기』에 등장하는 관작의 사례를 연구한 하일식은 『삼국사기』의 관위가 爵的 성격과 관직의 기능을 함께 보유한 것으로 파악하였다. 그는 『삼국유사』 권3 興法 제3 原宗興法 厭髑滅身에 기록된 세주[신라의 官爵은 모두 17등급인데 그 네 번째를 波珍喰 또는 阿珍喰이라고 한다. …] [신라 官爵에 大舍, 小舍 등이 있는데 대개 下士의 秩이다]에 등장하는 官爵의 용례를 고려시대의 爵과 비교한 이후 公, 侯, 伯, 子, 男의 5등작이 기본인 고려의 爵制와는 근본적으로 차이가 있다는 사실을 발견하였다. 그리하여 『삼국사기』의 고구려본기와 신라본기에 빈번히 등장하는 爵이라는 표현은 후대적 관념에 의해서 굴절되었을 가능성보다는, 편찬할 때 저본이 되었던 기록들을 그대로 옮겼을 가능성이 크다고 판단하였다. 그런 연후에 A-②의 '대가들 역시 스스로 사자, 조의, 선인을 두는데 명단을 모두 왕에게 보고한다. 경대부의 가신과 같아서 함께 모이는 자리에서는 왕가의 사자, 조의, 선인과 동렬에 있을 수 없다'는 기록에 근거하여 고구려의 초기 지배구조가 중국 선진시대의 爵的 위계질서와 외형상의 유사성을 지닌 것으로 이

與職位-秦漢魏晋南北朝官階制度研究』, 中華書局, 1~17쪽).

해했다.[51)

하지만 이러한 그의 관점은 문제가 없지 않다. 왜냐하면 선진시대의 작제는 宗法的이고 세습적이었기 때문에 작의 변화가 발생하는 경우가 거의 발생하지 않는 반면에 고구려의 경우는 爵的 성격의 관이 관직의 승진과 연동되는 경우가 대부분이기 때문이다. 물론 고구려의 초기 관제가 재지에 크고 작은 세력기반을 가지고 있었던 지역 수장층을 편제하는 과정에서 만들어졌기 때문에 외형상 봉건적인 제후적 성격을 가지고 있었던 것은 사실이다. 그러나 관제적 측면에서 본다면 고구려 초기의 관제는 선진시기뿐만 아니라 진한시기의 관제의 모습도 강하게 가지고 있었다. 하일식은 위 논고에서 세주에 나타난 官爵의 성격을 해석하는 것에 치중하여 한 가지 중요한 사실을 간과했는데, 그것은 바로 두 번째 세주인 [신라 官爵에 大舍, 小舍 등이 있는데 대개 下士의 秩이다]에 기록된 秩에 관한 사항이다.

'秩'은 祿秩이라고도 하는데 俸祿의 크기에 따라 서열화하는 것으로 신분적 질서에 의거하여 형성된 爵制와는 차이가 있다. 하위관리를 대상으로 하였으며, 직무의 대가로 급여를 수령하기 때문에 군주에게 충성을 다할 수밖에 없었다. 위계와 신분을 중시하는 爵制에서 업무를 중시하는 秩級으로의 변화는 정치체제와 지배계급의 전환을 의미하며, 관료제가 귀족제를 대체하고 새로운 형식의 관리가 귀족을 대체하는 과정을 의미했다.[52) '秩'이라는 용어는 선진시기에 이미 등장했지만, 상위의 관리에게 爵을 수여하고, 하위의 관리에게 秩을 수여하는 爵-秩체계를 형성한 것은 진한대에 이르러서였다.[53)

일연이 세주에서 하위의 관작을 특별히 秩이라고 설명한 이유는 바로

---

51) 하일식, 2006, 『신라집권관료제연구』, 혜안, 126~155쪽.
52) 閻步克, 2009, 앞의 책, 49~52쪽.
53) 閻步克, 2009, 앞의 책, 33~87쪽.

이러한 역사적 배경을 바탕으로 한 것이었다. 『주례』는 어떤 관직이 상대 부경, 중대부, 하대부, 상사, 중사, 하사에 해당한다는 것을 명확히 규정하였다. 그러나 한나라 역시 卿大夫士의 개념을 이용하여 관리와 관직의 등급을 비유하고 있었다.[54] 따라서 일연이 세주에서 언급한 내용은 선진시대는 물론 진한대의 관념까지 망라한 개념이었다는 것을 알 수 있다.

한편 주나라 시기 爵은 신분의 고하를 규정짓는 제도였다. 중국의 周나라 시기 爵은 두 가지 기본 서열이 있었는데, 하나는 公侯伯子男의 五等爵이고, 다른 하나는 公卿大夫士爵이었다. 公卿大夫士는 조정의 안에 위치하는 內爵에 속하였다.[55] 그러므로 천자에게 있어서 公侯伯子男은 당연히 外爵에 속하였다. 가의의 『新書』에서도 "옛날 성왕은 등급의 서열을 만들었다. 안에는 公卿大夫士가 있었고, 밖에는 公侯伯子男이 있었다"고 하였다. 2종류의 작으로 내외를 구별했던 것이다. 이에 따르면 五等爵을 보유한 자는 제후나 군주였으며, 內爵을 칭하는 公卿大夫士는 중국 최초의 관리 등급이었다.[56]

爵에 대한 이러한 이해를 바탕으로 B(1) 封~爲, 封爲 유형에 해당하는 기사를 검토하면 다음과 같다. 전 비류국왕 송양은 고구려에 투항한 이후 동명왕으로부터 다물주에 임명되어 기존의 땅을 돌려받고 그 땅에 대한 지배권을 그대로 인정받았다. B-ⓐ 기사에서 송양이 나라를 들어 항복을 하자 그 땅을 '多勿都'라고 한 것이 주목된다. 왜냐하면 중국에서는 제후가 거주하던 곳은 '國', 경대부에 속하면서 先君의 宗廟가 있는 곳을 '都'라고 했기 때문이다.[57] 이것은 A-②의 기사 중 "涓奴部[58]는 본래 國主였는데

---

54) 閻步克, 2002, 앞의 책, 72~84쪽.
55) 『白虎通義』雀; "公卿大夫者 何爲也? 內爵稱也."
56) 閻步克, 2009, 앞의 책, 34쪽.
57) 『左傳』 莊公 28年條 "凡邑, 有宗廟先君之主曰都, 無曰邑"
58) 본고에서는 涓奴部=消奴部=松讓의 땅이라는 통설을 취한다.

44 ─ 고구려 중·후기 지배체제 연구

지금은 비록 왕이 되지 못하지만 適統大人은 고추가를 칭할 수 있다. 또한 종묘를 설립하여 영성과 사직에 제사를 지낼 수 있었다"를 연상하게 하는데, 송양이 지배하던 땅을 '多勿都'라고 한 이유를 추정하게 한다. 그러므로 다물도는 후대의 윤색이 가미된 표현이라고 할 수 있지만,[59] 어쨌든 상응하는 의미를 감안한 글자인 것은 확실하다.[60] 비류국은 그 후 유리왕대에 이르러 侯가 되어 독립적인 지위를 상실하고 제후적 신분으로 전환되었다.[61] 대무신왕은 부여왕의 종제가 1만 명을 이끌고 고구려에 투항하자, 그를 王으로 임명하고, 연나부 지역에 그들이 거처할 수 있는 토지를 하사하여 투항한 무리를 안치시켰다(B-ⓑ). 이러한 사실은 모두 동명왕대에 계루부에 복속된 소국 수장층이 유리왕대와 대무신왕대에 이르러 제후적 신분으로 재편되고 있었던 사실을 반영한다. 이들이 사여받은 왕이나 후는 중국의 작제에 비유하면 外爵에 해당하는 것이었다. 이것은 당시 고구려 왕의 지위가 후대에 비해 그다지 높지 못했다는 것을 의미하는데, 외작체계에서는 천자 역시 제후에 속하기 때문이었다. 학자에 따라서는 이를 등급군주제라고도 표현하는데, 후대의 전제군주제와 비교하면 그 지위는 상당히 미약한 것이었다.[62]

그런데 고구려가 사여한 外爵에 王과 侯만 보이고 있어 주목된다. 왜냐하면 한나라 초기의 봉작제도는 매우 단순하여 王과 侯만 있었기 때문이

---

59) 조영광은 多勿都라는 표현은 주몽 당시에 비류국을 한 지방으로 편제한 것을 의미하는 것이 아니라 후대의 윤색이 가미된 표현으로 추정한다.『삼국사기』대무신왕조에 '多勿國'이라는 표현이 등장하는 것으로 보아 那部보다는 독자성이 더 강한 상태를 유지했다고 본다(조영광, 2010,「고구려 5나부의 성립과정과 영역 검토」『대구사학』98, 51쪽 주65).

60) 윤성렬, 2015,「고구려전기 영토편제방식의 재검토」『고구려발해연구』51.

61) 『三國史記』卷13 高句麗本紀 第1 瑠璃王 2年條 "納多勿侯松讓之女爲妃"

62) 白剛 主編, 1996,『中國政治制度通史』(第1卷), 人民出版社, 31쪽.

다.[63] 『史記』권17 「漢興以來諸侯王年表」에 기술된 "漢興, 序二等"에 대해 韋昭는 "한나라는 공신을 봉함에 있어 공이 큰 자는 王으로, 작은 자는 侯로 봉했다"[64]고 했고, 『通典』은 이에 대해서 "爵은 2等을 설치했다. 王과 侯이다"라고 하였다.[65] 그러므로 『삼국사기』에서 보이는 고구려 관제의 모습은 선진시기보다는 진한시기의 모습에 더 가까웠다. 한나라에서는 三公九卿이라는 관직 명칭에서 알 수 있듯이 公-卿-大夫를 사용하여 등급관념을 나타내고 있었지만, 卿, 大夫, 士는 이미 吏職化되었다.[66] 그렇다면 고구려본기에 등장하는 고구려 초기의 爵적 성격의 관이 卿大夫에 비유되면서도 선진시기와는 달리 功過에 따라 승강하는 이유를 알 수 있겠다. 고구려본기에 등장하는 爵적 성격의 관은 바로 한나라 시기의 관제와 유사했던 것이다. 다만 앞에서도 언급했듯이 관을 수여받은 자가 봉건적인 제후적 성격을 가졌기 때문에 외형상 선진시대의 경대부와 유사한 면이 있었다. 이것이 바로 고구려의 초기 관제가 중국의 상황과 제대로 들어맞지 않은 이유였다. 따라서 고구려의 관제는 선진시기의 제후적 특징과 함께 진한시기의 관제적 특징도 함께 고려하여 분석할 필요가 있다.

한편 태조왕 이후에는, 외부에서 투항해 온 수장층이 고구려왕으로부터 수여받은 官의 명칭에서 전대와는 많은 차이가 있었다. 王이나 侯가 아닌 고구려 독자적인 官인 우태(B-ⓓ) 혹은 고추가(B-ⓜ)를 하사받았던 것이다. 그런데 우태는 환나부 우태 어지류(B-ⓔ)와 비류나부 양신(B-ⓕ), 그리고 계루부 소속으로 추정되는 을파소(B-ⓗ)에게도 사여되고 있었던 것이다.

---

63) 楊光輝, 2002, 『漢唐封爵制度』, 學苑出版社, 7쪽.

64) 『史記』卷17 漢興以來諸侯王年表 "漢興序二等" 韋昭 注 "漢封功臣, 大者王, 小者侯也"

65) 『通典』卷31 職官 13 歷代王侯封爵公主并官屬附 "設爵二等, 曰王, 曰侯"

66) 閻步克, 2009, 앞의 책, 53~54쪽.

C-① (태조왕 80년 가을 7월) 수성이 왜산에서 수렵을 하고 좌우와 더불어
연회를 베풀었다. 이때 관나부 우태 미유와 환나부 우태 어지류와
비류나부 조의 양신 등이 은밀히 수성에게 아뢰었다.[67]

C-② (차대왕) 2년 봄 2월, 관나부 패자 미유를 좌보로 삼았다. 3월 우보
고복장을 죽였다. …… 가을 7월, 좌보 목도루가 병을 칭하고 물러
나므로 환나부 우태 어지류를 좌보로 삼고, 작을 더하여 대주부로
삼았다. 겨울 10월 비류나부 양신을 중외대부로 삼고, 작을 더하여
우태로 삼으니 그들은 모두 왕의 오랜 친구들이었다.[68]

위의 기사는 태조왕과 차대왕 당시 관의 수여 방식을 엿볼 수 있는 사료
로서 가치가 크다. 기사에 의하면 관나부 우태 미유와 환나부 우태 어지
류 등은 태조왕 말년에는 그들이 지녔던 관에 상응하는 관직을 보유하고
있지 않았다. 그러나 차대왕이 즉위한 후 왕의 오랜 친구였기 때문에 관의
승급과 함께 그에 상응하는 관직을 함께 제수받았다. 태조왕 말기에 관직
이 보이지 않는 것은 사료의 누락이라고 볼 수도 있지만, 본고는 이들이 당
시 관직을 보유하지 않았다고 생각한다. 고대사회에서는 관직의 수량보다
관위의 수량이 훨씬 많았고, 관위적 성격의 관은 그 자체로서 사회적·정
치적 신분을 나타냈기 때문이다. 관나부 우태 미유와 환나부 우태 어지류
등은 이미 제가세력의 수장으로서의 그들의 신분을 나타내는 우태라는 관
을 보유함으로써 그에 합당한 위상을 가졌던 것이다. 한편 패자는 D-④
의 기사를 통해 우태→패자의 승진과정이 확인되어 우태와 동일한 계열

---

67) 『三國史記』卷15 高句麗本紀 第3 太祖大王 80年 7月條 "遂成獵於倭山 與左右宴
於是 貫那于台彌儒桓那于台菸支留沸流那皂衣陽神等 陰謂遂成曰 初 慕本之薨也"

68) 『三國史記』卷15 高句麗本紀 第3 次大王 2年條 "拜貫那沛者彌儒爲右輔 三月 誅右
輔高福章 …… 秋七月 左輔穆度婁稱疾退老 以桓那于台菸支留爲左輔 加爵爲大主
簿 冬十月 沸流那陽神爲中畏大夫 加爵爲于台 皆王之故舊"

에 속하는 관으로 추정되므로[69] 마찬가지로 국왕이 나부세력의 수장에게 수여하던 관이라는 추정이 가능하다.

태조왕대는 『삼국지』 고구려전에 기록된 관들이 처음으로 등장하고 있어 주목된다. 그런데 『삼국지』는 고구려 대가와 사자, 조의, 선인의 관계를 "경대부의 가신과 같다"라고 기록했다. 지금까지 연구는 주로 이 문구에 등장하는 가신에 방점을 두고, 하위에 속하는 관리들의 성격을 파악하는데 집중했다. 본고는 이와는 시각을 달리 하여 대가급에 해당하는 관들이 경대부에 해당한다는 설명에 주의하고자 한다.

앞에서 설명했듯이 경대부는 내작체계에 속했는데 조정에 속한 관리의 등급이라는 속성도 지니고 있었다. 경대부는 자신의 봉지인 채읍을 통해 토지와 인민을 지배하는 君에 속했다. 그러므로 경대부에 비유되는 우태, 패자, 고추가 등은 내작체계에 속하는 관으로 비유될 수 있다. 그러므로 이들은 갈사왕의 손자 도두의 경우(B-㉠)처럼 자신의 봉지에서 군주적 위치에 있으면서도 중앙에 대해서는 조정의 관이라는 신분을 가졌던 것이다.

이상과 같이 복속된 외부 수장층에 사여한 관이 외작적 성격에서 내작적 성격의 관으로 변화하는 양상은 외부 수장층에 대한 고구려왕의 지배력이 강화되는 현상을 반영한다. 특히 C의 기사를 통해 조의-우태-패자로 이어지는 관의 서열도 어느 정도 확립되어 있다는 것이 확인되었다. 외부수장층을 대상으로 하는 관의 성격 변화는 태조왕대 나부체제의 확립과 관계가 깊다. 태조왕대에 이르러 고구려의 초기 관제는 대략적인 체제를 완성했던 것이다. 그러나 차대왕대의 양국군(B-㉢)과 서천왕대의 안국군(B-㉣)에서 나타나듯이 외작적 성격의 관이 완전히 사라진 것은 아니었다. 다만 이 경우에 있어 외작적 성격의 관이 고구려 왕족에게만 사여되었다는 점에서 고구려 왕권 강화의 일면을 엿볼 수 있다.

---

69) 여호규, 2014, 앞의 책, 208쪽.

이상으로 고구려 초기 官의 爵的 性格을 살펴보았다. 고구려 초기에 해당하는 중국의 진한시대에 있어서도 아직은 관위제가 본격적으로 발달되지 않은 시기였기 때문에 고구려의 관제에 등장하는 초기의 관을 관위라고 지칭하기에는 부족한 면이 없지 않다. 아직 관위제가 발달하기 전에 품위로서 관위의 역할을 수행한 것은 작위였다. 고구려 초기의 기록에 나타난 작의 용례를 통해서 고구려 초기 관제의 특징을 살펴본 결과 고구려 초기의 관제는 중국과는 차이가 있다는 것이 발견되었다. 즉 고구려 초기의 관제는 외형적으로는 제후적인 모습을 보이고 있었지만, 관제적인 측면에서 본다면 진한시기에 더 가까웠던 것이다. 이것은 바로 고구려의 초기 관이 독자적 정치기반을 지닌 재지수장층을 대상으로 수여되었기 때문이었다.

제2절 國王 近侍職과 皁衣 · 先人

1. 近侍職의 성격

관리는 궁내에서 군주를 수행하는 中朝官(內朝官)과 궁궐 밖에서 국사를 처리하는 外朝官으로 구분할 수 있다. 또 군주를 직접 모시는 중조관은 2개의 부류로 구성된다. 하나는 환관과 같이 궁내에서 일상적인 직무를 수행하면서 군주의 기거와 의식을 주관하는 부류이고, 다른 하나는 일상적인 직사가 없이 시종과 시위를 담당하는 부류이다. 일반적으로 후자의 부류를 近侍라고 하는데, 이들은 군주의 좌우에서 근시, 숙위, 봉명출사 등의 직을 수행하였다.[70] 이를 근거로 고구려 초기의 사료에서 근시의 존재를

---

70) 王克奇, 1984, 「論秦漢郎官制度」『秦漢官制史考』, 齊魯書社, 345쪽.

확인하면 다음과 같다.

    D-① 왕의 어머니 유화가 동부여에서 돌아가셨다. 그 왕 금와가 태후의
          예로써 장사를 지내고 신묘를 세웠다. 겨울 10월, 使를 부여에 보
          내어 방물을 바쳐 그 덕에 보답했다(동명성왕 14년 8월).[71]

    D-② 使를 보내어 柵城을 안무했다(태조대왕 50년 8월).[72]

    D-③ 봄에 크게 가뭄이 들었다. 여름이 되자 나무와 풀이 말라 불모의
          땅이 되었다. 백성이 굶주리니 왕이 使를 보내어 진휼했다(태조대왕
          56년).[73]

    D-④ 왕이 使를 보내어 겸손한 말과 중후한 예로 그를 초빙하여 중외대
          부를 수여하고, 爵을 더하여 우태로 삼았다(태조대왕 56년).[74]

    D에서 使는 군주의 명령을 받아 외교 업무를 수행하고(D-①), 지방에 파
견되어 그 지역에 주둔하는 관민을 위문하고(D-②), 기근이 발생하자 군주
의 명령을 받아 구휼에 나서기도 하였다(D-③). 또한 인재를 초빙할 때, 군
주의 명령을 받아 이를 전달하는 역할을 수행하기도 했다(D-④). 여기서
使가 구체적으로 어떤 관을 지칭하는지 알 수는 없지만, 고구려 초기에 관
제가 정비되지 않은 사실로 미루어 왕의 측근이 아닐까 한다. 동명왕대는
초창기라서 아직 관제 정비가 이루어지지 않았으므로 외교적 업무를 담당
한 D-①의 使는 왕의 측근일 수밖에 없었다. 그러나 초기 관제가 어느 정

---

71) 『三國史記』 卷13 高句麗本紀 第1 始祖 東明聖王 14年 8月條 "王母柳花薨於東夫
    餘 其王金蛙以太后禮葬之 遂立神廟 冬十月 遣使扶餘饋方物 以報其德"

72) 『三國史記』 卷15 高句麗本紀 第3 太祖大王 50年 8月條 "遣使安撫柵城"

73) 『三國史記』 卷15 高句麗本紀 第3 太祖大王 56年條 "春 大旱, 至夏赤地, 民飢 王發
    使賑恤"

74) 『三國史記』 卷16 高句麗本紀 第4 故國川王 13年條 "王遣使 以卑辭重禮聘之 拜中
    畏大夫 加爵爲于台"

도 확립이 되는 태조왕대가 되면 중요한 외교적 업무는 왕의 측근보다는 행정업무를 맡아보는 하급관리였던 使者가 수행했을 가능성이 있다. 물론 고구려 후기의 관위 중에서 외교업무를 수행하는 관으로서 발고추가의 존재가 확인되고 있지만, 태조왕대에 고구려에 복속된 주나 왕자 乙音이 작위적 성격의 고추가에 임명되고 있고(B-③-ⓜ), 유리왕의 아들 재사[75]와 서천왕의 아들 돌고[76]가 고추가라는 작위에 임명되는 것으로 보아, 아직은 외교업무를 담당하지는 않았다. 따라서 태조왕대에는 외교업무를 담당하는 정식 행정 관료는 성립된 것 같지 않고, 사안에 따라서 왕의 측근인 使혹은 使者가 외교업무를 수행했을 것으로 보인다. 왜냐하면 사의 주요 직책 중의 하나가 봉명출사이기 때문이다. D의 기사들은 『삼국사기』 고구려본기 초기 기사에 등장하는 使가 『삼국지』 위서 동이전 고구려조(A-②)에 등장하는 使者와 마찬가지로 家臣的 성격에 해당하는 관이었다는 것을 보여 준다고 할 것이다. 한편 고구려본기 중·후기 기사에 등장하는 使는 장수왕 7년에 나라 동쪽에서 홍수가 발생하였을 때 사를 보내어 위문한 1개의 사례[77]를 제외하고는 모두 외교업무를 수행하는 경우에만 서술되고 있는데 이때의 使는 이미 군주의 측근인 근시가 아니라 고구려왕이 개설한 관부에 소속된 속관이거나 정식 행정 관료라는 점에서 초기와 근본적인 차이가 있다.

E-① 담당 관리에 명하여 현량하고 효순한 자를 천거하게 하고, 홀아비, 과부, 고아, 자식 없는 노인과 늙어서 혼자 힘으로 생계를 도모할

---

75) 『三國史記』 卷15 高句麗本紀 第3 太祖大王 卽位年條, "太祖大王[或云國祖王] 諱宮 小名於漱 琉璃王子古鄒加再思之子也"
76) 『三國史記』 卷17 高句麗本紀 第5 美川王 卽位年條.
77) 『三國史記』 卷18 高句麗本紀 第6 長壽王 "七年 夏五月 國東大水 王遣使存問"

수 없는 자를 찾아서 옷과 먹을 것을 주도록 했다(태조왕 66년).[78]

E-②-1 내외의 담당 관리에 명하여 홀아비, 과부, 고아, 자식 없는 늙은
이, 늙고 병들고 가난하여 혼자 힘으로 생계를 도모할 수 없는 자
들을 널리 찾아서 구휼하게 하였다. ②-2 또 담당 관리에 명하여
매년 봄 3월부터 가을 7월까지 관청의 곡식을 내어 백성들의 가구
수에 따라 차등 있게 대여했다가 겨울 10월에 상환하게 하는 것을
법규로 정하였다. 내외 사람들이 크게 기뻐했다(고국천왕 16년).[79]

E-③ 신은 이미 말을 다 하였으니 죽어도 사는 것과 같습니다. 청컨대
나아가 담당 관리에게 죽음을 받겠습니다(산상왕 원년).[80]

E-④ 가을 9월, 담당 관리에 명하여 발기의 시신을 받들어 맞이하고, 왕
의 예를 갖추어 배령에 장사하게 하였다(산상왕 원년).[81]

E는 고구려 초기 각종 업무를 수행하는 담당 관리에 관한 사료를 모은
것인데, 이를 통하여 인재의 천거(E-①), 빈한한 백성에 대한 의식 공급(E-
①), 진대법 시행(E-②-1), 사법 처리(E-③), 장례 주관(E-④)을 담당하는 관리
의 존재가 확인된다. E의 자료에 의하면 이들 관리의 설치시기는 늦어도
태조왕 후기부터 산상왕대이다. 이 시기가 되면 관직체계가 미비하여 긴
급 사안이 발생할 때마다 국왕의 측근을 임시로 파견하여 업무를 처리하게
하였던 초창기의 방식이 전문 담당 관리를 통하여 공식적인 업무를 수행하

---

78) 『三國史記』卷15 高句麗本紀 第3 太祖大王 66年 8月條 "命所司, 舉賢良孝順, 問
鰥寡孤獨及老不能自存者, 給衣食."

79) 『三國史記』卷16 高句麗本紀 第4 故國川王 16年條 "命內外所司 博問鰥寡孤獨老
病貧乏不能自存者 救恤之 命有司 每年自春三月至秋七月 出官穀 以百姓家口多小
賑貸有差 至冬十月還納 以爲恒式 內外大悅"

80) 『三國史記』卷16 高句麗本紀 第4 山上王 元年條 "臣旣以言之 雖死猶生 請出受誅
有司"

81) 『三國史記』卷16 高句麗本紀 第4 山上王 元年條 "命有司 奉迎發歧之喪 以王禮葬
於裴嶺"

는 방식으로 대체되었던 것이다. 여기서 한 가지 더 유의할 점은 D-③과 E-②-1의 구휼기사에서 확인되는 차이이다. 전자가 왕이 측근을 파견하여 구휼의 업무를 처리하게 한 반면, 후자는 이를 담당하는 관리에게 직접 지시하여 구휼하도록 하여 고국천왕 때에는 태조왕 때보다는 좀 더 진전된 행정체계를 갖추었다는 것을 확인할 수 있다.

태조왕 이전의 초창기에 특정한 업무를 담당하던 관리의 존재는 구체적으로 확인되지는 않지만, 몇몇 사례들을 통하여 제사에 사용될 희생용 돼지를 관장했던 관리의 존재를 확인할 수 있다.[82] 그리고 국정을 소홀히 하던 유리왕에게 간하다가 대보의 직위에서 물러나 宮園을 관장하는 직책으로 좌천된 협보의 사례를 통하여 왕실 궁원을 관리하던 관리의 존재도 확인된다.[83] 그런데 이들의 업무는 모두 왕실 재산과 제사 관리에 국한되고 있었다.

이에 비하여 E의 관리들은 재정, 인사, 경제 등 공적인 업무를 수행하고 있었다. 왕실사무를 관장하던 관리 중심에서 이미 대민 업무를 담당하는 관리로 그 성격이 변모한 것이다. 특히 E-②에 보이는 '內外'는 계루부와 나부를 함께 지칭하는 것으로서, 이를 통해서 2세기 말에 이르러 계루부 왕권의 나부에 대한 지배력이 상당한 정도로 관철되고 있음을 볼 수 있다. 또한 왕실의 장례에 국한되었던 E-③의 업무도 명림답부의 예에서 확인되듯이 신대왕 말년에는 국가에 큰 공을 세운 공신의 장례를 담당하는 것으로 확대되었다.[84] 대신의 장례를 생전의 공적에 따라서 국가가 일정 정도 관여하는 것은 국왕에 대한 충성을 유발하기 때문에 관리들을 관리하는

---

82) 『三國史記』卷13 高句麗本紀 第1 瑠璃王 19年 8月條, 瑠璃王 21年 3月條.

83) 『三國史記』卷13 高句麗本紀 第1 瑠璃王 22年 12月條.

84) 『三國史記』卷16 高句麗本紀 第4 新大王 15年 9月條 "國相答夫卒 年百十三歲 王自臨慟 罷朝七日 乃以禮葬於質山 置守墓二十家"

방법으로 상당히 효과적이라고 할 수 있다.[85] D와 E의 비교를 통해 공적인 업무를 담당하는 관리의 확대 설치, 왕실 업무를 수행하던 관리의 공적인 업무 수행, 그리고 이에 따른 使의 공적인 업무의 축소는 왕권의 강화와 관직체계의 정비 과정을 보여주는 예라고 하겠다. 그런데『삼국지』에는 고구려가 10월 國中大會를 통해 국가 제사를 거행하고 제가들이 평의를 통해 죄수들의 형벌을 결정하였다고 기록하고 있어,[86] 이들 관리들이 맡는 직무는 실무적 차원에서 처리하는 수준에 불과했고, 국가의 중대사는 제가 회의를 통해 결정되었던 것으로 보인다. 이상과 같이 국가의 공적 행정 기구가 어느 정도 체계를 갖추기 전까지 근시는 왕의 측근으로서 다양한 업무를 수행했던 것이다.

한편 고구려에서 근시가 존재하였다는 대표적인 사례로서 다음의 2가지 기사는 일찍부터 주목을 받았다.

> F-① 4년 왕이 나날이 포악해져 앉을 때에는 사람을 깔고 앉고, 누울 때에는 사람을 베고 누웠다. 만일 사람이 움직이기라도 하면 가차 없이 죽였으며, 신하 가운데에서 간하는 이가 있으면 활을 당겨 그를 쏘았다. 6년 겨울 11월, 두로가 왕을 시해하였다. 두로는 모본인으로 왕을 좌우에서 시종하였는데, 죽임을 당할까 염려하여 통곡하였다. 어떤 사람이 그에게 말하였다. "대장부가 왜 우는가? 옛 사람의 말에 '나를 보호하면 임금이요 나를 학대하면 원수'라고 하였다. 지금의 왕은 포악하게 행동하여 사람을 죽이니 백성의 원수이다. 그대가 왕을 처단하라." 두로가 칼을 품고 왕의 앞으로 가니 왕

---

85) 당나라의 경우 鴻臚寺가 대신에 대한 장례를 관장하고 있는 점이 참조가 된다.
86)『三國志』卷30 東夷烏丸鮮卑傳 高麗條 "其國東有大穴, 名隧穴, 十月國中大會, 迎隧神還于國東上祭之, 置木隧于神坐. 無牢獄, 有罪諸加評議, 便殺之, 沒入妻子爲奴婢"

이 그를 당겨 앉게 하였다. 이에 두로가 칼을 빼어 죽였다. 마침내 그를 모본원에 장사를 지내고, 호를 모본왕이라고 하였다.[87]

F-② 가을 9월, 왕이 돌아가셨다. 柴原에 장사를 지내고 호를 동천왕이라 하였다. 국인들에서 그 은덕을 그리워하고 슬퍼하지 않는 자가 없었다. 近臣 가운데에 자살하여 순장하려는 자가 많았다. 새로 즉위한 임금은 예가 아니라고 하여 금지하였다. 그러나 장례일에 이르자 무덤에 와서 자살한 자가 매우 많았다. 국인들이 섶을 베어다 그들의 시체를 덮어 주었기 때문에 마침내 그 지역을 시원이라고 하였다.[88]

F-① 모본인 두로의 신분에 대해서는 일반 신하와는 구별되는 존재로서 왕의 사유물로 취급당해도 무방할 정도로 낮은 신분의 소유자이며, 왕의 일상생활과 밀접한 관련을 맺고 있던 사람일 것이라는 견해가 있었다.[89] 나아가 모본인 두로는 사자, 조의, 선인 등 왕가의 가신과도 구별되는 존재였을 것이라고 인식되었다. 또한 F-② 동천왕 사후에 자살하여 순장한 근신의 신분에 대해서는 生時에 主人에게 奉事한 侍從人일 것이라고 추정되기도 했다.[90] F-①에서 확인되듯이 두로는 '왕의 좌우에서 시종(侍王左右)'하던 근시로서 왕의 포악한 행위를 간하던 신하(臣)와는 구별되는 존재였다. 칼로써 왕을 시해한 것으로 보아 왕의 侍衛 업무를 담당하던 근시였을 가능성이 높다. 동천왕을 따라서 자살한 近臣에는 왕을 가까이에서 시종하던 近侍뿐만 아니라 왕을 가까이에서 보좌하던 臣下들도 섞여 있

87) 『三國史記』卷14 高句麗本紀 第2 慕本王 6年條.
88) 『三國史記』卷17 高句麗本紀 第5 東川王 22年條.
89) 趙仁成, 1987, 「慕本人 杜魯－高句麗의 殉葬과 守墓制에 관한 一檢討」『歷史學報』 87.
90) 邊太燮, 1958, 「韓國 古代의 繼世思想과 祖上崇拜信仰」『歷史教育』3, 66쪽.

었을 것이다. 고래로부터 전해져 오던 순장의 풍습의 여파일 가능성도 배제할 수는 없지만,[91] 관구검의 침입에 대항하고 전후 국가를 재건하는 과정에서 동천왕과 매우 친밀한 관계를 형성한 인연으로 인하여 근신들이 왕의 사후에 기꺼이 죽음을 택했을 가능성이 더 크다고 하겠다.

이와 같이 기존의 연구에 의하면 근시는 상당히 신분이 낮은 존재였다. 그러나 다른 국가의 사례를 보면 근시의 신분은 낮은 것이 아니었다. 초기 국가단계에서 근시는 대부분 왕의 신하였으며, 성숙한 중앙집권적 국가에서도 근시의 신분은 상당히 높은 것이었다. 『주례』의 기록에 의하면 아직 출사하지 않은 경대부의 자제를 '士庶子'라고 하였다. 『예기』에서는 이들을 '庶子'라고 하였다. '士庶子'는 군주의 근처에서 숙위를 포함한 각종 직역을 담당했으며, 전쟁 때는 군대를 이루어 출정하기도 하였다. 士庶子제도는 전국시대에도 유행하였으며, 郎官제도로 발전하였다.[92] 한편 張家山漢簡 『二年律令』의 律文 조항에는 '宦皇帝者'라는 용어가 자주 등장하는데, 이들은 바로 황제의 근시직을 지칭하는 것이었다.[93]

여기서 '宦'이란 의미는 군왕을 위하여 시종, 시위, 직역을 담당하는 것을 지칭하는 것이었다. '宦'은 士庶子가 장래 벼슬길로 나아갈 자격을 부여하였다. 즉 서사자들은 먼저 '宦'을 한 이후에 '仕'를 하였다. '宦'과 '仕'는 벼슬길로 나아가는 2가지 단계였던 것이다. 한편 '환'은 벼슬길로 나아가는 기점이 되기 때문에 '사'로도 해석이 가능했다. 좀 더 정확히 표현하자면 '환'은 벼슬길의 첫 단계였다. 즉 中官, 侍從, 郎衛 혹은 家臣을 담당하던 단계였다.[94]

---

91) 邊太燮, 1958, 위의 논문 참조.

92) 閻步克, 2009, 앞의 책, 94쪽.

93) 閻步克, 2009, 앞의 책, 370쪽.

94) 閻步克, 2009, 앞의 책, 95~96쪽.

당시 귀족자제들은 관이 되려면 먼저 군주를 모셔야 했다. 근시를 군주가 신뢰할 수 있는 근친 혹은 귀족에게 맡김으로써 군주는 근위군의 신뢰도와 충성심을 제고할 수 있었다.[95] 전제나 법제가 고도로 성숙한 사회라면 帝王들이 주변의 신뢰할 수 있는 인물들의 子弟에 의지하여 안전을 보장받을 필요는 없었을 것이다. 그러므로 士庶子가 근시나 시위를 담당하는 제도는 초기사회에서 상대적으로 발달하였던 제도였다. 귀족자제가 편제되어 직역을 담당하는 것은 초기사회에서 인력을 이용하는 하나의 방식이기도 하였다. '宦皇帝者' 또는 '宦于王' 제도는 군주와 귀족이 서로 결합하여 특수한 유대관계를 구축하던 제도였던 것이다.[96]

그런데 이러한 '宦于王' 제도는 중국뿐만 아니라 북방민족에서도 나타났다. 북위의 侍從, 虎賁, 羽林, 요나라의 祇候郎君, 원나라의 怯薛, 청나라의 侍衛는 '宦于王' 제도와 유사한 면이 있었다. 다만 차이가 있다면 주나라 때의 士庶子가 文의 색채가 강한 반면 이들은 武의 색채가 훨씬 강했다는 점이다.[97]

동아시아제국에서 나타나는 이러한 일반적인 사례를 통해서 고구려 초기의 근시직이 하급관리의 전유물이 아니라 귀족자제가 입사하는 초직일 가능성이 있다는 것을 염두에 두고, 고구려의 근시직에 대해서 다시 검토해 보기로 하자. 고구려의 근시직으로 우선 주목되는 것은 『삼국지』에 왕의 가신으로 설명된 사자, 조의, 선인이다.

---

95) 신라의 경우 이차돈과 비형랑의 사례에서 알 수 있듯이 초기 근시조직에는 어떠한 형태로든지 왕실과 일정한 관계를 가지고 있었던 자들이 근시집단의 구성원이 되었을 것이라고 한다(李文基, 1983, 「新羅 中古의 國王近侍集團」『歷史敎育論集』5, 77~78쪽).

96) 閻步克, 2009, 앞의 책, 96~97쪽.

97) 閻步克, 2009, 앞의 책, 102~103·115~123쪽.

2. 皂衣와 先人

고구려는 초기에 사자, 조의, 선인 등의 관이 있었는데 왕이나 대가의 가신 역할을 수행하였다(A-②). 이들의 개별적인 성격에 대해서는 아직까지 연구가 미흡한데 대체적인 견해를 정리하면 사자는 조부를 징수하는 책임을 맡은 관리였지만 4세기 이후 관제가 정비됨에 따라 대사자, 사자 등으로 분화되면서 형계 관료와 함께 고구려 관계의 주축을 이루었다고 파악하고 있다.[98] 조의는 검은 옷을 입은 데서 유래한 명칭으로 후세의 使令과 같을 것이라고 추정하고 있지만,[99] 군사적 기능을 지닌 나부의 속관으로 무사적 기능을 띤 관으로 파악하는 의견도 있었다.[100] 한편 선인에 대해서는 초기부터 말기까지 입사직의 성격을 가졌던 최하위의 관위였을 것으로 추정하고 있다.[101]

먼저 선인에 대해 살펴보면 선인은 『삼국사기』에는 전혀 등장하지 않아 그 실체를 파악하기가 쉽지 않다. 그러나 다행히 7세기 말 천남생의 금석문을 통하여 그 정확한 실체에 접근할 수 있게 되었다. 「천남생묘지명」에는 다음과 같이 천남생이 9살 때 선인의 직을 역임하였다고 하는 기록이 서술되어 있다.

> 年始九年, 卽授先人. 父任爲郞, 正吐入榛之辯, 天工其代 方昇結艾之榮.

이 문장은 '結艾之榮'의 典據가 불명확하여 이해하는데 어려움이 따르긴

---

98) 김철준, 1956, 앞의 논문; 임기환, 2005, 앞의 책, 130쪽.

99) 김철준, 위와 같음.

100) 김광수, 1983, 『高句麗 古代集權國家의 成立에 관한 硏究』, 연세대학교 박사학위논문, 103쪽.

101) 금경숙, 2004, 『高句麗 前期 政治史 硏究』, 87쪽; 임기환, 2005, 앞의 책, 130쪽.

하지만 대체로 다음과 같이 해석될 수 있다. 문장에서 '入榛之辯'은 요절한[102] 楊雄의 둘째 아들인 楊新이 9세의 나이에 아버지를 도와 玄文(즉 『太玄』)을 저술할 정도로 그 지혜가 뛰어났다는 고사에서 유래한 말이다.[103] 즉 천남생이 9살 때 관직에 입문한 것을 감안한 표현이라고 할 수 있다. 문장의 '天工其代'는 관직은 하늘이 부여한 것이고, 사람은 하늘을 대신하여 직무를 수행하는 것이니, 才德이 출중한 자를 선발해서 관직을 하사해야 한다는 뜻이다.[104] 이를 종합하여 해당 문장을 의역하면 "9살이 되자 先人을 수여받고 父任으로 郎이 되었다. 관직은 사람이 하늘을 대신하여 행하는 것이기 때문에 재덕이 부족한 사람에게는 함부로 수여할 수 없는 것인데 楊雄의 아들이 9살 때 했던 것처럼 뛰어난 재능을 펼쳐 이에 적합한 인물이라는 것을 증명함으로써 結艾[105]의 영예를 드높였다"라는 의미가 될 것이다.

문장을 그대로 해석하면 천남생은 9세에 先人이 된 이후 父任으로 郎에 임명되었다.[106] 그런데 동일한 사실을 기록한 『신당서』에는 다음과 같이 표현을 달리 하고 있다.

---

102) 楊雄, 『法言』 問神 "育而不苗者, 吾家之童烏乎? 九齡而與玄文"

103) 『太平御覽』 卷385 人事部 26 幼智下 "劉向別傳曰楊新字子烏雄第二子, 幼而明慧. 雄筆玄經不會, 子烏令作九數而得之. 雄又疑易羝羊觸藩彌日不就, 子烏曰大人何不云荷戟入榛."

104) 『尙書』 皐陶謨 "無曠庶官, 天工人其代之" 참조.

105) '結艾'에서 '艾'는 '乂'와 같은 의미로 쓰인다(『漢書』 顔師古의 注에 따르면 『漢書』는 '艾'를 모두 '乂'로 기록했다고 한다). '乂'는 才德이 출중하다는 의미가 있다. 따라서 해당 문구는 대략적으로 '재덕이 응집됐다는 영예를 드높였다'는 의미로 사용된 것 같다.

106) 韓國古代社會研究所 編, 1992, 『譯註 韓國古代金石文』 제1권(고구려·백제·낙랑 권), 駕洛國史蹟開發研究院, 503쪽.

9세에 父任으로 先人이 되었다. (후에) 中裏小兄으로 옮겼는데, 唐의 謁者와 같다.[107]

「천남생묘지명」과 『신당서』 열전은 동일한 전거, 즉 그의 가족 친지가 제출한 行狀을 근거로 하여 작성되었다.[108] 그럼에도 불구하고 전자는 먼저 先人이 된 이후에 父任으로 郎이 되었다고 하고, 후자는 父任으로 先人이 되었다고 하여 기록에 차이를 드러냈다. 이것은 수사적 표현을 최대한 피하고 사실 관계를 직설적으로 서술하는 열전의 문체와는 달리 묘주의 생애와 업적에 대해 전거와 고사 등을 이용하여 수사적으로 표현하는 묘지명 문체의 특징으로 인하여 말미암은 것이다. 따라서 본고는 『신당서』 열전의 기록이 사실에 부합한다고 생각한다.

그런데 父任이라는 것은 父祖의 蔭德에 의해서 入仕하는 것을 의미하기 때문에 父任에 의해 제수받은 관이 고구려 후기 관위체계의 가장 말단에 위치하면서 初職으로서 역할을 했던 先人이라는 것은 자명하다. 父任으로 나아갔던 관은 先人이지 郎이 아닌 것이다. 먼저 음덕에 의해 음직을 수여받은 후에 다시 승차하는 경우라면 모를까 승차도 아닌 동일한 품계에 있던 관직에 취임하기 위해서 다시 부임이라는 수단을 이용하는 경우가 있었는지 의문이다. 9세에 입사했다는 것 자체가 비정상적인 것이었기 때문에 묘지명에서는 어린 나이에도 불구하고 그 재능이 뛰어나서 적합한 인선이었다는 것을 강조하여 서술했지만, 실상은 그가 어린 나이에 입사할 수 있었던 것은 9세가 되던 해가 바로 642년, 즉 연개소문이 정변을 일으켜 고구려의 최고집정자가 되었던 시기로서 이러한 부친의 강력한 정치적 배경

---

107) 『新唐書』 卷110 泉男生傳 "九歲, 以父任爲先人. 遷中裏小兄, 猶唐謁者也"
108) 李成制, 2014, 「高句麗·百濟遺民 墓誌의 出自 기록과 그 의미」 『한국고대사연구』, 166쪽.

에 힘입었기 때문이었다. 묘지명의 지문은 이러한 사실을 은폐하고 고상하게 분식하여 기술했던 것이다.

또한 고구려 후기에 중국식 관명을 차용한 관직이 있긴 하지만 왕의 측근에서 일하는 자를 郎이라고 명명했는지도 확실하지 않다. 郎을 관명으로 사용했다면 郎의 상위의 관직이었던 謁者도 고구려 관명으로 채택되었을 가능성을 유추해 볼 수도 있지만, 『신당서』에는 천남생이 9세에 부임으로 선인이 된 다음에는 후에 중리소형을 역임했는데 중국의 謁者와 같은 것이었다고 설명하였다. 중국의 謁者와 동일한 명칭의 관직이 고구려에 존재하지 않았다는 것이다. 따라서 郎이라는 관명이 존재하지 않았을 가능성이 크다. 즉 「천남생묘지명」의 선인에 제수되고 부임으로 郎이 되었다는 표현을 『신당서』의 기술방식으로 바꾸어 표현한다면 부임으로 선인에 제수되었는데, 이것은 중국의 郎과 같다고 환원할 수 있는 것이다. 물론 선인이라는 관위 소지자가 그에 상응하는 관으로서 郎이라는 관직을 보유할 수도 있겠지만, 중리소형이라는 관위 소지자가 그에 상응하는 관에 해당하는 謁者라는 관직이 없고, 그 자체만으로 謁者에 비견되는 것으로 보아 이러한 가능성은 배제되는 것이다. 이와 같은 모든 상황을 검토해 본 결과 천남생이 9세에 처음 제수받은 관은 선인이었고, 그것은 당의 郎과 같은 성격의 것이었다는 것은 확실하다.

고구려의 선인이 중국의 郎에 비유될 수 있었던 것은 선인이 왕의 말단 근시직이었기 때문이었을 것이다. 사실 한나라 때의 관직임용과정을 보면 察擧制에 의해서 관리에 임용된 사람은 일률적으로 郎이 되어 궁궐에서 황제를 숙위하는 것이 원칙이었다.[109] 『한원』 고려기에 의하면 先人의 이칭은 先元 또는 庶人이라고 하였다. 先人의 의미를 문자 그대로 분석하자면 가장 먼저 시작하는 관, 즉 初職이라는 의미에서 비롯된 것 같다. 또한 先

---

109) 閻步克, 1991, 『察擧制度變遷史稿』, 遼寧大學出版社, 36쪽.

人의 이칭인 庶人과 주대의 士庶子 혹은 庶子와의 유사성이 주목되는데 士庶子와 庶子는 귀족의 자제로 구성되었다. 후기의 사례이긴 하지만, 고구려 권신 연개소문의 자제였던 남생이 선인을 입사의 시작으로 삼았다는 사실 역시 선인을 역임할 수 있었던 자들의 사회적 신분을 짐작하게 한다. 선인은 초기부터 후기까지 국왕 측근의 근시였으며, 후기에는 귀족자제의 初仕職이라는 역할도 수행했던 것이다.

다음은 흔히 조의선인이라고 지칭될 정도로 선인과 밀접한 관계를 맺고 있는 조의에 관한 것이다. 결론적으로 말하자면 조의 역시 왕실의 시위적인 성격이 강했다. 사실 검은 옷은 侍衛가 착용하는 의복이었다.[110] 그러므로 조의의 신분은 곧 왕실 시위였다고 할 수 있다. 고구려 후기에 등장하는 皁衣頭大兄이라는 관직은 문자 그대로 왕실의 근위대장적인 성격을 가지는 관직으로, 후술하겠지만 皁衣에서 발달된 관직이었다.[111] 이렇게 皁衣와 先人은 모두 왕실의 근시직이었기 때문에 皁衣先人이라고 함께 일컬어지기도 하였다. 양자는 조의가 무사적인 성격을 지닌 근시이고, 선인은 문인적인 성격을 지닌 근시라는 점에서 구별이 된다.

『삼국사기』에 의하면 태조대왕 때 비류나 조의 양신은 차대왕이 즉위한 이후 우태로 승진한 연후에 중외대부에 임명되었다. 또한 명림답부는 차대왕을 살해할 당시 연나부 조의였지만, 그 공으로 인하여 신대왕이 즉위한 이후에 패자로 승진되면서 국상에 임명되었다. 이것은 하급관리인 조의가 신분상의 한계를 뛰어 넘어 고위 관위인 우태와 패자로 파격적으로 승진한 것을 보여주고 있어 주목을 받았다. 따라서 조의에 대해서는 비록

---

110) (清)顧炎武 著·(清)黃汝成 集釋, 秦克誠 點校, 1994, 『日知錄集釋』, 岳麓書社, 862쪽. 『日知錄集釋』 卷24, 白衣條에서는 『史記』 趙世家의 '願得補黑衣之缺, 以衛王宮'을 그 증거로 제시하고 있다.

111) 임기환은 조의두대형을 형계 관등에서 분화한 관직이 아니라 의사사에서 발전된 관으로 추정했다.

관위는 낮았지만, 그 신분이나 세력 기반은 제가 세력 나아가서는 대가급에 버금가는 인물이라는 견해가 제시되기도 했다.[112] 이것은 조의 역시 선인과 마찬가지로 하위 관위에 불과하지만 그 신분은 귀족층이었다는 것을 보여주고 있다. 그러므로 이들은 고위의 관위와 관직에 나갈 수 있는 상한선에 제한을 받지 않았던 것이다.[113]

그런데 645년 당태종은 고구려 공격하는 과정에서 안시성을 구원하러 온 북부욕살 고연수와 남부욕살 고혜진이 이끄는 15만의 대군을 주필산 전투에서 격파하였다. 그 후 고연수와 고혜진은 군사 3만6천8백 명을 이끌고 투항하였다. 당태종은 이 가운데서 욕살 이하 지휘관 3,500명을 선발하여 당나라 내지로 이주시키고 나머지는 모두 석방하여 평양으로 돌아가게 하였다.[114] 그런데 당태종 정관 19년 발표한 조서 「班師詔」에는 이 사건에 대하여 다음과 같이 정리하고 있다.

> 그 大將 2명과 裨將 및 官人과 酋帥子弟 3,500명을 항복시키고, 병사 10만 명은 여정에 필요한 양식을 주어 본 지역에 방면하여 돌아가게 했다.[115]

조서에 의하면 투항 후에 당의 내지로 옮겨진 욕살 이하 지휘관은 大將 2명, 裨將, 官人, 酋帥子弟로 구성되어 있었다. 여기서 '酋帥'는 중국이 주

---

112) 임기환, 2004, 앞의 책, 131쪽.

113) 이에 대해서는 琴京淑도 주의한 바 있다. 다만 금경숙은 이들을 낮은 신분으로 파악했다는 점에서 본고와 차이가 있다(琴京淑, 2004, 『高句麗 前期 政治史 研究』, 高大民族文化研究院, 86~87쪽).

114) 『三國史記』卷21 高句麗本紀 第9 寶藏王 4年 4月條 "帝簡褥薩已下官長三千五百人 遷之內地 餘皆縱之 使還平壤"

115) 『全唐文』권7 太宗 「班師詔」 "降其大將二人, 裨將及官人酋帥子弟三千五百, 兵士十萬人, 并給程糧放還本土."([淸]董誥 等編, 1990, 『全唐文』(1), 上海古籍出版社, 34쪽).

변의 이민족 수장층을 지칭하는 표현이기 때문에 '酋帥子弟'라는 것은 이민족 수장층의 자제를 지칭하는 것이었다.[116] 그러므로 '酋帥子弟'라는 것은 바로 중국의 주나라에서 귀족의 자제를 지칭하는 용어로 사용되었던 士庶子 또는 庶子와 같은 존재였다고 생각한다. 士庶子는 전투에 참여하는 역할도 수행하였기 때문에 고구려 귀족의 자제들 역시 국왕 근시의 신분 즉 하급지휘관의 신분으로 전투에 참여했던 것이다. 그런데 북부욕살 고연수의 관위가 位頭大兄이라는 점이 주목된다. 位頭大兄은 즉 皁衣頭大兄이라고도 하였다. 따라서 그가 도성인 평양에서 차출하여 참전했던 군대에는 조의두대형의 휘하 관리들도 당연히 참여했을 것이다. 그러므로 추수자제의 직책은 조의와 같은 것이었다. 어쩌면 이들은 조의라는 직책을 가지고 참전했을 가능성도 있다. 이것으로 조의는 고구려 후기의 14등급의 관에는 포함되지 않았지만, 선인과 같은 관에 상당하는 하위 관직의 형태로 존재하였을 가능성도 배제할 수 없을 것 같다.

한편 『삼국지』 권30 위서 동이전 동옥저조에 의하면 재지유력자 가운데 고구려에 협조적인 대인을 선정하여 고구려왕의 사자로 삼아 동옥저인을 다스리게 하고 있다.[117] 피복속민을 대상으로 수여했던 관직이기 때문에

---

116) '酋帥'는 일반적으로 중국이 이민족 수장층을 지칭하는 용어로 사용되었다. 예를 들어 백제 멸망 이후 黑齒常之 등과 더불어 백제부흥운동을 이끌었던 遲受信에 대해서 『舊唐書』와 『新唐書』는 '酋帥'라고 기록했다. 또한 '沙吒相如'의 신분에 대해 『三國史記』는 '別部將'으로 기록했지만, 『舊唐書』는 '首領'으로 표시하였다. 이들은 모두 백제에서 귀족에 속하는 지배층에 속했던 것으로 추정되는데, 중국에서는 백제의 구체적인 관명 대신에 '酋帥'나 '首領' 등으로 표시했던 것이다. 이것은 당시 이민족 수장층에 대한 중국의 일반적인 기재방식이었다. 따라서 고구려에서 항복한 이들 '酋帥子弟'는 고구려의 귀족의 자제를 지칭하는 것으로 해석하는 것이 마땅하다.

117) 『三國志』 卷30 魏書 東夷傳 東沃沮條 "國小, 迫于大國之間, 遂臣屬句麗. 句麗復置其中大人爲使者, 使相主領, 又使大加統責其租稅, 貊布, 魚, 鹽, 海中食物, 千里擔負致之, 又送其美女以爲婢妾, 遇之如奴僕."

고구려왕에 직속되어 있는 사자와 단순한 비교는 힘들지만, 재지유력자를 대상으로 하여 사자라는 관작을 수여했다는 점에서 그 위상을 단순한 하급관리 정도에 해당한다고 볼 수는 없을 것이다.

제3절 중·후기 官位制의 형성과 발전

태조대왕을 기점으로 초기관제조직을 확립한 고구려의 관제는 4세기에 들어오면서 중앙집권체제가 형성됨에 따라 관제의 성격도 분권적 색채가 강한 작위적 성격에서 벗어나 집권적 성격이 강한 관위적 성격으로 변모하게 되었다. 중기 관위제에서 가장 주목할 만한 것은 패자-우태-조의 등 나부계 관등의 쇠퇴와 형계 관위의 등장 그리고 형계 관위와 사자계 관위의 분화 발전이다. 계루부 왕권의 강화와 더불어 이를 뒷받침하던 사자계 관위는 2세기 말에 이미 여러 등급으로 분화하는 현상이 발생했으며, 이를 소지한 인물이 국상 등의 핵심요직으로 진출하기도 했다.[118] 왕권의 강화와 더불어 국왕의 직속 관료였던 사자계 관위가 분화 발전되는 현상은 예상 가능한 일이지만, 형계 관위의 등장은 그 전례가 없어 그 기원에 대해서는 아직까지 충분히 해명되지 못한 상태이다.

이에 대해서는 형을 '옷치'로 읽어 연장자 또는 족장의 뜻을 갖는 것으로 해석하고, 고구려 초기의 우태에 상당한다고 인식하는 견해가 있다.[119] 어원적인 측면에서 우태와 형의 연관성을 분석하고 이를 통해 그 연원을 친족 족장에 근거를 둔 것은 나름 의의가 있지만, 고구려 중기의 관이 왕에

---

118) 여호규, 2014, 앞의 책, 399쪽.
119) 김철준, 1956, 앞의 논문 참조.

직속되었던 관을 중심으로 분화 발전된 상황을 고려하면 형의 기원을 나부계 관위인 우태와 연관시킨 점은 동의하기가 쉽지 않다. 이와는 달리 나부가 소멸되면서 加들이 새로운 형태로 변화하면서 형계 관위를 성립한 것으로 파악하는 견해[120]도 있지만, 형계 관위는 사자계 관위와 마찬가지로 국왕과의 관계 속에서 그 연원을 찾는 것이 더욱 합리적인 것처럼 보인다. 그렇지만 형계 관위는 태조왕대에 갑자기 등장한 패자와 대로와 마찬가지로 4세기에 이르러 갑자기 등장했고, 또한 관련 사료가 많지 않아 그 연원을 파악하기가 쉽지 않다.

이와 관련하여 중국의 관제 발달 과정이 주목된다. 중국은 진한대에 들어오면서 황제권이 강화되면서 '爵-秩體制'에서 하급관리를 대상으로 수여되었던 질급이 점차 그 적용 대상을 확대하게 되었다. 그리하여 승상과 어사대부 등 고위관리 전체를 포함한 관리들이 질급체제에 포함되게 되었다. 국가는 공과에 따라 관리를 평가하는 질급체제를 발전시킴으로써 관리에 대한 통제권을 강화하는 방향으로 발전했던 것이다. 그렇지만 '宦皇帝者'는 질급체계에 포함되지 않았다. 한나라 시기 '환황제자'에는 大夫, 郎官, 謁者 및 황제와 태자의 각종 시종, 예를 들어 侍中, 常侍, 給事中, 太子洗馬, 太子庶子, 太子舍人 등이 포함됐다. 이 관직들의 공통점은 황제를 직접적으로 모시는 것이었다. 이들은 侍臣, 從官[121] 혹은 內官 계통이라고 하는 것을 구성하였다. '환황제자'는 비교적 이른 호칭으로 한나라 시기의 사서에 의하면 나중에 '大夫 郎中官'으로 고쳐 불렸다. 이것으로 당시인들의 직급에 대한 관념을 알 수 있는데, 행정업무를 맡는 관리가 되면 '仕'가 되고, 국가의 행정을 담당하지 않고 황제를 직접 모시면 '宦'이 되었던 것

---

120) 윤성룡, 1997, 앞의 논문, 347쪽, 주82.
121) 『漢書』 권9 元帝紀 初元5年 夏4月條 顔師古注 '從官, 親近天子常侍從者皆是也'

이다.[122]

張家山漢簡『二年律令』에서 '환황제자'에 속하는 거의 모든 관직은 '秩律'에 포함되지 않았다. 그러나 서한 중기 이후에는 '환황제자'에 속하는 관들도 질급을 갖게 되었다. 이들은 대부분 比秩에 속하였다. 여기서 비질이란 환황제자에 속하는 모종의 관이 모종의 질에 비견된다는 의미에서 비롯되었다. 그리하여 正秩은 吏職을 관리하는데 사용되었으며 比秩은 吏職에 속하지 않는 관리들을 관리하는데 사용되었다.[123] 비질에는 '환황제자'뿐만 아니라 군인, 문학지관 등도 모두 포함되었다. 즉 행정직군에 속하지 않은 모든 관은 비질에 소속된 것이었다. 이러한 점은 형계 관위의 연원을 이해하는데 도움이 된다.

4세기에 이르러 고구려의 관위는 작위적인 성격의 관위에서 국왕을 중심으로 일원화된 관위제로 전환되었다. 한편 일원화된 관위제는 형계 관위와 사자계 관위로 구분되었다. 초기에 이들은 상호 배타적이었던 것 같다. 앞서 사자는 조세수취의 업무를 담당하는 중요성 때문에 이른 시기에 행정업무를 담당한 관리로 발전하였다고 추정한 바 있다. 사자계 관위는 관료화의 진전과 더불어 사자가 분화 발전하면서 형성된 관위였다. 그런데 형계관위에 해당하는 소형-대형 등의 관위가 고구려 후기의 중리직에 포함되어 있었다는 것이 주의된다. 중리직은 국왕의 근시조직이 발전하면서 만들어진 조직이다. 그런데 소형-대형으로 대표되는 관위들이 국왕근시조직에서 서열화되었다는 것은 이들이 모두 행정을 담당하는 관리가 아니었다는 것을 보여준다. 즉 고구려에서도 중국과 마찬가지로 행정을 담당하는 관직이 아닌 경우에는 형계 관위를 수여했던 것이다. 따라서 4세기 고구려에서 형계 관위와 사자계 관위의 성립은 그 직무가 행정업무인

---

122) 閻步克, 2009, 앞의 책, 91쪽.
123) 閻步克, 2009, 앞의 책, 88~93쪽.

가 아닌가에 의해 결정되었던 것이다. 바꾸어 표현하자면 문무에 따라 관위를 구분하였다. 그런데 여기서 한 가지 고려할 점이 있다. 즉 고구려 지방관의 성격 여부이다. 형계 관위로서 사료상 처음으로 등장하는 것은 봉상왕대 소형에서 대형으로 승진하는 고노자이다. 「모두루묘지」에도 모두루의 조상 염모 등이 대형의 관위를 역임한 사실이 기록되어 있다. 염모의 활동 시기는 고국원왕으로 추정된다. 그러므로 3세기 말에서 4세기 초까지는 소형과 대형의 관위가 출현하였던 것이다. 일반적으로 지방관은 행정, 사법, 군사권을 관장하는 역할을 수행하였다. 지방관의 막대한 권한을 견제하기 위해서 중앙은 지방관 밑에 중앙에서 임명한 속관을 두어 지방관의 행정 권한을 분할하고, 군사권을 별도로 독립시켜 이를 관장하는 관리를 설치하기도 하였다. 또한 중앙에서 감찰관을 파견하여 지방관을 통제하기도 하였다. 그러므로 고구려의 지방관이 어떠한 성격을 지녔는지 정확히 판단하기는 힘들다. 하지만 고노자의 활동이 주로 군사적인 활동에 치우친 것으로 보아 초기 지방관은 주로 군사적인 업무를 수행하는 것이 주목적이었던 것 같다. 그렇기 때문에 고노자와 염모 등은 소형-대형 등의 관위를 수여받았던 것으로 판단된다. 한편 덕흥리고분의 묵서명 주인공인 유주자사 鎭의 관위도 주목이 된다. 유주자사 鎭은 중리도독이 개설한 府에 소속된 관리였다. 그런데 한나라 때에는 중앙에서 임명하는 관료의 속관은 정질이 아닌 비질에 속했다. 왜냐하면 관료의 속관 역시 사속적인 관리에 속하기 때문이다. 그러므로 유주자사 鎭이 역임한 '국소대형'이라는 관위는 그의 관직의 성격에 부합한다고 할 수 있다.

한편 모두루는 4세기 말인 광개토왕대에 대사자에 임명되어 북부여의 지방관으로 파견되고 있다.[124] 이것으로 지방관의 성격이 군사적인 임무

---

124) 노태돈은 모두루가 영북부여수사를 역임할 때의 관위는 대형이고 대사자는 모두루의 최후의 관위로 파악하였다(노태돈, 1999, 앞의 책, 271쪽).

수행에서 행정업무의 수행으로 변한 것이 아닐까 추정될 수도 있다. 그러나 「모두루묘지」를 분석하면 군사적 업무와 외교적 업무를 겸한 것으로 생각되어 지방관의 성격 변화는 속단하기 힘들다. 그런데 아래의 평양성 석각자료[125]를 보면 형계 관위와 사자계 관위가 일원화되고 있어 주목된다.

    H-① 己丑年五月卄八日始役 西向十一里小兄相夫若牟利造作
    H-② 己酉年三月卄一日自此下向東十二里物荷小兄排須百頭作節矣
    H-③ 己丑年三月卄一日自此下向□下二里內中百頭上位使尒丈作節矣
    H-④ 丙戌十二月中漢城下後卩小兄文達節自此西北行涉之
    H-⑤ 卦婁盖切小兄加群自此東廻上□里四尺治

    H-②의 物荷小兄 排須와 H-③ 上位使 尒丈은 일정구간에서 성을 축조하는 것을 책임지고 있으면서 평양성 축조에 동원된 인력을 관리하는 직책인 百頭를 역임하고 있어 늦어도 6세기 중엽에는 형계 관위와 사자계 관위가 행정직과 비행정직으로 구분되지 않고 하나의 관위체계 아래 일원화되었다는 것을 알 수 있다. 특히 수사라는 직위를 대형급과 대사자급이 모두 역임할 수 있었다는 점에서 그 시기는 좀 더 올라갈 수 있으며, 4세기 말에서 5세기 초에는 형계와 사자계 관위 등 연원을 달리하는 여러 계통의 관등이 일원적으로 서열화되었다.[126] 서로 다른 직군의 관위를 일원화하는 것은 관리 선발과 인사에서 관료가 선망하는 직군으로 몰리는 것을 방지하고, 관리를 효율적으로 배치할 수 있기 때문에 군주의 권한이 더욱 강화되는 의미를 갖는다.[127] 한편 고구려 후기에 등장하는 중리조직은 소형-

125) 본 석각과 관련된 판독과 해석은 韓國古代社會硏究所編, 1992, 『譯註韓國古代金石文』 제1권, 駕洛國史蹟開發硏究院, 109~117쪽을 참조하였다.
126) 여호규, 2014, 『고구려초기정치사연구』, 신서원, 404쪽.
127) 위진남북조의 경우 관직에는 청탁의 구분이 있었고, 문벌사족들은 청관만 역임

대형-중리위두대형 등으로 이어지는 형계 관위만 존재하고 있어 관위의 일원화 추세와는 역행하고 있다. 중리직은 국왕의 근위 조직으로 고구려 후기 국왕의 권력을 보좌하는 조직으로 발전함으로써 독자적인 체계를 갖추게 된 것으로 보인다. 그러나 책성도독에 형계관위인 위두대형과 사자계 관위인 대상이 모두 임명될 수 있다는 점에서 일원화 추세는 보편적으로 진행되었을 것이라고 짐작된다. 이제 관위는 형계와 사자계로 구분되지 않고 일원화되어 12관등이나 13관등에 따라 진급이 가능했던 것이다.

한편 4세기에 패자-우태-조의 계열의 관위가 소멸된 것에 대해서는 중앙집권화의 진전에 따라 나부계가 해체되고 방위부 중심으로 재편되면서 나부계 관위가 해체되는 것으로 해석하는 시각이 있었다. 그런데 본고에서는 이미 앞에서 밝힌 바와 같이 이것은 고구려의 중앙집권화가 진전되고 관료제가 발달함에 따라 초기의 작위적 성격이 상실되고 후기의 관위적 성격으로 변하는 과정에서 작위적 성격인 패자와 우태 등이 소멸된 것으로 파악한다. 물론 형계 관위와 사자계 관위로 구분되는 2가지 부류로 분류되는 관위의 성립은 중국적 관제의 영향을 받았다는 점을 무시할 수 없다. 그러나 고구려 초기에 사건이 발생할 때마다 임시직의 성격을 가지고 업무를 수행하였던 근시직이 중앙집권화와 함께 그 직책을 공적인 행정조직에게 넘기면서 그 역할이 축소되고, 초기 반독립적이었던 단위세력에게 하사했던 작위적 성격의 관위가 중앙집권화에 따라 점차 독립성을 상실하면서 관위적 성격의 관위로 변모하는 것은 고구려 자체의 내재적 발전에 근거한 것이었다. 이러한 상황 하에서 4세기 이후 중국적 문화의 색채가 강하였던 평양지역과 요동지역을 점령하고, 또 중국과의 빈번한 조공파견 등을 통한 접촉이 강화되면서 중국식관제의 영향을 받는 것은 당연한 수순이었다. 고구려 자체의 중앙집권화의 발전에 따른 관제의 정비는 시의적절한

하고, 한미한 가문 출신은 탁관만을 역임하였다는 사실은 이를 증명한다.

것이었기 때문이다. 이렇게 고구려의 관제가 점차 발전하게 되면서 관료화도 진전되어 갔다.

중후기 관위제는 3세기 말에서 4세기 초 나부체제가 해체되고 중앙집권체제가 형성됨에 따라 나부의 귀족들이 중앙귀족으로 전환되고, 그 결과 대형 소형 등 형계 관위와 대사자 사자 등 사자계 관위를 중심으로 하는 기본 형태를 갖추게 되었다. 그 후 중앙귀족의 관료화가 진행됨에 따라 이들의 신분을 편제하는 원리로서 관위제가 보다 더 체계화되었으며, 그 결과 4세기 후반에는 대형과 대사자 등 상위 관위가 태대형 소대형과 태대사자 소대사자 등으로 2차 분화했다. 그리고 5세기 후반에는 소사자가 발위사자 상위사자로 2차 분화했고, 소형도 소형과 제형으로 분화했다.[128] 그리하여 위두대형을 제외한 후기의 형계와 사자계 관위 중 거의 대부분이 중기에 성립되면서 후기 관위제의 기본 골격을 갖추게 되었다.[129]

국왕 중심의 일원적 관위제의 정비와 함께 중앙귀족의 관료화도 점점 진전되었다. 4세기 중반 고국원왕부터는 초기 왕호와 엄격히 구별되는 태왕호가 제정되어[130] 전대와는 다른 왕의 초월적 위상이 확인되었다. 그리고 소수림왕 3년에는 관직규정을 포함한 율령이 반포되었다.[131] 이에 따라 귀족세력은 국왕으로부터 敎를 받는 객체 곧 조정의 신료(관료)로 변모되었다.[132] 특히 「모두루묘지」에는 모두루 일족과 국왕과의 관계를 主奴

---

128) 여호규, 2014, 앞의 책, 407~408쪽.

129) 여호규, 2014, 앞의 책, 408쪽.

130) 여호규, 2014, 앞의 책, 434~441쪽.

131) 소수림왕대에 반포된 율령에는 관리의 위계제를 규정한 官位令이 포함되어 있을 것으로 파악한다(盧重國, 1979, 「高句麗律令에 관한 一試論」『東方學志』 28, 135~136쪽).

132) 여호규, 2014, 앞의 책, 472~473쪽. 여호규는 신료라고 표현했지만, 본고에서는 '관료'와 동일한 의미로 이해하고자 한다. 본고에서 사용하는 '관료', '관료

화'라는 용어는 '신료'와 '신료화'라는 용어로 대치할 수 있지만, 굳이 이러한 용어를 사용한 것은 고구려가 시대가 흐름에 따라 귀족 사회에 관료적 요소의 도입과 발전, 그로 인하여 후기 귀족이 초기 귀족보다 관료적 색채가 강한 귀족으로 변모했다는 것을 더욱 효과적으로 설명하기 위해서이다. 본고에서 사용하는 '관료'라는 용어는 막스 베버가 주장하는 근대적인 산물인 관료제 하의 '관료'와는 본질적으로 차이가 있다. 다만 중국은 일찍부터 근대적 관료제와 가장 가까운 형태의 관료제가 발달되어 있었고, 한국도 이러한 영향을 받아 일찍부터 관료제적인 특징을 갖는 귀족정치제도를 형성하고 있었다. 한국과 중국의 문헌에는 '관료'와 '신료'가 동일한 의미로 사용되었다는 것을 검색을 통해서 확인할 수 있다. 고려시대 사람들의 표현이 담겨 있긴 하지만, 『三國史記』에서 '官僚'라는 용어와 동일한 의미로 사용된 용어로는 臣僚, 官人, 百官, 群僚, 群官, 群臣 등이 있다. 『譯註 三國史記』(한국정신문화연구원 편)을 검색한 결과 臣僚 1례(파사이사금 즉위년), 官僚 1례(신문왕 7년 관료전 기사), 群僚 1례(경순왕 5년 8월), 官吏 1례(신문왕 4년 11월), 官人 2례(신라 신문왕 3년 2월, 백제 고이왕 29년 정월, 단 중국의 조서와 정사에서 인용한 기록은 제외했음), 群官 2례(신라 경덕왕 16년 정월, 선덕왕 6년 정월)로 그 例가 극히 적다. 그 밖에 百官은 고구려 을파소에 대한 김부식의 논평을 제외하면 신라에서만 총 13례(소지마립간 원년, 법흥왕 7년·10년, 진덕왕 5년 정월, 성덕왕 10년 11월·30년 2월·33년 정월, 경덕왕 7년 정월, 혜공왕 5년 5월·12년 정월, 원성왕 원년 2월, 효공왕 즉위년조, 경순왕 5년 2월조)가 검출되었으며, 群臣은 총 10례(신라 흘해니사금 즉위년조, 혜공왕 5년 3월조·4월조, 원성왕 즉위년조, 고구려 서천왕 11년 10월, 장수왕 12년 9월, 양원왕 13년 4월, 백제 온조왕 2년 정월, 창조리 열전 2례)가 검출되었다. 또한 『삼국사기』 혜공왕, 원성왕 본기에는 百官과 群臣이 동시에 사용되고 있으며 경순왕 본기에는 百官과 群僚가 동시에 사용되는 예도 보인다. 따라서 관료라는 개념을 신료라는 말로 대체하여 사용할 필요는 없다고 본다. 참고로 중국에서 '官僚'와 '臣僚'가 사용된 사례를 正史를 통해서 살펴보면 대략적인 검색에 불과하지만, 『史記』에서 『舊唐書』까지 관료는 총 67례가 등장하며, 신료는 총 37례가 나타난다. 이와는 달리 『舊五代史』부터는 관료(8례)보다는 신료(65례)의 사용이 급증하는데, 특히 『宋史』부터 『淸史稿』까지 비교하면 관료가 58례인데 비하여 신료는 804례로서 압도적으로 많다. 그 중에서도 『宋史』는 관료가 14례, 신료가 437례이고, 『遼史』는 관료가 8례인데 비해 신료는 232례를 차지하고 있다. 즉 중국의 경우는 초기에는 '관료'가 더 많이 사용되었다가 후기에는 '신료'가 압도적으로 많이 사용되었던 것이다. 이러한 사실은 '관료'라는 용어가 '신료'보다는 좀 더 근대적인 용어일 것이라는 일반적 통념과는 차이가 있다. 이러한 상황이 출현한 것은 송나라 이후 황제독재체제가 강화되면서 군신간의 관계가 더욱 분명하게 규정됨에 따라 관리보다는 신하를 강조하는 의미에서 '신료'라는 용어가 보다 보편적으로 사용되었기 때문이 아닐까 추정해 볼 수 있관계를 나타내는 奴客이라는 용어로 표현함으로써[133] 4세기 말에는 이미 전제주의적 왕권이 확립되었다는 것을 보여줬다.[134] 전제의 전형적인 형태는 군주와 귀족과의 결합이 아니라 관료와의 결합이기 때문에[135] 당시 고구려 사회의 지배층은 귀족에서 관료적 색채가 농후한 관료적 귀족으로 전환되었던 것이다.

이후 고구려의 관제정비는 계속 진행되어 6세기에 이르러 位頭大兄이 관위에 새롭게 추가되었다. 『한원』과 『신당서』에는 제5위 관위로서 皁衣頭大兄이라고 기록되었는데 동일한 관위이다. 조의두대형은 그 명칭에서 알 수 있듯이 고구려 초기의 국왕 직속의 하급관리였던 조의와 관계가 깊다. 여기서 '皁衣頭'라는 것은 한자 그대로 해석하자면 皁衣의 우두머리라는 의

다. 앞에서 살펴본 바와 같이 고대 삼국의 경우 관료가 신료 등 다른 용어들과 함께 동일한 의미로 사용되었다는 사실과, 중국의 경우 귀족제적인 정치체제에 가까웠던 당대 이전에 '관료'라는 용어가 '신료' 보다 더 많이 사용되었다는 사실은 당시 귀족정치체제였던 고구려의 관인을 지칭하는 의미로 '관료'라는 용어를 사용해도 된다는 것을 보여준다. 이것이 바로 본고에서 '신료'라는 용어 대신 '관료'를 사용한 이유이다. 본고에서 지칭하는 관료란 국가의 공식적인 관직체계에서 국왕의 사속적 관이나 국가의 공적인 관을 담당하는 官人을 지칭한다.

133) 김영하는 한국사회의 고대질서가 개인, 집단, 국가 간의 주노관계를 기본으로 중층적으로 구성되었을 것을 상정한다(김영하, 2012, 『한국고대사의 인식과 논리』, 성균관대학교 출판부, 89쪽, 주133 참조).

134) 전제주의는 absolution 혹은 despotism을 한자로 번역한 말인데, 양자는 전제주의라는 의미에서 비슷하지만, 엄격히 구분하면 absolution이 절대 권력이라는 의미로 권력의 집중화 정도를 표현한 것이라면, despotism은 통치자와 피통치자와의 관계가 주노관계인 통치형식을 나타낸 것이라고 한다. 그러므로 전제주의는 국왕을 중심으로 하는 권력의 집중화 정도 이외에도 통치자와 피통치자와의 관계도 염두에 두어야 한다고 한다(閻步克, 2012, 「政治類型學視覺中的 "中國專制主義問題"」 『北京大學學報』 2012-11). 한편, 이기백과 이기동은 고구려의 전제왕권체제의 확립시기를 장수왕대로 파악한다(李基白·李起東, 1982, 『韓國史講座』 I古代篇, 一潮閣, 171·176쪽).

135) 閻步克, 2012, 앞의 논문 참조.

미이다. 평양성 축조에 동원된 인력을 관리하는 직책을 '百頭'라고 지칭하고, 군급에 해당하는 지역단위의 군사 수장을 郡頭라고 한 것에서 알 수 있듯이 지극히 고구려적인 표현이다.[136] 따라서 조의두대형은 조의를 관장하는 우두머리라는 직책에서 비롯된 관위로 추정되는데, 이것으로 짐작할 수 있는 것은 고구려왕의 신변을 호위하던 하급관리인 皂衣와 함께 이들을 통솔하는 상급관직으로서 皂衣頭라는 직책이 존재했으며, 그에 해당하는 관위는 大兄이었다는 점이다. 조의두대형은 조의두라는 관직에 대형이라는 관위가 결합된 형태였지만,[137] 국왕의 신변을 시위하는 대형이라는 특별한 위상으로 인하여 다른 대형보다 중요하게 인식되었을 것은 자명하다. 6세기에 이르러 조의두대형은 중리조직의 강화와 더불어 점차적으로 독자적인 위상을 갖는 제5위에 해당하는 하나의 관위로 재정비되고, 기존에 존재하고 있었던 태대형-대형-소형 관위 계열에 속하게 되었던 것이다.[138]

고구려 관위제가 정비됨에 따라 중국의 관품제와 유사한 제도도 등장하게 되었다. 삼국 중에서 백제가 관품제를 시행한 것은 확인되지만,[139] 신라와 고구려에도 관품제가 실시되었는지는 확실하지는 않다. 그런데 『한원』고려기는 다음과 같이 고구려의 관제를 중국의 관에 비품하고 있다.

---

136) 최근 발견된 「집안고구려비」에서도 '烟戶頭'라는 명칭이 등장한다. 烟戶頭는 國烟이라는 설과 烟戶라는 설 등이 있는데, 여기서는 '烟戶'와 같은 의미로 보인다.

137) 김철준은 '兄'의 하나인 '頭太兄'에 '皂衣'가 결합된 형태로 파악하는데(金哲埈, 1990, 『韓國古代社會研究』, 서울대학교 출판부, 242쪽), '皂衣頭'에 '大兄'이 결합된 형태로 파악하는 것이 더 자연스럽다.

138) 임기환은 '位頭大兄'이 '太大兄'에서 분화된 것으로 추정하고 있다(임기환, 2004, 앞의 책, 234~235쪽).

139) 노중국, 2003, 앞의 책, 95쪽.

그 나라의 관에는 9등급이 있다. 그 첫째는 토졸인데 1품에 비견된다. 옛 이름은 대대로이다. 국사를 총괄하고 3년이 임기인데, 직무와 어울리는 자는 연한에 구애받지 않는다. 교체하는 날 만약 서로 승복하지 않는 경우에는 각자 무력을 동원해 서로를 공격하고 승리한 자가 대대로가 된다. 왕은 단지 궁문을 닫아걸고 스스로를 지킬 따름이다. 다음의 관은 태대형인데 2품에 비견되며 일명 막하하라지라고 한다. 그 다음은 울절인데 종2품에 비견된다. 중국식 표현으로는 주부이다. 다음은 대부사자로서 정3품에 비견되는데 알사라고도 한다. 그 다음은 조의두대형으로서 종3품에 해당하며 일명 중리조의두대형이라고도 한다. 동이에서 전해져 오는 이른바 조의선인은 이를 말하는 것이다. 이 다섯 개의 관이 기밀을 관장하고, 정사를 도모하며, 군사를 징발하고, 사람을 선발하여 관작을 수여한다. 다음은 대사자로서 정4품에 비견되며, 일명 힐지라고 한다. 다음은 발위사자로 종5품에 비견되며 일명 유사라고 한다. 다음은 상위사자로서 정6품에 비견되며 일명 계달사사자라고 하고, 일명 을사라고 한다. 다음은 소형으로 정7품에 비견되며 일명 실지라고 한다. 다음은 제형으로 종7품에 비견되며 일명 예속, 이소, 하소환이라고 한다. 다음은 과절로서 정8품에 비견된다. 다음은 부절로서 종8품에 비견된다. 다음은 선인으로 정9품에 비견되며 선원, 일명 서인이라고 한다.[140]

---

140) 『翰苑』高麗記 蕃夷部 高麗 官崇九等條 "高麗記曰, 其國建官有九等, 其一曰吐捽, 比一品, 舊名大對盧, 惣知國事. 三年一伐[代], 若稱職者不拘年限. 交替之日, 或不相祇服, 皆勒兵相政[攻], 勝者爲之. 其王但閉宮自守, 不能制禦. 次曰太大兄, 比二品, 一名莫何何羅支. 次鬱折, 比從二品, 華言主簿. 次大夫使者, 比正三品, 亦名謂謁奢. 次皀衣頭大兄, 比從三品, 一名中裏皀衣頭大兄, 東夷相傳, 所謂皀衣先人者也, 以前五官, 掌機密謀改[政]事, 徵發兵, 選授官爵. 次大使者, 比正四品, 一名大使. 次大兄, 比正五品, 一名纈支. 次拔位使者 比從五品 一名儒奢, 次上位使者 比正六品 一名契達奢使者 一名乙奢. 次小兄 比正七品 一名失支. 次諸兄 比從七品, 一名翳屬, 一名伊紹, 一名河紹還. 次過節 比正八品. 次不節 比從八品. 次先人比正九品, 一名先元 一名庶人"

해당 기사에 의하면 7세기 초 고구려의 관제는 9等 14官으로 구성되었다. 9品이라는 표현 대신에 9등이라고 표현하고 比品을 사용하여 중국의 품계에 대응하고 있는 것으로 보아 고구려에도 중국과 유사한 관품제가 존재했지만 중국식 용어를 사용하지 않고 독자적인 명칭의 관품제가 존재했던 것 같다. 하지만 신라가 고구려인에게 고구려에서 역임한 관품을 근거로 신라의 관위를 수여하는 과정에서 고구려의 관품이 언급되고 있고,[141] 高慈의 조부 高量과 부친인 高質이 3品 位頭大兄을 역임했다고 기록으로 보아 고구려 자체의 관품제는 내용상으로는 중국과 거의 대동소이했던 것 같다. 따라서 적어도 7세기 초에는 고구려에도 중국식 관품제와 명칭은 다를지라도 형식이 유사한 제도가 관제에 도입되었던 것이다.

이와 함께 『한원』 고려기 기사 중에서 정8품과 종8품에 비견되고 있는 過節과 不節이 주목되는데, 『한원』 고려기를 인용한 『통전』과 『신당서』[142]에도 유사한 명칭이 등장하고 있지만, 관명 이외에는 이를 구체적으로 설명해 줄만한 다른 사료가 없어 정확한 실체를 파악하기는 힘들다. 그런데 『삼국사기』 권40 잡지 직관 하 신라외관 고구려인위조에는 고구려의 최말기의 새로운 관위로서 先人 아래에 위치하는 自位가 등장한다.[143] 연구에 의하면 自位는 流外品[144]에 해당하는 것으로 先人에 오를 수 없었던 지

---

141) 『三國史記』 卷40 雜志 第9 職官 下 外官 高句麗人位 "神文王六年 以高句麗人授京官 量本國官品授之"

142) 『新唐書』 卷220 東夷 高麗條 "…… 日諸兄, 日小使者, 日過節, 日先人 ……"

143) 『三國史記』 卷40 雜誌 第9 高句麗人位條 "神文王六年 以高句麗人授京官 量本國官品授之 一吉湌本主簿 沙湌本大相 級湌本位頭大兄從大相 奈麻本小相狄相 大舍本小兄 舍知本諸兄 吉次本先人 烏知本自位" 참조.

144) 중국의 경우 남조의 梁, 陳, 북조의 北魏 北齊 등은 모두 士人을 대상으로 하는 9品(또는 18班) 이외에도 小人을 대상으로 하는 流外品을 설치하고 있었다(黃惠賢, 1992, 『中國政治制度通史』 제4권, 417~420쪽).

위에 있던 자들이 획득할 수 있었던 관이었다.[145] 또한 自位 아래에 二位가 위치하고 있었다는 것도 확인되었는데,[146] 二位도 역시 自位와 마찬가지로 流外品이었던 것이다. 過節과 不節도 그와 비슷한 성격의 관이 아니었을까 한다. 수나라와의 전쟁에서 공을 세운 일반 민이 속출하면서 이들에게 관직을 수여할 필요에서 신설된 것이 아닌가 한다. 先人이 관리들의 初仕職이라는 강력한 이미지 때문에 관위제의 최말단에 기록되었지만 過節과 不節의 정치적 지위는 실질적으로는 선인보다 낮았을 것으로 추정된다. 이러한 이유로 인하여 過節과 不節은 처음에『한원』고려기에 기록되었을 당시에는 선인의 상위 관위로 신설되었지만, 이들이 귀족이 아닌 일반민을 대상으로 수여된 관이었기 때문에 후에 중국과 마찬가지로 관제가 재정비되면서 流外品으로 분류되어 그 지위가 현실에 맞게 선인의 하위로 조정되었고, 그 명칭도 自位와 二位로 변경되었던 것 같다.[147] 즉 過節-不節은 自位-二位와 상호 대응 관계를 이루는, 이들의 선구적인 형태였을 가능성이 많다고 하겠다. 이로써 고구려의 관위제는『한원』고려기 단계에서는 9등 14관으로 발전되었고, 멸망 직전에는 이를 현실에 맞게 조정되면서 9품 12등으로 구성된 流內品에 流外品, 즉 2등의 勳位가 추가된 형태로 관직체계를 보다 정비했던 것이다.

고구려의 관품제적인 관위체계는 중국과의 교류가 확대되는 가운데 도입되었기 때문에 제도의 운영도 중국과 흡사한 면이 적지 않다. 국가의 중

---

145) 宮崎市定, 1959,「三韓時代の位階制について」『朝鮮學報』14, 260쪽; 武田幸男, 1989, 앞의 책, 364~365쪽.

146) 盧重國, 2003, 앞의 책, 119쪽.

147) 北魏의 경우 前·後「職令」이 반포되었는데, 後「職令」에 流外七品이 신설되면서 기존 官位體系에서 주로 8, 9품에 위치하고 있었던 濁官이 流外品으로 조정되었던 사실이 참고가 된다(祝總斌,「門閥制度」, 白壽彝 主編, 1995,『中國通史』第7卷, 上海人民出版社, 597~600쪽).

대사를 결정하는 관을 3품 이상의 관에 배치한 것은 당의 재상제도를 연상하게 하며, 위두대형(종3품)-대형(정5품)-소형(정7품)을 기준으로 관품에 계선을 설정한 것도 중국과 유사하다.[148] 『한원』고려기가 작성된 641년 무렵의 唐의 위계를 살펴보면 貞觀 11년(637) 文散官의 경우 從5品下 이상이 大夫였고, 6품 이하는 郎이었다. 또한 勳官은 7品上까지만 존재했다. 또한 唐 武德 7年(624)에는 散號將軍의 최하위 관은 從5品下였고, 勳官의 최저 관위는 從7品上으로 규정되었다.[149] 후대이긴 하지만 고려의 文散階는 문종 30년을 기준으로 從5品下 이상이 大夫였고, 6품 이하는 郎이었다.[150] 이와 같은 사실은 7세기에 이르러 고구려의 관제가 비약적으로 정비되었다는 사실을 보여 준다.

특히 소수림왕 때 설치된 유교교육기관이었던 태학의 상위 교육기관으로서 국자학이 새롭게 설치된 사실은 귀족의 자제들이 해당 귀족의 관품에 따라서 별도의 교육을 받게 되었다는 것을 의미한다. 국자학과 태학의 입학 기준에 대해서는 알 수 없지만, 중국과 마찬가지로 3품관과 5품관을 기준으로 하여 설정되지 않았을까 유추할 수 있다. 이렇게 귀족의 자제가 별도의 교육을 받게 되었다는 것은 귀족 사이에도 관품에 따라 그 정치적 지위가 결정되고, 나아가 고구려사회가 소수의 특권귀족이 중심이 되어 운영되는 사회로 전환되고 있는 현실을 반영하는 예라고 할 것이다(제4장 참조). 이러한 상황은 고구려의 복식제도에서도 나타나는데, 연구에 의하면 전통적으로 고구려의 복식은 그 신분에 따라 고위 관인은 幘冠을 착용하고, 하위 관인은 折風을 착용했는데, 7세기 『구당서』와 『신당서』 단계에서는 상위에 위치한 고위 관인의 복식에 변화가 발생하여, 최상위에 위치한 관인은

---

148) 武田幸男, 1989, 앞의 책, 394~398쪽.
149) 閻步克, 2002, 『品位與職位』, 中華書局, 622~623·627~628쪽.
150) 박용운, 2008, 『고려시대사』, 일지사, 119쪽, '고려의 문산계와 그 변천' 표 참조.

靑羅冠을, 그 다음에 위치한 관인은 緋羅冠 혹은 絳羅冠을 착용했다고 한
다.[151) 이것은 지배 신분층 안에서도 분화가 발생했다는 것을 보여주는데,
후기의 정치는 바로 최상위에 위치한 소수의 특권귀족에 의해 운영되었던
것이다. 이들은 관직을 매개로 하여 고위 관직을 독점하면서 특권귀족으
로 발전한 것이다. 고구려유민묘지명은 당시 상황을 다음과 같이 전하고
있다.

I-① 위대하다 벼슬이 계속 이어져서 대를 이어 장수로 오랫동안 귀하게
   되었다(고흠덕묘지명).[152)
I-② 관직이 이어지니 조상의 恩德이요, 벼슬이 올라가니 집안의 名聲이
   로다. 이 지체 높고 부귀한 가문을 대대로 거듭함에 자연스럽게 精
   秀한 자를 낳았도다(이타인묘지명).[153)
I-③ 부군의 선대는 요양으로 피난하여 요양의 세족이 되었다(고덕묘지
   명).[154)
I-④ 일족은 진한과 변한에서 높았고, 가치는 소중한 옥인 珣과 琪보다
   중했다(고효묘묘지명).[155)

I의 기록처럼 고흠덕, 이타인, 고효묘 일족을 비롯한 귀족은 대를 이어
고위 관직을 역임함으로써 특권귀족으로서 자신의 지위를 상승시켰다. 관

---

151) 임기환, 2004, 앞의 책, 247~252쪽.
152) 『高欽德墓誌銘』 "偉乎冠冕繼踵, 世將攸稀". 본 문장의 해석은 '권은주, 2014,
   「고구려유민 고흠덕 고원망 부자묘지명 검토」 『대구사학』 116'을 따랐다.
153) 『李他仁墓誌銘』 "蟬聯祖德 寫赫家聲, 復此高胄 居然降精". 본 문장의 해석은 '안
   정준, 2013, 「『李他仁墓誌銘』에 나타난 李他仁의 生涯와 族源 -高句麗에서 활
   동했던 柵城지역 靺鞨人의 사례-」 『목간과 문자』 11호'를 따랐다.
154) 『高德墓誌銘』 "府君先代 避難遼陽 因爲遼陽世族"
155) 『高曉苗墓誌銘』 "族高辰卞 价重珣琪"

료는 신분화, 특권화, 폐쇄화, 귀족화가 되려는 '자기지향성'을 가지고 있기 때문에[156) 이들은 관직을 매개로 하는 관료적 성격을 강화함으로써 그들의 지위를 강화할 수 있었던 것이다. 고구려 후기 정치사는 특권귀족들이 더욱 귀족화되고 특권화되는 방향으로 발전해 가는 양상으로 전개되었는데, 이것은 관위제의 상당한 발달을 전제로 하였다. 관위제의 정비에 따라 품위 서열이 복잡해지면서 소수의 귀족가문이 상위의 품위를 독점하는 현상이 발생하고, 이리하여 특권화된 소수관료집단이 형성되었던 것이다. 고구려 후기 정치사는 특권귀족이 관료적 색채를 더욱 더 강화하면서 귀족화되는 경향이 잘 드러났던 시대였던 것이다.

---

156) 閻步克, 2009, 앞의 책, 20~21쪽.

제2장
지방통치제도의 발전과 정비

　고구려의 지방통치제도에 대한 이해는 고구려의 중앙집권화의 정도를 파악하는 중요한 척도가 된다. 중앙집권은 지방분권과 대치되는 용어이기 때문이다. 일반적으로 고구려 중·후기의 지방통치제도는 고구려의 중앙집권화가 정비됨에 따라 점차 집단적 간접적 지배방식에서 벗어나 일원적인 지배체제로 발전한 것으로 보고 있다. 그동안 고구려 중·후기 지방통치제도에 대한 연구는 상당한 성과를 거두었음에도 불구하고 전기에 비해 상대적으로 진행속도가 더딘 편이었다. 무엇보다도 문헌사료가 적다는 것이 주된 이유였지만, 기존의 사료를 좀 더 세밀하게 분석하지 못한 것도 하나의 요인이었다. 그리하여 이 부분에 대한 연구는 중앙집권적 지방지배방식이 관철되는 방향으로 지방통치제도가 발전되었다는 점에 대해서는 대체적으로 의견을 같이 하면서도 지방통치체제의 기본 구도 및 변천 과정, 군현제 시행 여부와 오부 문제 및 낙랑·대방지역 지배 문제 등에서 다양한 견해가 표출되고 있는 실정이다.[1]

---

[1]　지방제도에 대한 연구사 정리는 임기환, 2004, 『고구려 정치사 연구』, 한나래,

그런데 평양지역은 고구려 중·후기 정치사에서 중요한 역할을 했던 지역이다. 평양으로 천도하기 이전의 낙랑대방고지에 대한 지배방식은 고구려가 전국적인 직접지배를 관철하기까지 간접지배방식의 전형이 되었다. 그럼에도 불구하고 낙랑·대방고지에 대한 지배방식은 타지역과 구별되는 특수한 형식으로 진행되었다는 전제 하에 개별적이고 고립적으로 인식되는 경향이 강했다.[2] 본고는 이러한 인식에서 탈피하여 낙랑대방고지에 대한 통치방식이 이 지역만의 특수한 현상이 아니라 고구려 전기부터 내려왔던 전국적 차원에서의 전통적인 지역지배방식이었다고 파악했다.

한편, 고구려 중기의 수사와 고구려 후기의 가라달에 대한 이해는 고구려 중·후기 지방지배체제의 구조를 파악하는데 가장 중요한 핵심 포인트이다. 본고는 중·후기 지방통치제도의 연구에서 이 부분을 집중적으로 분석했다. 특히 중국식 관제에 대한 이해를 바탕으로 수사와 가라달의 성격 등을 분석함으로써 고구려 중·후기의 지방지배체제의 발전과정을 검토했다.

제1절 樂浪·帶方故地 지배 방식

313년 고구려 미천왕은 永嘉之亂 이후 내분수습에 여념이 없었던 진나라 세력을 한반도에서 축출하고 낙랑군지역에 대한 지배권을 확보했다. 고구려가 새로 지배한 낙랑군지역은 기원전 108년 고조선 멸망 이후 400여 년 동안 중국의 지방제도인 군현제적 지배방식이 관철되던 지역이었다.

35~40쪽; 김현숙, 2005, 『고구려의 영역지배방식 연구』, 23~33쪽; 崔熙洙, 2008, 『高句麗 地方統治 運營 硏究』, 서강대학교 박사학위논문, 1~9쪽 참조.
2) 이 점은 낙랑대방고지에서 발견된 명문전이나 묵서명 등에 기록된 관직을 自稱虛職이라고 파악하는 논고에서 공통점으로 발견되는 문제점이다.

따라서 고구려는 낙랑지배방식에 있어서 기존과는 다른 접근이 요구되었으며 그것이 바로 간접지배방식이었다. 여기서 간접지배방식이란 군사적으로는 그 지배권을 장악하되 행정적인 면에서는 중국식 제도에 익숙한 인물을 선정하여 일정 정도의 자율성을 부여하여 행정을 관할하게 하는 방식을 지칭하였다.

고구려의 관직을 가지고 간접지배방식에 활용되었던 인물로는 안악 3호분에 등장하는 동수와 덕흥리고분의 주인공인 유주자사 진이 대표적이다. 두 사람 모두 중국계 망명인이라고 파악하는 것이 대체적인 의견이지만, 이와는 달리 동수가 중국식 성씨를 관칭한 고조선계의 재지유력가로서 낙랑군 멸망을 즈음하여 중국으로 이주했다가 고구려로 다시 돌아온 인물이라고 이해하는 연구가 최근 등장했다(보론 참조).[3]

한편 묘지명에 기록된 이들의 관직의 성격에 대해서는 허구설과 실직설로 의견이 갈라지고 있다.[4] 그런데 지금까지의 논의 과정을 보면 實職과 虛職의 용어에 대한 개념이 명확히 정립되어 있지 않은 것 같다. 즉 관직의 사여 주체가 있다고 할지라도 동수가 역임한 지방관이 실제로 그가 관할할 수 있는 지역이 아닌 이상 실제적 의미가 없기 때문에 허구의 관직이라고 단정해 버리는 식인 것이다.[5] 그러나 본고에서는 어떤 인물이 실제로 그 지역을 관할할 수 없는 관직을 수여받았다고 할지라도 관직의 수여주체가 특정 국가라는 것이 확실하다면 그 관직은 실질적 의미를 가지고 있다고 본다. 즉 모종의 관직이 특정 국가가 관리들을 편제하는 공적체계

---

3) 이동훈, 2010, 「冬壽의 出自로 본 高句麗의 낙랑군 지배」『白山學報』 88, 183~221쪽.
4) 李文基는 유주자사 진의 연구를 예로 들어 제설을 (1) 自稱虛號說, (2) 高句麗授與 虛職(名譽說), (3) 高句麗授與 實職說 등 3가지로 구분했다(李文基, 1999, 「高句麗 德興里古墳壁畵의 七寶行使圖와 墨書銘」『歷史敎育論集』 25, 227~229쪽).
5) 임기환, 2004, 『고구려 정치사 연구』, 153~199쪽.

에 편입되어 있었던 것이라면, 관직의 사여로 인한 실질적인 행정관할권이 없었다고 할지라도 관직을 보유함으로써 그 관직에 상응하는 경제적 급부와 법률적 특혜 등을 받을 수 있었기 때문에 실질적인 관직으로서 의미가 있다는 것이다. 따라서 관직에서 지칭하는 행정구역의 실제적인 관할 여부에 따라서만 관직의 실직여부를 판단하는 것은 관직이 지니는 의미를 지나치게 제한적으로 해석했다고 할 수 있다. 본고에서는 이러한 기준에 입각하여 동수와 유주자사 진의 관직이 실직이었다고 생각한다.[6] 다만 고구려가 사여한 관직일지라도 실질적인 권한을 발휘할 수 없는 관직이 많았기 때문에 단순한 명예직에 그치는 경우가 많았다고 생각하는데, 이 점은 뒤에서 구체적으로 밝혀질 것이다. 본 장에서는 동수와 유주자사 진이 역임한 관직의 성격에 대해서 좀 더 자세히 분석하고 이를 통하여 고구려의 낙랑군 지배방식에 대해서 검토하고자 한다.

1. 冬壽의 官爵으로 본 간접지배방식

안악 3호분에 기재된 동수의 관작은 "使持節都督諸軍事平東將軍護撫夷校尉樂浪相昌黎玄菟帶方太守都鄕侯"이다. 동수의 관작 기록에 사후 추증된 관작이 섞여있을 가능성도 배제할 수 없지만 대부분은 동수가 사망하던 당시에 역임했던 관작을 기록한 것으로 보인다. 동수의 관작은 '통군가절지제+장군호+이민족통어관+지방관+작위'로 구성되어 있다. 이중 統軍假節之制에 해당하는 부분은 구체적으로 統監할 대상지역에 대한 명칭이

---

6) 본고에서 지칭하는 實職과 虛職의 구분은 특정관직이 국가의 공적인 관직체계에 속하는가의 여부를 기준으로 구분한 것이다. 관직이 그에 맞는 실질적 권한을 행사하는지의 여부에 따라 구분되는 職事官과 散官의 개념과는 다르다.

명시되어 있지 않아 동수의 관직이 虛構職이라는 근거가 되었다.[7] 물론
대부분의 경우 통감할 대상이 기재되었지만 이것은 진나라 후기의 상황이
고 西晋시대에는 반드시 그런 것만은 아니었다. 다음은 『三國志』와 『晋書』
에 기록된 都督諸軍事의 예이다.

〈표 1〉 魏晋時代의 都督諸軍事 任用表

姓名	관련사료	典據
曹芳	太傅, 持節統兵都督諸軍事如故	『三國志』魏書 卷4 齊王芳傳
曹休	夏侯惇薨, 以休爲鎭南將軍, 假節都督諸軍事	『三國志』魏書 卷9 曹休傳
司馬望	吳將施績寇江夏, 邊境騷動, 以望統中軍步騎二萬, 出屯龍陂, 爲二方重鎭, 假節, 加大都督諸軍事	『晋書』卷37 陽成王望傳
司馬林	倫以林爲將軍, 都督諸軍事	『晋書』卷37 竟陵王林傳
傅祗	惟祗爲盟主, 以司徒, 持節, 大都督諸軍事傳檄四方	『晋書』卷47 傅祗傳
司馬亮	是歲, 吳將步闡來降, 假亮節都督諸軍事以納之	『晋書』卷59 汝南王傳

모두 6개의 사례를 찾을 수 있었는데, 이 중 曹芳, 曹休, 司馬望, 司馬林,
司馬亮 등은 모두 皇族으로서 그 지위와 신분이 달랐다. 일반 관료로는 周
馥의 사례만 보인다. 傅祗가 역임한 都督諸軍事는 311년 晋 懷帝가 石勒
의 공격 이후 前趙 劉聰의 연이은 공격으로 洛陽이 함락된 후 포로가 되자
사방에 격문을 보내 懷帝를 구출하기로 하였을 때 역임했던 관직이다. 여
기서 都督諸軍事는 都督中外諸軍事라고도 하는 것으로 통감할 구체적인
지명을 명시하지 않은 最高의 都督이었다. 그러므로 동수의 관작을 일반
적으로 통용되는 都督某州諸軍事가 아닌 그보다 상위에 위치한 都督中外
諸軍事로 파악한다면 동수의 관작은 허구의 관직으로서가 아니라 실질적
인 의미를 갖는다고 할 수 있다. 이렇게 볼 때 동수는 고구려왕을 대신하
여 명목상으로 낙랑군지역에서 최고의 군사권을 위임받았다는 의미로 해

---

7) 孔錫龜, 1998, 『高句麗 領域擴張史 硏究』, 서경문화사, 108~109쪽.

석할 수 있을 것이다. 그런데 이 경우 관직이 너무 높기 때문에 생전에는 都督某郡諸軍事 정도에 해당하는 직책을 맡다가 사후에 추증되었을 가능성도 배제할 수 없다.[8] 하지만 통감할 구체적 대상이 기재되어 있지 않다는 것은 실질적으로는 별다른 역할을 발휘할 수 없는 명예직에 그쳤을 것이라는 것을 암시한다. 다만 여기서 강조하고자 하는 것은 동수가 역임한 도독제군사가 설사 명예직에 불과했을지라도, 자칭이 아닌 고구려왕에게 하사받았던 관직일 가능성이 크다는 것이다. 후술하겠지만, 고구려왕은 동수에게 당시의 중국식 관제를 고려하면서도 실질적으로는 별 역할을 발휘하지 못하도록 허명에 불과한 都督諸軍事를 수여했을 것으로 보인다.[9]

〈표 2〉『晋書』使持節과 四平將軍을 겸한 사례

성명	장군호	관직	사료
應詹	平南	使持節, 都督江州諸軍事, 江州刺史, 平南將軍, 觀陽伯	『晋書』卷7 成帝紀 『晋書』卷70 應詹傳
張茂	平西	使持節, 平西將軍, 涼州牧	『晋書』卷86 張茂傳
秘紹	平西	使持節, 平西將軍	『晋書』卷89 秘紹傳
彌寶	平西	車師前部王彌寶使持節, 平西將軍, 西域都護	『晋書』卷114 苻堅載記下
桓溫	平北	使持節, 侍中, 都督中外諸軍事, 丞相, 錄尙書, 大司馬, 揚州牧, 平北將軍, 徐兗二州刺史, 南郡公	『晋書』卷9 孝武帝紀

동수가 활동하던 晋代의 四平將軍에 대한 統軍假節之制의 범위는 대체로 持節都督 또는 그보다 한 단계 아래인 假節都督 등으로 규정되는 경우

---

8) 동진의 권신 桓溫이 사망할 때의 관직으로 기록되어 있는 "使持節, 侍中, 都督中外諸軍事, 丞相, 錄尙書, 大司馬, 揚州牧, 平北將軍, 徐兗二州刺史, 南郡公" 중 丞相은 사후에 내린 추증이다(『晋書』권9 孝武帝紀 참조).

9) '都督某州諸軍事'가 아닌 '都督諸軍事'라는 명칭의 관직이 수여된 사례는 후대이긴 하지만 北魏의 慕容白曜, 尉元, 元休 등에서도 찾아볼 수 있다(『北史』卷88 慕容白曜傳, 『魏書』卷12 尉元傳, 『魏書』卷92 安定王休傳 참조).

가 많았지만,[10] 使持節을 겸하는 경우도 없었던 것은 아니다. 아래는 使持節과 四平將軍을 겸하는 사례를 『晉書』에서 추출한 것이다.

張茂의 경우는 河西지역에서 독자적인 할거정권으로 존재하던 前涼을 세웠던 張寔이 太興 3년(320)에 죽은 후에, 주민들이 그 동생인 장무를 그 후계자로 내세우면서 大都督, 太尉, 涼州牧으로 추대하자, 이를 사양하고 使持節, 平西將軍, 涼州牧만을 받아들였다고 한다.[11] 동진 조정에서 직접 임명한 관직이 아니라 문제가 있긴 하지만, 四平將軍 중의 하나인 平西將軍이 使持節을 겸하는 사례로서 주목된다. 또 彌窴은 서역왕국인 車師 前部王으로서 일반적인 사여대상인 한인 관료와는 차이가 있지만, 북중국을 통일한 前秦의 苻堅이 하사한 것이라는 점에서 포함시켰다.

이것으로 동수가 칭한 平東將軍이라는 3品職과 使持節의 位階가 반드시 일치해야 하는 것은 아니라는 것이 밝혀졌다. 사실 統軍과 假節의 관계에 있어서도 統軍에는 都督, 監, 督의 3등급이 있고, 假節에는 使持節, 持節, 假節의 3등급이 있었으며 그 조합방식은 都督이면 使持節, 監이면 持節, 督이면 假節이 아니라 복잡한 조합방식을 채택하여 모두 9개의 종류가 나타나고 있어 등급간에 일치하지 않았다.[12] 또 都督이나 使持節은 統軍假節之制에 해당하기 때문에 이것을 군이 將軍號와 결부시켜 品階의 일치여부를 찾을 필요는 없다. 品階의 일치여부는 將軍號와 文官職의 비교를 통하여 살펴보는 것이 일반적인데, 양자가 일치된 것은 북위 효문제 때 職官令이 반포되고, 梁武帝의 18班制가 시행된 이후에야 가능하였으며 최종

---

10) 孔錫龜, 1998, 앞의 책, 111쪽.

10) 孔錫龜, 1998, 앞의 책, 111쪽.

11) 『晉書』卷86 張茂傳 "太興三年, 寔旣遇害. 州人推茂爲大都督, 太尉, 涼州牧. 茂不從, 但受使持節, 平西將軍. 涼州牧."

12) 嚴耕望, 1962, 『中國地方制度史 -魏晋南北朝地方行政制度 上』, 中央研究院歷史語言研究所, 99쪽.

적으로 서위북주시대에 이르러서 완성됐다.[13] 그러므로 이러한 작업은 북위 후기 이후의 관직을 분석할 때나 유용하다고 할 수 있다. 東晉 때의 權臣 桓溫의 경우를 예로 들면 桓溫은 사망 당시에 "使持節, 侍中, 都督中外諸軍事, 丞相, 錄尚書, 大司馬, 揚州牧, 平北將軍, 徐兗二州刺史, 南郡公"이라는 관직을 역임하고 있었는데, 大司馬와 錄尚書를 겸하여 최고의 관직을 보유하고 있었음에도 불구하고 장군호는 단지 平北將軍이라는 3품직만을 겸하고 있을 뿐이었다.

그러나 이러한 연구방법이 실질적으로 통용되고 있으므로 이 방법을 차용하여 護烏桓校尉와 使持節를 겸한 경우를 찾아보면 관구검을 예로 들수 있다.[14] 護撫夷校尉에 대해서는『晉書』職官志를 비롯한 관계문헌에는 나타나지 않지만, 護羌이나 護烏桓校夷 같은 관직이 변형된 것으로 내용적으로 東夷校尉와 비슷한 역할을 한 관직으로 추정되므로[15] 撫夷校尉를 맡고 있는 동수가 使持節을 겸하고 있는 상황도 충분히 이해할 수 있다.

그런데 동수의 관직에 일반적으로 통용되던 東夷校衛 대신 護撫夷校尉라는 관직이 등장하는 것은 고구려의 입장이 적극적으로 반영된 결과인 것같다. 충주고구려비에 의하면 고구려는 신라를 '東夷寐錦'이라고 하여 중국의 華夷觀과 같이 고구려를 중심으로 한 독자적인 세계관을 가지고 있었다.[16] 고구려 관할 하에 있던 동수가 고구려를 포함한 東夷와 관련된 업무를 관장하던 관직이었던 東夷校夷와 동일한 명칭의 관직을 갖는다는 것은 현실적으로 불가능했다. 고구려는 평양 주변 지역을 복속한 이후, 이지역과 예로부터 밀접한 관련을 맺고 있었던 평양 남쪽에 위치한 韓濊 등

---

13) 閻步克, 2002,『品位與職位』, 中華書局, 473~526쪽.

14)『魏書』卷28 毌丘儉傳, "靑龍中, 帝圖討遼東, 以儉有幹策, 徙爲幽州刺史, 加度遼將軍, 使持節, 護烏丸校尉"

15) 孔錫龜, 1998, 앞의 책, 111쪽.

16) 노태돈, 1999,『고구려사연구』, 사계절, 367~375쪽.

東夷와 관련된 업무를 담당하는 관직으로서 護撫夷校尉라는 관직을 신설한 것 같다. 東夷校尉라는 중국식 관제를 수용하면서도 고구려에 맞게 護撫夷校夷이라는 명칭으로 변경하였을 것이다.

다음은 동수의 관직 중 행정적인 책임과 권한을 규정한 관직인 樂浪相 이하의 太守 관직에 대하여 살펴보자. 이에 대하여 前燕과 後燕, 前秦, 東晉 등 주변 각국의 관직임용사례를 비교하여 시기적으로 동수가 동일한 관직을 수여받을 수 없다는 것과 또 4세기 이후 樂浪, 昌黎, 玄菟, 帶方郡은 모두 遼西 遼東지역으로 이동하여 前燕의 行政屬郡으로 존재하여 실질적으로 이를 관장하기 어렵기 때문에 동수가 칭한 관직은 관직으로서의 실제적 효용성이 상실된 허구화된 관직으로 단정하는 견해가 있었다.[17]

그러나 당시 중국에는 삼국시대부터 '遙領州'라는 것이 있었는데, 요령주란 아직 차지하지 못한 지역의 州·郡의 명칭을 먼저 확정해놓고, 관직을 설치하여 멀리서 다스리는 것을 의미하였다. 이 제도는 蜀漢에서 시작되었는데 曹魏에서도 이를 본받아 시행하였다. 예를 들어 黃初 3년(222)에 오나라를 정벌하면서 曹休는 征東大將軍으로 揚州牧에 제수되었는데, 揚州는 여전히 오나라의 관할에 있었다. 遙領州는 僑郡과는 달리 편호제민이 없었다.[18] 따라서 '요령주'라는 개념으로 동수의 관직을 해석하면 낙랑상, 창려태수, 현도태수, 대방태수 등을 관칭한 동수의 관직의 성격을 더욱 분명하게 이해할 수 있게 된다. 동수의 관직 중 창려태수, 현도태수는 遙領郡에 해당한다. 물론 현도태수에 대해서는 현도군을 교치한 것으로 이해하기도 하지만,[19] 遙領郡으로 해석하는 것이 더 타당할 듯하다.[20] 요령

---

17) 孔錫龜, 1998, 앞의 책, 112~115쪽.

18) 黃惠賢, 1992,『中國政治制度通史』제4권, 人民出版社, 247쪽.

19) 임기환, 2004, 앞의 책, 178쪽.

20) 동수의 경력을 보았을 때 현재의 중국 요령성지역에서 역임했었던 관직이었을 가

주란 개념으로 평양지역에서 활동한 佟利의 관작인 '遼東韓帶方太守'를 살펴보면 그가 관칭한 遼東, 韓, 帶方은 遼東, 韓이라는 遙領郡과 대방이라는 실질적인 관이 혼재하고 있다. 후술하겠지만 동수와 마찬가지로 요녕관과 대방태수라는 실직이 혼재되어 있는 상태이다. 그러므로 동수의 묵서명에 기재된 관직은 실질적 의미를 갖는 실직이나 허구적으로 보이지만 실제는 요령관의 일종인 명예직으로 구성되어 있어, 기록자체로만 보면 당시의 중국의 관례에 부합하여 전혀 문제가 되지 않는다.

그렇다면 관직의 사여 주체가 누구냐가 문제가 되는데, 전연과 후연, 동진 등에서 사여될 가능성은 당시의 현실을 고려하면 불가능하다.[21] 동수의 자칭이거나 고구려가 사여했을 가능성만 남는다. 그런데 앞서 살펴보았듯이 護撫夷校尉라는 관직명이 갖는 특수성과 樂浪相이라는 관직이 동수가 죽기 3년 전인 고국원왕이 355년에 前燕으로부터 사여받은 '樂浪公高句麗王'라는 직과 연관되어 부여되었다는 것을[22] 고려하면, 동수의 관작은 고국원왕이 하사한 것으로 보는 것이 가장 타당할 것 같다.

동수는 관직명으로 볼 때 평동장군부와 호무이교위부 그리고 낙랑상부를 개설할 수 있는 권리를 가졌다. 무덤의 위치로 보아 동수는 평양지역에 相府를 개설하여 행정적인 업무를 담당하였을 것 같은데, 이것은 전실 서벽에 새겨진 관직명으로 확인할 수 있다.

전실 서벽에는 묘주를 시위하는 속료로 보이는 관리들이 그려져 있는데, 그들의 주위에는 빨간 글씨로 記室, 小史, 省事, 門下(拜)라고 쓰여 있다. 이들은 모두 군의 속리에 해당되는 것으로 장군부와는 상관이 없다. 물론

능성도 있다. 동수는 연나라로 이주한 후 요동군에 적관되었고, 요동군은 당시 창려와 함께 인접해 있었기 때문에 창려태수도 역임했을 개연성이 있는 것이다. 하지만 문헌에는 관련 기록이 없기 때문에 그 가능성을 배제한다.

21) 孔錫龜, 1998, 앞의 책 참조.

22) 坂元義種, 1978, 「金石文(Ⅱ朝鮮)」『考古學ゼミナール』, 山川出版社, 266쪽.

무인상 위에 새겨진 帳下督이 장군부 소속의 관리를 지칭하는 것일 수 있으나, 帳下督이 자사나 태수의 속관에도 그 명칭이 확인되기 때문에 군의 속리로 보아도 무방하다. 그런데 당시에는 郡太守가 장군호를 加하여 軍府를 개설하게 되면 軍府 계통이 郡吏 계통을 대체하여 郡政을 장악하는 것이 일반적이었다.[23] 그런데 묘주의 생전의 모습을 반영하였을 벽화에 郡吏들만이 기록되어 있다는 것은 동수가 생전에 행사하던 실질적인 관직이 樂浪相이었으며, 평동장군과 호무이교위는 그다지 중요한 역할을 못했다는 것을 암시한다. 따라서 고구려가 동수를 낙랑상에 임명하여 행정적인 권한을 부여했지만 군사권에서는 제한된 권한만 행사하도록 통제하고 있었다는 것을 알 수 있다. 이러한 점을 고려한다면 동수의 관직인 사지절도독제군사가 관할영역이 표시되지 않는 이유를 짐작할 수 있다. 즉 고구려는 동수에게 높은 관직을 하사하긴 했지만, 그 관직은 실질적인 권한을 행사할 수 없는 명예직으로서 성질에 지나지 않았던 것이다.

고구려는 낙랑과 대방지역을 정복한 후 이 지역에 대한 효율적인 통치와 방어를 위하여 평안도지역에는 평양성을 증축하였다.[24] 현재 평양 일대는 안학궁과 대성산성을 중심으로 사방으로 성곽이 분포하는데 청암동토성, 청호동토성, 고방산성 등의 보조성이 기본적인 방어선의 역할을 하고 있다. 그리고 그 외곽으로는 북쪽의 청룡산성, 남쪽의 황주성과 휴류산성, 동쪽의 흘골산성, 남쪽의 황룡산성 등이 배치되어 평양성의 외곽 방어선을 구축하고 있다. 또한 황해도 일대의 경우는 황해에서 예성강을 거쳐 평양에 도달할 수 있는 주요 교통로와 해안지역에 집중 배치하였는데, 즉 평양에서 서울로 통하는 황주－봉산－서흥－평산로 상에 황주성, 휴류산성, 대현산성, 태백산성 등이 일정한 간격을 두고 분포하고 있다. 또 평양에서

---

23) 嚴耕望, 1962, 앞의 책, 263쪽.

24) 『三國史記』 卷18 高句麗本紀 第6 故國原王, "4年 秋八月 增築平壤城"

서해안의 해주로 통하는 길목에는 장수산성과 수양산성 등이 있다.[25] 이 것은 이 지역에 대하여 호족들에게 어느 정도의 자율성을 부여하면서도 군 사적으로는 강력히 통제하고 있었다는 것을 보여준다.

2. 幽州刺史 鎭의 官爵 분석

덕흥리벽화고분 묘지명에 의하면 중국계 망명인인 □□진은 建威將軍 國小大兄 左將軍 龍驤將軍 遼東太守 使持節 東夷校尉 幽州刺史를 역임했 다. 이것은 진이 생전에 역임한 관직을 시간적 순서에 따라 기록한 것으 로 이해되고 있다. 국소대형을 제외한 나머지 관직들의 수여 주체에 대해 서는 다양한 견해가 제시되었다. 유주자사 진의 관직 분석에 있어 국소대 형은 기준이 된다. 왜냐하면 고구려 관직이 분명하기 때문이다. 그러므로 국소대형 앞에 기록된 건위장군은 고구려에 망명하기 전 중국에서 역임한 관직으로 이해된다. 武田幸男은 將軍號와 地方官이 겸직되는 중국의 관 직 수여 원칙을 근거로 하여 국소대형을 제외한 관직을 관품이 비슷한 관 직끼리 상호 대응시킨 후에 건위장군과 요동태수는 유주자사 진이 고구려 에 망명하기 전에 중국에서 수여받은 실직으로 파악했다. 그리고 좌장군 이하 모든 관직들은 모두 유주자사 진이 자칭한 허구의 관직으로 이해했 다.[26] 이러한 그의 분석방법은 이후 많은 영향을 주었는데, 연구자들은 국 소대형을 기준으로 하여 진의 관직을 망명 전과 후의 관직으로 구분하였 고, 유주자사 진의 관직이 실직이라고 주장하는 연구자들은 당시의 고구려 및 국제정세를 고려하여 관직 수여 주체를 고구려, 전연, 전진 등으로 구분

---

25) 백종오, 2008, 「북한의 고구려 유적 연구 현황 및 성과」 『정신문화연구』 31, 331 ~332쪽.

26) 武田幸男, 1989, 「德興里古墳被葬者の出自と經歷」 『朝鮮學報』 130, 18~20쪽.

하여 파악했다. 이를 정리하면 〈표 3〉과 같다.

〈표 3〉 유주자사 진의 관직 경력과 수여 주체에 관한 諸說[27]

	관직역임순서(수여주체)
武田幸男	건위장군(중국) · 요동태수(중국) → 국소대형(고구려) → 좌장군(자칭) · 용양장군(자칭) · 사지절(자칭) · 동이교위(자칭) · 유주자사(자칭)
林起煥	건위장군(후연) · 요동태수(후연) → 국소대형(고구려) · 좌장군(고구려) → 용양장군(후연) → 사지절(고구려) · 동이교이(고구려) · 유주자사(고구려)
孔錫龜	건위장군(중국?) → 국소대형(고구려) or 좌장군(자칭?) → 용양장군(자칭) · 요동태수(자칭) → 사지절 · 동이교위(고구려) · 유주자사(자칭)
	건위장군(중국?) · 국소대형(고구려) → 좌장군(자칭?) → 용양장군(자칭) · 요동태수(자칭) → 사지절(고구려) · 동이교위(고구려) · 유주자사(자칭)
李仁哲	건위장군(중국) → 국소대형(고구려) 좌장군(고구려) → 용양장군(전진) · 요동태수(고구려) → 사지절(고구려) · 동이교위(고구려) · 유주자사(고구려)
余昊奎	건위장군(중국) · 요동태수(중국) → 국소대형(고구려) 사지절(고구려) → 좌장군(자칭) · 동이교위(자칭) → 용양장군(자칭) · 유주자사(자칭)
본고	건위장군(중국) → 국소대형(고구려) · 좌장군(고구려) → 국소대형(고구려) · 용양장군(고구려) · 요동태수(고구려) → 국소대형(고구려) · 사지절(고구려) · 동이교위(고구려) · 유주자사(고구려)

본고에서는 이와 같은 선행 연구들을 바탕으로 유주자사 진의 관직에 대해서 검토를 진행했는데 특히 겸직할 때 보유했던 관위에 대해 주안점을 두었다. 고구려는 일찍부터 관직을 수여하는 방법에 있어 관작과 관직을 함께 수여하는 전통이 있었다. 고국천왕대의 을파소의 등용 과정과 봉상왕대 신성태수 고노자의 임명과정을 보면 관직의 승진과 더불어 관작의 진급도 함께 이루어지고 있었다. 특정 관직에 취임하기 위해서는 그에 상

---

27) 〈표 3〉의 출처는 武田幸男, 1989, 앞의 논문, 13~20쪽; 孔錫龜, 1999, 앞의 책, 161~178쪽; 임기환, 2004, 앞의 책, 181~187쪽; 이인철, 1998, 「德興里壁畵古墳의 墨書銘을 통해 본 고구려의 幽州經營」『歷史學報』158, 5~7쪽; 余昊奎, 2009, 「4세기 高句麗의 樂浪 · 帶方 경영과 中國系 亡命人의 정체성 인식」『한국고대사연구』53, 184쪽을 참조하여 작성하였음.

응하는 관위를 구비해야 했다는 점을 보여준 대표적인 사례였다. 물론 고구려의 관위는 관직적인 성격과 관위적인 성격을 겸하고 있던 것은 사실이지만, 노고나 공훈에 대한 평가의 수단으로서 관직보다는 관위의 진급이 더 우선시되었다는 점에서 관위가 그 신분을 결정짓는 주요 수단이었다는 것을 보여주었다고 생각한다. 당시 중국에서도 장군호와 관직을 겸하고 있을 때는 이미 위계화의 길을 걸었던 장군호가 그 실질적인 역할 여부를 떠나서 특정 인물의 품위를 결정하는 본관으로서 역할을 수행하고 있었다.[28]

유주자사 진이 역임한 관직 중에서 官位의 역할을 하는 것은 장군호이기 때문에 관직의 승강은 장군호를 중심으로 살펴보는 것이 원칙이다.[29] 유주자사 진은 建威將軍, 左將軍, 龍驤將軍의 순서로 역임했는데, 중국에서 역임했던 建威將軍을 제외하고 左將軍과 龍驤將軍을 비교한다면, 같은 3품이지만 좌장군이 용양장군보다 높아 일반적인 관직 임용 순서에 어긋나서 문제가 있다. 그러므로 장군호는 관위로서 실질적인 역할을 하지 못한 단순 명예직이었다고 생각한다. 이 때문에 국소대형과 장군호를 하나의 관위로 파악하여 이를 기준으로 관직의 역임 순서를 설정한 것은[30] 받아들이기 어렵다.

유주자사 진은 관직의 승진 과정에서도 국소대형을 그대로 유지했을 것이고 이것이 바로 고구려 사회에서 유주자사 진의 실질적 위상을 결정했을 것이라고 생각한다. 왜냐하면 국소대형 다음에 기록된 나머지 관직들은 고구려가 사여한 관직으로서 명예직이거나 요령관적 성격을 지녔기 때

---

28) 閻步克, 2002, 『品位와 職位』, 中華書局, 416~429쪽.
29) 余昊奎, 2009, 앞의 논문, 183쪽.
30) 여호규는 이에 대해서 명확히 언급하지는 않았지만 관직 역임의 순서를 보았을 때 국소대형과 장군호를 동일한 관위체계에 포함시켜 역임 순서를 추정한 것으로 보인다(余昊奎, 2009, 앞의 논문, 184쪽).

문이다. 유주자사 진의 관직 중 국소대형만이 실질적 의미를 지닌 상황은 동수의 관직 가운데 낙랑상만이 실질적인 의미를 가졌던 것과 유사하여 자 못 주목된다. 그렇기 때문에 장군호에서 보이는 이러한 위계상의 혼란은 그다지 중요한 역할을 하지 않았다고 생각한다. 좌장군과 용양장군 사이 의 단절 문제, 유주자사 진이 국소대형이라는 관위를 끝까지 보유하고 있 었다는 사실 등을 바탕으로 하여 진의 관직 역임 순서를 구성하면 다음과 같다. 건위장군→국소대형 좌장군→국소대형 용양장군 요동태수→국 소대형 사지절 동이교위 유주자사가 바로 그것이다.

그러므로 유주자사 진이 사후에 화려한 벽화무덤을 조성할 수 있었던 것은 생전에 보유하고 있었던 국소대형이라는 관위에 근거했다고 할 수 있다. 물론 요령관적 성격을 가졌던 다른 관직들도 고구려의 국가적 공적 체계에 편제되어 있었던 실직이었기 때문에 무덤조성에 있어 관직에 요구 되는 정당한 대우를 받을 수 있는 충분조건이 되었을 것이다. 다음은 진 이 역임했던 관직들의 성격에 대해서 좀 더 구체적으로 분석해 보기로 하 겠다.

먼저 국소대형 다음에 제일 먼저 기록된 左將軍에 대해서 살펴보기로 하자. 최근 4세기 말 무덤으로 추정되는 千秋塚에서 '□浪趙將軍', '胡將 軍' 등이 새겨져 있는 기와가 발견되었다. '□浪趙將軍' 좌측에 '…□未在永 樂…'이라고 새겨 있어 기와의 제작 시기는 395년이나 407년, 즉 광개토왕 대에 작성되었다는 것을 보여준다. 보고서에서는 '將軍'은 고구려의 관직 이 아니기 때문에 고구려의 사여한 관직이 아니라 중국에서 온 망명인 혹 은 전쟁포로의 虛職이나 自稱일 것으로 추정했다.[31] 그러나 주지하듯이 將軍이라는 직책은 위만조선의 관직체계에 포함되었을 정도로 한반도에

---

31) 吉林省文物考古研究所 集安市博物館 編著, 2004, 『集安高句麗王陵 −1999∼ 2003年 集安高句麗王陵調査報告』, 文物出版社, 193쪽.

서 그 역사가 오래되었다.[32] 또한 고구려는 오래전부터 관직체계에 左輔·右輔와 같이 左右를 冠稱하는 관직이 있었다.[33] 그러므로 千秋墓에 보이는 장군직은 고구려에서 수여했을 가능성이 크다.[34] 보고서는 '□浪'을 낙랑일 것이라고 추정하였다. 이것은 천추총의 축조에 낙랑지역에 거주하던 집단도 적극적으로 참여하고 있었다는 것을 보여주는데, 유주자사 진과 그 시기가 비슷한 것으로 보아 고구려는 낙랑지역 등 재지유력자들에게 보편적으로 장군호를 하사하여 국가의 공식관료체제에 편입시켰던 것 같다. 이들은 천추총같은 왕릉 조성 사업에 자체의 인력을 징발하여 國都에 파견하는 역할을 했었던 것으로 보여 어느 정도 실질적인 의미의 관직적 역할도 수행했을 것으로 판단된다. 유주자사 진이 보유한 좌장군이라는 장군호도 이런 성격의 관직으로서 망명할 당시 국소대형과 함께 동시에 수여되었던 것으로 보인다.

다음은 용양장군과 요동태수이다. 좌장군이 용양장군보다 위계가 높기 때문에 좌장군에서 용양장군으로의 변경은 좌천이라고도 볼 수 있지만, 좌장군이 고구려의 독자적인 장군 명칭인 이상 이에 구애받을 필요는 없다.

---

32) 『史記』卷115 朝鮮列傳, "朝鮮相路人, 相韓陰, 尼谿相參, 將軍王唊相與謀曰, 始欲降樓船, 樓船今執, 獨左將軍并將, 戰益急, 恐不能與, 王又不肯降. 陰, 唊, 路人皆亡降漢."

33) 左·右輔는 『三國史記』에서 대무신왕부터 차대왕까지 총 7개의 사례가 출현한다 (李種旭, 1979, 「高句麗初期의 左右輔와 國相」 『全海宗博士華甲記念史學論叢』, 487쪽 표〈가〉참조).

34) 井上直樹는 將軍이 중국식의 서열화된 장군 명칭과 다르고, 오른쪽에 '永樂' 연호가 함께 새겨진 것 등에 근거하여 고구려가 독자적으로 부여한 장군호라고 파악하였다(井上直樹, 2007, 「集安出土文字資料からみた高句麗の支配體制についての一考察 -安岳三號墳 德興里古墳にみえる被葬者の職位の再檢討と府官制」 『朝鮮學報』 203, 朝鮮學會, 19~20쪽). 이러한 주장은 종래 유주자사 진의 장군호를 중국의 장군이라고 주장했던 武田幸男의 견해와 배치된다(武田幸男, 1989, 앞의 논문, 15~16쪽).

좌장군에서 용양장군으로의 이동을 승진이라고 파악할 수 있다면 이것은 오히려 고구려가 스스로 망명객을 대상으로 하는 독자적인 장군호 서열을 구축하고 있었다는 반증이 아닐까 한다. 유주자사 진은 용양장군으로 이동하면서 요동태수라는 관직도 겸임했던 것 같다. 유주자사 진이 요동태수에 임명되었을 때에는 요동지역이 고구려의 영역이 아니었기 때문에 단순히 요령관의 역할만 수행할 수밖에 없었다. 요동태수에 임명된 시기를 정확하게 가늠할 수는 없지만, 고구려가 요동지역을 두고 후연과 쟁패를 하던 380~390년대경이 아닐까 추정해본다. 고구려는 후연과의 작전에서 요동지역에 있었던 한인들의 지지를 획득하기 위하여, 그리고 요동지역에 대해서 비교적 사정이 밝았던 유주자사 진을 효율적으로 활용하기 위한 방편으로 진에게 요령관으로서의 요동태수를 수여한 것 같다.

그런데 405년을 전후하여 고구려가 실제로 요동지역을 확보하게 되자 실질적인 행정관할 권한이 없이 단순한 요령관에 불과하였던 진의 관직이 실제로 효력을 갖는 관직으로 전환될 가능성이 발생하게 되었다. 요령관에서 언급된 관직은 장래 그 영토를 차지하게 되면 그 지역의 수장으로 임명한다는 약속이 내포되어 있었기 때문이다. 이에 따라 고구려는 고구려와 계통을 달리하는 중국계 망명인이 실질적으로 요동지역을 관장하게 됨으로써 생길 수 있는 미연의 사태를 방지할 필요가 있게 되었다. 그리하여 외형적으로는 요동 점령에 일정한 공을 세웠던 □□진을 존중하는 척 하면서도 실질적으로는 그의 권한을 제한하려는 의도에서 사지절 동이교위 유주자사로 승진시키는 방식을 취했던 것 같다. 왜냐하면 당시 고구려가 확보한 요동지역은 중국의 평주지역에 해당하는 지역으로 유주지역에 해당되지 않기 때문이다. 그러므로 유주자사 진이 사지절 동이교위 유주자사를 수여받은 시기는 405년 무렵이 될 것이다. 한편 유주자사 진의 관직이 용양장군 요동태수에서 사지절 동이교위 유주자사로 승진했음에도 불구하고, 그 관위가 국소대형을 그대로 유지하고 있었다는 사실은 최후의 관

직 역시 명예직에 가까운 요령관에 지나지 않았다는 것을 의미한다고 하겠다.[35]

사실 고구려의 낙랑군과 요동군의 지배방식에는 차이가 있었다. 고구려는 당시 각 지역이 처한 지정학적 위치에 따라 직접지배와 간접지배방식을 병용하여 실시했다. 옛날 낙랑군지역에는 간접적인 지배방식을 실시했던 것과는 달리 요동군과 부여국이 위치했던 지역에는 직접적인 지배방식을 채택했다. 왜냐하면 직접적으로 중원왕조와 접경하고 있는 요동지역에 한인사족을 이용한 간접지배방식을 사용하기에는 너무나도 위험부담이 컸기 때문이다. 고구려는 요동지역에 대해서는 직접적인 지배방식을 시행했으며 평양에 대해서는 군사적으로는 통제하면서 행정적으로는 간접지배하는 방식을 채택하였다. 고구려가 요동군을 차지한 이후 얼마 후에 벌어졌던 후연 모용희의 침공을 격퇴할 수 있었던 것도 고구려가 요동군을 직접지배하에 두었기 때문에 가능한 일이었다.

요동태수와 함께 수여된 龍驤將軍은 雜號將軍의 일종으로 실질적인 군대통수권이 없었다.[36] 이 점은 고구려가 진에게 용양장군을 사여한 이유를 짐작하게 한다. 이런 점에서 본다면 동이교위 역시 실권이 없는 유명무실한 관직일 가능성이 많다. 다만 동수의 관직에서 언급한 것처럼 韓濊 등 동이와 관련된 사무를 처리하는 임무를 부여했을 가능성도 전혀 없지 않다. 덕흥리고분 남벽과 전실 동벽에 보이는 군부 요좌직과 자사부 요좌직

---

35) 북한학계가 유주자사를 고구려의 관직으로 파악하고 있다는 점에서는 본고와 의견을 같이 하지만, 본고가 유주자사를 중국을 실제 지배하면서 설치한 관직이 아니라 요령관에 불과하다고 파악한 점에서 차이가 있다. 북한학계의 견해는 조선사회과학원역사연구소, 1979, 『조선전사』 3 중세편(고구려사), 과학백과사전출판사, 118~122쪽 참조.

36) 『宋書』卷39 百官 上, "若不爲都督, 雖持節屬四征者, 與前後左右雜號將軍同. 其或散還從文官之例, 則位次三司"

은 동이교위와 유주자사라는 관직을 고려하여 기록되었을 것이다. 묘지 전실 북벽 서쪽에 보이는 13군 태수 역시 유주자사라는 관직을 고려하여 관념적으로 작성되었거나, 고구려로부터 태수급에 해당하는 요령관을 제 수받았던 실제 재지 유력자의 존재를 근거로 하여 묘사했을 것이다.

한편 이와 관련하여 주목되는 것은 동수의 일족으로 추정되는 佟利의 관직이 표기되어 있는 '永和九年三月十日遼東韓玄菟太守領佟利' 銘文塼이 다. 여기서 '領'은 대체로 관직 앞에서 '~을 관장한다'는 뜻으로 사용되고 있는데, 관직 뒤에 나오기 때문에 정확한 해석은 곤란하다.[37] 그런데 동수 와 동리 등이 고조선계 토착 한인이라는 앞서의 연구 결과를 인용하면 해 석 문제는 간단히 해결된다. 즉 동리가 중국식 관제에 익숙하지 못했기 때 문이다. 동리가 중국계 망명인이었다면 중국식 관직 기재방식에 맞게 당 연히 '領遼東韓玄菟太守佟利'라고 기록했을 것이다. 이 명문전은 한국어 문장 순서대로 구성되어 "영화 9년 3월 10일 요동·한·현도태수를 관장 하고 있는 동리가 만들었다"라고 해석된다. 중국어 문법체계보다는 한국 어 문법체계에 가깝다고 할 것이다.[38] 이것은 한편 동리가 고조선계 낙랑 지역 토착세력이라는 앞서의 연구가 타당하다는 것을 보여주는 사례라 할 것이다. 낙랑지역 재지유력가였던 동리는 고구려의 관직체계에 편제되어 이와 같은 관직을 수여받았던 것이다. 동리가 수여받은 요동과 현도는 당 시 고구려의 판도에 있지 않았기 때문에 요령관의 성격을 가지고 있었다.

---

37) 韓國古代社會研究所 編, 1992, 『譯註韓國古代金石文』(제1권), 駕洛國史蹟開發研 究院, 385쪽.

38) 한편 동수의 관직기재방식은 동리와 차이가 있다. 동리와 같은 일족인 동수는 낙 랑군 멸망 직후 요서지역으로 피신하여 전연정권에서 고위직을 역임했다. 후에 정쟁에 패하여 고향이었던 낙랑지역으로 돌아와서 고구려의 관직을 수여받았다 (이동훈, 2010, 앞의 논문, 183~221쪽, 보론 참조). 이와 같이 동수는 동리와 달리 중국식 제도에 익숙하였기 때문에 관직표기방식에서 차이가 났던 것이다.

그러므로 함께 제수된 韓 역시 낙랑 주변의 토착한인이 아니라 한반도 남쪽 삼한지역의 韓을 지칭한 것으로 보인다.[39] 즉 동리의 관직은 모두 요령관으로 구성되었던 것이다. 다만 이 경우에 있어서도 명예직에 불과하지만 국가의 공식적인 관직체계에 포함된다는 점에서 실직이라고 할 수 있다.

동수와 유주자사 진의 사례에 나타난 것처럼 고구려는 당시 낙랑·대방 고지에 거주하던 한화된 고조선계 재지유력자와 중국계 망명인을 국가체제 내에 편제하는 수단으로서 중국식 관제를 적극적으로 활용했다.[40] 망명인을 대상으로 하여 실시되었던 중국식 관제는 요동지역을 점령한 후 새로이 편입된 한인관료들을 고구려 국가체제에 편제하는데 있어서도 상당히 유용하게 작용했을 것이다. 중국식 관제는 고구려에 새로이 편입된 유력자들에게 익숙한 제도였기 때문에 이들을 편제하기에는 고구려 고유의 관제보다도 적합했을 것이기 때문이다. 고구려가 운영하는 중국식 관제에 편입된 인사들은 고구려의 지배에 협조하면서 공과에 따라 승진이나 좌천의 과정도 겪었을 것이다. 물론 유주자사 진과 같이 고구려 고유의 관제체계에 편입되어 고구려의 관등을 보유하는 특권을 누리는 인사들도 있었다. 그렇지만 고구려는 고구려에 합류한 새로운 인사들을 대상으로 한 관직체계를 운용하는 과정에서 동수의 사례처럼 가능한 한 군사지휘권을 부여하지 않는 범위 내에서 중국식 관제를 운용하려고 했다. 등용된 인사들

---

39) 임기환도 역시 동리의 관직이 동리의 세력기반과 전혀 관계가 없다는 점에서 고구려에서 사여했을 것이라고 추정한다(임기환, 2004, 앞의 책, 165~168쪽).

40) 이 점은 임기환이 일찍이 주장했다(임기환, 앞의 책, 153~199쪽). 다만 임기환이 유주자사 진의 관직 구성에서 일부를 후연, 일부를 고구려에서 받았다고 한 것과는 달리 본고에서는 건위장군 다음의 관직은 모두 고구려의 관직으로 파악했다는 점에서 차이가 있으며, 또한 그 관직들이 모두 요령관이라고 파악했다는 점에서 크게 구별된다.

은 고구려를 대신하여 지역사회를 행정적으로 관할할 수 있는 권리 혹은 치안에 필요한 최소한의 군사권만을 부여받았다. 그리고 고구려로부터 수여받은 관직에 의거하여 규정된 봉록을 수령하면서 나름대로의 생활을 영위해 나갈 수 있었다.

고구려는 광개토왕 때에 장사, 사마, 참군 등 중국식 관제를 보유했다.[41] 전연의 모용외와 모용황의 사례에서 나타나듯이 공국이나 왕국 체제 내에서 그 수장은 그에게 속한 관리들을 대상으로 장사, 사마 등 장군부 요좌직, 잡호장군, 태수, 현령 등의 관직을 수여할 수 있었다.[42] 고구려 역시 고구려 초기부터 내려오는 고구려 고유의 관직체계 이외에도 한인을 비롯한 낙랑지역 세력을 대상으로 하는 관직체제를 별도로 운영했던 것으로 보인다.[43]

한편 중국식 관제는 왕국 내부의 관리를 편제하는 수단으로서 역할도 수행했다. 이 점은 『南齊書』 卷58 百濟國傳에 등장하는 동성왕대 관리들의 중국식 관작 보유와 禰氏일족묘지명에 등장하는 백제 후기에도 관칭한 것으로 보이는 중국식 관직을 통해서 알 수 있다.[44] 정리하면 중국식 관제는 고구려와 백제에서 지배층을 편제하는 방식으로서 적극적으로 활용되었던 제도였던 것이다.

---

41) 『梁書』 卷24 東夷烈傳 高句麗條 "垂死, 子寶立, 以句驪王安爲平州牧, 封遼東帶方二國王. 安始置長史, 司馬, 參軍官. 後略有遼東郡."

42) 池培善, 1986, 『中世東北亞史硏究-慕容王國史』, 一潮閣, 56~62 · 109~121쪽.

43) 임기환, 2004, 앞의 책, 195쪽.

44) 李東勳, 2014, 「高句麗 百濟遺民 墓誌銘의 誌文構成과 撰書者」 『韓國古代史硏究』 76, 269~272쪽.

제2절 초기 간접지배 방식

『삼국사기』에 기재된 초기 대외정벌기사에 의하면 고구려는 정복한 지역을 성읍으로 삼거나 군현으로 편제하는 등 두 종류의 지배방식을 병행한 것으로 나타난다.

A-ⓐ 왕이 오이와 부분노에게 명하여 태백산 동남쪽의 행인국을 정벌하게 하고, 그 땅을 취하여 성읍으로 삼았다(동명왕 6년).[45]

A-ⓑ 왕이 부위염에게 명하여 북옥저를 정벌하여 멸망시키고, 그 땅을 성읍으로 삼았다(동명왕 10년).[46]

A-ⓒ 겨울 10월, 왕이 직접 개마국을 정벌하여 그 왕을 죽이고 백성을 위안시키고 노략질을 금지하였다. 다만 그 땅을 군현으로 삼았다. 12월, 구다국왕이 개마가 멸망했다는 소식을 듣고 자기에게도 해가 미칠까 두려워 나라를 들어 항복했다. 이로 말미암아 개척된 땅이 점점 넓어졌다(대무신왕 9년).[47]

A-ⓓ 동옥저를 정벌하고 그 토지를 빼앗아 성읍으로 삼았다. 국경을 개척하여 동으로는 창해, 남으로는 살수에 이르렀다(태조왕 4년).[48]

----

45) 『三國史記』 卷13 高句麗本紀 第1 始祖東明王 6年 10月條 "王命烏伊 扶芬奴 伐太白山東南行人國 取其地爲城邑"

46) 『三國史記』 卷13 高句麗本紀 第1 始祖東明王 10年 11月條 "王命扶尉猒 伐北沃沮 滅之 以其地爲城邑"

47) 『三國史記』 卷14 高句麗本紀 第2 大武神王 9年條 "冬十月 王親征蓋馬國 殺其王 慰安百姓 禁虜掠 但以其地爲郡縣 十二月 句茶國王聞蓋馬滅 懼害及己 擧國來降 由是拓地浸廣"

48) 『三國史記』 卷15 高句麗本紀 第3 太祖大王 4年 七月條 "伐東沃沮 取其土地爲城邑 拓境東至滄海 南至薩水"

이 중 A-ⓒ의 대무신왕대의 군현 설치 기사가 문제가 되는데, 고구려 초기에 유일한 사례이기 때문에 3세기 말까지 간접지배가 보편적으로 행해지던 당시의 상황에 부합되지 않다는 이유로 기사의 신뢰성이 의심되기도 했다.[49] 혹은 A-ⓒ의 군현의 성격이 A-ⓐⓑⓓ의 성읍과 유사한 것으로 취급되어 이해되기도 했다.[50] 한편 일부에서는 사료를 긍정적으로 이해하는 가운데 원래 한나라의 지배를 받았던 지역에는 군현제를 실시하였고 그렇지 않은 지역은 성읍제를 실시한 것으로 해석되기도 했다.[51] 그러므로 A-ⓒ의 실체를 파악하기 위해서는 보다 자세한 분석이 요구된다고 할 것이다.

우선 고구려가 주위의 소국을 정벌하고 설치한 성읍에 대한 구체적인 지배방식은 『삼국지』 권30 위서 동이전 동옥저조의 해당기사의 분석을 통하여 그 실체가 드러난다.

B 나라가 작고 큰 나라 사이에서 핍박을 받다가 결국 고구려에 신속되었다. 고구려는 다시 그 지역의 大人을 使者로 삼아 도와 다스리게 하였다. 또한 大加로 하여금 그 조세를 통괄하여 책임지게 하여 貊·布·魚·鹽·海中食物을 천리에서 짊어져 나르게 하였다. 또 그 미녀를 보내게 하여 종이나 첩으로 삼는 등 그들을 노복처럼 대하였다.[52]

---

49) 韓㳓劤, 1960, 「古代國家成長過程에 있어서의 對服屬民施策(上)」 『歷史學報』 12, 90쪽.

50) 金賢淑, 2005, 앞의 책, 137쪽. 한편 금경숙은 군현설치기사는 성읍과는 다른 성격의 정복지역에 대한 편제방식이라고 분석하면서도, 성읍과 마찬가지로 간접지배의 하나의 방식일 것이라고 추정하였다(琴京淑, 2004, 『高句麗 前期 政治史 研究』, 고려대학교 민족문화연구원, 141~142쪽).

51) 劉永智, 2006, 「三國史記高句麗本紀校評」 『社會科學戰線』 2006-6, 170쪽.

52) 『三國志』 卷30 魏書 東夷傳 東沃沮條 "國小 迫于大國之間, 遂臣屬句麗. 句麗復置其中大人爲使者 使相主領. 又使大加, 統責其租稅, 貊布魚鹽海中食物, 千里擔負

이 중 '句麗復置其中大人爲使者 使相主領의 해석에 대해서는 여러 가지 의견이 있지만[53) 재지유력자 가운데 고구려에 협조적인 대인을 선정하여 고구려왕의 사자로 삼아 동옥저인을 다스리게 하였다는 의미로 해석하는 것이 대체로 무난한 듯하다. 고구려는 초기에 동옥저의 사례에서 볼 수 있 듯이 재지의 기존 질서를 인정하는 대신 간접지배와 공납지배라는 방식을 통하여 주변지역을 지배해 갔다고 보는 것이 주류적 견해인 것 같다. 그런 데 A-ⓓ의 성읍편제보다 더 이른 시기에 성읍편제가 되었던 A-ⓐ~ⓒ까 지의 기사를 보면 꼭 그런 것 같지만은 않다. A-ⓑ의 북옥저 정벌 기사에 서 보이는 북옥저의 위치에 대해서는 몇 가지 설이 있지만 책성 지역에 비 정하는 의견이 다수이다. 고구려는 책성지역 경영에 큰 관심을 기울인 것 으로 나타난다. 태조대왕 46년(98) 3월에는 C에서 알 수 있듯이 책성에 순 수하여 군신과 연회하고 책성을 지키는 관리들에게 물품을 차등 있게 하 사하기도 하였다.

C 봄 3월 왕이 동쪽으로 柵城을 순수하였다. 책성 서쪽 闞山에 이르 러 흰 사슴을 잡았고 책성에 이르러 여러 신하들과 더불어 연회를 하 고 책성을 지키는 관리들에게 차등을 두어 물품을 하사하였다. 마침 내 바위에 공적을 새기고 돌아왔다. 겨울 10월 왕이 책성에서 돌아왔 다.[54)

책성 즉 북옥저는 동천왕이 관구검의 침입을 피하여 달아났을 때 남옥

致之, 又送其美女以爲婢妾, 遇之如奴僕."

53) 이 문장의 해석의 차이에 대해서는 김현숙, 2005, 앞의 책, 132쪽 주202 참조.

54) 『三國史記』卷15 高句麗本紀 第3 太祖大王 46年條 "春三月 王東巡柵城, 至柵城 西闞山 獲白鹿 及至柵城 與群臣宴飮 賜柵城守吏物段有差 遂記功於巖 乃還 冬十 月 王至自柵城"

저와 함께 거쳤던 지역이었다. 책성은 두만강지역을 관할하던 군사적 거점으로서 고구려가 일찍부터 경영하던 해당지역의 중심지였던 것이었다. 따라서 북옥저를 정벌하고 성읍으로 편제했다는 기사는 해당지역의 기존의 질서를 해체하고 군사적인 거점으로 만들었다고 해석해도 지나치지는 않다. 그러므로 행인국과 동옥저 역시 책성과 마찬가지로 군사적 거점으로 삼았던 것으로 보인다.[55] 고구려는 동옥저를 지배하는 방식은 행정적으로는 최대한 자율권을 보장하고, 재정적으로는 고구려 대가를 보내어 착취하고, 군사적으로는 동옥저지역의 중심지나 군사적 요충지에 성을 축조하여 관할하는 방식을 취했을 것이다. 이러한 조치가 사전에 있었기 때문에 동천왕이 처음 도망하였을 때 그 방향을 남옥저 즉 동옥저지역으로 정했던 것이며 그것이 여의치 않자 다음으로 북옥저 즉 책성지역으로 정했던 것이다.

아마 이러한 방식은 초기부터 고구려가 고구려를 구성하는 5부를 제외한 기타지역을 지배하는 방식으로 보편적으로 시행되었던 것 같다. 그리고 이러한 지배방식은 앞에서 보았듯이 낙랑·대방 고지 지배방식으로도 그대로 차용되었다. 즉 고구려에 충성하는 재지유력자를 해당지역의 행정수장으로 삼아 고구려왕을 대신하여 통치하게 하면서도, 조세 부과와 노동력 조달 등은 고구려에서 관장하고, 또 군사적 요충지에 군대를 주둔하여 군사적으로 통제하는 방식은 바로 초기부터 고구려가 운영해오던 전통적인 영역 또는 대민지배방식이었던 것이다. 학계에서는 지방제도가 본격적으로 시행되기 이전까지는 정복된 지역을 집단적으로 예속시키고, 내부의 질서를 그대로 유지하되 공납을 징수하는 형태로 정복지역을 통치했을 것

---

55) 김현숙은 북옥저와 동옥저의 정복은 경제적, 정치적, 군사적 목적을 모두 가지고 있었으나 전자는 군사적 목적이 더 강하고 후자는 경제적 목적이 더 강했다고 본다(김현숙, 2005, 앞의 책, 138쪽).

이라고 인식하는데,[56] 본고에서는 여기에 군사적 통제방식을 포함시켰다. 이 점이 기존의 견해와는 다른 점이다.

한편 A-ⓒ에서 보이는 군현제 실시 기사는 간접지배라는 형식을 취했던 성읍 편제와는 달리 모든 면에서 완전한 직접지배방식을 채택하는 의미로 해석된다. 고구려 초기 지방복속기사에서 타국을 정복하고 나서 왕을 살해한 사례는 이 기사가 유일하다. 그것은 다른 복속지역과는 달리 이 지역의 재지 질서를 해체하여 왕의 직접적인 관할 하에 두려는 대무신왕의 의지가 강하게 반영된 결과였다.[57] 그렇기 때문에 구다국의 왕과 지배계급은 재지에서의 기득권을 유지하기 위한 차선책으로 고구려에 자진하여 투항하였던 것이다.[58] 그러나 이러한 직접지배방식은 고구려 초기에는 거의 행해지지 않았으며 성읍을 매개로 한 간접통치방식이 보편적으로 행해졌다.

제3절 중·후기 지방통치체제의 정비

제1절과 제2절에서는 고구려 초기 고구려가 정복지역을 대상으로 시행

---

56) 노태돈, 1999, 『고구려사연구』, 사계절, 128쪽. 한편 주보돈은 신라의 간접지배 시기 지방에 대한 통제와 감시의 방법으로 (1) 국왕의 순수, (2) 임시감찰관의 수시 파견, (3) 필요시 재지세력의 중앙으로의 초치, (4) 재지세력 사이의 대립과 갈등 조장 및 중앙에 대한 충성 경쟁 유도 등을 제시했다. 주보돈, 1998, 『신라지방통치체제의 정비과정과 촌락』, 신서원, 49~57쪽.

57) 林起煥, 1987, 「高句麗 初期의 地方統治體制」『慶熙史學·朴性鳳敎授回甲紀念論叢』1987-11, 16쪽.

58) 임기환은 대무신왕에 의해 개마국왕이 살해당한 후 복속한 구다국 역시 개마국과 동일한 형태로 복속되었을 것이라고 추정한다(林起煥, 1987, 앞의 논문, 16쪽).

한 간접지배 방식과 고구려 중기의 낙랑대방지역에 대한 간접지배방식에 대해서 살펴보았다. 고구려 중·후기는 초기의 이러한 간접지배방식을 지양하고 직접적 지배방식을 관철하고 이를 정비해 가던 시기였다. 고구려는 3세기 말 나부체제가 해체되면서 지방관의 파견을 통해 직접지배 방식을 실현해 나갔다. 그러나 고구려의 전 지역에 대한 직접지배는 평양천도 이후에야 가능했다. 고구려의 직접지배는 지방행정체계의 정비를 통하여 이루어졌다. 고구려의 지방행정체계는 통상적으로 군-현 2급 체계에서 욕살-처려근지-루초의 3급 체계로 발전된 것으로 인식되고 있다. 다만 수사의 성격을 어떻게 파악하느냐에 따라 수사-군-현으로 구성된 것으로 이해되기도 하며 가라달의 이해 방식에 따라 욕살-처려근지-가라달-루초로 이해되기도 한다. 그러므로 고구려 중기의 수사와 고구려 후기의 가라달에 대한 이해는 고구려 중·후기 지방행정체계의 구조를 파악하는데 가장 중요한 핵심 포인트라고 할 수 있다. 제3절에서는 이 부분을 중점적으로 분석했다. 특히 중국식 관제에 대한 이해를 바탕으로 수사와 가라달의 성격 등을 분석함으로써 고구려 중·후기 지방통치체제의 발전과정을 검토했다.

1. 守事의 성격과 유형

1) 수사의 성격

동수의 관직에서 살펴보았듯이 고구려는 이미 자체적으로 중국의 관직체제에 대해 상당한 이해를 하고 있었다. 사실 고구려는 초기단계부터 主簿와 丞과 같은 중국식 관직을 차용하고 있었다.[59] 그러므로 이러한 중국

---

59) 『三國志』卷30 魏書 烏丸鮮卑東夷列傳 高句麗條.

의 관직에 대한 이해는 고구려의 관직의 성격을 밝히는데 일정 정도 도움
이 될 것이라고 생각된다. 고구려 중기의 지방관으로서 가장 주목을 받는
존재는 守事이다. 守事의 성격을 어떻게 파악하느냐에 따라 고구려 중기
의 지방통치체제는 太守(守)-宰, 守事-城 단위 지방관의 2단계 구조[60] 혹
은 守事-太守-宰의 3단계구조로 인식될 수 있다.[61] 수사의 기원에 대해
서는 확실하지는 않지만, 그 자형을 보았을 때 중국식 관제라는 것이 다음
의 예를 통해서 분명해진다.

> D-ⓐ 安北將軍으로 바뀌어 형 權을 대신하여 鄴省을 방어하는 일을 감
>   독했다(督鄴城守事).[62]
> D-ⓑ 北中郎將, 督鄴城守事로 옮겼다.[63]
> D-ⓒ 北中郎將, 督鄴城守事로 바뀌었다.[64]
> D-ⓓ 平北將軍, 督鄴城守事로 옮겼다.[65]
> D-ⓔ 惠帝가 穎을 정벌하기 위해 蕩陰에 주둔했다. 穎은 元海에게 輔國
>   將軍 督北城守事를 수여했다.[66]

---

60) 林起煥, 1995, 「高句麗 集權體制 成立過程의 硏究」, 慶喜大學校 博士學位論文,
    153~154쪽.
61) 金賢淑, 1997, 「高句麗 中·後期 地方統治體制의 發展過程」『韓國 古代社會의 地
    方支配』, 韓國古代史硏究 11.
62) 『晉書』卷37 高密文獻王泰傳 "轉安北將軍, 代兄權督鄴城守事"
63) 『晉書』卷38 梁王肜傳 "遷北中郎將, 督鄴城守事"
64) 『晉書』卷43 山濤傳 "轉北中郎將, 督鄴城守事"
65) 『晉書』卷59 趙王倫傳 "遷平北將軍, 督鄴城守事"
66) 『晉書』卷101 劉元海載記 "惠帝伐穎, 次于蕩陰, 穎假元海輔國將軍, 督北城守事"
    이 문장은 『魏書』와 약간의 차이가 있다(『魏書』卷95 劉淵傳, "晉惠帝之伐穎也,
    以淵爲輔國將軍, 都督北城守事).

이들은 각자 安北將軍, 平北將軍, 輔國將軍, 北中郎將 등 本官을 가지면서 督鄴城守事, 督北城守事(都督北城守事) 등의 직무를 수행하였다. 여기서 守事는 정식 관직이 아니라 臨時 差遣의 형식으로서 수도나 중요한 군사적 거점을 방어하는 역할을 수행하는 직무를 지칭했다. 이 관직이 임시적인 성격이라는 것은 D-ⓐ에서 진나라 宗王인 司馬泰가 安北將軍으로 자리를 옮겨 형을 대신하여 鄴城의 방어를 담당하는 직무를 수행하였다는 기사에서 더욱 분명하게 나타난다.

사실 守事라는 관직에 붙은 '事'는 관위체계에 아직 정식으로 편제되지 않은 관직을 지칭하는 의미로 사용되는 경우가 많았다. 領尚書事, 錄尚書事, 都督□□諸軍事 등은 모두 처음에는 加官이나 臨時差遣의 성격에서 출발하였다가 나중에 정식 관직으로 편제된 대표적인 경우이다. 일반적으로 이러한 직무를 수행하는 관리들은 侍中, 大司馬, 大將軍 등 本官을 보유하고 있었다. 자사나 태수의 경우도 타관이 임시적으로 그 직을 대행할 때에는 '領□□刺史事' '行□□刺史事' '領□□太守事'라고 하였다.[67]

E-ⓐ 世祖가 河北을 평정하고 原武에 도착하여 歡이 현에서 政事를 잘

---

[67] 관직이 兼官이거나 臨時差遣 또는 試守의 직일 때는 정식관직명 앞에 兼, 領, 行, 攝, 知, 錄, 帶, 加, 督 등이 붙게 마련이다(劉士英, 2013, 『魏晉南北朝兼官問題研究』, 鄭州大學碩士學位論文, 52~58쪽). 兼官에 관한 논의도 주로 이를 중심으로 하여 전개되어 왔는데, 行守法에 관한 것이 대표적이다. 그러나 본고는 관직명 앞에 붙은 이러한 겸직 용어와는 별개로 '事'자로 끝나는 관직 혹은 정식관직 뒤에 '事'가 붙은 관직의 임시적인 성격에 대해서 설명했다. 예를 들어 자사와 태수의 경우 타관이 그 직을 겸관하거나 시범적으로 그 관직을 수행하는 경우는 본관과 겸관의 위계에 따라서 行守法에 의해 표기되거나, 정식관직명 앞에 領, 兼, 試 등의 글자가 붙어 '領+정식관직' 등의 형식, 즉 領□□刺史, 行□□刺史, 領□□太守 식으로 기록되기 마련이다. 이러한 관직은 '정식관직명+事'의 형식을 취하고 있는 領□□刺史事, 行□□刺史事, 領□□太守事의 경우와는 관직의 성격이 다르다.

다스리는 것을 보고 河南都尉로 옮기었다. 나중에는 太守의 일을
행하였다(行太守事). 세조가 즉위하자 즉시 河南尹이 되었고 被陽侯
에 封해졌다.[68]

E-ⓑ 孫權은 會稽太守를 겸임하자 郡으로 가지 않고 雍을 丞으로 삼아
太守의 일을 행하게 했다(行太守事).[69]

E-ⓒ 癸巳에 監靑冀二州軍 行刺史事 張沖을 靑冀二州刺史로 삼았다.[70]

E-ⓐ는 후한 광무제가 河北을 平定하고 原武에 이르렀다가 歐陽歙의
정사가 바른 것을 보고 河南都尉에 임명했다가 나중에는 河南지역을 관장
하는 太守의 역할까지 수행하게 했다는 내용이다. 그리고 광무제가 즉위
한 후에야 비로소 정식관직인 河南尹으로 임명한 사실을 기록하였다. E-
ⓑ는 손권이 會稽太守를 맡았지만 郡에 직접 가서 부임하지 않고 顧雍을
郡丞으로 임명하여 그를 대신하여 태수의 일을 담당하도록 한 일을 기록
하였다. E-ⓒ는 남조 제나라 武帝가 監靑冀二州軍 行刺史事였던 張沖을
靑冀二州刺史라는 정식관직으로 임명하는 기사이다. 이와 같이 □□事는
加官 혹은 임시차견의 의미가 있기 때문에 E-ⓒ처럼 하나의 직책으로 해
석이 가능하고, E-ⓐ처럼 동사로 풀어서 해석하는 것도 가능했다. 그리고
E-ⓑ처럼 두 가지 경우로의 해석이 모두 가능하기도 했다. 즉 지방관의
역할을 수행하는 '領□□太守事' 등은 임시적인 직책으로 정식관명으로 발
전하는 과정의 첫 단계에 있었다고 할 것이다.[71]

---

68) 『後漢書』 卷79上 儒林傳 歐陽歙 "世祖平河北, 到原武, 見歙在縣脩政, 遷河南都
尉, 後行太守事. 世祖卽位, 始爲河南尹, 封被陽侯"
69) 『三國志』 卷52 吳書 顧雍傳 "孫權領會稽太守, 不之郡, 以雍爲丞, 行太守事"
70) 『南齊書』 卷3 武帝 本紀 永明8年 "癸巳, 以監靑冀二州軍, 行刺史事張沖爲靑冀二
州刺史"
71) 宋代에 이르러 知州事와 知縣事가 刺史와 太守를 대체하여 정식 관직이 된다.

중국의 수사가 고구려의 수사의 탄생에 영향을 주었는지는 정확히 알수 없다. 중기의 지방통치단계를 수사–성 단위의 2단계 통치조직으로 파악한 연구에서는 태수와 수사가 동일한 성격이라는 점을 강조하고 있다. 고구려 자체에 守라는 관직도 있었기 때문에 수에서 발전하여 守事라는 명칭으로 전환된 것일 수도 있다.[72] 하지만 관직명에서 뒤에 '事'자를 붙이는 것은 중국의 관직제도에 대한 상당한 이해가 전제되어야 했다. 수사는 고구려가 낙랑대방고지를 통치하는 과정에서 축적된 중국관직에 대한 이해를 바탕으로 해서 만들어 낸 것이 아닌가 생각된다. 이 점은 고구려의 수사의 성격이 중국과 일치하는 것에서 입증된다.

현재 사료에서 확인이 가능한 守事로는 令北夫餘守事와 古牟婁城守事가있다. 각각 북부여와 신라와 관련된 군사업무와 외교업무를 주관하였다. 지금까지 연구에 의하면 수사는 태수보다 상급의 지방관으로 보는 의견과 광역의 군사업무를 관장하는 지방관으로 파악하는 견해 등이 있었다.

F–ⓐ 1. 大使者牟頭婁————————
　　　2. ——————————
　　　3. 河伯之孫日月之子鄒牟
　　　4. 聖王元出北夫餘 天下四
　　　5. 方知此國郡最聖亻□ □
　　　6. 治此郡之嗣治□□□聖
　　　7. 王老客祖先□□□北夫
　　　8. 餘隨聖王來老客□□□
　　　9. 之故□□□□□□□□(모두루묘지명)[73]

---

72) 余昊奎, 1995, 앞의 논문, 37쪽
73) 판독문은 韓國古代社會硏究所 編, 1992, 『譯註韓國古代金石文』(제1권), 駕洛國史蹟開發硏究院을 따랐다.

F-ⓑ 古鄒加共軍至于伐城□□古牟婁城守事下部大兄耶□(충주고구려비)

충주고구려비의 古牟婁城守事는, 그 관직 명칭의 형식이 앞에서 언급한
문헌의 督㶱城守事(D-ⓐ~ⓓ)나 督北城守事(D-ⓔⓕ)와 비슷하다는 점을 고
려하여 관직의 성격을 추론하면, 耶□이 하부대형으로서 고모루성수사라
는 직책을 수행하고 있는 것으로 해석할 수 있다. 아마 고모루성[74]에서 신
라와의 외교적 교섭과 군사방어를 수행하는 관직이었을 것이다. 고추가
共과 함께 于伐城[75]의 회합에 참여한 것을 보면 한강유역의 몇 개의 성을
관장하는 역할도 수행하고 있었을 것으로 추정된다. 이런 의미에서 광역
단위의 지방관으로 설정하기도 하지만, 군사적 성격을 가진 관직으로 이해
하는 것이 좀 더 타당할 것 같다.

모두루묵서명에 의하면 모두루가문은 북부여에서 주몽을 따라서 고구
려에 이주한 가문이며, 그러한 연고로 인하여 염모 이후 북부여지역에서
대대로 지방관을 역임하였다고 한다. 모두루는 선조의 전통을 이어 令北
夫餘守事를 역임하였는데, 여기서 令은 領과 통하기 때문에 領北夫餘守事
와 같은 의미로 이해된다. 표제에 大使者牟頭婁라고 기재된 것으로 보아
모두루는 大使者라는 관위를 가지고 領北夫餘守事라는 직책을 수행했던
것이다. 다만 모두루의 관직은 고모루성수사와는 달리 구체적인 지역명이

---

74) 고모루성의 위치에 대해서는 덕산설(井上秀雄, 1972, 『古代朝鮮』, 日本放送出版
協會, 78쪽), 음성설(손영종, 1985, 「중원고구려비에 대하여」『력사과학』85-2,
31쪽), 남한강 상류설(이도학, 1988, 「고구려의 낙동강유역 진출과 신라 가야 경
영」『국학연구』2, 국학연구소, 98쪽) 등이 있다.

75) '于伐城'에 대해서는 '于'를 어조사로 보고 '伐城'을 성의 명칭으로 해석한 경우도
있지만(李丙燾, 1979, 「中原高句麗碑에 대하여」『史學志』13, 25쪽), 대체로 성
의 명칭으로 보는 것이 일반적이다. 구체적인 위치에 대해서는 경주설(李丙燾,
1979, 앞의 논문, 25쪽), 순흥설(손영종, 1985, 앞의 논문, 25쪽), 충주설(김정
배, 1988, 「고구려와 신라의 영역문제」『한국사연구』61·62집, 12쪽) 등이 있다.

제시되어 있지 않고 북부여라는 다소 포괄적인 개념으로 사여된 것이 특징인데, 아마 국왕을 대신하여 북부여 관련 사무를 전담한 관직이 아닐까 추정된다.

일반적으로 모두루묵서명의 3~6행은 고구려 국가의 내력을 설명하고, 7행 이하는 모두루 조상에 대하여 기술하고 있는 부분이라고 해석한다.[76] 필자가 보기에는 3~6행은 고구려의 발상지로서의 북부여 지역의 신성함을 강조하고, 6행 말부터는 그러한 북부여지역을 모두루 일족이 관장하게된 연유를 설명한 것 같다.

서두의 '이 國郡은 신성하고……'라는 것은 영북부여수사의 소임이 당시 북부여지역과 매우 밀접한 관련이 있다는 것을 보여준다. 왜냐하면 여기서 '國郡'이란 국가로서의 북부여 즉 부여국과 고구려가 일부 영유하고 있는 옛 북부여지역을 동시에 지칭한다고 생각되기 때문이다.[77] 당시 고구려는 군현제를 실시하고 있었으므로 고구려가 직접 관할하는 지역은 북부여군 또는 부여군이라고 불렀을 것이다.[78] 그렇다면 이 문장은 고구려와 별개의 국가인 부여국을 신성시한다는 말이 되어 좀 이상하긴 하지만, 당시 고구려와 모용연이 북부여지역을 두고 각축전을 벌였다는 사실을 고려하면 전혀 이해가 안 되는 것도 아니다. 이것은 고구려가 고구려왕의 발상지인 북부여지역을 지배해야 하는 당위성과 북부여를 합법적으로 계승한

---

76) 韓國古代社會硏究所 編, 1992, 『譯註韓國古代金石文』(제1권), 駕洛國史蹟開發硏究院, 98쪽; 武田幸男, 1981, 「牟豆婁一族と高句麗王權」『朝鮮學報』 99·100합집, 153쪽.

77) 노태돈은 이 문장의 '此國郡最聖'을 추모왕이 태어난 곳인 북부여와 추모왕의 후손이 왕위로 있는 고구려국이 성스럽다는 표현으로 해석했다(노태돈, 1999, 앞의 책, 272쪽). 즉 북부여와 고구려를 동시에 지칭하는 것으로 이해하여 본고의 해석과 차이가 있다.

78) 노태돈은 「모두루묘지명」의 해당 기사를 통하여 고구려가 중기에 郡制를 실시한 것으로 이해했다(노태돈, 1999, 앞의 책, 278~279쪽).

다는 정통성을 대외에 천명하는 선언적 의미가 있다고 하겠다. 광개토왕
비에도 비슷한 문구가 적혀 있는 것을 보면 이 문장은 고구려 왕가의 신성
성과 함께 북부여지역에 대한 영유권의 합법성을 표현하는 문구라고 해석
해도 무방할 것이다. 그러므로 영북부여수사는 이미 농안지역으로 이동한
부여국과 관련된 외교적 사무와 고구려가 차지한 옛 부여의 영역인 길림일
대에 대한 행정적인 업무수행이라는 임무를 띠고 파견되었을 것으로 추정
된다.[79] 특히 모두루의 본관이라고 할 수 있는 대사자라는 관위가 국왕을
대신하여 지방의 행정업무를 처리한다든가 외국에 가서 대외업무를 수행
하고 있는 사자에서 파생된 관직이라는 점에서 모두루가 맡은 관직의 성격
을 알 수 있다.

그러므로 수사의 성격은 다음과 같이 정리할 수 있다. 수사의 본질적 성
격은 국왕을 대신하여 지방의 행정업무와 대외적 임무를 수행하는 것이
다. 즉 수사는 광역의 지방관이라기보다는 군사적, 행정적, 외교적 업무를
수행하는 임시적인 관직으로서 성격이 강했다. 다만 고모루성수사처럼 몇
개의 성을 관할하는 상위 단위로서의 역할을 수행하기도 하고, 영북부여수
사처럼 하부에 몇 개의 성과 곡을 관할하게 되면서 추후에 군현을 뛰어넘
어 광역적 범위의 군구조직 또는 행정조직으로 발전할 여지를 남겼다. 아
마 모두루가 맡은 영북부여수사라는 관직은 광개토왕의 장례에 참석하지
못할 정도로 오랫동안 그 역할을 수행하게 되면서 자연스럽게 군현의 상위
에 위치하는 상급행정기관으로서 발전하게 되었던 것 같다.

---

79) 일반적으로 수사는 광역단위에서 행정적인 업무를 수행하고, 고무루성수사와 같
　　이 군사적 임무도 수행한 것으로 이해된다(김현숙, 1997, 앞의 논문, 30~41쪽).
　　본고는 변경지역에 설치한 영북부여수사의 경우 외교적 업무 수행도 그 중요한
　　임무 중의 하나였다고 본다.

2) 수사의 유형

앞에서 고모루성수사와 영북부여수사를 살펴보았다. 고모루성수사와 영북부여수사는 몇 개의 성 혹은 몇 개의 성과 곡을 관할하고 있는데, 이러한 모습은 고구려 후기 3단계로 구성된 지방통치체계에서 최상위를 차지하고 있었던 욕살과 흡사하다. 그러므로 욕살의 시원적인 형태라고 정의할 수 있겠다. 수사라는 명칭은 가지고 있지 않지만 그 존재 형태에서 욕살과 흡사하여 욕살의 시원적인 관으로 간주할 수 있는 것은 몇 가지가 더 있다. 고모루성수사와 북부여수사와 합쳐 이를 유형별로 정리하면 다음과 같다. 첫째, 新城太守 둘째, 令北夫餘守事 셋째, 高牟婁城守事 넷째, 中裏都督 등이다.

제1유형은 신성태수 유형으로, 신성태수와 해곡태수와의 관계를 지칭한 것이다.

> G 19년 여름 4월, 왕이 新城으로 행차하였다. 海谷太守가 고래의 눈을 바쳤는데, 밤에 빛이 났다. 가을 8월, 왕이 동쪽으로 사냥을 나가 흰 사슴을 잡았다. 9월, 지진이 났다. 겨울 11월, 왕이 新城에서 돌아왔다.[80]

G에서 신성은 북옥저 즉 책성으로 추정된다.[81] 그런데 왕이 신성에 행

---

80) 『三國史記』卷17 高句麗本紀 第5 西川王 "十九年 夏四月 王幸新城 海谷太守獻鯨魚目 夜有光 秋八月 王東狩 獲白鹿 九月 地震 冬十一月 王至自新城"

81) 金瑛河, 2002, 『韓國古代社會의 軍事와 政治』, 고려대학교 민족문화연구원, 148~154쪽. 한편 이 기사에서 나오는 新城에 대해서는 그 존재 자체를 부정하는 견해(이병도, 1996, 『삼국사기』상, 을유문화사, 399쪽, 주24 참조), 撫順에 위치한 古爾山城에 비정하는 견해(金賢淑, 1997, 앞의 논문, 17쪽, 주18) 등이 있다. 한편 신성이 동북지역에 위치한 것에는 찬성하지만 두만강 하류에 위치한 柵城이 아닌 동해안 방면에 위치한 敦城으로 비정한 견해도 있다(余昊奎, 1995, 앞의 논

차하고 해곡태수가 신성에 방물을 바치려고 직접 오는 것으로 보아 신성과 해곡은 동등한 관계가 아니라 상하관계라는 추정이 가능하다. 해곡태수가 신성에 온 것은 왕이 신성에 행차하였기 때문이겠지만, 왕이 해곡이 아닌 신성을 선택한 것은 신성이 이 지역에서 평상시에도 핵심적인 위치에 있기 때문일 것이다.[82] 즉 신성태수와 해곡태수는 같은 태수이면서도 등급에 차이가 있었던 것이다.[83] 이것은 신성태수가 해곡태수를 통제하는 유형이라고 할 수 있다. 해곡은 그 위치가 동해안지역으로 추정되고 있다. 그렇다면 해곡태수는 태조왕 때에 동옥저를 복속한 다음에 동옥저의 대인 중에서 선택하여 행정업무를 맡겼던 使者에서 발전되었을 가능성이 크다. 즉 고구려의 지역지배가 본격화됨에 따라 기존의 사자의 신분에서 태수라는 정식 관직명을 가진 관으로 변했던 것이다. 따라서 해곡태수는 옥저지

문, 26쪽). 신성과 돈성과 책성의 관계에 대해 언급한 것이 주목되는데, 이와는 달리 동북지역의 신성과 돈성이 모두 두만강 유역의 책성을 지칭하는 것으로 이해하기도 한다(전덕재, 2006, 『한국고대사회경제사』, 태학사, 169~171쪽). 그 밖에 책성과의 관계에 대해서는 언급하지 않았지만, 동북지역의 신성을 돈성으로 이해하고, 그 구체적인 위치를 두만강 유역으로 파악한 견해도 있다(임기환, 1987, 「고구려 초기의 지방통치체제」『경희사학』 14, 60쪽).

82) 책성의 전략적 가치에 대해서는 주40 김영하 논문, 143~154쪽 참조. 여호규 역시 동해로 방면의 교통로에 위치한 책성 지역의 전략적 중요성 때문에 신성에는 재가, 해곡에는 태수가 동시에 파견된 것으로 파악한다(여호규, 2014, 앞의 책, 532쪽).

83) 최희수는 고노자가 동북지역에 위치한 신성재에서 서북지역에 위치한 신성태수로 승진하는 것을 통하여 동북지역의 신성은 현 단위 규모 지역의 치소였고, 서북지역의 신성은 군 단위 규모 지역의 치소였다고 주장한다. 그리고 해곡태수가 신성재를 관할한 것으로 파악한다(최희수, 2008, 『高句麗 地方統治 運營 硏究』, 서강대학교 박사학위논문, 61~62쪽). 그러나 최희수의 견해는 서천왕이 군 단위가 아닌 현 단위 규모의 신성에 행차하였던 이유를 제대로 설명하지 못한다. 전략적 의미를 고려하더라도 현단위 규모의 성이 4월에 행차하여 11월에 돌아갈 때까지 7개월 동안 국왕과 그 일행의 의식주 등을 책임질 수 있을 만큼 재정을 충분히 구비하고 있었을지 의문이다.

역의 재지유력자였던 것이다.[84] 이와는 달리 신성태수는 고구려에서 파견한 지방관으로서 고구려 5부에 속하는 원고구려 출신이었다. 그러므로 신성태수와 해곡태수의 등급차이는 군사전략적 가치의 차이 이외에도 지방관의 출신 성분 즉 종족적 차이에서 기인했던 것이다. 그런데 봉상왕대에 모용외를 방어하는데 혁혁한 공을 세운 고노자가 동북쪽의 신성재에서 서북쪽의 신성태수로 진급한 사례를 볼 때 신성태수는 '태수-현령'으로 구성된 지방행정체계에 속한 관이었다. 그러므로 신성태수는 해곡태수의 상위 관이면서 하부에 현령에 해당하는 관을 거느리고 있었을 것으로 추정된다. 그런데 초기 관의 구성에서는 태수-현령의 구조가 아니라 경제적·군사적으로 중요한 지역에는 태수를 설치하고 그보다 중요도가 낮은 지역에는 재를 파견했다는 견해[85]도 있으므로 현재로서는 그 정확한 실체를 판단하기는 힘들다. 다만 확실한 것은 신성태수는 신성의 전략적 중요성으로 말미암아 후기로 갈수록 광역행정을 관할하는 관으로 발전했다는 것이며, 이것은 후기의 책성도독이라는 명칭으로 구체화되었다는 것이다. 그러므로 고구려 신성태수는 욕살의 시원적인 형태인 수사의 한 가지 유형으로 분류할 수 있다.

제2유형은 영북부여수사 유형이다. 영북부여수사 유형의 특징은 그 아래에 城民과 谷民을 함께 통솔하고 있었다는 점이다.

祖父□□大兄慈△大兄 □□□世遭官恩 恩貝 祖之 道城民谷民并領 前王□ 育如此[86]

---

84) 임기환도 해곡태수를 이 지역 읍락사회의 지배자로 추정하고 있다(林起煥, 1987, 「高句麗 初期의 地方統治體制」『慶熙史學·朴性鳳教授回甲紀念論叢』, 1987-11).

85) 김현숙, 1997, 앞의 논문, 22~23쪽.

86) 韓國古代社會研究所 編, 1992, 『譯註韓國古代金石文』(제1권), 駕洛國史蹟開發

여기서 城民과 谷民은 동등한 지위를 가지고 있다. 신성태수 유형에서 보이는 신성과 해곡이 상하관계를 형성하는 것과는 차이가 있다. 영북부여수사는 병렬적 관계인 성민과 곡민에 대하여 통솔권을 행사하고 있었다. 도성을 중심으로 한 고구려왕의 직할지역에서 곡민의 지위는 성민과 차이가 없다.[87] 북부여도 마찬가지다. 북부여는 고구려의 출자지로서 예전에 舊部에 속했기 때문에 원고구려인과 동일한 대우를 받은 것으로 보인다. 광개토대왕비에 규정된 수묘연호에서도 북부여인이 원고구려인과 마찬가지로 그 대상에서 제외되어 있었던 것도 그들의 신분을 짐작케 한다.[88] 영북부여수사 유형은 임시파견형식이었지만 북부여지역에 있었던 성과 곡을 관할하는 상급기관으로서 역할도 수행했던 것 같다.

제3유형은 고모루성수사 유형이다. 고모루성수사는 고모루성의 방어 임무를 띠고 파견된 지방관이다. 고모루성을 중심으로 하여 주변의 성을 군사적으로 관할하는 역할도 겸했던 것 같다. 고모루성수사 耶□의 관위는 下部大兄으로서(F-ⓑ) 같은 수사였던 영북부여수사의 관위가 大使者였던 것과는 차이가 있다. 이것은 영북부여수사가 정식 관직이 아닌 임시업무를 띠고 중앙에서 파견되었을 것이라는 앞서의 주장이 타당성이 있다는 것을 보여준다. 즉 수사는 아직까지 정식으로 설치된 상설 지방관이 아니었던 것이다.

研究院, 98쪽.

87) 김현숙은 광개토왕비의 기록에 의거하여 당시 성과 곡이 대등한 지방통치단위였다고 파악했지만(김현숙, 2007, 「고구려사에서의 촌」『한국고대사연구』 48), 본고는 곡의 지위는 지역, 종족, 지정학적 위치 등에 따라 그 지위에 차이가 있다고 파악했다.

88) 〈광개토왕릉비〉 수묘인연호조를 분석한 임기환의 연구에 따르면 수묘인이 차출된 舊民지역은 ㉠함경남북도지역, ㉡평안도지역, ㉢요동지역으로 나뉜다고 한다(林起煥, 1987, 앞의 논문, 58~63쪽).

한편 于伐城은 고추가 共이 군을 이끌고 신라 매금과 회합하던 장소였던 것으로 보아 현급 행정단위가 아니라 군급 행정단위에 해당하는 성이라고 할 수 있다. 그렇다면 우벌성 성주의 관위는 대형이라고 볼 수 있는데, 고모루성 수사의 관위 역시 대형이기 때문에 통속관계에 있어 문제가 된다. 그렇다면 이를 어떻게 해석해야 할까?

그런데 『翰苑』에서 인용한 「고려기」에는 고구려의 무관제도에 대하여 다음과 같이 서술하고 있다.

> 그 무관은 大模達인데 衛將軍에 비견된다. 일명 莫何邏繡支라고도 하며 일명 大幢主라고도 한다. 皁衣頭大兄 이상이 역임한다. 다음은 末若인데, 일명 郡頭라고도 한다. 大兄 이상이 역임하는데, 천 명을 통솔한다. 이하 각자 등급이 있다.[89]

필자가 보기에 고모루성수사는 무관직인 말약에 해당하는 것 같다. 末若은 중랑장에 비유가 되는 것으로 보아 중앙군 소속이다. 또한 郡頭라는 용어가 의미하는 것처럼 지방의 군대를 관할하는 지휘관이다. 고모루성수사는 고모루성의 방어를 위해서 중앙에서 파견된 지방관으로 대형이상이 역임할 수 있으며 주로 군사적인 업무를 수행하였다는 점에서 「고려기」에 기록된 말약의 조건에 완전히 부합한다. 한편 「천남산묘지명」에 의하면 천남산은 大兄에서 中軍大活로 승진하는 절차를 거쳤다. 중군대활은 관위가 아니라 관직이기 때문에 중군대활이 되었다는 의미는 대형이라는 관위를 그대로 유지하면서 직급만 중군대활로 승진했다는 것을 의미한다. 그

---

89) 『翰苑』 卷30 蕃夷部 "高麗其武官曰大模達, 比衛將軍. 一名莫何邏繡支. 一名大幢主. 以皁衣頭大兄以上爲之, 次末若, 一名郡頭, 以大兄以上爲之. 其次領千人. 以下各有等級."

런데 중군대활은 말약에 비유된다고 한다.[90] 따라서 말약은 대형의 관위를 보유한 태수가 다음에 역임할 수 있는 관직에 해당한다. 말약의 지위는 태수보다 높았던 것이다. 고모루성수사와 우벌성 성주를 비교해 보면, 고모루성수사는 우벌성 성주와 같은 대형의 관위를 보유하고 있었지만 직급은 우위에 있었다고 할 수 있다. 고모루성수사가 말약에 해당된다는 사실은 3번째 유형인 고모루성수사의 성격이 지방관보다는 군사지휘관에 가까웠던 관직이었다는 것을 보여준다.

제4유형은 中裏都督 유형이다. 덕흥리고분 현실 동벽에 기록된 중리도독에 의거하여 유주자사 진이 중리도독일 것이라고 추정하기도 한다.[91] 그러나 유주자사 진의 관위가 관직의 승진과는 상관없이 끝까지 국소대형을 유지하고 있었다는 사실은 유주자사 진이 중리도독이 될 수 없다는 것을 증명한다. 중리도독에 취임할 수 있는 관위는 중리위두대형이기 때문이다. 중리도독은 중앙의 근시직을 의미하는 中裏에 지방의 군사책임자를 의미하는 都督이 합쳐져서 만들어졌는데, 서로 상치되는 성격이 결합되었기 때문에 그 관직의 정확한 성격은 불분명하다.[92] 그런데 덕흥리벽화고분 현실 동벽에 기재된 '중리도독'에서 유주자사 진과 중리도독과의 특별한 관계를 유추할 수 있는데, 유주자사 진은 중리도독 휘하의 관인으로서의 역할을 수행했던 것 같다.[93] 따라서 지방관을 의미하는 도독이라는 명칭에 좀 더 주의하면 중리도독을 유주자사를 관할하는 상급의 지방관이라

---

90) 임기환, 2004, 앞의 책, 242쪽.
91) 李文基, 1999, 「高句麗 德興里古墳壁畵의 '七寶行事圖'와 墨書銘」『歷史敎育論集』 25, 229~231쪽.
92) 임기환, 2004, 앞의 책, 186쪽.
93) 이와 관련해서는 고구려왕이 왕의 친위조직인 막부조직을 통하여 낙랑·대방지역의 호족세력이나 중국계 망명인을 통제했다고 하는 임기환의 의견이 참조가 된다(임기환, 2004, 앞의 책, 181~199쪽).

고 파악해도 별 무리가 없을 것이다.

　당시 평양지역에는 낙랑계 유민들이 다수 남아 있었는데, 고구려는 이들을 간접지배하는 과정에서 일정정도 자치를 허용하였다. 그러므로 낙랑지역에는 군현체계와 같은 이 지역 전통의 행정체계가 그대로 유지되었을 가능성이 크다. 고구려는 이 군현을 다스리는 지방관으로서 망명 중국인들이나 한인관료들을 이용하였다. 이들은 동수의 사례처럼 고구려 국왕에 직접 소속되어 행정 관료로서의 역할을 수행하거나 유주자사 진과 같이 실질적으로 관할하는 군현은 없지만 명목상의 행정 관료로서 거주하고 있었을 것이다. 이와 함께 고구려는 평양지역을 효율적으로 지배하기 위해 방어 시설을 갖춘 성을 설치하고 원고구려인을 거주하게 하면서 군사적 업무를 수행하게 하였다.[94] 중리도독은 바로 평양지역에 설치한 중국적인 군현체계와 이들을 통제하는 역할이 주어졌던 원고구려인을 주축으로 한 성민을 관할하는 역할을 동시에 수행하였던 것이다. 중리도독은 다른 수사 유형보다는 중앙과 더 긴밀한 관계가 있을 것으로 추정되는데 그것은 도독 앞에 수도를 의미하는 중리를 冠稱하고 있기 때문이다. 아마 평양지역은 고구려가 전략적으로 중요시했기 때문에 특별히 중리도독에 이 지역을 담당하는 역할도 부여했기 때문이 아닐까 추정해 본다.[95]

　이상으로 욕살의 시원적 형태에 속하는 수사에 해당하는 4가지 유형을 살펴보았다. 그 밖에 사료에는 나와 있지 않지만, 5번째로 '요동성자사' 유

---

94) 이동훈, 2010, 「冬壽의 出自로 본 高句麗의 낙랑군지배」 『白山學報』 88, 213쪽.

95) 노태돈은 국소대형의 관위를 보유한 유주자사 진의 직임을 '북부여수사'나 '고무루성수사'와 같이 변경지대에 설치한 수사에 해당하는 것으로 파악했다. 본고에서 유주자사 진의 상관으로서 중리도독을 설정하고 중리도독을 이 지역의 수사로 이해한 것과는 차이가 있지만, 이 지역을 '북부여수사'나 '고모루성수사'와 같은 수사의 한 유형으로 파악한 본고의 시각과 일치하는 면이 있어 참조가 된다(노태돈, 1999, 같은 책, 280쪽).

형의 존재를 상정할 수 있다. 5세기 초 고구려가 요동지역을 정복한 후 이 지역을 어떤 방식으로 지배했는지에 대해 보여주는 사료는 없다. 그러나 한 가지 분명한 사실은 고구려가 이 지역을 복속한 후 낙랑군과는 달리 직접지배방식으로 다스렸을 것이라는 점이다. 이것은 후연과 같은 강력한 중국세력과 접경하고 있었던 요동지역의 지정학적 위치를 고려하면 예견된 결과였다. 고구려는 요동지역을 통치하는 방법으로 요동지역의 한인들에게 익숙한 중국식 제도를 선택하였을 가능성이 높다. 요동지역이 고구려에 복속되기 직전까지 요동지역은 주-군-현이라는 3단계의 지방행정체계에 의해 운영되고 있었다. 385년부터 405년까지 진행된 고구려와 후연과의 공방에서 요동성이 요동지역의 향방을 좌우하는 중요한 역할을 했다는 사실은[96] 고구려가 요동지역을 정복한 이후에도 요동성이 해당 지역의 중심적인 역할을 수행했다는 것을 보여 준다. 나아가 요동지역의 행정체계가 고구려-후연-고구려의 손바뀜에도 불구하고 거의 그대로 유지되고 있었다는 사실을 추정하게 한다. 당시 고구려는 대부분의 지역이 군-현 2단계의 지방행정체계로 운영되었기 때문에 3단계의 행정체계가 그대로 유지된 요동지역에서는 자사에 해당하는 지방관이 고구려의 수사와 같은 역할을 수행하였을 것으로 추정된다. 다만 그것을 운영하는 방식에 있어서 고구려는 성을 중심으로 주변지역을 더욱 강력하게 통제하는 형식을 취했을 것으로 보인다. 아마 원고구려인이 성 내부에 거주하고, 한인은 대부분 성의 외곽에 거주하는 형식으로 운영되었을 것이다. 그리고 전략적으로 중요하지 않는 지역은 한인을 등용하여 행정만을 책임지는 관료의 역할을 수행하게 하였을 것이다. 하지만 사료가 없기 때문에 그 정확한 실체는 파악하기 힘들다. 한 가지 가능성으로만 제시하고자 한다.

---

96) 『資治通鑑』卷106 晋紀28 孝武帝 太元10年 6月條; 『資治通鑑』卷114 晋紀36 安帝 義熙元年 春正月條 참조.

〈그림 1〉 욕살의 기원

〈표 4〉 수사 유형 지방관의 상하통속관계 5유형

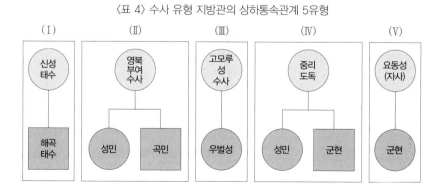

이상으로 욕살의 시원적인 몇 가지 유형을 살펴보았다. 그리고 그 과정에서 고구려 중기의 다양한 지방통치의 모습을 그려보았다. 이에 따르면 고구려 중기 고구려의 지방통치는 수사-태수-현령으로 일원화된 것은 아니었다. 태수-현령이라는 2단계 구조를 기본으로 하면서도 그 상위에 해당하는 지방관은 전략적인 이유 때문에 임시적으로 파견되는 형식을 취했다. 간접지배 또는 직접지배 여부, 지방관의 출신성분, 전략적 중요도[97]에 따라 지방행정제도는 각 지역에 맞게 다양한 방식으로 이루어졌다. 한 가지 공통점은 원고구려인은 행정과 군사적 임무를 병행하되 주로 군사적인 업무 수행에 치중하고 있었던 반면, 지방민은 주로 행정적인 업무를 수행하는 식으로 그 역할이 제한되었다는 점이다.

그러므로 고구려 후기의 지방제도의 정비는 종족적 지역적 차별을 극복하는 방향으로 전개되었다. 욕살은 중기의 복잡한 지방통치체계를 일원화하는 과정에서 등장하였다. 이것은 종족적 한계를 극복하고 간접적인 지배방식을 직접적인 지배방식으로 전환하는 가운데 구현된 것이었다. 그리고 고구려 중·후기 중앙집권 강화와도 밀접한 관계를 맺고 있었다. 그렇다면 욕살은 언제 성립되었을까?

---

97) 노태돈도 7세기 이후 고구려의 주요 지역으로서 평양성을 중심으로 한 남부지역, 요동평야의 諸城들, 부여성을 중심으로 한 중부 만주 대평원지대, 국내성일대의 동가강과 압록강지역, 두만강 하류의 책성지역 등 5개 주요 지역을 설정한 바 있다(盧泰敦, 1981, 「渤海 建國의 背景」『大丘史學』19). 또한 박경철도 고구려의 전략거점으로 압록강, 두만강, 대동강, 요하, 송화강 등 5개의 戰區를 설정한 바 있다(朴京哲, 1989, 「高句麗 軍事戰略考察을 위한 一試論 –平壤 遷都이후 高句麗 軍事戰略의 指向點을 中心으로」『史學研究』40). 이들이 전략적 거점으로 설정한 지역이 본고에서 설정한 수사 유형이 위치한 지역과 대체로 일치하고 있어 시사하는 바가 적지 않다. 다만 본고에서는 수사가 일시적으로 파견된 것이 아니라 임시적으로 파견되었기 때문에 본문에서 언급한 수사 유형이 동시에 존재했다고는 보지 않는다. 예를 들어 중리도독 형태의 수사 유형은 평양성이 천도한 이후에는 사라졌을 것이 자명하다.

제1유형(신성태수)은 제2장에서 후술하겠지만 고구려 멸망 당시까지도 종족적인 차이가 개선되지 못한 채 간접적인 지배방식을 그대로 유지하고 있었다. 이것은 중기의 행정조직을 그대로 유지한 가운데 지방관의 명칭만 도독-자사로 바꾼 경우라고 할 수 있다. 그러므로 제1유형은 4~5세기에도 계속 존속하고 있었다. 제2유형(영북부여수사)은 광개토왕에서 장수왕 초기에 존재하였다. 제4유형(중리도독)은 4세기 말에서 5세기 초에 출현하였다. 적어도 장수왕이 천도하던 427년까지는 존재했을 것으로 추정된다. 제3유형(고모루성수사)은 5세기 말에 활약하고 있었다.[98] 욕살의 시원에 해당하는 수사급에 해당하는 관리들은 적어도 5세기 말까지는 존속하였던 것이다.

　　그러므로 욕살이 등장한 것은 그 이후라고 할 수 있다. 사료에서 욕살이 처음으로 확인되는 것은『周書』이므로 적어도 이 단계에서 출현하였을 것이 분명하다. 특히 욕살-처려근지-가라달로 이어지는 지방관은 막하하라지, 막하라수지 등의 관직명이 등장하는 시기와 일치하는데, 이 관직들이 돌궐어와 관련이 있는 것으로 보아[99] 돌궐과의 접촉이 시작된 6세기 중반 이후 즉 고구려 후기에 등장하였을 가능성이 높다.

---

98) 충주고구려비의 건립연대에 대해서는 광개토왕대설, 장수왕 전반설, 장수왕 후기설, 문자명왕대설 등 다양한 견해가 있지만, 본고는 481년 설을 채택한다.

99) 일반적으로 고구려 후기에 등장하는 莫何何邏支, 莫何邏繡支 등은 고구려 고유어라고 파악하고 있다. 하지만 '莫何'는 莫賀, 莫弗, 莫何弗, 莫賀弗, 莫賀咄 등과 같은 것으로서 북방민족의 '용감한 자'라는 뜻을 한자로 음역한 것으로 파악하고 있다. 그 기원에 대해서는 선비설·돌궐설 등이 다양하게 제시되고 있는데, 몽골, 돌궐, 선비, 유연 등에서 모두 首領을 존칭하는 의미로 쓰였다(白鳥庫吉 著, 方壯猷 譯, 1934,『東胡民族考』, 商務印書館, 113쪽; 高升斗, 1992,「莫何非鮮卑語辨」『北方文物』1992-4, 53~56쪽; 高升斗, 劉春華, 2001,「莫賀弗試析」『西北民族研究』, 148~154쪽 참조). 그러므로 莫何의 기원에 대해서는 순수한 고구려어로만 볼 수 없다. 고구려 자체에서 기원한 용어일 가능성도 배제할 수 없지만, 중후기에 유연이나 돌궐 등 주변 민족과의 교류과정에서 획득하였다고 본다.

2. 州府僚佐 조직의 정비와 기능

1) 可邏達의 성격

고구려 후기의 지방제도의 실상에 대해서 『翰苑』은 다음과 같이 기록하고 있다.

> 또한 여러 大城에는 褥薩을 두었는데 都督에 비견된다. 여러 城에는 處閭區刺史를 두었는데 그를 이르러 道使라고도 한다. 道使의 治所는 備라고 한다. 여러 小城에는 可邏達을 두었는데 長史에 비견된다. 또한 城에는 婁肖를 두었는데 縣令에 비견된다.[100]

위의 기사에 의하면 가라달은 욕살, 처려근지, 루초와 함께 지방관적 성격을 가지고 있었을 뿐만 아니라, 중국의 장사에 비견되는 요좌의 성격도 겸비하고 있었다. 이러한 가라달의 이중적 속성으로 인하여 그간 고구려 후기 지방통치체제에 대한 다양한 견해가 제시되었다.[101] 이러한 논의를

---

100) 『翰苑』 卷30 蕃夷部 高麗 "又其諸大城置褥薩比都督, 諸城置處閭區刺史, 亦謂之道使, 道使治所名之曰備, 諸小城置可邏達比長史, 又城置婁肖比縣令."

101) 3단계(욕살-처려근지-루초)로 보는 견해(武田幸男, 1980, 「六世紀における朝鮮三國の國家體制」『東アジア世界における日本古代史講座』4; 林起煥, 1995, 『고구려 집권체제 성립과정의 연구』, 경희대학교 박사학위논문; 余昊奎, 1995, 「3세기 후반~4세기 전반 고구려의 교통로와 지방통치조직 -南道와 北道를 중심으로-」『한국사연구』91)와 4단계(욕살-처려근지-가라달-루초)로 보는 견해(盧重國, 1979, 「고구려 율령에 관한 일시론」『동방학지』21) 및 2단계(욕살-루초, 처려근지-루초)로 보는 견해(노태돈, 1996, 「5~7세기 고구려의 지방제도」『韓國古代史論叢』8) 등이 있다. 그 밖에 가라달을 루초와 동급의 일종의 특수한 지방관으로 파악하여 3단계(욕살-처려근지-루초, 욕살-처려근지-가라달)로 구성되었다고 보는 견해도 등장했다(金賢淑, 1997, 「高句麗 中·後期 地方統治體制의 發展過程」『韓國 古代社會의 地方支配』, 韓國古代史研究 11) 그런데 이 중에서 '가라달'을 전략지역에 설치한 루초와 동급의 지방관이라고 파악한

통해 고구려 후기 지방통치제도에 대한 이해가 심화된 것은 사실이지만, 기존의 연구들이 모두 지방관의 성격과 요좌의 성격을 겸비한 가라달의 이중적 속성을 제대로 해명하지 못한다는 한계를 극복하지 못했다는 점에서 여전히 연구가 필요한 실정이다.

가라달의 성격을 정확히 파악하기 위해서 먼저 長史에 비견된다고 한 『翰苑』의 기록에 좀 더 주의를 기울일 필요성이 있다. 魏晉南北朝 시기 長史는 將軍府와 都督府의 僚佐였지만, 刺史의 屬官은 아니었다. 刺史의 속관은 別駕와 治中이었다. 그런데 수당시기에 이르러 자사의 속관조직은 큰 변화를 겪게 되었다. 그러므로 『翰苑』의 작성 시점으로 알려진 641년[102] 무렵 長史의 성격이 무엇이었는지 파악하는 것이 무엇보다도 중요하다. 『通典』 권33 職官 15 長史條는 역대 長史의 연혁을 다음과 같이 서술했다.

진나라는 郡丞을 설치했다. 郡이 변경의 수비를 담당하게 되면 丞이 長史가 되어 병마를 관할했다. 한나라는 이를 그대로 따르고 고치지 않았다. 그 후 長史는 마침내 軍府의 官이 되었다. 수나라에 이르러 郡의 官이 되었는데, 당나라 초기에는 설치하지 않았다. 永徽 2年(651)에 別駕를 長史로 改稱했다. 그 후 2개의 관직이 나란히 설치되어 府와 州에 각각 1명씩

김현숙의 견해는 '可邏達'에서 '邏'가 '巡邏' 또는 '警察'의 뜻을 가진 단어라는 전제하에서 출발했는데, 고구려의 고유어로 추정되는 '가라달'의 전체적인 의미를 고려하지 않고 '邏'자 만을 따로 추출하여 해석했기 때문에 방법론적으로 타당한지는 좀 더 검토할 필요가 있다. 최근에는 요좌로서의 가라달의 성격을 지나치게 강조한 나머지 가라달이 욕살, 처려근지, 루초의 속료에 모두 해당한다고 주장하는 견해(崔熙洙, 2008, 『高句麗 地方統治 運營 研究』, 서강대학교 박사학위논문, 134쪽)도 등장했다. 한편 최근 북한 학계에서는 처려근지와 가라달을 동급으로 파악하면서도 처려근지가 가라달보다는 등급이 약간 더 높다는 견해가 제시되었다(강세권, 2005, 「고구려지방통치체제연구」 『고구려사연구론문집(1)』, 사회과학출판사, 150~155쪽).

102) 吉田光男, 1977, 「『翰苑』註所引『高麗記』について-特に筆者と作成年次」 『朝鮮學報』 85, 朝鮮學會, 22쪽.

있게 되었다. 王府의 長史는 府의 일을 처리하지만, 나머지 府는 通判할 뿐이다.[103]

이 문장은 軍府 長史와 郡 長史가 상호 교차되고 있어 해석에 있어 다소 어려움이 따른다. 특히 강조점으로 표시한 '그 후'가 문제가 된다. 문장으로만 보면 永徽 2년(651) 別駕가 長史로 개칭된 이후 어느 시점에서 府 長史도 설치되면서 府와 州에 동일한 명칭의 長史가 각각 존재하게 되었다는 의미로 해석될 수도 있기 때문이다. 그런데 여러 가지 정황을 고려하면 別駕의 명칭이 長史로 변경됨에 따라 기존에 軍府의 요좌로 계속 존재해 왔었던 長史와 함께 동일한 명칭을 갖게 되면서 軍府와 州에 長史라는 직책이 각각 존재하게 되었다는 의미로 해석하는 것이 맞을 것 같다. 해석에 있어 약간의 문제가 있긴 하지만, 한 가지 분명한 점은『通典』의 이 기록을 통하여 651년 이전 당나라 초기에는 州의 속관인 長史가 존재하지 않았다는 사실이 밝혀진 점이다.[104] 그러므로『翰苑』에서 가라달에 비유된 長史는 府의 長史를 지칭할 가능성이 높다고 하겠다.

한편 吉田光男은 위 문장의 "永徽 2年에 別駕를 長史로 개칭했다"라는 부분을 "永徽 2年 이후, 別駕도 長史로 개칭되었다"고 해석했는데, 개칭될 당시 軍府 요좌로서 존재하고 있었던 長史의 존재를 강하게 의식한 것이 분명하다. 그러므로 연이어 "長史는 문제의 모든 시기에 걸쳐 존재했다"라고 결론을 내렸던 것이다.[105] 중국에서 출간된『高麗記』硏究』역시 상

---

103)『通典』권33 職官 15 長史條, "長史. 秦置郡丞, 其郡當邊戍者, 丞爲長史, 掌兵馬. 漢因而不改. 其後長史遂爲軍府官. 至隋爲郡官. 大唐初無. 永徽二年, 改別加爲之, 其後二職並置, 府州各一人. 王府長史理府事, 餘府通判而已."((唐) 杜佑 撰, 王文錦·王永興·劉俊文·徐庭雲·射方 點校, 1988,『通典』(제1권), 中華書局標點本, 911쪽).

104) 高福順·姜維公·威暢, 2003,『高麗記』硏究』, 吉林文史出版社, 112~115쪽.

105) 吉田光男, 1977, 앞의 논문, 15쪽.

기 『通典』의 문장에 근거하여 수당 이후 군(주)의 속관제도가 개편되는 과
정에서도 군부 요좌는 이에 영향을 받지 않고 계속 존재하고 있었다고 추
론했다. 앞서 해석의 의문점에서 제기했던 두 번째 해석과 일치하는 셈이
다.[106] 이것으로서 『翰苑』에서 가라달을 중국의 長史에 비견한 기사는 바
로 府의 요좌에 비유했다는 것이 확실해졌다. 요컨대, 가라달은 처려근지
의 속관도 아니었고, 루초의 속관은 더욱 아니었다. 도독에 비견되었던 욕
살의 요좌로서의 지위를 가졌던 것이다.

한편 중국에서 장사는 도독의 요좌이면서 도독 휘하의 자사나 태수가
부재중인 성에 지방관으로 파견되기도 했다. 보통은 治所가 위치한 지역
의 태수를 겸임하는 경우가 대부분이었지만, 장관인 도독이나 자사가 부재
중일 때는 이를 대신하기도 하였다.[107] 장사에게 부여된 이러한 직책을 이
해한다면 가라달을 제소성의 지방관으로 파악한 『翰苑』의 기록의 의미를
이해할 수 있을 것이다. 즉 『한원』의 기록은 성에 중점을 두어 지방관을 등
급에 따라 순서대로 나열한 것인데 지방관으로서의 장사의 지위는 자사 혹
은 태수에 상당했기 때문에 처려근지와 루초 사이에 기록했던 것이다. 참
고로 장사의 관위는 그 하부에 있던 자사나 태수와 대체로 비슷했다.

이 점과 관련하여 새로 발견된 고구려 유민 「高玄墓誌銘」이 주목된
다.[108] 묘지명에 의하면 高玄(642~690)은 666~668년에 당에 투항하였
다. 그리고 그의 曾祖는 本州都督을, 祖는 平壤城刺史를 역임했다고 한다.
1대를 30년으로 간주하는 통례에 따르면 祖父가 평양성자사를 역임한 시
기는 7세기 초반으로 추정되고, 증조가 역임한 욕살은 6세기 말로 추정된

---

106) 高福順·姜維公·威暢, 2003, 앞의 책, 112~115쪽.

107) 嚴耕望, 1962, 앞의 책, 184~189쪽.

108) 원문의 판독은 拜根興, 2012, 『唐代高麗百濟移民硏究-以西安洛陽出土墓誌爲
中心』, 中國社會科學出版社, 277~278쪽 수록 「高玄墓誌銘」을 참조했다.

다. 고현 가문은 평양에서 대대로 거주하던 고위가문이었던 것이다. 여기서 本州都督에서 本州가 무엇을 지칭하는지 분명하지는 않지만 평양성을 의미하는 것 같다.[109] 그렇다면 고현의 曾祖는 평양성도독을, 祖父는 평양성자사를 역임한 것이 되어 평양성에 도독과 자사가 모두 존재하는 셈이 된다. 그렇다면 당시 욕살이 관할하는 평양성이 치소인 평양성을 포함한 몇 개의 하부행정단위로 구성되었고, 고현의 증조는 평양성 욕살을, 그리고 고현의 조부는 욕살 휘하의 하부 행정 단위였던 평양성의 자사를 역임했다는 것인데, 현전하는 사료와 출토 문헌으로는 이를 확인하기 쉽지 않다. 또한 시기에 따른 차이일 가능성도 배제할 수 없지만, 왕도인 평양성이 욕살급 대성에서 처려근지급 성으로 격하될 리는 만무하기 때문에 이것도 역시 고려의 대상에서 제외된다.

그런데 현재까지 발견된 고구려유민 묘지명을 살펴보면 고구려에서 역임한 관직은 중국인들이 이해하기 쉬운 중국식 관직으로 대체하여 기록되는 경우가 많았다.[110] 「고현묘지명」 역시 이러한 통례에 따라 조상의 관작을 기록하는 과정에서 욕살은 도독으로, 가라달은 동급인 처려근지에 상당하다는 사실에 입각하여 자사라고 기록되었던 것 같다. 물론 가라달이 장사에 해당하기 때문에 이 경우 평양성장사라고 표현하는 것이 보다 합리적이었을 것이다. 그런데 중국의 사례를 보면 도독의 속관으로서의 장사는 도독 휘하의 자사와 동급의 대우를 받았으며, 도독이 관할하는 하부 행정기관의 수장도 겸임할 수 있었다. 특히 도독부가 위치한 치소의 장관을 겸임하는 경우가 많았다.[111] 그러므로 고현의 조부가 역임한 평양성자사라

---

109) 만약에 평양주에서 평양성으로 개칭된 것이라면 고구려는 중기에는 군현제 또는 주현제를, 그리고 후기에는 성제를 실시하였다는 유력한 증거가 될 수도 있지만, 이에 대해서는 좀 더 검토가 필요하다.

110) 李東勳, 2014, 앞의 논문, 257~260쪽.

111) 嚴耕望, 1962, 앞의 책, 184~189쪽.

는 관직은 평양성 욕살 휘하에 있었던 가라달을 중국식으로 표현한 것으로 해석하는 것이 가장 무난하다. 「고현묘지명」의 평양성자사 기록은 고구려에서 가라달이 刺史의 역할도 수행하는 長史에 상당하는 관직이었다는 것을 구체적으로 보여주는 사례라고 할 것이다.

가라달과 관련된 이러한 상황을 염두에 두고 다시 앞에서 인용한 『한원』의 관계 기사를 분석하면 다음과 같다. 『한원』에서는 욕살이 관장하는 성을 대성, 처려근지가 관장하는 성을 성, 가라달이 관장하는 성을 소성, 루초가 관장하는 성을 성이라고 구분하여 서술했다.[112] 이것을 근거로 하여 기존 논의에서는 고구려 후기의 지방관과 성을 욕살(대성)-처려근지(성)-가라달(소성)-루초(성)로 구분을 두었고, 욕살-처려근지-가라달의 관계를 설정했다. 그런데 이렇게 볼 경우 가라달의 하위에 위치한 루초가 관장하는 성을 성이라고 하여 크기에 따른 성의 구분이라고 보기에는 석연치 않은 면이 없지 않다. 따라서 이에 대한 분류는 다른 차원에서 해석해야 할 것 같다. 본고는 욕살이 관장하는 성을 대성, 가라달이 관장하는 성을 소성이라고 특별히 구분한 것은 욕살과 가라달의 특수한 관계를 반영한 것이 아닌가 생각한다. 즉 가라달은 욕살에 대해서 직접적인 통속관계가 있

---

112) 이 문장의 해석에 있어 노중국은 대성(욕살)-성(처려근지)-소성(가라달)-성(루초)으로 해석한다(노중국, 앞의 논문, 147쪽). 武田幸男은 제대성(욕살)-제성(처려근지)-성(루초)과 제대성과 제성 아래에 제소성(가라달)이 설치되었다고 한다(武田幸男, 1980, 앞의 논문, 49쪽). 한편 김현숙은 문장에 대한 구체적인 해석보다는 구체적인 실상에 입각하여 대성(욕살), 제성(처려근지), 현급 소성(가라달, 루초)이라고 하여 대성·소성 등을 구분하고 있다(김현숙, 2005, 앞의 책, 352쪽). 이와 같이 해석에 일정한 기준이 없는데, 이것은 처려근지가 담당하는 '(諸)성'과 루초가 담당하는 '(又)성'의 표기에 대한 해석의 차이에 근거한 것 같다. 즉 諸城을 '諸城' 자체로 해석하느냐, '여러 성'으로 해석하여 루초가 담당하는 '성'과 같이 해석할 것인가에 따라 해석의 차이가 있는 것 같다. 본고에서는 '제대성'이나 '제성'은 '여러 대성', '여러 성'으로 풀어서 해석하는 것이 타당하다고 본다.

었기 때문에, 다시 말해 일반 지방관적 속성 이외에도 욕살의 속관에 속하는 특징을 가지고 있었기 때문에 욕살의 성과 특별한 상하예속관계가 있었고, 이것이 바로 대성(욕살)-소성(가라달)이라는 이름으로 표현된 것이 아닌가 한다.

2) 府州僚佐 조직과 운영

645년 당태종은 고구려 원정에 나서 요동성을 함락했다. 그리고 백암성의 항복을 받아냈는데 그 중에서 지방통치제도의 운영과 관련하여 다음의 자료는 상당히 중요하다.

> 이에 앞서 遼東城 長史가 부하에게 피살되었는데 그 省事가 長史의 妻子를 모시고 白巖城으로 도망했다. 당나라 임금은 그의 의로움을 어여삐 여겨 비단 5필을 주고 長史를 위하여 靈輿를 만들어 平壤으로 보냈다.[113]

이 기사를 통해서 알 수 있는 것은 요동성에 長史와 省事가 설치되어 있었다는 사실이다. 『구당서』[114]와 『신당서』[115]의 각 지방관 아래에 요좌가 있어 업무를 분담하여 처리한다는 기록의 실체가 드러나는 유일한 기사이다. 요동성 장사의 시신이 평양성으로 운반되었다는 것은 그가 평양성 출신이었다는 것을 입증한다. 이것은 나아가 長史를 재지수장을 필두로 한

---

113) 『三國史記』 卷21 高句麗本紀 第9 寶藏王 4年 4月條, "先是 遼東城長史爲部下所殺 其省事奉妻子奔白巖 唐主憐其有義 賜帛五匹, 爲長史造靈輿 歸之平壤" 동일한 기사가 『資治通鑑』 卷198 唐紀 14 太宗貞觀 19年(645)에 실려 있다.

114) 『舊唐書』 卷199下 東夷列傳 149 高麗, "外置州縣六十餘城. 大城置傉薩一, 比都督. 諸城置道使, 比刺史. 其下各有僚佐, 分掌曹事"

115) 『新唐書』 卷220 東夷列傳 145 高麗 "大城置傉薩 一, 比都督. 餘城置處閭近支, 亦號道使, 比刺史. 有參佐."

지방적 무관이라고 본 주장[116]이 타당하지 않다는 것을 보여준다. 중국의 경우 長史는 그 지위가 높아서 중앙에서 제수하는 관직이었다.[117] 그렇기 때문에 長史는 일반 하급 속료와는 그 위상에 차이가 있었다. 장사가 사망하자 성사는 그 처자를 모시고 인근의 백암성으로 임시로 몸을 피했다. 장사의 고향인 평양성으로 가지 않고 백암성으로 이주한 이유는 명확하지 않지만, 기회를 보아 장사의 시신을 찾으려고 했을지도 모르겠다. 하지만 성사가 州의 門下 소속의 속리라는 것을 고려하면 어느 정도 해명이 된다. 부주요좌의 임명과정에서 부의 長史 등은 중앙에서 임명했지만 州의 屬吏들은 주 자사가 직접 임명하기 때문이다. 욕살급 대성인 요동성 도독의 휘하에 부의 요좌인 장사뿐만 아니라 주의 속리인 성사까지 보유하고 있었다는 것은 요동성도독의 역할이 군사적 사무뿐만 아니라 민정까지 관할하고 있었다는 증거가 된다. 욕살과 처려근지의 관계에 대해서는 상하통속 관계가 아니라 병렬적인 관계라는 견해도 있지만,[118] 이 기사를 통하여 고구려의 욕살은 민정과 군정을 함께 관할한 기구로서 처려근지의 상급기관이라는 것이 밝혀졌다. 즉 고구려 후기의 지방통치체제는 앞에서 언급한 것처럼 욕살−처려근지−루초의 3단계로 구성되었던 것이다.

지방통치제도의 운영과정을 보여주는 자료로서 새로 발견된 고구려유민묘지명이 주목된다.『高提昔墓誌銘』에 의하면 "고제석의 증조부인 伏仁은 水境城道使와 遼東城大首領을 역임했다"고 한다. 고제석은 660년 무렵에 고구려에서 출생했는데, 본적지는 國內城으로 기록되었다.[119] 고제

---

116) 山尾幸久, 1974,「朝鮮三國の軍區組織」『古代朝鮮と日本』, 龍鷄書舍, 161쪽.

117) 嚴耕望, 1962, 앞의 책, 178쪽.

118) 노태돈, 1999, 앞의 책, 246~247쪽.

119)『高提昔墓誌銘』"夫人諱提昔 本國內城人也. …… 曾祖伏仁大相水鏡城道使遼東城大首領, ……"

석의 조부인 支于는 645년경 당태종이 요동성을 정벌할 때 당에 투항했다.[120] 조부 지우가 당에 투항할 때 고구려에서 역임한 관직이 묘지명에 기록되어 있지 않지만, 증조부 복인의 경력을 고려하면 요동성의 고위 관리를 역임한 것으로 추정된다. 그럼에도 불구하고 고제석이 요동성 출신이 아니라 국내성 출신으로 표시된 것은 요동성에 파견될 수 있는 관리가 중앙에 국한되지 않고 다른 지역 출신도 가능하다는 것을 보여주는 사례라고 하겠다. 이에 관해서는 국내성이 신라의 小京처럼 중앙과 같은 대우를 받은 특수한 지역이기 때문에 국내성 출신도 평양성 출신과 같이 대우받았다고 해석할 수도 있겠지만, 최근 集安 고구려 고분군에 사용된 고구려 표준척도의 변화과정에 관한 조사에 의하면 평양천도 이후 집안지역 고분에 관한 標準尺은 평양과는 다른 진전 양상을 보였다.[121] 이것은 고구려 후기 국내성의 위상이 약화되었다는 것을 반영하는 것으로, 신라의 사례에 견주어 국내성 출신을 평양성 출신과 동급으로 취급하기는 무리인 것 같다.

고제석 묘지명에 나타난 단편적인 사실을 일반화시키는 것은 다소 위험이 따르지만, 앞에서 인용했던 요동성의 長史와 省事의 사례와 함께 결합하여 고구려 후기의 지방제도 운영의 실태를 추정해보고자 한다. 고제석 조상의 사례는 고구려 초·중기에 중앙관이 전략적 지역에 지방관으로 파견되는 것과는 근본적 차이가 있었다. 고구려 중기까지만 하더라도 주요한 전략지역의 지방관은 중앙 출신이 담당했다. 이들은 임기가 끝나면 중

---

120) 김영관, 2013, 「高句麗遺民 高提昔墓誌銘에 대한 연구」『백산학보』 97.

121) 이 부분은 박경철 선생님의 가르침을 받았다. 조사에 따르면 集安高句麗古墳群 축조에 사용된 標準尺은 시기에 따라 [22.5cm → 23.5cm → 24.6cm → 26.3 cm]로 변화하고, 천도 직후 평양도 26.3cm를 사용했지만, 集安지역은 다시 24.6cm의 수치가 흔히 사용되었다고 한다. 朴京哲·柳濟政, 2015, 「集安高句麗古墳群에 대한 統計的 接近 試論」『한국사학보』 59, 81쪽.

앙으로 복귀해야 했다. 이와 같이 중기의 영역지배방식은 중앙이 지방을 직접 상대하는 구조로 되어 있었다. 그러나 후기가 되자 국내성 출신이 요동성의 수장에 임명될 수 있을 정도로 관직 수여 방식이 변화했다. 예컨대 초·중기까지의 중앙과 지방 관계가 수레바퀴 축을 중심으로 사방으로 뻗어있는 바퀴살 모양이었다면, 후기는 중앙과 지방이 중앙에 앉아 있는 거미를 중심으로 거미줄이 복잡하게 뻗어 있는 것과 같은 거미줄 모양의 구조였던 것이다. 이제 중앙과 지방의 일방적인 일대일·수직적·종속적 구조는 중앙과 지방의 수직적 구조와 지방과 지방 사이의 수평적 구조가 복합되어 있는 어떤 의미에서는 다원적인 구조로 변했다. 이것은 중앙의 지방지배가 전기보다 더욱 원활하게 구축되었다는 것을 의미하는 것이었다. 즉 인적 유통망이 구축되어 중앙의 설계 하에 인재의 상호 이동과 교류가 가능한 구조로 전환되는 것을 의미했다. 통치의 질적인 면에 있어서도 지방관 상부를 통해서 하부를 관리하는 방식에서 벗어나 지방관아에 지방관의 행정과 군사업무를 보좌하는 역할을 수행하는 부주요좌를 설치하고, 또 중앙에서 직접 임명한 장사를 통해—중앙이 아니더라도 다른 지역 출신의 인사를 파견하는 식으로—지역민 출신의 하급관리들을 감독하는 구조로 전환되었다. 중앙에서 직접적으로 하급관리까지 장악하게 되면서 한편으로는 지방관을 견제하면서 지방관이 중앙으로부터 이탈할 가능성을 배제시켰던 것이다.

 이상으로 고구려의 고구려 중·후기 지방통치제도의 변화와 발전에 대해 살펴보았다. 다소 무리한 추론도 없진 않았지만 한정된 사료를 이용하여 고구려 중·후기의 지방통치체제의 실체에 접근하기 위한 부득이한 방법이었다. 고구려의 지방통치제도는 고구려 중·후기 중앙집권이 강화되면서 초기의 간접지배와 직접지배가 병존하던 이중지배방식에서 탈피하여 대부분의 지역에 직접적인 지배방식이 시행하는 지방통치제도로 발전되어 갔다. 그런데, 고구려가 평양천도 이전까지 시행했던 이중지배방식은 고구려 주변의 국가에서 대부분 시행되었던 제도였다. 정복왕조였던 후대의 요, 금, 원, 청은 물론이고, 위진남북조 당시 북중국을 지배했던 북위 등 북방이민족왕조들은 거의 대부분 이중지배방식을 시행했다. 한나라와 당나라 등 중국의 정통왕조 역시 이민족통어관과 기미부주제 등을 통해 중원과 변경에 대한 이원적 지배방식을 실시했다. 고구려의 지배방식 역시 이러한 역사적 흐름과 일치하는 것이었다.

본고는 고구려의 중·후기 지방통치제도의 실상을 규명하기 위해서 먼저 고구려가 평양으로 천도하기 이전까지 평양지역에서 행해졌던 간접통치방식에 대해서 살펴보았다. 안악 3호분의 묵서명 분석을 통해 평양지역에 대한 지배는 행정적으로는 재지유력자를 이용하여 통치하였지만, 군사적으로는 고구려가 통제하는 방식으로 이루어졌다는 것을 밝혔다. 그런데 이러한 간접지배방식은 고구려 초기부터 채택된 방식이었다. 동옥저 등 고구려 초기에 정복된 지역은 모두 이러한 방식의 간접지배를 당하거나 고구려에 의해 직접 통치되었던 것이다. 고구려가 정복지역을 구분하여 직접지배와 간접지배라는 이중지배방식으로 통치하던 방식은 고구려가 평양으로 천도하면서 극복되기 시작하였다. 고구려는 거의 대부분 지역에 직접통치방식을 취하여 영역지배의 일원화를 도모하였다. 확대된 영역을 효율적으로 통치하기 위해 군-현이라는 2단계 통치체계와는 별도로 수사를 각지에 파견하여 지배하는 방식을 취했다. 종래 수사에 대해서는 태수와 현령 위에 설치된 상위의 지방관으로 파악하는 견해가 다수였지만, 본고에서는 수사가 국왕의 명령을 수행하기 위해서 임시적으로 파견된 관리이며, 그 성격에 따라 5가지 유형으로 구분되는 것으로 파악했다. 그리고 수사는 고구려 후기에 욕살로 발전하여 욕살-처려근지-루초로 이루어지는 3단계 지방통치체제를 완성한 것으로 보았다. 한편 가라달에 대해서는 중국의 장사에 비유된다는 문구에 근거하여 처려근지의 속관이 아닌 욕살의 속관에 해당하며, 그 지위는 처려근지와 동급이라는 사실을 밝혔다. 그리고 지방하부조직까지 그 지배권을 강화하여 전국적으로 일원화된 지배를 관철해 나갔다. 그러나 아래의 「이타인묘지명」에서 등장하는 책성지역의 사례에서 알 수 있듯이 개별적으로 간접지배방식을 취하는 지역도 여전히 남아있었다.

「이타인묘지명」에 의하면 이타인의 본적지는 '柵州(책성을 의미함)'로 기록되었다. 그런데 이타인 일족의 원래 출신지는 평양지역이었다.[122] 그는 '柵州都督兼總兵馬'에 제수되어 고려 12주와 말갈 37부를 관할하였다고 한다. 이타인이 당에 투항한 시기는 666년부터 668년 사이이며, 책주도독겸총병마를 역임한 것은 바로 그 직전이었다.[123]

그런데 묘지명에 의하면 이타인은 책주도독겸총병마로서 고려 12주와 말갈 37부를 관할하였다. 여기서 고려 12주는 대성급인 책성 관할 하에 있던 소규모의 성을 지칭한다. 말갈 37부는 말갈 전체를 관장하였다는 말인지는 모르겠지만, 사료에는 보통 말갈 7부라고 하고 말갈 37부라고 하지 않기 때문에 이것은 책성이 관할하던 지역에 위치한 말갈 휘하의 소규모의 부를 의미한다고 할 것이다. 그러므로 이타인이 맡았던 책주도독은 책성과 책성을 중심으로 산재되어 있었던 소규모의 고구려 성 및 그 주변에 거주하고 있었던 말갈족을 총괄했던 관직이었을 가능성이 높다. 물론

---

122) 李他仁의 출자에 대해서는 말갈인으로 보는 설(孫鐵山, 1998, 「唐李他仁墓誌考釋」『遼望集』下, 陝西人民出版社; 안정준, 2013, 「『李他仁墓誌銘』에 나타난 李他仁의 生涯와 族源 −高句麗에서 활동했던 柵城지역 靺鞨人의 사례−」『목간과 문자』11호)과 고구려인으로 보는 설(拜根興, 2012, 앞의 책, 235~254쪽; 이동훈, 2014, 앞의 논문, 275~276쪽)이 있다. 이동훈은 해당 논문에서 李他仁의 성씨는 당 왕조가 투항한 말갈인에게 사여하던 성씨가 아니라, 고구려 자체에 존재하고 있었던 성씨라고 밝혔다. 즉, 「高提惜墓誌銘」에 의하면 李氏가 연개소문 일가인 泉氏와 고구려 왕실인 高氏와 함께 通婚圈을 이루고 있었는데, 이때 李氏는 평양토착세력인 「李仁德墓誌銘」의 李仁德과 동일한 성씨라는 것이다.

123) 拜根興, 2012, 앞의 책, 242~248쪽.

고구려가 말갈을 총괄하는 임무를 책성도독에게 부여했을 가능성도 있지만, 645년 당태종의 침입 때 고구려와 말갈 15만 대군을 이끌고 전쟁에 참전한 북부욕살 고연수와 남부욕살 고혜진이 모두 중앙에서 파견되었다는 것을 고려하면 말갈족 전체에 대한 지휘권은 중앙에서 직접 담당했었다.

그런데 여기서 주의를 끄는 것은 바로 책성이다. 책성은 일찍부터 고구려의 관할 하에 포함된 고구려의 핵심 군사지역 중의 하나로서 두만강지역을 관할하던 고구려의 후방기지이자 부근의 말갈족을 통어하던 역할을 수행하였다. C의 인용문처럼 태조왕 46년(98)부터 이미 책성을 순시하였다는 기록이 나오고 있을 정도로 그 역사가 오래되었지만 멸망 당시까지도 부근의 말갈족들을 고구려에 완전히 동화시키지 못하고 관할하였다는 기록은 멸망 당시까지 고구려의 지방통치가 완전하게 정비되지 못했다는 것을 시사한다. 고구려는 부단히 지방통치를 강화했지만 이민족에 대한 지배는 여전히 간접지배라는 형식을 취하고 있었던 것이다. 이것은 고구려의 지방지배가 말기까지 전 지역에 걸친 일원적인 지배방식을 구축하는데 성공하지 못하고 있는 사례라고 할 것이다. 이것이 고구려 지방제도의 발전이 갖는 한계였다.[124]

---

124) 김현숙은 책성지역에 대한 특수한 지배는 고구려가 일원적이고 보편적인 지방정치를 추구하면서도 지역 특수성과 주민 성격을 고려하여 탄력적으로 운영한 사례라고 인식한다(김현숙, 2005, 앞의 책, 379~394쪽). 그런데 고구려는 후기에 들어와서 간접지배방식의 형태였던 낙랑·대방지역이 직접지배방식으로 바뀌었다. 양맥집단도 서천왕 7년 기사 이후 더 이상 나타나지 않고, 「광개토왕비」에는 梁谷과 梁城의 형태로 기록되어 있는데, 이것으로 양맥집단도 다른 지역과 동일한 형태로 재편되고 있는 것을 추정해 볼 수 있다. 이러한 사례는 고구려의 중앙집권화가 진행되면서 전국적으로 일원론적인 지배를 지향했다고 볼 수 있다. 다만 책성지역의 말갈족 같은 경우는 고구려가 멸망하는 순간까지 고구려에 동화되지 못하고 있어 전국적인 일원화를 지향했던 고구려 지방통치체제의 한계였다고 생각한다.

제3장
대민지배방식의 강화

　관위조직이 정치적인 면에서 집권체제를 반영하는 것이라면 인구 통계는 대민지배의 강도를 나타내는 지표라고 할 수 있다. 그러므로 고구려 인구 변화에 관한 연구는 고구려의 중앙집권과 대민지배의 정도를 판단하는 척도로서 매우 중요하다. 그럼에도 불구하고 이에 대한 연구는 아직까지 충분하지 못하다. 지금까지 고구려 인구에 관한 논의는 주로『삼국지』,『위서』,『구당서』,『신당서』,『자치통감』,『삼국유사』,『삼국사기』등의 해당 인구 기록을 중심으로 전개되었다. 이 중 3세기의 고구려 상황을 반영한 것으로 알려진『삼국지』위서 고구려전에 의하면 당시 고구려의 호는 3만이었다.[1] 5세기 초의 고구려 상황을 기술한『위서』는 고구려의 인구가 전대보다 3배나 증가했다고 하였다.[2] 그리고 고구려 멸망기의 호구 수를 기록한 문헌들 가운데 대표적인 문헌이라고 할 수 있는『구당서』는 멸망 당시 고

---

1)　『三國志』魏書 卷30 烏丸鮮卑東夷傳 "高句麗在遼東之東千里, 南與朝鮮, 濊貊, 東與沃沮, 北與夫餘接. 都於丸都之下, 方可二千里, 戶三萬"
2)　『魏書』卷100 高句麗傳 "故至其所居平壤城, 訪其方事, 云遼東南一千餘里, 東至柵城, 南至小海, 北至舊夫餘, 民戶參倍於前"

구려의 인구가 69만 7천 호라고 하였다.[3] 또한 우리나라의 독자적인 전승 기록으로서 그 가치를 인정받고 있는 『삼국유사』는 고구려 전성기의 인구가 21만 508호라고 했다.[4] 그런데 『삼국유사』에 기록된 고구려 전성기가 어느 시기를 지칭하는가는 분명하지 않다. 이에 관해서는 현재까지 6가지 의견이 제시되었다. (1) 고구려 멸망 당시 고구려의 전체 인구 69만 7천 호 중 高句麗族 인구를 지칭한다는 설[5] (2) 당태종과 대적하기 전후 시기라는 설[6] (3) 수당전쟁이 발생하기 직전의 인구를 가리킨다는 설[7] (4) 장수왕대를 지칭한다는 설[8] (5) 장수왕대 초기 즉 이오가 고구려를 방문한 435년의 기록이라는 설[9] (6) 4세기 중후반 소수림왕대를 지칭한다는 설이다.[10]

지금까지의 연구를 살펴보면 고구려 인구를 기록한 문헌 기록에 대해 중국학계가 대체로 긍정적으로 평가하고 있는 반면에 한국학계는 긍정하는 의견도 있지만 기록의 신빙성 자체에 대하여 의문을 제기하는 견해도 적지 않았다. 예를 들어 이옥은 『삼국지』 단계에서 겨우 3만 호에 지나지 않았던 인구가 멸망할 때에 300만 이상으로 증가했다는 것은 산술적으로 불가능한 것으로 단정했다. 나아가 11세기 중엽 한반도의 인구는 210만 명이었고 17세기에 이르러서도 500만 명을 약간 넘는 수치에 불과했

---

3) 『舊唐書』 卷199上 東夷傳 高麗條 "高麗國舊分爲五部, 有城百七十六, 戶六十九萬 七千"

4) 『三國遺事』 卷2 紀異 제2 高句麗條 "高麗全盛之日 二十一萬五百八戶"

5) 孫文范 等, 1999, 『三國遺事』(校勘本), 吉林文史出版社, 38쪽.

6) 朴南守, 2004, 「三國의 經濟와 交易活動」 『新羅文化』 24, 133쪽.

7) 楊保隆, 1998, 「高句麗族族源與高句麗人流向」 『民族研究』 1998-4, 67쪽.

8) 박용운, 1997, 『고려시대개경연구』, 일지사, 147~156쪽; 李德山, 2006, 「高句 麗族人口去向考」 『社會科學輯刊』 2006-1, 147쪽.

9) 楊軍, 2006, 「高句麗人口問題研究」 『東北史地』 2006-5, 11~12쪽.

10) 조상현, 2009, 「삼국유사의 삼국 전성시기 호구 기사 검토」 『한국고대사연구』 56, 433쪽.

기 때문에『구당서』에 기록된 호구의 숫자는 호구수가 아닌 인구수로 파악해야 한다고 주장했다.[11] 이에 대해 신형식은 당시 고구려의 영토가 한반도와 비슷한 면적이었고,『한서』에 기록된 요동군의 호가 5만 972호, 27만 2539구라는 것과 고구려 멸망 전후에 감소된 인구수가 70만 명 정도로 추산된다는 점 등을 들어 이옥의 주장을 정면 반박하고『구당서』기록의 신빙성을 인정했다.[12] 한편 고려시대 개경 인구를 추산하는 과정에서 고구려 인구수를 추계한 박용운은『삼국유사』의 기록을 신빙성 있는 기록으로 인정했다. 그리고『삼국유사』에 기록된 고구려 전성기를 장수왕대로 추정했다. 그렇지만『구당서』에 대해서는 불과 150년 사이에 인구수가 105만 명(21만 5천 호)에서 350만 명(69만 7천 호)으로 3배나 증가한 것은 불가능하다고 하여 기록 자체를 인정하지 않았다. 고려의 인구를 250만~300만 정도로 보고, 조선 초의 인구를 400만~500만 정도로 추계하는 그의 입장에서는『구당서』의 기록을 받아들일 수 없었던 것이다.[13] 그런데 후대의 고려와 조선의 인구를 기준으로 전대의 고구려 인구수를 추계하는 소급추적법은 인구학적으로는 타당할지 모르지만 기준 인구수를 어떻게 설정하느냐에 따라 결과가 전혀 다를 수 있기 때문에 신중을 요한다고 할 수 있다.

고려의 인구에 대해서는 서긍이 쓴『高麗圖經』의 기록에 근거하여 11세기의 인구를 210만으로 보거나, 약간의 보정을 거쳐 250만~300만으로

---

11) 李玉, 1984,『高句麗民族形成과 社會』, 교보문고, 15~17쪽. 그러나 후에 이옥은 자신의 의견을 수정하여 고구려 멸망기의 인구수는 만주 땅에 65만, 압록강 이남 지역에 25만 이상 따라서 100만 정도에 달할 것이라고 추정했다(李玉, 1997,「高句麗의 人口」『京畿史論』創刊號, 1~7쪽). 朴南守 역시 69만 7천 호라는 기록은 口數를 戶數로 잘못 표기한 것이라고 주장한다(朴南守, 2004, 앞의 논문, 130쪽).

12) 申瀅植, 1990,「統一新羅時代 高句麗遺民의 動向─王建世系의 出自와 그 南下時期를 중심으로」『統一新羅史研究』, 三知院, 98~99쪽.

13) 박용운, 1997,『고려시대개경연구』, 일지사, 147~156쪽.

추정하는 것이 일반적이지만, 삼국의 인구현황과 조선의 인구현황을 비교할 때 지나치게 적게 추정한 것이 아닌가 생각된다. 당시 호적작성은 조세부과를 위한 방법으로 진행되었기 때문에 210만이라는 인구는 호적에 잡힌 課戶를 지칭하였을 가능성이 크기 때문이다.[14] 또한 당시 호적에는 여자와 미성년자들이 다수 누락되고 있었기 때문에 호적에 기재된 인구 숫자만으로 전체인구 수를 추정하는 것은 많은 문제점을 안고 있다. 그동안 진행된 조선 초의 인구수에 관한 연구에 의하면 학자에 따라 대략 400만에서 1,000만까지 그 편차가 상당히 크다.[15] 그럼에도 불구하고 조선 초기의 인구수가 400만일 것이라는 추정결과를 기준으로 하여 고구려 멸망기의 인구를 추계한 것은 지나치게 보수적으로 추정한 결과라고 할 수 있다. 왜냐하면 별다른 보정 요인도 없이 한정된 자료에만 의존하였기 때문이다.

그런데 고구려 인구 기록을 비판적으로 해석하고자 하는 의견과는 달리 이를 적극적으로 해석하려는 시도가 북한에서 등장했다. 이에 따르면 『구당서』에 기록된 69만 7천 호는 課戶를 지칭하는 것으로 실제 自然戶는

---

14) 조선 세종조에 양성지가 사졸을 선발하는 법을 언급하면서 멀리 있는 명나라 황제가 조선의 호구수까지 정확하게 파악하고 있을 정도의 현명함을 가졌다고 찬양하고 있는데, 명나라 황제가 언급한 조선의 호구수는 부역과 관련되어 동원할 수 있는 호구수를 지칭하고 있다(『世宗實錄』127卷 32年 1月 15日辛卯條 "我大明高皇帝亦曰汝國東西一千四五百里, 南北一千二三百里, 其間七十萬戶, 戶各三丁, 凡三百一十餘萬人"). 고려에 사신으로 파견되어간 서긍이 서술한 『高麗圖經』의 내용에 실린 호구 수 역시 부역과 관련된 인구수를 지칭하는 것으로 보여 실제 호구수와는 많은 차이가 있을 것으로 생각된다. 사실 중국의 경우 당나라 중엽 이전에는 남녀노소 등 모든 호구를 호적에 기재했지만, 당나라 중엽 이후에는 여자는 호적에 등재되지 않았다. 송나라도 이를 따랐다(王育民, 1995, 『中國人口史』, 江蘇人民出版社, 5쪽).

15) 대표적으로 다음의 연구를 들 수 있다. 400만(김재진, 1967, 『韓國의 戶口와 經濟發展』, 博英社): 550만~600만(권태환·신용하, 1977, 앞의 논문): 700만(이호철, 1992, 『농업경제사연구』, 경북대학교 출판부): 1,000만(김철, 1967, 『韓國の人口と經濟』, 岩波書店) 등.

2~3배 정도인 200만 호(약 1,000만 명)였다. 나아가 『삼국유사』에 기록된 고구려 전성기 호구 210,508호는 전국의 인구가 아니라 수도인 평양의 호구만을 지칭한 것이었다.[16] 그러나 이것은 후술하겠지만 고구려 멸망 당시에 동원된 총 병력수를 고려하더라도 지나친 억측에 불과하다.

근래 고구려에 대한 연구를 강화하고 있는 중국은 자국이 기록한 역사 문헌인 『구당서』의 기록을 전폭적으로 신뢰하는 입장에서 고구려 인구의 산정을 시도하고 있다. 멸망할 당시 고구려의 인구가 69만 7천 호라는 기록을 적극적으로 수용하면서도 다른 한편으로는 고구려는 다민족국가이기 때문에 이 숫자에는 고구려 이외에도 고구려에 복속된 거란, 말갈, 한족 등 다른 민족이 다수 포함되었다고 주장하였다. 그러므로 고구려족의 실제 인구는 15만 호에 불과하다는 것이다.[17] 이러한 주장은 고구려 멸망 후 고구려인의 행방을 중점적으로 다루면서 지배층을 이루고 있던 고구려족이 대부분 중국으로 귀속되었기 때문에 고구려사가 중국사에 귀속된다는 논리적 근거로 활용되었다.[18] 원고구려인과 다른 피지배민족을 분리하여 고찰하는 이러한 방법론의 이면에는 원고구려인의 인구를 의도적으로 낮춤으로써 고구려사를 중국사에 편입시키려는 정치적인 의도가 깔려 있었던 것이다.

그렇다면 고구려의 인구에 대해 이렇게 견해차가 크게 나타나는 이유는 무엇일까? 무엇보다도 사료의 한계성을 들 수 있겠지만, 연구 방법을 효율적으로 활용하지 못한 데서도 기인하는 것 같다. 본 논문은 고구려의 인구

---

16) 역사연구소, 1976, 『고구려사연구』, 사회과학출판사, 165쪽.

17) 王鐘翰 主編, 1994, 『中國民族史』, 中國社會科學出版社. 150쪽.

18) 楊保隆, 1998, 「高句麗族族源與高句麗人流向」『民族研究』 4, 67쪽. 한편 楊軍은 고구려 전성기 인구 69만 7천 호 중에서 고구려족의 인구를 42만 호 정도로 추정하여 王鐘翰보다는 고구려족의 인구수를 훨씬 더 많이 계산하고 있다(楊軍, 2006, 앞의 논문, 11쪽).

변화를 검토하기 위해서 다음과 같은 기본적인 사항을 염두에 두었다. 첫째, 사서에 기재된 인구는 정확한 실상을 반영하지 않는다. 둘째, 고구려는 영역이 확대됨에 따라 그가 수용할 수 있는 인구 또한 부단히 증가했다. 셋째, 인구의 증가는 피지배집단에 대한 호구의 장악력의 정도와 관련이 깊다. 고구려는 지배체제의 정비에 따라 호구파악도 점차 강화되고 있었다. 넷째, 고대사회에서는 전쟁이나, 재난, 국가의 멸망, 대량 사민 같은 커다란 인구변동의 요인이 없는 한 토착사회에 거주하던 인구는 별다른 변동이 없었다는 사실이다.

이러한 기본적인 인식을 전제로 하여 고구려 인구의 실체에 대략적이나마 접근하는 것은 어느 정도 가능하리라고 판단된다. 그런데 고구려도 집권체제가 발전되고 정비됨에 따라 자체 내에 독자적인 호적제도를 갖추고 호구파악을 진행했을 것이라고 예상되지만, 호구에 관한 전승 기록이 거의 없고, 『삼국유사』, 『삼국지』, 『구당서』 등에 약간의 사료만 남아 있어서 정확한 실상을 파악하기는 힘들다. 그렇지만 대규모의 인력동원이 이루어졌던 전쟁과 그에 관한 기사를 검토하면 인구추계에 상당한 도움이 될 것이라고 생각된다. 그 밖에 한나라 때 낙랑군 등에 시행되었던 인구관련 기록 등도 고구려 인구를 추정하는데 매우 유용한 자료이다. 이러한 것들을 종합적으로 분석하면 고구려 인구의 대략적인 윤곽을 파악할 수 있을 것으로 보인다.

본고에서는 서술의 방법에 있어 편의상 수당과의 대규모의 전쟁으로 인하여 고구려 인구관계 기사가 비교적 많이 남아 있는 후기의 인구부터 먼저 살펴본 다음, 후기의 인구를 도출한 방법을 이용하여 전기와 중기의 인구 상황을 분석하도록 하겠다. 아울러 인구가 급격히 증가할 수밖에 없었던 여러 가지 요인을 추정해 보려고 한다. 그리고 고구려 후기의 대민편제 방식에 대해서도 함께 분석하여 고구려 후기의 대민지배의 방법과 실상에 접근하고자 한다.

제1절 고구려의 戶口와 兵力의 관계

1. 호당 인구수의 변화

고구려의 인구와 관련된 사료에서 먼저 유의해야 할 점은 인구수 대신에 호구수가 기재되어 있다는 것이다. 일반적으로 현 학계에서는 고구려의 호당인구를 5명으로 계산하고 있다. 이것은 문무왕 6년 연정토가 신라에 귀순할 때 '763호 3,543명'으로 내투했다는 기록에서[19] 호당 인구수를 추출한 것이었다.[20] 하지만 이것은 고구려 멸망기의 호당 인구수를 말하는 것은 확실하지만 고구려 역사 전반에 적용할 수 있을지는 의문이다.

> 人稅는 布 5匹 穀 5石이다. 遊人은 3년마다 한 번 稅를 바치되, 10인이 공동으로 細布 1疋 을 바친다. 租는 (上)戶가 1石, 次(戶)가 7斗, 下(戶)가 5斗이다.[21]

7세기 초 고구려의 조세제도에 대하여 언급하고 있는 『隋書』 권81 高麗傳의 이 부분에 대해서 그동안 많은 연구가 진행되었다. 이 중 '人稅'의 성

---

19) 『三國史記』 卷6 新羅本紀 6 文武王 上 "高句麗貴臣淵淨士 以城十二 戶七百六十三 口三千五百四十三來投"

20) 신형식, 1990, 앞의 글, 98~99쪽. 한편 김창석과 박남수도 연정토의 신라 귀순 기록에 근거하여 고구려의 호당 인구수를 산출했다. 김창석은 이를 통하여 고구려의 호당 인구수를 4.6명으로 이해했으며(김창석, 1997, 「7세기 신라에 의한 경제통합과 토지제도 개편」 『역사와 현실』 23, 54~55쪽 주19) 박남수는 소수점 둘째자리 이하를 반올림하여 4.7명으로 파악했다(박남수, 2004, 「三國의 經濟와 交易活動」 『新羅文化』 24, 14쪽 주49).

21) 『隋書』 卷81 高麗傳 "人稅布五匹穀五石 遊人則三年一稅 十人共細布一匹 租戶一石 次七斗 下五斗"

격에 대하여 문자 그대로 해석하여 인두세적인 성격을 지닌 것으로 파악하는 견해가 있었다. 이러한 해석은 백남운이 제기한 이래 이병도와 강진철 등에 의해 수용되어 오랫동안 학계에서 주류적 견해가 되었다.[22] 그러나 이렇게 해석할 경우 조세가 너무 가혹하다는 비판이 따르게 되었다. 홍승기는 이 조항을 布와 穀을 동시에 납부하지 않고 지역에 따라 선택하여 납부하는 것으로 이해하였다.[23] 그러나 포와 곡[24]을 선택적으로 납부하게 하였다면, 곡과 포의 가격을 곡 1석=포 1석으로 법제화하는 조치가 있어야 하겠지만, 곡과 포의 가격은 풍흉에 따라 달라지는 경우가 많아 현실적으로 이를 법제화하는 것은 불가능하다. 참고로 중국에 있어서 田租를 布로 대납한 것은 남조와 당후기에 이르러서였다.[25]

그러나 이러한 해석들은 80년대 들어오면서 도전을 받게 되는데, 그것은 이 조항의 人을 문자 그대로 사람으로 해석하면 주변국과 비교하여 고구려의 조세가 지나치게 가혹하다는 인식에서 비롯되었다.

당시 중국과 비교해 보면 북위는 丁男이 戍役과 雜役을 부담하는 것 이

---

22) 白南雲, 1933, 『朝鮮社會經濟史』, 改造社: 하일식 옮김, 1994, 『朝鮮社會經濟史』, 이론과 실천, 170~172쪽; 李丙燾, 1959, 『韓國史』(古代篇), 震檀學會, 564쪽; 姜晉哲, 1965, 「韓國土地制度史」上『韓國文化史大系』Ⅱ, 412쪽.

23) 홍승기, 1973, 「1~3세기의 民의 존재형태에 대한 일고찰 —소위 「下戶」의 실체와 관련하여」『역사학보』63.

24) '곡(穀)'에 대해서는 논자에 따라서는 '쌀(米)'이라고 해석하지만, 엄밀히 말하면 '쌀'이 아니라 '조(粟)'로 해석해야 한다. 이것은 북방의 지리적 조건이 쌀보다는 조를 재배하기에 적합한 이유도 있지만, 일반적으로 조는 보존기간이 9년인데 비해 쌀은 3년에 불과하여 저장하기에 불리했기 때문이다(『唐六典』권19 "凡粟支九年, 米及雜種三年").

25) 당 후기 때의 경제구조가 남조와 비슷한 방향으로 발전하는 것을 南朝化의 현상으로 파악하는 견해가 있다. 唐의 南朝化문제에 대해서는 唐長孺, 1998, 『魏晋南北朝隋唐史三論』, 武漢大學出版社, 486~491쪽; 牟發松, 1996, 「略論唐代的南朝化傾向」『中國史研究』1996-2, 51~64쪽 참조.

외에 一夫一婦를 기준으로 하여 絹이나 布 1필과 粟 2석을 납부하는 것을 원칙으로 하였다.[26] 隋 역시 開皇 2년에 一夫一婦를 기준으로 租로서 粟 3石, 調로서 絹이나 布 1필을 수취하였는데, 이 중 調는 다음 해부터는 액수가 반감되어 2丈만을 징수하였다.[27] 唐은 男丁을 기준으로 租로서 粟 2石과 調로서 絹 2丈과 綿 3兩 또는 麻 3근을 수취하였다.[28] 북위부터 당대까지의 세금은 약간의 차이가 있긴 하지만 고구려에 비하면 1/2~1/3에 불과하였다. 물론 南朝의 경우 그 세액이 좀 더 과중하여 고구려와 비슷한 면이 있긴 하지만 남조의 생산력이 북조보다 높았다는 사실을 고려하면 어느 정도 현실적으로 수용이 가능한 측면이 있었다. 당 역시 후기로 가면서 농업생산력의 발달로 인하여 정치뿐만 아니라 경제적인 측면에 있어서도 전반적으로 南朝化의 길을 걸었다는 것을 고려한다면,[29] 남조의 수취액은 당시의 생산력을 기준으로 볼 때 그렇게 과중한 부담은 아니었던 것이다.

그리하여 人을 달리 해석하여 丁男으로 파악하거나[30] 家戶로 파악하는 연구가 등장하였다.[31] 그 밖에 人으로 표현된 자를 남정 10인 이상으로 구성된 세대공동체(소가족 3~6명이 결합하여 형성된 단위)로 보는 의견도 제기

---

26) 『魏書』 권110 食貨志 6 "其民調, 一夫一婦帛一匹, 粟二石. 民年十五以上未娶者, 四人出一夫一婦之調"

27) 『隋書』 권24 食貨志 "丁男一牀, 租粟三石. 桑土調以絹絁, 麻土以布絹. 絁以疋, 加綿三兩. 布以端, 加麻三斤", "開皇三年正月, …… 減調絹一疋爲二丈."

28) 『舊唐書』 권43 職官2 戶部條 "課戶每丁租粟二石. 其調, 隨鄕土所産綾絹絁各二丈, 布加五分之一. 輸綾絹絁者, 綿三兩. 輸布者, 麻三斤."

29) 唐의 南朝化문제에 대해서는 唐長孺, 1998, 앞의 책, 486~491쪽; 牟發松, 1996, 앞의 글, 51~64쪽 참조.

30) 김기흥, 1991, 『삼국 및 통일신라 세제의 연구 ─사회변동과 관련하여』, 역사비평사, 52쪽.

31) 전덕재, 2006, 『한국고대사회경제사』, 태학사, 208쪽.

되었다.[32] 그러나 이 견해는 신라사의 연구결과를 고구려에 그대로 적용시킨 것이라는 점에서 한계가 있었다. 고구려의 사회발전단계를 지나치게 과소평가한 것이 아닌가 하는 느낌을 저버릴 수 없다. 그런데 人을 丁男으로 해석하거나 戶로 해석하더라도 당시 고구려의 농업생산력을 감안하면 隋, 唐과 비교하여 여전히 세금이 높다고 할 수 있다. 그러므로 본고에서는 이에 대하여 새로운 견해를 제시하려고 한다. 결론적으로 말하자면 필자는 이 조항에서 人의 의미는 家戶와 동일하다는 견해에 찬성한다. 다만 기존의 견해와는 달리 호당 인구수는 5명이 아닌 7명 정도였다고 인식한다는 점에서 근본적 차이가 있다. 필자가 이렇게 인식하게 된 것은 『隋書』 고려전의 조세조항과 함께 실려 있는 다음의 기사에 주목했기 때문이다.

　　"父子同川而浴, 共室而寢"

　이 조항에 대해서는 그동안 어느 누구도 주목하지 않았다. 단지 고구려의 사회풍속을 설명한 것으로 고구려에서는 父子가 같이 목욕하고 동침하는 풍속이 있었던 것으로 해석하고 있을 뿐이다. 그러나 이 조항은 그렇게 간단히 해석만 하고 넘어갈 수 있는 성질의 것이 아니다. 이 조항은 고구려의 가족제도를 파악할 수 있는 소중한 기록이라고 할 수 있다.

　『隋書』의 찬자가 이 조항을 기록한 것은 수나라를 멸망으로 이끌었고, 당나라와 대적하고 있었던 고구려를 의식적으로 비하하고자 하는 의도가 개입되어 있었다. 前漢 元帝 때 賈捐之는 남방에 설치한 珠崖에서 일어난 반란을 진압하는 것에 대하여 반대하는 상소를 올렸는데, 글 중에는 "駱越之人, 父子同川而浴, 相習以鼻飮, 與禽獸無異, 本不足郡縣絲治也"라는 말이

---

32) 이영훈, 1995, 「韓國經濟史 時代區分 試論 -戶의 역사적 변천과정의 관점에서」 『한국사의 시대구분에 관한 연구』, 한국정신문화연구원, 386쪽.

148 — 고구려 중·후기 지배체제 연구

나온다.[33] 즉 越지역에 사는 사람들은 父子가 하천에서 함께 목욕하고, 코로 물을 마시는 풍속이 있어 금수와 다름없기 때문에 군현을 설치할 곳이 못 된다는 것이다. 이것으로『수서』고려전의 '父子同川而浴'이란 표현에는 고구려가 예의를 모르는 미개한 족속이라는 것을 드러내려는 의도가 내포되어 있었다는 것을 짐작할 수 있다. 그러므로 '父子同川而浴' 다음에 기록된 '共室而寢' 역시 『수서』의 찬자의 편견이 반영되어 있다고 볼 수 있는데, 그렇다면 고구려의 풍속의 어떠한 면이 당시 중국인의 눈에 미개한 것으로 인식되었던 것일까?

'父子同川而浴, 共室而寢'이란 문장은 상앙의 변법에 대하여 기록한 다음의 조항을 자연스럽게 연상시킨다.『史記』68 商君列傳에는 "令民父子兄弟同室內息者爲禁"이라는 기사가 있다. 상앙이 실시한 변법 중 하나인 이 조항은 결과적으로 "始秦戎翟之敎 父子無別 同室而居" 하는 풍속을 개선하고 호구 수를 증대하여 세수의 증대와 병력의 확보를 위한 조치로서 秦을 부강하게 하는데 크게 기여한 것으로 평가받고 있다.

상앙변법 관련 기록을 고구려의 "父子同川而浴, 共室而寢"과 비교하면 하천에서 같이 목욕하였다는 의미의 '同川而浴'만 제외하면 '共室而寢'과 '同室內息'과 '同室而居'는 모두 같은 의미로 해석할 수 있다.『수서』고구려조의 '共室而寢'의 주어는 '父子同川而浴' 중의 '父子'이다.『史記』상앙열전은 '父子無別 同室而居' 이외에 '父子兄弟同室內息'이라는 다른 표현이 있는 것으로 보아, '父子'에는 '父子兄弟'라는 의미가 내포되어 있다는 것을 알 수 있다. 따라서 '父子同川而浴 共室而寢'은 부자가 서로 구별 없이 함께 목욕을 한다는 의미 이외에도 부자형제가 평상시에 분가하지 않고 같은 집에서 함께 기거하고 있었다는 사실을 포함한다고 할 수 있다. 진나라는

---

33)『漢書』卷64下 賈捐之傳,『通典』卷188 邊防4 '嶺南蠻獠'條,『資治通鑑』권28 漢紀 20 元帝 初元 2年條 참조.

이 조항이 시행되기 전에 호당 인구수는 일반적으로 7~8명 정도 되었던 것으로 알려지고 있다. [34)]

그러므로 『隋書』에 고구려의 풍속의 하나로 "父子同川而浴, 共室而寢"을 기록한 것은 당시 고구려의 가족제도가 진나라가 변법을 시행하기 이전 상태와 비슷하게 장성한 자녀가 아직 분가하지 않고 한 집에서 동거하고 있는 상황을 설명한 것이라고 할 수 있다. 이미 秦나라 이래 소가족제도가 보편화된 중국에서는 아직 대가족제도의 유습을 가지고 있는 고구려의 사회풍속은 특기할 만한 일이었다. [35)] 그러므로 이 조항에서 父子는 성인 남성과 미성년자를 가리키는 것이 아니라, 장성한 성인 남자 2명을 지칭하는 것으로 보는 것이 더 합리적이라고 할 수 있다. 일반적으로 單婚家族은 성인 부부와 미성년자녀 2~3명 정도로 구성되는 소가족을 지칭한다는 것을 고려한다면, 이렇게 父子兄弟가 함께 동거하던 『隋書』 단계에서의 고구려의 사회의 호당 인구수는 5명이 훨씬 넘었을 것이다.

그렇다면 당시 고구려의 가구당 인구수는 얼마였을까? 구체적인 자료가 없어 정확한 실상은 알 수 없지만 이를 추정할 수 있는 자료가 전혀 없는 것은 아니다.

---

34) 楊寬은 상앙변법 이전의 호당 인구수를 5~10명 사이로 추정한다(楊寬, 2003, 『戰國史』, 上海人民出版社). 한편, 秦나라와 동시기에 존재했던 齊나라의 경우는 『孟子』에 근거하여(梁惠王 上 2 "百畝之田, 勿奪其時, 八口之家, 可以無飢矣") 한 가구당 8명 정도로 추정한다(張金光, 1988, 「商鞅變法後秦的家庭制度」『歷史學報』1988-6, 83쪽).

35) 문벌사회를 형성하였던 위진남북조시대에는 사회적으로 宗族을 강조하였다. 하지만, 종족이 실체화된 것은 송대 이후부터이며 위진남북조시기에는 단지 관념적인 것에 머물렀다. 실제 생활에 있어 기본단위는 소가족 중심이었다(侯旭東, 2005, 『北朝村民的生活世界 -朝廷, 州縣與村里』, 商務印書館, 60~66쪽). 실제로 『수서』의 편찬과 관련있는 중국의 왕조를 보면 北周는 靜帝 大象년간에 호당 평균인구수가 2.51명이었으며, 隋는 煬帝 大業 5년에 5.17명이었다(梁方仲, 1980, 『中國歷代戶口, 田地, 田賦統計』, 上海人民出版社, 38·69쪽 참조).

새로 발견된 初元4年 縣別 戶口簿에 의하면 낙랑군의 호당 평균 인구는 약 6.08명 정도로 나타나고 있다. 이를 좀 더 세분하면 낙랑군 직할지는 호당 평균인구가 5.68명이고, 낙랑군 남부도위는 6.95명, 동부도위의 관할은 평균 7.04명이었다.[36] 낙랑군 직할지역이 호당 인구수가 적은 이유는 상대적으로 한족이 많았기 때문이었다. 따라서 나중에 고구려의 영역이 되는 한사군 지역에서는 적어도 낙랑군 지역을 제외하고는 호당 평균 7명라는 상황이 지속되었을 가능성이 높다.

그렇다면 호당 평균인구수가 7명인 경우가 고구려만의 특수한 경우인가 의문이 제기될 수 있다. 그런데 비슷한 사례가 중국의 주변에 위치한 다른 민족들에게서도 다수 발견된다. 남흉노와 모용정권의 인구에 관한 연구에 의하면, 이들도 역시 호당 평균인구수는 7명이었다. 『후한서』 남흉노전에는 남흉노 전성기의 호구를 "戶三萬四千, 口二十三萬七千三百"이라고 하였는데, 호와 구의 비율을 따지면 호당 인구수는 약 7명 정도였다. 오호십육국시기에 북방을 일시적으로 통일하였던 전진은 비수지전에서 동진에 패한 후 제국이 와해되는 과정을 겪었다. 『魏書』 慕容永傳에는 전연 출신으로서 장안으로 강제 이주되었던 선비족 30만 명이 이를 기회로 장안을 탈출하는 기록이 등장하는데, 동일한 사건을 기록한 『晋書』 慕容暐載記에는 4만여 호가 탈출하였다고 표현하였다. 두 개의 기록을 비교하면 선비 역시 호당 인구수가 7명 정도였다.[37] 한편 나중에 고구려의 영역을 차지하였던 금나라의 호당 평균 인구수도 7명 정도였다.[38]

---

36) 尹龍九, 2007, 「새로 발견된 樂浪木簡 −樂浪郡 初元四年 縣別戶口」 『한국고대사학보』 46, 257쪽, 〈표6〉.

37) 內田吟風, 1975, 『北アジア史研究 鮮卑柔然篇』, 同朋舍, 34쪽.

38) 금나라 호당 인구수에 대해서는 여러 가지 의견이 있다. 三上次男은 금나라의 호당 평균인구수를 5~6명으로 추산하였다(三上次男, 1947, 『金代女眞研究』, 滿日文化協會, 345쪽). 袁祖亮은 6.6~6.9명으로 파악하였다(袁祖亮, 1991, 「西漢至

이러한 사례들은 호당 인구수 7명이라는 상황이 고구려의 특수한 상황이 아니라 중국 주변의 기타 민족들에서도 일반적으로 통용되었던 것이라는 것을 보여준다. 또한 한사군 설치시기부터 고구려 초기까지 그리고 나아가『수서』단계에 이르기까지 고구려 인구수가 호당 7명이었을 것이라는 앞에서의 추정이 어느 정도 합리성을 가지고 있다는 것을 입증한다.

  그러나 호당 평균인구 7명이라는 고구려의 인구구조는 고구려가 멸망할 때까지 지속되지는 않았다. 즉 고구려 멸망기에는 호당 인구수가 5명으로 변화하게 되는데, 고구려 멸망기의 대당전쟁과정에서 벌어졌던 전쟁관련 기사는 이를 증명한다.

  『구당서』와『신당서』에는 고구려의 성이 당에 함락되는 과정에서 당이 확보한 호구 또는 인구수가 자세히 기록되어 있다. 그 중 당태종이 함락시킨 요동성과 백암성과 관련된 기록은 고구려의 호당 인구수를 파악할 수 있는 귀중한 자료이다.『구당서』고려전은 당시 요동성을 점령하던 과정에서 죽은 사람이 1만 명, 붙잡힌 승병이 1만 명, 남녀가 4만 명이라고 기록하고 있다. 죽은 사람을 제외하면 승병과 남녀의 비율이 1:4라는 것이 주목된다. 또한 백암성을 점령한 후 "獲士女一萬, 勝兵二千四百, 以其城置巖州." 하였다고 기록하고 있다. 그런데 백암성은 전투에 패하여 점령되었던 다른 성과는 달리 성을 통째로 바치고 항복한 성이라는 특징이 있다. 자연히 전투로 인한 사상자가 발생하지 않았기 때문에 본래의 고구려 성의 인구구성을 파악하는데 참고가 될 만하다고 생각한다. 백암성의 인구구조를

  明清家庭人口數量規模研究」『中州學刊』1991-2). 이에 대해 張博泉과 武玉環은 여진족 사회조직인 맹안모극의 호당 인구수는 8명이라고 주장하였다(張博泉·武玉環, 1989,「金代的人口與戶籍」『學習與探索』1989-2). 의견이 다양하지만 중국 학계는 7명 정도로 보는 의견이 많은 편이다. 본고에서도 후자의 견해를 지지한다. 이것으로 금나라시대에도 여진족이 주로 거주하던 옛 고구려영역의 경우는 호당인구수가 7명 정도 되는 상황이 그대로 지속되었다는 것을 짐작할 수 있다.

보면 士女가 1만이고 勝兵이 2,400명으로 나오고 있다. 즉 일반민과 군인의 비율은 4:1이다. 그런데 국가의 운명이 달린 절박한 상황에서는 병사의 차출은 戶를 기준으로 1명씩 차출되는 것이 보통이었으므로 백암성의 사례는 고구려의 호당 인구가 5명이었다는 것을 말해준다. 고구려는 인구 5명당 1명씩 병사를 차출하였고, 그 결과 일반인과 병사의 비율이 4:1이 된 것이다.

그렇다면 『수서』 기록단계에서 당태종의 고구려 침입까지 불과 50년이라는 사이에 고구려의 호당 인구수가 이렇게 7명에서 5명으로 변화한 이유는 무엇일까? 사료가 부족하여 정확한 상황은 파악하기 힘들지만 상앙의 변법이 시행되었던 목적과 마찬가지로 수당과의 전쟁과정에서 병력의 확보, 천리장성의 축조과정에서의 요역동원 등을 하면서 다량의 인구확보를 위하여 호에 대한 개혁조치가 있었을 것으로 추정할 수 있다. 이 시기는 관제의 개편도 단행된 것으로 나타나고 있어[39] 고구려는 정치뿐만 아니라 경제, 사회 등 제 방면에 있어서 커다란 격변기를 거쳤던 것 같다.

그런데 고구려 말기의 호당 인구수를 파악할 수 있는 또 다른 사료가 있어 주목된다. 그것은 바로 고구려가 망한 후 당나라로 이주한 인구에 관한 기록들이다. 그런데 해당 기록들은 당에 이주한 인구의 규모에 따라 A그룹과 B그룹으로 구분할 수 있다.

A그룹

A-① 總章 2年 5월 庚子, 高麗戶 28,200을 옮겨 江淮 以南 및 山南, 并,

---

39) 『주서』와 『수서』, 『한원』 등에 나타난 고구려의 관직 명칭에 관한 기록을 비교하면 고구려 후기와 말기에 몇 차례의 급격한 관제개편이 있었다는 것을 추정할 수 있다. 7세기 전반에는 형계 관위와 사자계 관위가 엇갈려 배치되는 식으로 관위 변화가 있었고, 7세기 후반에는 연개소문 집권 후에 상계 관위가 성립되었다는 의견이 있다(노중국, 2003, 「삼국의 관등제」 『강좌한국고대사』 제2권, 112~121쪽).

涼 以西 등 여러 州에 있는 남아서 비어 있는 곳에 안치하였다(『구당
서』).40)

A-② 總章 2년 高麗民 3만을 江淮와 山南으로 이주시켰다(『신당서』).41)

A-③ 그 나라의 땅을 9도독부, 42주, 100현으로 분할하고, 다시 안동도
호부를 설치하고 이를 통솔하게 하였다. 그 戶 28,000을 內地에
이주시켰다(『당회요』).42)

A-④ (總章) 2年, 高麗戶 28,300을 옮겨 江淮, 嶺南, 山南, 京西에 배치하
였다(『통전』).43)

B그룹

B-① 고구려의 백성 중에 離叛者가 많으므로 勅命으로 高麗戶 38,200
을 江淮의 남쪽과 山南, 京西 여러 주에 있는 조용하고 광활한 지
역으로 이주시키고 貧弱者들을 남겨 안동을 지키도록 했다(『자치통
감』).44)

B-② (總章 2년) 여름 4월, 고종은 38,300호를 江淮의 남쪽과 山南과 京
西 등지에 있는 여러 주의 조용하고 광활한 지역으로 이주시켰다
(『삼국사기』 권22 고구려본기 제10 보장왕조).45)

---

40) 『舊唐書』卷5 高宗下 總章 2年條 "(總章二年) 五月庚子, 移高麗戶二萬八千二百,
…… 量配於江, 淮以南及山南, 并, 涼以西諸州空閑處安置."

41) 『新唐書』卷220 東夷傳 高麗傳 "總章二年, 徙高麗民三萬於江淮, 山南" 해당 기사
에서는 高麗 '民'이라고 했지만 다른 문헌과 비교할 때 '戶'의 誤記로 판단된다.

42) 『唐會要』卷95 高麗 "分其地置都督府九, 州四十二, 縣一百, 又置安東都護府以統
之. 移其戶二萬八千於內地"

43) 『通典』卷185 邊防1 東夷上 高麗 "(總章)二年, 移高麗戶二萬八千三百, 配江淮,
嶺南, 山南, 京西"

44) 『資治通鑑』卷201 唐紀 17 高宗 總章 二年條 "高麗之民多離叛者, 勅徙高麗戶三
萬八千二百於江, 淮之南, 及山南, 京西諸州空曠之地, 留其貧弱者 使守安東."

45) 『三國史記』卷22 高句麗本紀 第10 寶藏王條 "(總章二年) 夏四月 高宗移三萬
八千三百戶於江淮之南及山南, 京西諸州空曠之地."

A그룹은 총장 2년 당의 내지에 이주된 고구려호를 28,000호로 파악하고 있는 사료를 모아놓은 것이다. 『구당서』 28,200호(A-①), 『당회요』 28,000호(A-③), 『통전』 28,300호(A-④)로 기록되어 있어 구체적인 숫자에 약간의 차이가 있지만 28,000호에 가깝다는 점에서 공통점이 있다. 그리고 『신당서』는 '高句麗民' 3만이라고 기록하였는데(A-②), 다른 사료들과 비교해 보면 '高句麗民'은 '高句麗戶'를 잘못 표기한 것이라는 것을 알 수 있다. 이 점을 고려하면 『신당서』의 기록 역시 A그룹에 포함시킬 수 있겠다. 이에 반해 B그룹은 『자치통감』 38,200호(B-①) 『삼국사기』 38,300호(B-②)라고 하여 약간의 차이가 있긴 하지만 대략 38,000호에 해당한다. A그룹과 B그룹의 기록의 차이에 대해서는 일반적으로 B그룹의 숫자는 '二'를 '三'으로 오기한 것이라고 하여 A그룹의 기사를 더 신뢰하고 있다. 그러나 다음의 C의 기사는 이러한 해석에 의문을 제기한다.

C   英公은 寶臧王과 왕자 福男, 德男, 대신 등 20여 만 명을 이끌고 唐으로 돌아갔다.[46]

C의 『삼국사기』 신라본기 문무왕조의 기록은 A와 B그룹과 동일한 사건을 압축하여 표현한 것으로 보이는데 당시 당에 이주한 인구를 호구수가 아니라 인구수로 표기했다는 특징이 있다. C의 기사를 A그룹의 기사와 대조하면 (28000호: 20여만 구)가 되어 호당 인구수는 7명 정도가 된다. 그렇다면 고구려는 멸망할 때까지 호당 인구수 7명이라는 전통을 그대로 유지한 것으로 해석된다. 그러나 C의 기사를 B의 기록과 비교하면 (38000호: 20여만 구) 호당 인구수는 5명 정도 되어 오히려 앞에서 추정한 멸망

------

46) 『三國史記』卷6 新羅本紀 第6 文武王上 "英公以王寶藏 王子福男 德男 大臣等二十餘萬口回唐"

기의 호당 인구수에 더 가깝다. 따라서 A그룹의 기사보다는 B그룹의 기사가 보다 더 신빙성이 있어 보인다. 즉 고구려는 전통적인 호당 7명의 인구구조가 멸망기에 이르러 호당 5명으로 변했던 것이다.

따라서 본고는 당시의 호당 인구수가 변했다는 사실에 입각하여 상기기사 중 『자치통감』과 이를 인용한 『삼국사기』의 기록 즉 38,200호 또는 38,300호가 더욱 더 신뢰성이 있는 기사라고 판단한다. 이럴 경우 고구려 멸망기의 호당 인구수는 5.22~5.23명이 되어 후대의 사실과 부합한다.

2. 병력동원방식과 인구추계

『삼국지』 권30 오환선비동이열전 고구려조에 기록된 고구려의 호수는 고구려 초기의 인구수를 전해주고 있는 유일한 사료이다. 『삼국지』 고구려전은 3세기 말 관구검이 환도성을 공략하면서 획득한 고구려에 관한 정보를 기초로 작성되었다. 그러나 『삼국지』의 기록은 3세기경 고구려 인구 상황을 정확히 반영하지 못하고 있다.[47] 이미 고구려에 복속된 동예와 옥저의 호구수만 하더라도 2만 5천 호가 되어[48] 이들이 전혀 기록에 반영되지 않았던 것이다.

고구려 초·중기의 인구기록이 가진 이러한 한계점을 극복하고 고구려가 당시 장악하고 있던 실제의 인구수를 파악하기 위해서는 인구 기록에만 의지하던 기존의 연구와는 다른 접근 방법이 요구된다. 약탈과 정복에 의

---

47) 손영종은 삼국지의 고구려조 해당 기사는 2세기 말의 사실을 반영하는 것으로 인구수 3만 호라는 것은 고구려의 중심지역인 5부−왕기와 관련된 기사라고 파악한다(손영종, 1990, 『고구려사』 1, 과학백과사전종합출판사, 223쪽; 1999, 백산자료원).

48) 『三國志』 권30 烏丸鮮卑東夷傳 東沃沮條 "戶五千, 無大君王, 世世邑落, 各有長帥";『三國志』 권30 烏丸鮮卑東夷傳 濊條 "戶二萬"

존하여 국가발전을 이룬 고구려에는 전쟁관련기록이 많이 보존되어 있는데 여기서는 전쟁기사에 나타난 병력수를 근거로 인구를 추정하는 방법을 사용하려고 한다. 병력 수는 일반인에서 일정한 비율로 차정하는 것이 원칙이기 때문이다.

兵과 戶의 적정 비율에 대하여 당나라의 孫樵는 "今天下常兵不下百萬, 皆衣食于平民, 歲度其費, 率中戶五僅能活一兵"이라고 하였다.[49] 1명의 兵을 부양하는데 5戶가 필요하다는 것이다. 하지만 이것은 전쟁이 별로 발생하지 않던 평화로운 상태에서의 평민과 군사의 비율을 지칭하는 것이었으며, 전쟁이 급박하게 전개되는 상황에서는 각 호마다 1명 이상의 장정을 차출하는 것이 보통이었다. 다음에 보이는 고려의 사료에는 평시와 전쟁이 발생했을 경우의 병력차출에 대하여 다르게 규정하고 있다. 즉 평시에는 3家가 1戶를 이루어 번상하다가 전쟁이 발생하면 모두 출전하고, 전쟁이 급박할 경우에는 각 家의 丁을 모두 차출한다고 하였다.[50]

> "軍과 民은 統俗됨이 없으면 急한 事態에 서로 保全하기가 어렵습니다. 이로 해서 先王이 丙申年 敎書는 三家로써 一戶를 삼고 統率하기를 百戶로써 하되, 統主를 元帥營에 隷屬시키고, 일이 없으면 三家가 番上하고, 일이 있으면 모두 出勤하고, 일이 急하면 家丁을 모두 徵發케 하였는데 진실로 좋은 法이었습니다"(『高麗史』 81 兵志 1).

따라서 고구려도 호당 차출될 수 있는 병력수가 몇 명 정도인지 규명할 수 있다면, 전쟁기사에 나타나 있는 군사의 숫자를 기준으로 인구수를 역

---

49) 『唐文粹』 卷27上 孫樵 「復佛寺注」
50) 『高麗史』 81 兵志 1 兵制 禑王9年 八月條 "軍民非有統屬 緩急難以相保 是以先王丙申之教 以三家爲一戶 以百戶統主 隷於帥營 無事則三家番上 有事則俱出 事急則悉發家丁 誠爲良法."(李基白, 1969, 『高麗史 兵志 譯註 1』, 경인문화사, 147쪽).

산하는 것도 전혀 불가능한 일은 아니다. 다만 고구려의 호당 인구수가 7명이기 때문에 이 경우 호당 평균 몇 명이나 차출될 수 있는지에 대해서는 새로운 기준이 필요하다고 할 것이다.

고대사회에서는 부부중심의 단일가족의 경우 자녀수에는 명백한 한계가 있었다. 인구의 인위적 조절이 없었던 조선 후기의 인구에 대한 최근의 연구에 의하면 높은 출산율에도 불구하고 높은 사망률로 인하여 한 가구당 자녀수는 3명 정도로 추정되고 있다.[51] 고대사회에서도 부부중심의 가구에서는 한 가구당 정남은 대체로 1명 정도라고 생각되며, 호당 7인 가구에서는 1~2명 정도 차출된다고 생각해도 크게 틀리지는 않을 것 같다. 그러나 보다 정확한 실상에 접근하기 위하여 당시의 인구기록을 이용하여 인구와 병력과의 비율을 검토해 보기로 하자.

우선 호당 평균 7명의 인구를 가지고 있는 남흉노의 경우를 살펴보기로 하자. 内田吟風은 일부만 인용하였지만 그 다음 문장을 보면 '領戶三萬四千, 口二十三萬七千三百, 勝兵五萬一百七十.'이라고 하였다. 이를 戶와 口와 勝兵으로 구분하여 그 비율을 계산하면, 호당인구수는 34000:237300=1:6.98, 승병과 인구의 비율은 50170:237300=1:4.73, 호와 승병의 비율은 34000:50170=1:1.48로 나타나고 있다. 즉 7인 가구에서는 호당 1.48명이 차출되었던 것이다. 본고는 호와 병력의 이와 같은 비율이 다른 민족에게도 적용되는 것이 가능한지 확인하기 위하여 호와 구와 승병에 대한 기록이 자세히 남아 있는『漢書』권96 하 西域傳을 검토하였다. 〈표 1〉은 서역전에 기록된 제국 중에서 인구가 30만 이상인 烏孫國, 大月氏國, 康居國, 大宛國을 제외한 나머지 국가들 중에서 호와 구와 승병의 기록이 모두 나타나 있는 44개국을 대상으로 호와 인구와 승병의 인구 비례를 조사한 것이다. 서역제국은 각 국마다 크기가 달라 호구 수가 41

---

51) 박희진, 2006, 「조선의 인구」『古文書研究』 28, 374쪽.

인 국가에서부터 6,970인 국가에까지 그 편차가 심하기 때문에 각 국의 인구와 호구와 승병의 총합을 구하여 이들을 비교하는 방법을 선택하였다. 서역제국의 이합집산이 심하다는 것을 고려하면 이러한 방법은 방법론적으로 타당하다고 할 것이다.

그 결과 이들 44개국은 모두 합쳐서 인구 46,277, 호구 354,765, 승병 80,480명이었다. 각각의 비례를 보면 호당 인구수는 7.67명이고, 호당 승병은 1.74명이었으며, 승병과 인구의 비율은 1:4.41로 나타났다. 또 44개국 전체의 인구에서 23%를 차지하면서도 인구와 호구, 승병의 구성에서 기타 제국과 판이한 龜玆國을 제외하면 제국 전체의 호당 인구수는 6.96명, 호당 승병은 1.41명, 승병과 인구의 비율은 1:4.93으로 나타나는데, 이러한 결과는 남흉노의 6.98명과 1.48명과 1:4.73과 상당히 유사하다는 점에서 주목된다. 서역각국에 대한 조사결과는 중국 주변의 제국 중 호당 인구수가 7명 정도인 국가의 인구와 승병 등의 구조를 분석하는 사례로서의 역할을 한다는 데에 큰 의의가 있다고 할 것이다.

〈표 5〉漢書 西域傳에 나타난 戶와 人口와 勝兵의 인구비례

번호	國家	戶·口·勝兵의 수			戶·口·勝兵의 비율		
		戶	口	勝兵	戶:口	戶:勝兵	勝兵:口
1	婼羌國	450	1750	500	1:3.89	1:1.11	1:3.5
2	鄯善國	1570	14100	2912	1:8.98	1:1.85	1:4.84
3	且末國	230	1610	320	1:7	1:1.39	1:5.03
4	小宛國	150	1050	200	1:8.33	1:1.33	1:5.25
5	精絶國	484	3360	500	1:6.94	1:1.03	1:6.72
6	戎盧國	240	1610	300	1:6.71	1:1.25	1:5.37
7	扜彌國	3340	20040	3540	1:6	1:1.06	1:5.66
8	渠勒國	310	2170	300	1:7	1:0.97	1:6.58
9	于闐國	3300	19300	2400	1:5.85	1:0.73	1:8.04
10	皮山國	500	3500	500	1:7	1:1	1:7
11	烏秅國	490	2733	740	1:5.58	1:1.51	1:3.69
12	西夜國	350	4000	1000	1:11.43	1:2.86	1:4

번호	國家	戶・口・勝兵의 수			戶・口・勝兵의 비율		
		戶	口	勝兵	戶:口	戶:勝兵	勝兵:口
13	蒲犂國	650	5000	2000	1:7.69	1:3.08	1:2.5
14	依耐國	125	670	350	1:5.36	1:2.8	1:1.91
15	無雷國	1000	7000	3000	1:7	1:3	1:2.33
16	難兜國	5000	31000	8000	1:6.20	1:1.6	1:3.88
17	桃槐國	700	5000	1000	1:7.14	1:1.43	1:5
18	休循國	358	1030	480	1:2.88	1:1.34	1:2.15
19	捐毒國	380	1100	500	1:2.89	1:1.32	1:2.2
20	莎車國	2339	16373	3049	1:2.72	1:1.30	1:5.37
21	疏勒國	1510	18647	2000	1:12.35	1:1.32	1:9.32
22	尉頭國	300	2300	800	1:7.67	1:2.67	1:2.88
23	姑墨國	3500	24500	4500	1:7	1:1.29	1:5.44
24	溫宿國	2200	8400	1500	1:3.82	1:1.47	1:5.6
25	龜茲國	6970	81317	21076	1:11.67	1:3.02	1:3.86
26	烏壘	110	1200	300	1:10.91	1:2.73	1:4
27	渠犂	130	1480	150	1:11.38	1:1.15	1:9.87
28	尉犂國	1200	9600	2000	1:8	1:1.67	1:4.8
39	危須國	700	4900	2000	1:7	1:2.86	1:2.45
30	焉耆國	4000	32100	6000	1:8.03	1:1.5	1:5.35
31	烏貪訾離國	41	231	57	1:5.63	1:1.39	1:4.05
32	卑陸國	227	1387	422	1:6.1	1:1.86	1:3.29
33	卑陸后國	462	1137	350	1:2.5	1:0.78	1:3.25
34	郁立師國	190	1445	331	1:7.6	1:1.74	1:4.37
35	單桓國	27	194	45	1:7.2	1:1.67	1:4.31
36	蒲類國	325	2032	799	1:6.3	1:2.46	1:2.54
37	蒲類后國	100	1070	334	1:10.4	1:3.34	1:3.20
38	西且彌國	332	1926	738	1:5.8	1:2.22	1:2.61
39	東且弥國	91	1948	572	1:21.4	1:6.29	1:3.40
40	劫國	99	500	115	1:5.05	1:1.16	1:4.35
41	狐胡國	55	264	45	1:4.8	1:0.82	1:5.87
42	山國	450	5000	1000	1:11.1	1:2.22	1:5.1
43	車師前國	700	6050	1865	1:8.64	1:2.66	1:3.24
44	車師後(王國)	595	4774	1890	1:8.02	1:3.18	1:2.53
총계	서역제국	46277	354765	80480	1:7.67	1:1.74	1:4.41

이러한 남흉노와 서역의 기록을 보면 호당 7명인 경우 승병의 차출은 1호당 약 1.5명 정도가 된다. 이를 다시 승병을 기준으로 환산하면 승병 1명당 인구수는 약 4.5명 정도 된다는 것을 알 수 있다. 따라서 전쟁에 동원된 병사의 숫자를 파악할 수만 있다면 전체 호구나 인구수를 파악할 수 있는 근거가 마련되는 셈이다.[52]

그런데 병력의 규모를 파악할 때 반드시 주의해야 할 것은 어떤 전쟁에 기록된 군사 수는 가용할 수 있는 전체의 병력을 나타낸 것이 아니라는 점이다. 일부는 수비를 위하여 남겨져 있기 때문이다.[53] 이 때 공격과 수비 병력의 비율은 전쟁의 대상, 규모, 진행과정 그리고 왕의 친정여부 등에 따라 달라지기 때문에 평준화하여 계량화하기는 힘들다. 그러므로 전쟁의 경과과정을 살펴 직접 전투에 참여하는 병력 이외에 후방이나 타 지역에도 방어를 위해 남겨진 병력이 존재한다는 것을 인정하는 선에서 그쳐야 할 것 같다. 따라서 사료에 나타난 병력수를 근거로 산출된 인구는 그 당시의 최소한의 인구수라고 파악하면 될 것이다.

---

52) 실제로 박경철, 여호규, 이인철 등도 일부분이지만, 병력에 근거하여 인구수를 산출하거나, 인구수에 근거하여 병력을 산출하는 방법을 사용한 바 있다(여호규, 1998, 「高句麗 初期의 兵力動員體系」『軍史』36, 13·19쪽; 박경철, 1996, 「扶餘國家의 支配構造 考察을 위한 一試論」『古朝鮮과 扶餘의 諸問題』, 신서원, 145~146쪽; 이인철, 2003, 「고대국가의 군사조직과 그 운영」『강좌한국고대사』 제2권, 303쪽).

53) 지금까지의 연구자들은 대부분 이 점을 간과했다. 예를 들어 부여의 인구가 8만 호라는 3세기『삼국지』의 기록과『후한서』동이전 부여조의 기록에서 부여가 한에 파견한 지원군의 규모 2만 명을 비교하여 부여는 4호당 1명씩 병력을 동원하였다고 추정하는 식이었다. 그러나 당시 부여는 외부로는 선비족과 읍루와의 관계, 국내의 치안과 방어체계에 필요한 병력도 따로 보유하고 있었을 것이 분명하다. 그러므로 이러한 사실을 간과한 채 산출한, 호수에 따른 병력차출 비율 산정은 오차가 상당할 수밖에 없다.

제2절 고구려 인구의 변화

1. 초·중기 인구 증가 추이

병력차정방식에 인한 인구추정방식이 실제 연구에 적용되려면 고구려
의 군사제도에 대한 이해가 선행되어야 한다. 그런데 현재까지의 고구려
의 군사제도에 대한 연구를 보면 고구려는 전사적공동체단에서 국민개병
식으로 발전되었던 것으로 이해하고 있다.[54] 만일 그러하다면 군사차정의
원칙에 따라 인구규모를 추계하려던 앞에서 설명했던 방법은 전혀 쓸모없
게 된다. 고구려의 초기에 보이는 생산에 종사하지 않는 것으로 묘사된 坐
食者가 즉 군역을 담당하는 특수한 집단으로 해석될 여지가 있기 때문이
다.[55] 그러나 현재 고구려 주변에 위치한 종족집단들의 군사제도에 관한
연구에 특정집단이 서양의 로마식으로 전사집단을 시행하였다고 하는 연
구는 전무하다. 따라서 고구려에만 전쟁만을 전문적으로 수행하는 전사적
특수집단이 있었다는 시각은 수정될 필요가 있다. 본고는 고구려 초기의
군사제도는 원고구려민을 대상으로 한 국민개병제였다고 생각한다. 고구
려의 좌식자와 함께 기록된 하호는 생산 활동에 종사하는 민으로의 성격
뿐만 아니라 군사적 업무도 수행했다는 것이 필자의 생각이다.[56]

이제 고구려 초기 고구려의 군사동원방식에 대하여 구체적으로 검토해

---

54) 임기환은 고구려의 1~2세기의 전쟁은 특정집단에 의해 수행되는 것으로 인식하
    였다(임기환, 1996, 『한국사』 5(삼국의 정치와 사회 I −고구려), 국사편찬위원
    회, 178~182쪽).

55) 李基白, 1977, 「韓國의 傳統社會와 兵制」 『韓國學報』 6, 5쪽.

56) 홍승기는 하호가 전쟁에 직접 참여했지만 군사지원업무를 담당하는 역할을 했다
    고 지적한 바 있다(홍승기, 1977, 앞의 글, 45쪽). 본고는 이와 달리 직접적인 전
    투요원으로 참여했다고 파악한다.

보기로 하자. 『삼국지』동이전 고구려조는 동천왕 때 관구검이 고구려를 침략하면서 견문한 자료를 바탕으로 서술된 것이다.[57] 따라서 동천왕대의 기록은 당시의 실상을 정확하게 반영하고 있다고 생각된다. 당시의 호구수와 병력수를 기초로 하여 이 부분을 검토하면 고구려의 초기군사체제에 대하여 어느 정도 파악이 가능할 것이다.

> D-① 고구려왕 宮은 보기 2만 명을 거느리고 비류수 가로 진군하여 양구에서 크게 싸웠다(『삼국지』).[58]
>
> D-② (고구려의) 호는 3만이다(『삼국지』).[59]
>
> D-③ 그 나라에서 大家는 경작을 하지 않는다. 일하지 않고 먹는 자가 1만이다(『삼국지』).[60]

만일 전쟁에 특정한 전사 집단 즉 좌식자만이 참여할 수 있었다면 D-① 기록의 군사수와 어긋난다. 그러므로 고구려 초기 군사업무를 특정집단이 수행했다는 설은 그 근거를 상실한다. 동천왕이 동원한 군대 보기 2만 명에는 하호라고 지칭되던 민도 참여했던 것이다.[61] 앞 절에서 도출한 결론을 근거로 하여 계산하면, 산술적으로 3만 호에서 차출할 수 있는 최대 병력은 4만 5천이다. 그런데 당시 고구려는 부여지역에 대한 방어용 군

---

57) 『三國志』卷30 魏書 東夷傳 序 부분 참조.

58) 『三國志』卷28 毌丘儉傳 "正始中, 儉以高句驪數侵叛, 督諸軍步騎萬人出玄菟, 從諸道討之. 句驪王宮將步騎二萬人, 進軍沸流水上, 大戰梁口, 宮連破走. 儉遂束馬縣車, 以登丸都, 屠句驪所都, 斬獲首虜以千數."

59) 『三國志』卷30 魏書 烏丸鮮卑東夷傳 高麗條 "戶三萬"

60) 『三國志』卷30 魏書 烏丸鮮卑東夷傳 高麗條 "其國中大家不佃作 坐食者一萬"

61) 여호규는 3세기 중반의 급격한 군대수의 증가의 원인으로 원래 보급병의 역할만을 수행했던 하호의 지위가 상승하면서 군대편성에 포함된 결과로 본다(여호규, 앞의 논문, 33쪽).

사, 동옥저 남옥저 지역을 비롯한 간접지배형식으로 통치하던 지역을 관할하기 위하여 만든 성에 주둔한 군대, 국내성 자체의 방어와 치안을 담당하는데 남겨둔 군사 등이 곳곳에 배치되어 있었다. 그러므로 이들의 숫자를 합치면 보유한 병력의 숫자는 보기 2만 명보다 2배 이상은 많았을 것이다. 그러므로 당시 동천왕이 동원했던 군대는 각지의 거점에 파견된 병력을 제외하고 가용할 수 있는 병력 즉 국내성에서 왕이 직접 보유하고 있었던 병력을 중심으로 편성되었던 것이다. 그러므로 고구려 초기부터 적어도 3세기 중반에는 고구려는 이미 5부를 구성하던 원고구려인 전체를 군대에 동원하고 있었던 것이다. 고구려의 군사동원대상이 밝혀진 이상 이제 병력수를 근거로 인구를 산출할 수 있는 근거가 마련해진 셈이다. 이상의 이해를 바탕으로 고구려의 전쟁관련 기사를 살펴보도록 하자.

현재까지 고구려 초기기사 중 군대동원과 관련하여 규모가 비교적 큰 기록을 중심으로 기사를 나열하면 다음과 같다. 비교의 편의를 위해서 초기기사는 물론 4세기 말까지 즉 대규모의 군대동원이 이루어지는 광개토대왕 이전까지의 전쟁기사를 선정하였다.[62]

E-① 왕이 鳥伊와 摩離에게 명하여 병사 2만을 거느리고 서쪽으로 梁貊을 정벌하도록 하여 그 나라를 멸망시켰다. 계속 진군하여 한나라의 고구려현을 습격하여 빼앗았다.[63]

E-② 왕이 마한과 예맥 1만여 기를 거느리고, 나아가 현도성을 포위하

---

62) 『삼국사기』 이외의 보다 많은 대외전쟁관련기사는 여호규, 1998, 앞의 논문, 〈표 1〉 참조. 여기서는 대략적인 숫자를 추계하기 위하여 『삼국사기』의 기록을 인용하였다. 다만 E-③-ⓑ와 E-④-ⓑ는 정확한 상황을 이해하기 위해 『삼국지』와 『진서』를 인용했다.

63) 『三國史記』 卷13 高句麗本紀 第1 瑠璃王 33年 8月條 "王命鳥伊摩離 領兵二萬 西伐梁貊 滅其國 進兵襲取漢高句麗縣"

164 — 고구려 중·후기 지배체제 연구

였다.[64]

E-③-ⓐ 위나라가 유주자사 관구검을 파견하여 만 명을 거느리고 현도에서 나와 침입하였다. 왕은 步騎 2만 명을 거느리고 비류수 가에서 맞서 싸워 패배시키고 3천 명의 머리를 베었다.[65]

E-③-ⓑ 正始 중에 (관구)검은 고구려가 누차 침입하여 반란을 일으키므로 諸軍 步騎 1만을 감독 통솔하여 현도를 나와 여러 갈래의 길을 따라 토벌했다. 고구려왕 宮은 步騎 2만을 거느리고 비류수 가로 진군하여 양구에서 크게 싸웠다. 궁은 계속 패주하였다. 관구검은 말발굽을 싸매고 수레를 끌어가며 험한 산길을 걸어서 환도성에 올라 고구려 수도를 도륙하고 수급과 포로 수천 명을 베고 획득했다.[66]

E-④-ⓐ 왕은 동생 武에게 精兵 5만을 거느리고 북쪽 길을 막아 지키게 하고, 자신은 약한 병사를 거느리고 남쪽 길을 방비하였다.[67]

E-④-ⓑ 咸康 7년, 慕容皝은 龍城으로 천도했다. 건장한 군사 4만을 이끌고 南陝으로부터 宇文氏와 高句麗를 벌하였다. 또한 慕容翰과 아들 慕容垂를 선봉으로 삼고, 長史 王禹 등으로 하여금 무리 1만5천 명을 통솔하고 北置로부터 나아가게 했다. 고구려왕 釗은 모용황의 군대가 북쪽 길을 취할 것이라고 하였다. 이에 그 동생 武를 파견하여 정예 5만을 통솔하고 北置를 막게 하고, 자신은 약한 병

---

64) 『三國史記』卷15 高句麗本紀 第3 太祖大王 69年 12月條 "王率馬韓穢貊一萬餘騎 進圍玄菟城 扶餘王遣子尉仇台 領兵二萬 與漢兵并力拒戰 我軍大敗."

65) 『三國史記』卷15 高句麗本紀 第5 東川王 20年 8月條 "魏遣幽州刺史毌丘儉 將萬人 出玄菟來侵 王將步騎二萬人 逆戰於沸流水上 敗之 斬首三千餘級 又引兵再戰 於梁貊之谷 又敗之"

66) 『三國志』卷28 毌丘儉傳 "正始中, 儉以高句驪數侵叛, 督諸軍步騎萬人出玄菟, 從諸道討之. 句驪王宮將步騎二萬人, 進軍沸流水上, 大戰梁口, 宮連破走. 儉遂束馬縣車, 以登丸都, 屠句驪所都, 斬獲首虜以千數."

67) 『三國史記』卷18 高句麗本紀 第6 故國原王條 "王遣弟武 帥精兵五萬 拒北道 自帥 羸兵 以備南道"

사를 이끌고 南陝을 방비했다. 翰은 木底에서 釗과 싸워 크게 물리
치고 승세를 타서 마침내 환도에 진입했다. 慕容皝은 釗의 부친 利
의 무덤을 파서 그 시체와 그 모친과 진귀한 보물들을 수레에 싣
고, 남녀 5만여 구를 약탈하고, 그 궁실을 불에 태우고 환도를 파괴
하고 돌아왔다.[68]

E-⑤ 왕이 병사 4만을 내보내어 요동을 습격했다. 이에 앞서 연나라 왕
慕容垂는 대방왕 (慕容)佐에게 명하여 龍城에서 진을 치게 했다. 佐
는 우리 군대가 요동을 습격했다는 말을 듣고 사마 景을 파견하여
병사를 거느리고 구원하게 했다. 우리 군은 이를 격파하고 마침내
요동과 현도를 함락시키고 남녀 1만 구를 노획하여 돌아왔다.[69]

위 사료 중 E-①은 유리왕대에 2만의 병력을 동원하여 양맥을 정벌한
기사이다. E-②는 태조왕이 1만기를 동원하여 현도성을 공격한 기사이
다. E-③은 관구검의 침입에 맞서 대항하던 동천왕대의 기사인데, 여기서
동천왕은 2만의 병력을 동원하고 있다. E-④는 고국원왕대에 있었던 모
용황과의 전쟁기사이고 E-⑤는 고국양왕대에 요동을 일시 점령한 기사로
서, 동원한 병력은 4~5만 이상이다. 대체로 후대로 갈수록 병력이 증강하
고 있는 것으로 보아 고구려의 인구수의 증가추세를 엿볼 수 있다. 다만
E-①의 기록은 유리왕대에 벌써 2만의 병력을 동원하고 있기 때문에 사실
그대로 믿기에는 의심스러운 면이 없지 않다. 그러나 적어도 태조왕 때에

---

68) 『晉書』 卷109 慕容皝載記 "咸康七年, 皝遷都龍城. 率勁卒四萬, 入自南陝, 以伐宇
文, 高句麗, 又使翰及子垂爲前鋒, 遣長史王寓等勒衆萬五千, 從北置而進. 高句麗
王釗謂皝軍之從北路也, 乃遣其弟武統精銳五萬距北置, 躬率弱卒以防南陝. 翰與
釗戰于木底, 大敗之, 乘勝遂入丸都, 釗單馬而遁. 皝掘釗父利墓, 載其尸幷其母妻
珍寶, 掠男女五萬餘口, 焚其宮室, 毀丸都而歸."

69) 『三國史記』 卷18 高句麗本紀 第6 故國壤王 2年 夏六月條 "王出兵四萬 襲遼東 先
是 燕王垂命帶方王佐 鎭龍城 佐聞我軍襲遼東 遣司馬景 將兵救之 我軍擊敗之 遂
陷遼東玄菟 虜男女一萬口而還"

는 고구려는 이미 병력 1만을 동원할 수 있는 국가로 발전한 것만은 확실하다.

고국원왕은 모용씨의 침입에 대처하여 북로와 남로로 군사를 나누어 막았는데, 북로를 담당한 군사는 정병 5만이라고 기록하고 있지만, 남로를 담당한 군사는 정확한 숫자가 나타나 있지 않다(E-③). 당시 고구려의 실력이 모용씨와 비슷하였고, 전쟁에 동원된 모용씨의 병력으로 미루어 보아 남로를 방어한 군대의 수는 1~2만 정도 되었을 것이다. 그렇다면 모용황과의 전쟁에 동원된 고구려의 군대 수는 6~7만 정도에 이르렀다고 생각한다. 이것으로 당시의 고구려의 인구수를 추정할 수 있다. 또한 정병이라는 용어를 통해 고구려의 군사는 창졸간에 확보한 병력이라기보다는 고구려가 평상시 훈련을 통해 단련된 정예 병사였다는 것을 알 수 있다. 또한 환도성이 함락되고 5만 명에 이르는 인구가 포로가 되었다는 사실을 고려하면 당시 고구려의 인구수는 전대에 비해 상당히 증가하였다. 병력 6~7만을 근거로 하여 당시 인구를 추정하면 모용황의 침입 직전인 342년에는 적어도 4만 호의 인구규모를 갖추었다. 거듭된 인구의 유실에도 불구하고 40여 년 후에는 4만의 군대를 거느리고 요동을 습격하고 있을 정도(E-⑤)로 1세대 전의 인구수를 회복하였던 것이다. 이상으로 3세기까지의 고구려 초기와 더불어 중기 초기인 4세기까지의 인구수의 추이에 대하여 검토해 보았다.

한 가지 덧붙이자면 고구려 초기의 인구수와 한나라 때의 현도군의 인구수와의 상관성이다. 서한대의 현도군의 인구수는 사서에는 戶 45,006와 口 221,845명이라고 기록되어 있다. 이에 따르면 호당 구수의 비율은 1:4.93이었다. 3세기 고구려의 호는 3만인데, 고구려의 호당 구수가 약 7명이라는 사실을 고려하면 고구려의 인구수도 21만 명이 되어 전체적인 인구수는 현도군과 거의 비슷하였다. 이 인구수는 예군 남려 등이 28만 구를 거느리고 위만조선에서 이탈하여 요동군에 내속할 때 기록된 숫자와도 그다지 차이가 없었다. 예군 남려는 일반적으로 압록강 중류지역이나 혼강지역에 위치했다고 추정되고 있는데, 나중에 설치되는 현도군의 관할 지역에 속하여 고구려의 인구수가 기본적으로 서한대의 인구수와 밀접한 상관관계를 보이고 있다는 것을 보여주고 있다.[70]

고구려 중기의 인구수를 전하는 기사에서 가장 주목되는 것은『위서』고구려전의 다음 기록이다.

> ㈜敖가 그들이 사는 평양성에 이르러 그 지역의 일을 탐문하고 말하기를, "요동에서 남쪽으로 1천여 리 떨어져 있으며, 동쪽으로는 柵城에 이르고 남쪽으로는 小海에 이르고, 북쪽으로는 예전의 부여에 이른다. 民戶는 전보다 3배가 많았다"라고 하였다.[71]

이오는 435년[72] 북위 사신의 신분으로 고구려에 파견되어 고구려의 실상을 직접 목도하고 자세히 기록에 남겼다. 435년은 북연이 멸망하기 1년 전으로서 고구려에 북위의 압박이 점차 증가되는 시기였다. 고구려는 날로 증대되는 북위로부터 오는 위협을 해소하고자 하였고, 북위는 북연이 소멸되면 직접 접경하게 될 고구려를 염탐하고, 또한 새로 천도한 고구려의 사정을 파악하고자 하였다. 그러므로 이 기록은 상당히 정확한 것으로 평가받고 있다. 위서에는 다만 "民戶가 전보다 3배 늘었다"라고 하여 비교의 기준이 되는 시점을 명확하게 기록하지 않았지만 "人戶는 前魏 때보다 3배가 많았다"[73]는『북사』의 기록을 통하여 비교의 대상이 삼국시대 위나

---

70) 이병도, 2001,『한국고대사연구』, 박영사, 174~176쪽 참조.

71)『魏書』卷100 高句麗傳 "敖至其所居平壤城, 訪其方事, 云遼東南一千餘里, 東至柵城, 南至小海, 北至舊夫餘, 民戶參倍於前."

72)『資治通鑑』卷122『宋紀』元嘉12年條 "人戶參倍於前魏時"

73)『北史』가『魏書』와는 달리 民戶를 人戶라고 기록한 것은 당태종 이세민에 대한 避

라라는 것을 분명히 밝혔다.

民戸가 지배 민족인 고구려족 뿐만 아니라 고구려가 관할하고 있던 피통치민족까지 포함한 숫자라는 견해도 있지만,[74] 이미 『삼국지』의 기록이 고구려 5부를 구성했던 원고구려인만을 대상으로 한 것으로 밝혀진 이상, 이 역시 원고구려인과 피복속민 일부를 포함한 숫자를 지칭하는 것으로 이해해야 할 것이다.[75]

그런데 『삼국유사』에는 고구려의 전성기 호구수를 기록하고 있다. 고구려의 전성기에 대해서는 앞에서 언급했듯이 몇 가지 설이 있지만 본고에서는 고구려의 전성기를 장수왕 말기나 문자명왕대로 본다. 그렇다면 장수왕 말기나 문자명왕대에 이르러 21만 508호로 급증하게 된 원인은 무엇일까? 무엇보다도 313년 평양지역, 314년 황해도지역, 404~405년 요동지

諱때문이다.

74) 楊軍, 2006, 「高句麗人口問題研究」『東北史地』2006-5, 11쪽.

75) 원문은 당시 "고구려가 요동에서 남쪽으로 1천여 리 떨어져 있으며, 동쪽으로는 柵城에 이르고, 남쪽으로는 小海에 이르며, 북쪽으로는 옛날 부여에 이른다. 민호의 수가 위나라 때보다 3배나 많다"라고 하여 민호의 증가가 영역의 확대에 따른 피복속민의 편입과 밀접한 관련이 있다는 것을 보여주었다. 그런데, 다음 문장에 "그 나라는 동서가 2천 리이며, 남북은 1천 리가 된다"라고 했는데, 비교의 대상이 되는 『삼국지』에는 "사방 2천리, 호 3만(方可二千里, 戸三萬)"이라고 하여, 『위서』보다 고구려의 영역이 더 넓었던 것처럼 기록되어 있다. 따라서 『위서』 단계에서의 고구려의 인구의 증가를 단순히 영역의 확대에 수반한 피복속민의 증가에서 구하는 것은 좀 더 검토할 필요성이 있겠다. 秦升陽 등은 고구려의 9만 호는 당시 고구려가 연나라와 백제 공격에 동원한 군대 숫자를 고려할 때 실제보다 적게 반영되었다고 보았는데(秦升陽·李樂寶·黃甲元, 1997, 「高句麗人口問題研究」『通化師範學報』1997-4, 37쪽), 시사하는 바가 적지 않다. 당시 고구려의 인구수에 피정복민의 숫자가 제대로 반영되지 않았던 것이다. 당시 인구수에는 정복과정에서 편입된 피정복민의 일부가 포함되었지만, 아직 전민을 대상으로 하는 지배체제는 확립되지 못했다고 파악된다. 본고는 원고구려민의 자연적인 호구증가와 더불어 일부 피복속민이 9만 호를 구성했다고 파악한다.

역, 475년 한강유역을 장악하는 등 대규모의 영역의 확대에 힘입은 것으로 보인다. 그리고 낙랑군과 요동지역을 점령하면서 이 지역에 있었던 호구장적을 획득하면서 호적제도를 실시하였을 가능성도 배제할 수 없다. 그러나 낙랑군은 평양에 천도하기 이전까지 재지세력에게 행정권을 담당하게 하는 형식으로 100년 이상 간접지배방식으로 운영되었다. 따라서 고구려의 인구통계에 이들의 기록은 잡히지 않았다. 또한 고구려의 핵심지배층을 구성하는 원고구려인을 제외한 피복속민들은 복속 후에도 수백 년 동안 원고구려인과 동일한 대우를 받지 못했다. 「광개토왕비」에 기록된 수묘인 차출 대상에 원고구려인이 제외되어 있었다는 사실은[76] 원고구려인들이 지배민족으로서 특수한 대우를 받고 있었다는 사실을 반영한다. 피복속민들이 원고구려인과 동일하게 대우를 받은 시기는 바로 고구려의 평양천도 이후였던 것이다.

그렇다면 호구수 9만으로 기록되어 실제상황과 일치하지 않았던 5세기 초기의 고구려 인구상황은 어땠을까? 앞서 고구려 초기의 인구수와 서한 시기의 인구수를 비교하면서 서한 시기의 인구수가 고구려의 인구수를 이해하는데 도움이 된다는 사실을 밝혔다. 이러한 방법을 토대로 하여 5세기 초기와 후기의 실제 인구를 추정해보기로 하자.

『한서지리지』에 의하면 낙랑군은 '戶 62,812, 口 406,748', 현도군은 '戶 45,006, 口 221,845' 요동군은 '戶 55,972, 口 272,539'[77]였다. 당시의 한사군의 영역과 5세기 고구려의 영역은 정확히 일치하는 것은 아니지만 상당부분 일치하였다. 고구려가 장악한 요동군에는 한대의 요동군에 비하여

---

76) 「광개토왕릉비」 수묘인연호조를 분석한 임기환의 연구에 따르면 수묘인이 차출된 舊民지역은 ㉠ 함경남북도지역, ㉡ 평안도지역, ㉢ 요동지역으로 나뉜다고 한다 (林起煥, 1987, 「고구려 초기의 지방통치체제」『慶熙史學·朴性鳳敎授回甲紀念論叢』, 58~63쪽).

77) 『漢書』 卷28下 地理志.

무려현 등 관할지역이 누락되어 있었지만 누락된 지역은 그다지 많지 않았다. 이 중 현도군은 고구려의 침입으로 자주 移置되었고, 낙랑군은 요서지역에 僑置되는 과정을 겪었다. 이치나 교치하는 과정에서 많은 사람들이 중국으로 돌아갔을 것이지만, 대다수는 그 지역에 그대로 정착했을 것으로 보인다. 적성지역이 고구려에서 신라지역으로 소속이 바뀌는 변혁을 겪었음에도 정권의 교체에 상관없이 기층민들이 그대로 남아 있었던 사례는 타 지역에서도 이러한 방식이 그대로 재현되었을 가능성을 시사한다.[78]

그런데 『후한서』 군국지에는 이 지역의 인구가 급격히 감소하고 있는 사실을 보여준다. 낙랑군 인구는 戶 61,492, 口 247,050으로 나타나는데, 호의 숫자는 그대로인데 인구수만 거의 50% 가까이 감소하고 있었다. 현도군은 戶 1,594, 口 43,163, 요동군은 戶 64,158, 口 81,714로 나타난다. 요동군의 인구의 감소는 요동속국이 설치되면서 요동군의 서부지역 3현이 요동속국으로 소속을 변경했기 때문이었다. 또한 요동군의 고현, 후성, 요양이 요동지역으로 이치된 현도군의 관할로 변경되었고, 요대, 험독, 거취, 무차 등이 폐지되었기 때문이었다. 현도군은 고구려의 침입으로 인하여 이치되었고, 그 과정에서 급격한 호구감소를 보였다. 낙랑군의 호구감소는 낙랑군동부도위가 분리된 것이 주원인이었던 것 같다. 그런데 동부도위 관할구역을 제외한 전한 낙랑군 때의 호구 숫자와 비교하면 낙랑군 인구는 후한 대에 이르러 오히려 12,992명이 증가하였다.

그러므로 『후한서』 군국지에서 이 지역의 인구가 감소된 것은 행정구역

---

78) 중국사에서 북방민족의 침입으로 인한 제1차 대규모 인구이동으로 평가받고 있는 西晋 永嘉之亂 시기의 인구 이동을 조사한 연구에 따르면, 당시 중국 북방에서 남방으로 이주한 인구수는 전체 북방 인구의 8분의 1 정도였다고 한다(譚其驤, 1934, 「晋永嘉亂後之民族遷徒」 『燕京學報』 15; 1987, 『長水集』 上, 人民出版社, 220쪽). 이것은 고대에 있어 기층사회는 정권교체 등 큰 전란이 발생하더라도 다른 지역으로의 이주가 쉽지 않았다는 사실을 보여준다.

의 조정, 고구려의 침입으로 인한 호구의 감소, 낙랑군 동부도위 관할지역 폐지가 주된 요인이었지, 한사군이 설치된 이 지역에 어떤 요인이 발생하여 인구가 급격히 감소한 것은 아니었던 것이다. 이것은 이 지역의 인구를 고찰할 때 최소한 한사군이 관할하던 인구수가 인구수 추계의 기준이 될 수 있다는 사실을 암시한다. 따라서 고구려 인구수의 증가는 관할구역의 확대와 밀접한 관련이 있는 것이다. 또한 고구려 중기에는 한사군에 포함되지 않았던 한강유역과 그 남부지역에 대한 영역의 확대가 이루어졌으며, 북부여와 거란의 일부를 포함하는 영토 확장이 이루어졌다. 그러므로 당시 이 지역을 영유하였던 고구려의 인구수 추계는 바로 이 지역에 존재하고 있었던 인구를 기준으로 추정하는 것으로 가능하다고 하겠다.

한편 북부여는 『삼국지』 위지 동이전에 의하면 호구 수가 8만 호이다. 호당 인구수를 7명으로 계산한다면 인구수는 56만 명에 해당되지만, 모용씨의 침입으로 일시적으로 멸망하기도 하고 5만 명이 한꺼번에 모용씨에게 끌려가기도 하여, 실제 인구는 상당히 감소되었을 것으로 보인다. 그렇지만 그 중 상당수는 고구려와의 각축 과정에서 부단히 고구려의 인구에 흡수되었을 것이다. 다음은 한강유역이다. 광개토왕은 한강 이북 지역 58성 700촌을 정벌하였다. 나아가 장수왕대에는 아산만에서 남한강유역으로 이어지는 선까지 차지하였다.[79] 신라와의 경계에 있어서도 5세기 말에는 경북 영덕이나 또는 소백산맥까지 관할에 두었다.[80] 전성기인 장수왕 후기에 고구려가 관할하고 있었던 영토는 이미 한사군시절의 영역을 크게 초과하고 있었다. 『후한서』 군국지를 기준으로 하면 낙랑군과 현도군과 요

79) 김태식·양기석·강종훈·이동희·조효식·송기호·이근우 지음, 2008, 『한국 고대 사국의 국경선』, 서경문화사, 98~122쪽.
80) 김태식·양기석·강종훈·이동희·조효식·송기호·이근우 지음, 2008, 위의 책, 99~123쪽.

동군의 인구수의 합은 호 163,790, 인구 901,178명이었다. 여기에 원래 8만 호를 보유하고 있었던 북부여와 삼한의 북부지역의 인구를 합한다면 그 인구는 고구려의 전성기 호구 수에 거의 근접한다고 할 수 있다. 따라서 장수왕 후기의 고구려 전성기 인구기사는 사실에 가깝다고 할 것이다.

이상으로 고구려 말기의 인구는 69만 7천 호가 아니라 69만 7천 명일 것이라는 견해는 설득력이 없으며, 『삼국유사』에서 말하는 "고구려 전성기의 인구수가 21만 호"라는 것은 기록이 435년 위나라의 이오가 고구려를 방문하였을 때의 상황을 반영하는 것이 아니라는 것도 규명되었다. 『삼국유사』의 기록은 아직 전면적인 직접지배를 관철하지 못한 5세기 초의 상황을 반영하는 것이라기보다는 5세기 후반이나 6세기 초의 인구 상황을 보여주는 것으로 이해하는 것이 당시 사정에 좀 더 근접하다고 하겠다.

2. 후기 인구증가와 그 원인

668년 이적이 고구려 평양성을 점령함으로써 한반도북부와 만주지역을 수백 년 동안 호령하던 고구려의 역사는 막을 내리게 되었다. 『구당서』는 고구려의 멸망 당시의 호구수를 "高麗國舊分爲五部, 有城百七十六, 戶六十九萬七千"이라고 하여 69만 7천 호라는 것을 밝히고 있다.[81] 그러나 고구려 후기의 실제 인구수는 이것보다 더 많았을 것으로 추정된다. 왜냐

---

81) 고구려가 당에 멸망하였을 때의 호구수에 대하여 『신당서』는 "收凡五部百七十六城, 戶六十九萬", 『자치통감』 권201 당기17 고종 총장 원년 12월조에는 "分高麗五部, 百七十六城 六十九萬餘戶, 爲九都督府, 四十二州, 百縣"이라고 하여 『구당서』와 차이를 보이고 있다. 이것은 『신당서』와 『자치통감』은 대략적인 숫자를 기술하였고, 『구당서』는 구체적인 숫자를 기록하였기 때문으로 보이는데, 이렇게 중요한 문헌에 기록된 고구려 멸망시 호구기록의 미세한 차이는 고구려 멸망시의 호구기록의 진실성을 반영하는 것이다. 본고에서는 이 중에서 보다 구체적인 숫자를 기술한 『구당서』의 기록을 기준으로 하였다.

하면 고구려는 중국의 수당과 수 십 년 동안 전쟁을 치르는 과정에서 대량의 인구가 사망하거나 포로로 잡혀 갔고, 645년 당태종의 침입으로 요동지역의 3성을 함락당하는 등 영역적인 면에서 축소가 진행되는 등 인구감소가 불가피하였기 때문이다.

물론 고구려의 전성기의 영역은 장수왕과 문자명왕 때에 최고조에 달하고 있어 5세기에서 6세기 중엽까지의 인구 역시 상당히 많았을 것으로 추정되지만, 고구려의 전성기 인구를 기록한 『삼국유사』의 기록을 살펴보면 멸망기보다 넓은 영역을 지배하였음에도 불구하고 파악된 인구가 훨씬 적기 때문에 국가의 대민지배의 정도는 그렇게 강하지는 않았을 것으로 보인다. 따라서 고구려가 최대의 호구수를 장악하고 있던 시기는 수나라와의 전쟁이 발발하기 직전인 580년경이나 당태종이 본격적으로 침략하기 직전인 640년대 초반이 되지 않았을까 추측할 수 있다. 왜냐하면 전자는 수당전쟁이 발발하기 직전까지 고구려는 한반도 중부지역에서 한강유역을 상실하기는 하였지만 중국과의 관계에서는 지속적인 안정 상태를 유지하였던 시기이며, 후자는 수양제의 침입을 격퇴한 후 영류왕의 온건한 정책으로 인하여 중국과의 큰 전쟁이 없었던 시기이기 때문이다.

그런데 다음의 사료를 보면 수 양제가 침입하던 시기 고구려가 장악하던 인구는 고구려가 멸망할 때보다 훨씬 적었던 것 같다. 수 문제는 고구려 영양왕 8년(597)에 진이 멸망한 후 미연에 있을 수의 공격에 대비하여 군사를 훈련시키고 곡식을 저장하면서 수에 대한 방어조치를 강화하던 고구려에 조서를 보내어 이를 책망하면서 다음과 같이 위협하였다.

> "왕은 遼水의 폭이 長江과 어떠하며, 고구려의 인구가 陳나라와 어떠한가?"[82]

---

82) 『資治通鑑』 卷178 隋紀2 文帝開皇十七年 12月條 "王謂遼水之廣, 何如長江, 高麗

즉 수 문제는 몇 년 전에 수에 의해서 멸망당한 남조의 진과 고구려를 비교하면서 고구려의 전체 국력이 진보다 못함을 강조하면서 경거망동하지 말 것을 주문한 것이다. 조서에는 남조의 최후 왕조인 진을 정복하여 400여 년에 걸친 중국의 분열시기를 종식시키고 새로운 통일제국을 건설한 수 왕조의 자부심이 강하게 반영되어 있는데, 고구려를 진과 비교하는 과정에서 고구려의 국력을 의도적으로 축소하고 진을 과장했을 개연성도 배제할 수는 없지만 대체적으로 당시의 사실관계를 반영하고 있는 것으로 보인다. 사료에는 당시 진의 호구 수를 60만 호[83] 또는 50만 호 200만 구[84]라고 기록하고 있으므로 고구려의 인구는 이보다 적었으리라고 짐작된다.

그러므로 고구려의 인구가 가장 많았던 시기는 당태종이 침입하기 직전인 640년대 초반이었을 것이다.[85] 이 시기는 영류왕의 당에 대한 온건정책으로 인하여 고구려의 생산력이 수 양제와의 전쟁 이전의 수준을 회복하였을 것이며, 수당전쟁을 수행하는 과정에서 인구파악에 대한 중요성이 강조됨에 따라 대민지배가 훨씬 강하게 이루어졌을 것으로 생각되기 때문이다. 그리하여 전성기에는 잡히지 않았을 인구가 국가 호적 안에 편입되었으며, 정남 1~2명 이상이 동거하던 대가족이 해체되고 소가족 중심의 가

之人, 多少陳國."

83) 『隋書』 卷29 地理上 "逮于陳氏, 土宇彌, 西亡蜀, 漢, 北喪淮, 肥, 威力所加, 不出 荊, 揚之域. 州有四十二, 郡唯一百九, 縣四百三十八, 戶六十萬"

84) 『北史』 卷11 隋本紀上 "韓擒進師入建鄴, 獲陳主叔寶, 陳國平. 合州四十, 郡一百, 縣四百, 戶五十萬, 口二百萬."

85) 박남수는 당나라가 고구려를 침공하기 전후의 시기를 『삼국유사』에서 지칭한 고구려 전성기로 파악했다(박남수, 2004, 앞의 글, 133쪽). 본고는 이와는 달리 『삼국유사』의 해당 기록은 장수왕 말기에서 문자명왕시기로 파악하고, 당나라가 침공하기 전이 고구려 인구가 가장 많았던 시기로 파악한다는 점에서 근본적인 차이가 있다.

족제도가 보편화되면서 호적상 인구는 비약적으로 증가하였을 것이라고 생각된다. 그러면 당태종이 침입하기 직전의 고구려의 인구 상황을 검토하기 위하여 당태종 시기의 고구려의 대당전쟁 기사를 살펴보기로 하자.

645년 전쟁 직전 고구려는 수나라 때 무려라와 통정진 등을 상실하긴 했지만,[86] 대체적으로 요하를 기준으로 동쪽에 해당되는 전 영역을 아우르고 있었다. 당태종의 고구려 공격은 실패로 끝났지만, 개모성, 비사성, 백암성, 요동성 등을 함락하는 성과도 있었다.

당시 당태종이 고구려를 공격하던 상황을 『舊唐書』권149상 東夷傳 高麗條의 기록을 중심으로 살펴보면 다음과 같다.[87]

> F-① 여름 4월 이적의 군대가 요하를 건너 개모성을 진공하여 탈취하고 포로 2만 명을 사로잡고 그 성에 개주를 설치하였다.[88]
>
> F-② 5월 장량의 부장 정명진이 사비성을 공격하여 탈취하고, 남녀 8천 명을 노획했다.[89]
>
> F-③ (황제가) 서남쪽 누각에 불을 놓으라고 명령했다. 성 안으로 불길이 널리 퍼져 가옥들이 전소했다. 전사들이 성에 오르자 적이 크게 무너져서 불에 타 죽은 자가 1만여 명이었으며, 포로가 된 勝兵이 1만여 명이었다. 그 성을 요주로 삼았다. [90]

---

86) 『隋書』卷81 高麗傳 "唯於遼水西拔賊武厲邏, 置遼東郡及通定鎮而還"

87) 『新唐書』卷220 東夷傳 高麗條에서 전쟁과정에서 획득한 인구수가 표시되어 있지만, 『구당서』와 비교하면 구가 호로 표기된 경우가 있다. 이럴 경우 인구가 지나치게 많아진다는 단점이 있어 여기서는 『구당서』의 기록을 채택하였다.

88) 『舊唐書』卷149上 東夷傳 高麗條 "夏四月, 李勣軍渡遼, 進攻蓋牟城, 拔之, 獲生口二萬, 以其城置蓋州."

89) 『舊唐書』卷149上 東夷傳 高麗條 "五月, 張亮副將程名振攻沙卑城, 拔之, 虜其男女八千口."

90) 『舊唐書』卷149上 東夷傳 高麗條 "(帝)命縱火焚其西南樓, 延燒城中, 屋宇皆盡. 戰士登城, 賊乃大潰, 燒死者萬餘人俘其勝兵萬餘口, 以其城爲遼州."

F-④ 士女 1만 명과 승병 2,400명을 노획하고, 그 성에 암주를 설치하고, 손대음을 암주자사로 삼았다.[91]

F의 기록에 의하면 당나라는 개모성에서 2만 명을 포로로 하였고(F-①), 비사성에서 8천 명을 포로로 하였다(F-②). 또 요동성에서는 火攻으로 1만 명을 죽였고, 승병 1만 명과 4만 호를 포로로 하였다(F-③). 백암성에서는 士女 1만 명과, 승병 2,400명의 항복을 받았다(F-④). 따라서 당시 당나라가 획득한 고구려 인구는 개모성의 2만 명, 요동성의 5만 명과 백암성 1만 2,400명과 비사성 8천 명을 합하여 90,400명이었다.[92] 한편 고연수, 고혜진이 이끌던 항복한 구원병 중 지휘관급에 해당하는 인물 3,500명도 내지로 옮겨졌다.

그리고 전쟁과정에서 많은 희생자도 발생하였다. 문헌에 기록된 것만 살펴보더라도 국내성과 신성에서 파견된 고구려의 4만 병력 중에서 1천 명이 참수를 당했고,[93] 안시성을 구하려고 온 고구려의 구원병 15만 명 중에서 2만 명이 참수를 당했다.[94] 이상을 합치면 전사자가 3만여 명, 포로로 잡힌 자가 9만 명 이상이다.

645년 전쟁 이후에도 당나라는 단독부대를 파견하여 고구려에 계속 타

---

91) 『舊唐書』卷149上 東夷傳 "高麗條獲士女一萬, 勝兵二千四百, 以其城置巖州, 授孫伐音爲巖州刺史."

92) 만일 『新唐書』의 기록을 따른다면 그 숫자는 훨씬 늘어나게 된다. 즉 개모성은 2만 호, 요동성은 4만 호가 되어 1호당 인구수를 5명으로 하면 각각 10만과 20만이 되어 당시 포로 수는 32만 명 이상이 된다.

93) 『舊唐書』卷149上 東夷傳 高麗條 "國內及新城步騎四萬來援遼東, 江夏王道宗率騎四千逆擊, 大破之, 斬首千餘級"

94) 『舊唐書』卷149上 東夷傳 高麗條 "於是高麗北部褥薩高延壽, 南部褥薩高惠眞引兵及靺鞨之十五萬來援 …… 賊因大潰, 斬首萬餘級 …… 太宗簡褥薩以下酋長三千五百人, 授以戎秩, 遷之內地."

격을 주었고 [95] 이는 다음의 당태종과 장손무기의 대화에서 볼 수 있듯이 고구려의 생업활동과 인구감소에 직접적인 영향을 미쳤다.

> 황제가 장손무기와 더불어 계획하여 말하기를, "고려는 우리 군사의 침입에 어려운 지경에 빠져 호구가 사라져 없어지고 땅에는 해마다 수확이 없는데도 개소문은 성을 쌓고 성의 방어 시설만을 증설하여 아래 사람들은 굶주려서 구덩이에 쓰러져 죽으니 그 피폐함은 이루 말할 수 없다"라고 하였다. [96]

따라서 당태종이 고구려를 침입하기 이전의 고구려의 인구는 645년의 당의 침입과 그 이후의 계속된 공격으로 인하여 인구의 자연증가를 감안하더라도 많은 감소가 있었던 것처럼 보인다. 그러므로 668년 고구려가 멸망할 때의 최종 호구수인 69만 7천 호는 이러한 감소분이 반영된 결과라는 것을 추정할 수 있다. 따라서 고구려 전성기의 인구수는 645년 전쟁에서의 감소분인 12만 명 이상과 전쟁 이후의 감소분 그리고 멸망 당시의 인구수인 69만 7천 호를 더한 규모 정도로 추정해 볼 수 있을 것이다.

그렇다면 장수왕 말기의 21만 호가 200년이 채 되지도 않은 시기에 69만 5천 호로 급증한 이유는 무엇일까? 고구려는 550년대 중반 이후부터 한강유역을 상실하고 동해안지역도 원산지역을 경계로 하여 신라와 접경하고 있었다. 즉 남쪽의 광활한 영역을 상실했다. 그리고 서북쪽에서는 계속 북방민족과의 충돌이 발생하였다. 돌궐과의 충돌이 종식되자, 뒤이어

---

95) 『舊唐書』卷149上 東夷傳 高麗條 "二十二年, 又遣右武衛將軍薛萬徹等往靑丘道伐之, 萬徹渡海入鴨綠水, 進破其泊灼城, 俘獲甚多", "高宗嗣位, 又命兵部尙書任雅相, 左武衛大將軍蘇定方, 左驍衛大將軍契苾何力等前後討之, 皆無大功而還"

96) 『新唐書』卷220 東夷傳 高麗條 "帝與長孫無忌計曰, 高麗困吾師之入, 戶亡耗, 田歲不收, 蓋蘇文築城曾陴, 下飢臥死溝壑, 不勝敝矣"

수-당의 조종을 받는 거란과 말갈족 등이 만주지역에서의 고구려의 패권에 도전하였다. 또한 국가의 명운을 놓고 수당과 대규모 전쟁을 치르기도 하였다. 이제 고구려 인구의 증가 원인이었던 영역의 확대는 더 이상 인구 증가의 요인이 될 수 없었다. 그럼에도 불구하고 고구려의 인구는 계속 증가되었다. 그 이유는 무엇일까?

무엇보다도 호적제도의 정비를 그 중요한 원인으로 들 수 있겠다. 호적제도의 정비는 국가의 대민지배력의 강화라는 의미를 내포하고 있다. 앞에서 『수서』 고려전의 조세조항을 살펴보았는데, 『수서』 고려전 조세조항은 고구려가 중·후기에 들어오면서 대민에 대한 관념이 종래의 종족차별적인 성격을 극복하면서 전민을 상대로 하는 齊民政策을 실시하게 되었다는 것을 알려주고 있다. 이것은 고구려가 더욱 성숙한 국가로 발전하기 위한 필연적인 과정이었다. 평양천도를 계기로 간접지배방식을 탈피하여 직접적인 지배방식으로 영역지배방식을 변경하였던 고구려는 국가체제를 정비하는 과정에서 중국식 재정정책을 적극적으로 도입하였다.

G-① 人稅는 布5匹 穀5石이다. 遊人은 3년마다 한 번 稅를 바치되, 10인이 공동으로 細布 1疋을 바친다. 租는 (上)戸가 1石, 次(戸)가 7斗, 下(戸)가 5斗이다(『隋書』).[97]

G-② 賦稅는 絹布와 粟을 그가 소유한 바에 따라 貧富를 헤아려 차등 있게 납부한다(『周書』).[98]

G-③ 稅는 布 5疋 穀 5石을 바친다. 遊人은 3년마다 한 번 稅를 바치되, 10인이 공동으로 細布 1疋을 바친다. 租는 (上)戸가 1石, 次(戸)가 7

---

97) 『隋書』 卷81 高麗傳 "人稅布五匹穀五石 遊人則三年一稅 十人共細布一匹 租戸一石 次七斗 下五斗"

98) 『周書』 卷49 異域 上 高麗 "賦稅則絹布及粟 隨其所有 量貧富差等輸之"

斗, 下(戶)가 5斗이다(『北史』).[99]

  일반적으로 『隋書』와 『周書』의 고려전의 조세 조항의 내용은 동일한 내용을 나타내는 것으로 파악하고 있다. 특히 『수서』 고려전 조세 조항의 내용은 『주서』보다 구체적이라고 하여 사료적 가치를 더 높이 평가받고 있다. 그런데 『隋書』(G-①)와 『周書』(G-②)의 내용을 비교해 보면 형법, 관제, 풍속 등의 내용이 별 차이가 없는데도. 조세 조항에서만 차이가 있어 양자는 상호 보완적으로 해석할 수 있다는 것을 보여 준다. 따라서 고구려는 『周書』 단계에 이미 호등을 구분하고 빈부의 차에 의해서 조세를 징수했다는 것을 알 수 있다. 고구려가 자산에 따른 호등제를 시행한 것은 호적제도 시행과 밀접한 관련이 있었다. 호등제는 호적제도의 시행을 전제로 하는 것이기 때문이다.[100] 고구려에서 호적제도의 시행은 좀 더 이른 시기에 시행되었던 것으로 추정된다. 「단양신라적성비」는 6세기 전반기 고구려의 대민편제방식을 유추할 수 있는 자료이다. 「적성비」는 民을 연령에 따라서 小女, 小子, 女 등으로 구분하고 있다. 이러한 민에 대한 구분은 적성이 고구려의 영토였을 때부터 시행되었을 것으로 추정되고 있다.[101] 「적성비」의 연령 등급의 구분은 帳籍 문서 작성을 위한 연령 구분이었다.[102] 「적성비」의 건립연대는 대체로 545년부터 551년 사이로 추정되고 있기 때문에 고구려에서는 이미 6세기 중엽 이전에 이미 호적제도가 시행되지 않았을까 한다. 이것은 『주서』의 고구려 조세조항에 의해서 구체적으로 뒷받침되

---

99) 『北史』 권94 高句麗傳 "稅布五匹 穀五石 遊人則三年一稅 十人共細布一疋 租戶一石 次七斗 下五斗"
100) 邢鐵, 2003, 『戶等制度史綱』, 雲南大學出版社, 3쪽.
101) 김현숙, 2005, 『고구려의 영역지배 방식 연구』, 345쪽.
102) 백영미, 2011, 『韓國 古代의 戶口 編制와 戶等制』, 고려대학교 박사학위논문, 41~42쪽.

고 있지만, 「적성비」를 통해서 그 시기는 6세기 전반까지도 앞당겨서 파악할 수 있지 않을까 한다. 구체적인 시기는 특정하기 힘들지만, 본고에서는 이보다 더 앞서 장수왕 말기에 이르러 이미 전국적으로 호적제도가 시행된 것으로 추정한다. 이렇게 호적제도의 시행을 통해서 고구려의 인구는 급격히 증가되었다.[103] 또한 말갈과 같은 異種族을 지칭하는 遊人에게도 조세를 부과하고 있는데,[104] 이것은 말갈이 점차 異種族에서 벗어나서 고구려의 편호제민화되는 과정이라고 할 수 있다. 특히 수당전쟁의 수행을 위하여 모든 성인 남녀를 군역이나 역역에 동원할 필요성이 증대되었고, 그 결과는 앞 장에서 언급했듯이 대가족제도의 해체와 단혼가족의 설립 등으로 나타났다. 이를 통하여 고구려는 보다 더 많은 병력자원과 노동력을 확보할 수 있었다.

그런데 앞에서 언급했지만 짧은 기간 동안 세 배의 인구증가는 불가능

---

103) 고구려에서 편호는 초기에는 자연호를 해체하지 않은 상태에서 그대로 호적에 등재하는 식으로 시행되었던 것으로 보인다. 그렇지만 수도에 이주한 복속민을 대상으로 수묘역 등을 부과하는 과정에서 복속민이 편제되기 시작했으며, 이러한 조치는 지방관이 직접 파견된 일부 지역에서도 행해졌을 것으로 생각된다. 그러나 공동체적 유습이 짙게 남아 있었던 수도에서는 자연호가 그대로 호적에 등재되는 방식이 이루어졌으며, 간접지배가 행해졌던 대부분의 지역에서는 지역별로 자연호를 해체하지 않은 상태에서 간단한 호구파악만 이루어졌을 것으로 추정된다. 그리하여 장수왕 후기에 호적제도가 시행되었지만 상당 기간 동안은 자연호를 그대로 편호하는 조치만을 취했던 것으로 보인다. 하지만 7세기 수당전쟁이 발발하면서 이로 인한 호구의 감소를 만회하기 위해서 적극적으로 戶를 편제화하는 조치가 행해졌을 것으로 추정된다. 고구려의 遊女를 수나라와의 전쟁과정에서 고구려에 유입된 漢人과 통혼시킨 것은 일정한 호구수를 확보하기 위해 국가적인 공권력이 개입된 대표적인 사례이다. 이 점에 대해서는 좀 더 검토가 필요하다. 한편 김기흥 역시 고구려 말에 실시된 조세조항을 검토한 후 고구려는 고구려 말에 3등호제가 운영되었으며 이 3등호제는 각 자연호의 재산상의 차이에 따라 호등이 분별되었다고 보았다. 즉 『수서』 조세조항에 나오는 호를 자연호로 파악한 것이다(김기흥, 1991, 앞의 책, 112쪽).

104) 김기흥, 1991, 앞의 책, 34~50쪽.

하다고 하여 『삼국유사』의 기록과 『삼국사기』의 기록의 불일치를 강조하는 의견이 있었다. 그런데 위진남북조와 수당교체기까지 오랜 전란을 겪으면서 인구에서 정체상태에 있었던 중국에서도 당나라의 정치가 안정 체제에 접어들면서 인구가 급격히 늘었다. 정관연간(627~649)부터 천보 13년 (754)·14년(755)까지 150년도 안 되는 사이에 대략 300만 호에서 900만 호로 3배의 인구증가가 나타났던 것이다.[105] 이것은 국가가 안정되면서 은닉되거나 기록되지 않았던 호구가 국가의 공식적인 호적통계에 포함되었던 것이 주요인이었다. 그러므로 고구려도 역시 5세기 말에서 6세기 초부터 고구려가 멸망할 때까지 인구가 3배나 증가하는 것은 충분히 가능한 일이라고 할 수 있다. 그리고 그 주요한 원인은 호적제도의 시행이었던 것이다.[106]

이상으로 고구려 인구의 변화추이를 살펴보았다. 사료에 의하면 고구려 인구수는 3세기에 3만 호, 5세기 전반에 9만 호였다고 한다. 그러나 5세기 말에서 6세기 초에는 21만 호로 증가하였으며, 고구려가 멸망할 때에는 69만 7천 호였다고 한다. 이러한 고구려의 인구수의 급격한 변화에 대하여 많은 학자들은 인구기록에 회의적인 태도를 보였다. 그러나 본고는 이 기록들이 역사적 사실을 정확히 반영하고 있다고 판단하였다. 그리고 인구수가 급격히 변화한 원인을 다음과 같이 분석하였다.

첫째, 3세기와 5세기 초의 인구수에는 원고구려인의 인구만 포함되어

---

105) 梁方仲, 1980, 『中國歷代戶口, 田地, 田賦統計』, 上海人民出版社, 69쪽, 甲表21 참조.

106) 秦升陽 등은 고구려의 인구증가의 요인을 고구려의 영토 확대와 수당전쟁 과정에서 한족, 말갈 등 여러 종족의 유입을 주요 요인으로 분석했다(秦升陽·李樂營·黃甲元, 1997, 「高句麗人口問題硏究」『通化師範學報』 1997-4). 그렇지만, 고구려 후기 수당전쟁 과정에서는 인구의 유입보다는 유실이 더 많았을 것이라는 것을 충분히 예상할 수 있다.

있었고, 피복속민의 인구수는 반영되지 않았다. 둘째, 5세기 말 인구수가 5세기 초에 비해 3배나 증가한 것은 호적제도가 시행되면서 그동안 호구 통계에 잡히지 않았던 피복속민의 인구수가 포함되었기 때문이다. 셋째, 7세기에 고구려의 호구수가 급격히 증가한 것은 가족제도의 변화와 그리고 다음 절에서 설명하게 되겠지만, 대민지배의 군사화와 밀접한 관련이 있다.

일반적으로 고구려는 호당 인구수가 5명으로 인식된다. 그러나 『隋書』 고려전에 의하면 고구려는 7세기 초까지 성인남녀가 분가하지 않고 한집에 동거하는 대가족형태를 유지하고 있었다. 그런데 멸망기의 인구를 분석해보면 호당 인구수가 5명인 것으로 나타났다. 이것으로 수당전쟁과정에서 가족제도가 변화했다는 사실이 드러났다. 그러면 가족제도가 변한 원인은 무엇일까? 한 가지 가능성을 제시하면 다음과 같다. 외부적으로 고구려는 수당전쟁을 치르는 과정에서 많은 사상자가 발생했다. 그리하여 호구가 감소하거나, 호당 인구가 감소할 수밖에 없었다. 그렇지만 고구려는 단시간에 이를 회복하는 것은 거듭된 전쟁으로 인하여 불가능했다. 그리하여 그 상태를 그대로 방치할 수밖에 없었다. 고구려는 내부적으로는 강력한 통일제국인 수왕조와 당왕조와의 전쟁에서 승리하기 위하여 국가적 총력전을 펼 수밖에 없었다. 그리하여 동원가능한 모든 성인남녀를 군역이나 역역에 동원할 필요성이 증대되었다. 그 결과는 대가족 해체와 단혼가족의 성립으로 나타날 수밖에 없었다. 이를 통하여 이전보다 더 많은 병력자원과 노동력을 확보할 수 있기 때문이다. 그렇기 때문에 고구려는 과거 상태로의 회귀보다는 현상을 유지하는 방법을 선택했을 것이다. 게다가 제3절에서 후술하겠지만, 당시 고구려는 상시적 전쟁상태에 처해 있었기 때문에 사회조직이 군사편제화하는 방향으로 변하였다. 가용인력에 대한 조직적인 파악이 필요했기 때문에 전에 없이 호구 파악이 정밀하게 진행되었을 것이다. 이것이 바로 고구려 후기에 영역이 축소되었음에도 불구하고 호구수가 급격히 증가했던 원인이었다. 그리고 자연스럽게 대가족적인 가족형태도 단혼가족의 형태로 변화할 수 밖에 없었다. 이것으로 호구수의 증가와 함께 가족제도 변화의 가능성을 제시해 보았다. 고구려 자체의 필요성과 외부의 요인에 의해서 대가족 해체가 진행되었던 것이다. 고구려의 가족형태는 이런 과정을 거쳐 단혼가족으로 변화되었던 것이다.

시대에 따른 고구려의 영역의 변천과 호적제도의 정비를 바탕으로 고구려의 인구수의 변화를 표로서 나타내면 다음과 같다.

〈표 6〉 영역 변천과 호적제도 정비에 따른 고구려 인구 변화

연대 / 지역	기원전 128년	기원전 45년	2년	142년	3세기	5세기 초	5세기말~6세기초	7세기 후반
길림성 북부 (길림시 부근)					부여 8萬戶			
요녕성			요동군 18縣 55,972戶 272,539口	요동군11縣 64,158戶 81,714口 / 현도군6縣 1,594戶 43,163口				
길림성 남부 (압록강 중상류 유역)	예군 남려 등 28만口 (창해군)			현도군3縣 45,006戶 221,845口	고구려 3萬戶	9萬戶	210,580戶	697,000戶
함경도 강원북부		낙랑군25縣 43,835戶 280,561口	낙랑군25縣 62,812戶 406,748口		옥저 2萬戶 예 5千戶			
평안도 황해도				낙랑군25縣 61,492戶 257,050口				
한강이북						광개토왕비 58성 700촌		

연대 지역	기원전 128년	기원전 45년	2년	142년	3세기	5세기 초	5세기말~ 6세기초	7세기 후반
한강이남								
고구려 인구					3만호	9만호	21만580호	69만 7000호
出典	한서	초원4년 호구부	한서	후한서	삼국지	위서	삼국유사	구당서

〈표 2〉에서 ■, ■, ■으로 색칠된 부분은 고구려 영역을 지칭한다. ■ 과 ■은 고구려의 호구 수에 포함된 지역을 가리키며, ■은 고구려 말기 대민지배가 강화되면서 호구수가 전보다 더 강화되었다는 것을 보여준다. 이러한 고구려 인구수의 증가를 통해 고구려 후기에도 고구려의 대민지배가 진전되고 강화되고 있었다는 사실을 알 수 있다. 인구수의 변화를 통하여 고구려 후기에도 중앙집권적 지배체제가 여전히 강력하게 작동하고 있었다는 것을 확인할 수 있는 것이다.

제3절 대민편제방식의 군사화

1. 고구려 유민의 사회조직

고구려 후기의 대민지배방식이 어떻게 운영되었는가에 대하여 직접적으로 알려주는 문헌 기록은 거의 전무하다. 당연히 이에 대한 연구도 거의 진행되지 않았다. 그렇다고 전혀 방법이 없는 것은 아니다. 당은 고구려를 정복한 이후 고구려 고지를 기미지배체제에 편입시켜 지배했기 때문이다. 기미부주는 당나라에 내부한 변경지역의 이민족 부락을 안치시키기 위하여 만든 특수행정구역이었다.[107] 기미지배체제는 새롭게 설치한 기미부주에 관리를 직접 파견하거나 친당적인 재지 유력가를 등용하여 기존의 수장을 대체하고, 그 대신 그 밖의 것은 기존의 전통적인 방식을 그대로 인정해 주었던 중국의 이민족지배방식이다. 그러므로 기미지배체제하에서의 고구려 사회조직을 파악할 수 있다면 고구려 후기의 대민지배방식의 실상을 밝히는 것은 그다지 어려운 작업은 아니다. 다만 현존 사료에는 고구려 말기의 성이 주로 개편되어 몇 개의 기미부주를 형성하였다는 기록 이외에는[108] 그 하부조직의 운영형태를 구체적으로 밝혀 주는 자료가 없다. 이것이 바로 고구려 후기의 사회제도에 대한 연구에 진전이 없었던 요인 중의 하나였다. 이에 본절에서는 방법을 달리하여 고구려 멸망 직후 중국으로 강제이주되었던 고구려 유민의 사회조직에 주의하려고 한다. 왜냐하면 고구려 유민 역시 중국에 이주한 다음에도 오랫동안 그들의 사회조직을 그대로 유지하고 있었기 때문이다.

고구려 멸망 후 고구려 각지에서 부흥운동이 일어나면서 당은 어렵게 차지한 고구려 영역을 다시 상실할 위기에 처하자, 677년 당에 항복한 고구려의 마지막 왕인 보장왕을 개부의동삼사 요동도독 조선왕에 임명하고 안동도호부로 이주시켜 고구려 정세를 안정시키려고 하였다. 그러나 보장왕은 안동도호부에 도착한 후 말갈과 통모하여 모반을 기도하다가 일이 발각되어 당에 소환되어 邛州로 유배되어 버리고 말았다. 당은 후속대책으로 고구려인들을 河南과 隴右의 여러 주에 분산하여 이주시키고, 가난하

---

107) 劉統, 1998, 『唐代羈縻府州硏究』, 西北大學出版社, 2쪽.

108) 『資治通鑑』 卷201 唐紀17 高宗總章元年(668) 12月條 "分高麗五部, 百七十六城, 六十九萬戶, 爲九都督府, 四十二州, 百縣, 治安東都護府於平壤以統之. 擢其酋帥有功者爲都督, 刺史, 縣令與華人參理, 以右衛大將軍薛仁貴檢校安東都護, 總兵二萬以鎭撫之."

고 약한 자들은 安東城傍에 머무르게 하였다.[109]

여기서 '城傍'이란 문자 그대로 해석하면 성곽의 옆이나 주변을 지칭한다. 즉 당은 고구려 유민을 당시 안동도호부가 위치한 新城의 성곽 주변으로 이주시켰던 것이다. 그런데 당은 고구려뿐만 아니라 거란, 해, 말갈, 돌궐, 당항, 토욕혼 등 당에 복속된 유목민족들을 기미부주 형식으로 통치하고, 내부한 민족들을 모두 성방에 머무르게 하였다.[110]

연구에 의하면 성방은 당나라 전기에 내부한 藩族들에 대한 군사제도로서, 부병제의 兵農일치제도와 유사한 兵牧일치적인 제도였다.[111] 당이 내부한 번족들을 성 안에 안치하지 않은 이유는 그들의 풍속을 유지하도록 하여 유목민족의 기마전술과 혈연을 위주로 하는 부락조직을 보존하기 위한 것이었다.[112] 고구려가 이러한 유목민족과 똑같이 혈연을 위주로 하는 부락조직을 유지하고 있었는지는 분명하지는 않다. 그러나 당이 고구려를 북방유목민족들과 똑같은 방식으로 편제하였다는 것은 당의 시각에서는 고구려 역시 북방유목민과 비슷한 사회구조를 가지고 있었던 것으로 간주되었기 때문일 것이다. 당나라 중·후기에 활약한 王思禮나 李正己는 모두 營州 성방 출신이었으며, 이들이 지휘한 군대에는 영주 성방 출신의 고구려 유민이 다수 포함된 것으로 알려져 있다.[113] 고구려 유민의 활약상은 다음에 보이는 高如震과 高鞠仁의 사례를 통해서도 분명히 드러난다.

---

109) 『資治通鑑』 卷202 唐紀18 高宗儀鳳二年(677) 2月條 "以工部尙書高藏爲遼東州都督, 封朝鮮王, 遣歸遼東, 安輯高麗餘衆, 高麗先在諸州者, 皆遣與藏俱歸. …… 高藏至安東, 謀叛, 與靺鞨通. 召還, 徙邛州而死, 散徙其人於河南, 隴右諸州, 貧者留安東城傍."

110) 李錦綉, 1998, 『唐代制度史略論考』, 中國政法大學出版社, 256~271쪽.

111) 李錦綉, 1998, 위의 책, 285쪽.

112) 李錦綉, 1998, 앞의 책, 275쪽.

113) 李錦綉, 1998, 앞의 책, 283·289~291쪽.

H 당 숙종 상원 2년(761)에 당나라의 반군인 史思明의 아들 史朝義는 왕
위 계승자인 史朝興을 제거하기 위하여 고구려 유민인 高如震과 高鞠
仁 등을 이용하였다. 그러나 후에 고여진이 살해당하자, 화가 난 고국
인은 용감무쌍한 城傍少年을 이끌고 가서 돌궐 유민인 阿史那承慶이
통솔하는 대군을 격파하였다(『資治通鑑』 卷222 上元2年 3月條 考異所引『薊
門紀亂』).

그런데 고국인이 지휘하던 성방소년에는 고구려 유민 뿐만 아니라 해,
거란, 말갈 출신도 포함되었던 것으로 이해된다.[114] 고구려 유민이 해, 거
란, 말갈 출신들과 함께 어우러져 하나의 집단을 형성한 것은 영주의 성방
에서 오랫동안 근거리에서 거주하면서 상호간의 교류를 강화해간 것이 중
요한 요인으로 작용했겠지만, 그렇게 된 이면에는 각각의 사회구조가 어느
정도 유사한 면이 있었기 때문일 것이다.
그러므로 본 장에서는 고구려에도 이들 유목민족과 유사한 부락제[115]
나 부락제와 비슷한 형식의 조직이 있었을 것이라고 추정하고 이에 대하여
좀 더 자세히 고찰하려고 한다. 고구려에서 부락제라고 하면 우선 생각할
수 있는 것은 양맥과 말갈족에 대한 통제를 들 수 있겠다.

I-① 명림답부를 국상에 임명하고 작위를 더하여 패자로 삼고 내외의 병
마를 다스리고 양맥부락을 거느리게 하였다. 좌보와 우보를 고쳐
국상으로 삼은 것이 여기에서 시작되었다.[116]

---

114) 李錦綉, 1998, 앞의 책, 280~281쪽.
115) 여기서 '部落'이란 '部'와 '落'으로 구성된 사회조직 혹은 정치단위를 지칭한다. 한
국사의 고대국가발전단계론에 의하면 중국사서에 보이는 정치단위체로의 '部落'
은 소국단계에 해당한다고 볼 수 있다. 한편 일본에서 부락은 천민집단을 의미
한다. 용어에 있어서 주의를 요한다.
116) 『三國史記』 卷16 高句麗本紀 第4 新大王 2年條.

I-② 왕은 이에 달가를 보내 숙신을 정벌하게 하였다. 달가가 기이한 계략으로 적을 엄습하여 단로성을 빼앗고 추장을 죽였으며, 주민 6백여 가를 부여 남쪽 오천으로 옮기고, 항복한 부락 6~7곳은 부용으로 삼았다. 왕이 크게 기뻐하여 달가를 안국군으로 삼고, 내외의 병마의 일을 맡아보게 하였으며, 겸하여 양맥·숙신 등의 여러 부락을 통솔하게 하였다.[117]

양맥 숙신 사회는 古來의 부락제적인 성격을 유지하고 있었기 때문에 고구려는 이들을 재편하기보다는 그들의 사회제도는 그대로 유지하고 그 대신 군사를 차출하여 전쟁에 동원하는 방식을 택했던 것이다. 고구려의 양맥과 말갈 부락에 대한 정책은 앞에서 언급한 것 같은 당의 주변민족에 대한 통치방법과 흡사하였다. 그 밖에 고구려 사회에 부락이 존재한 것으로 기록된 사료로서 다음과 같은 것이 있다.

J-① 9월에 거란이 북변을 침범하여 8개 부락을 함락하였다.[118]
J-② 6년 9월 백제가 침범해 와 남변의 부락을 노략하고 돌아갔다.[119]

J는 모두 4세기에 해당하는 자료인데 이러한 사례는 극히 예외적이라고 할 수 있다. 왜냐하면 『삼국사기』에는 고구려의 영역 내의 자연촌락이나 행정단위의 명칭으로는 주로 城, 谷, 村 등의 명칭을 사용하고 있기 때문이다.[120] J-①은 거란과 접경지대에 있었기 때문에 고구려 북변에도 부락적

---

117) 『三國史記』卷17 高句麗本紀 第5 西川王 11年條.
118) 『三國史記』卷18 高句麗本紀 第6 小獸林王 8年條.
119) 『三國史記』卷18 高句麗本紀 第6 故國壤王條.
120) 임기환에 의하면 『삼국사기』에 기록된 지명의 이름에는 원, 천, 산 등으로 끝나는 명칭이 많이 등장하지만, 이들은 곡과 서로 대치될 수 있는 개념이며 단위집단이라는 의미를 가질 때는 '곡'이란 범주에 포함시킬 수 있다고 한다(임기환,

인 방식으로 운영되는 기층단위가 존재했을 가능성이 있으며, J-②의 남변에 위치한 부락 역시 종족적으로 韓濊와 관련된 지역일 것이다.[121]

고구려 영역 내에 존재한 단위집단의 명칭에 부락을 사용한 예는 이 2개의 사례를 제외하고는 보이지 않는다. 다만 '촌'이라는 명칭은 중국에서도 3세기가 되어서야 출현하기 때문에[122] 『삼국사기』에서 3세기 이전에 등장하는 '촌'이라는 용어는 '부락' 등으로 표기된 원래의 기록을 『삼국사기』를 편찬하는 과정에서 '촌'으로 수정했을 가능성도 있다.[123] 그리고 J의 사례는 촌이라는 용어로 대체하는 가운데 미처 수정하지 못한 부분일 가능성도 배제할 수 없다. 그러나 당대의 기록인 광개토왕비에도 거란의 경우만 부락이라고 표현하고 있듯이,[124] 당시 고구려인들은 거란 등 유목집단의 사회조직이 고구려 본래의 사회조직과는 차이가 있다는 것을 확실히 인식하고 있었다. 그럼에도 불구하고 고구려의 사회조직은 중국인의 눈에는 주변의 이민족과 별반 다를 바 없다고 인식되었던 모양이다.

> K 그 선조는 고구려인이다. 6세조 欽이 慕容廆의 인질이 되어 마침내 燕
>   에서 벼슬을 하였다. 5세조 宗은 무리를 거느리고 魏에 귀부하여 第

1987,「고구려초기의 지방통치체제」『경희사학·박성봉교수회갑기념논총』, 37쪽, 주72 참조).

121) 임기환, 1987, 앞의 논문, 44쪽.

122) 宮川尚志, 1956,「六朝時代の村に就いて」『六朝史研究-政治社會編』, 日本學術振興會刊, 438쪽.

123) 『삼국사기』 편찬과정에서 원사료의 지명을 '촌'으로 바꾸었을 가능성과 『삼국사기』에서 인용하였던 원사료에서 이미 '촌'이라는 명칭으로 수정했을 가능성이 모두 존재한다. 다만 이 경우 원래의 명칭은 '촌'이 아니라 '부락' 등 다른 명칭이었을 것이다.

124)「廣開土王碑」永樂 5年條 "永樂五年歲在乙未, 王以稗麗不口口人 躬率往討 過富山負山 至鹽水上 破其三部落六七百營, 牛馬群羊 不可勝數."

1領民酋長에 임명되고 姓으로 羽眞氏를 하사받았다(『周書』卷29 高琳傳).[125]

　　이 기사에서는 북중국에서 활약하였던 高琳의 조상이 고구려에서 출자하였다는 것을 분명히 밝히고 있다. 高琳의 六世祖 欽은 봉상왕 5년 모용외의 침입으로 고구려의 도성이 파괴된 후 서천왕릉이 파괴되는 등 큰 타격을 입은 후 화친의 대가로 慕容氏에게 인질로 보내져 燕에서 入仕한 인물이다.[126] 북위 초에 그의 5世祖 宗은 무리를 이끌고 太祖에게 귀부하였는데 第一領民酋長에 임명되고 羽眞[127]을 하사받고 있어, 慕容燕에 끌려갔던 고구려인들이 高宗을 중심으로 규합하여 세력을 유지하고 있었던 것으로 보인다.[128] 그런데 여기서 주목할 점은 고림의 5세조 고종이 역임한 第一領民酋長이라는 관직이다. 영민추장은 북위가 돌궐족같이 부락적 색채를 강하게 가지고 있었던 이민족 수장에게만 부여되었던 관직이다. 북위는 중국 북부를 점령하고 나서 왕권 강화를 위해 탁발부와 독고부와 하란부 등을 대상으로 하여 部落離散을 단행하여, 北族의 전통적인 부락제를 해체시킨 다음 부락민들에게 토지를 하사하여 경작하게 하였다. 그러나 돌궐족같이 부락적 색채가 너무 강하여 도저히 경작을 강요할 수 없었던 北族은 이 조치에서 예외가 되게 하였다.[129] 그런데 이 사료를 보면 모

---

125) 『周書』卷29 高琳傳 "其先高句麗人也, 六世祖欽, 爲質於慕容廆, 遂仕於燕. 五世祖宗, 率衆歸魏, 拜第一領民酋長, 賜姓羽 眞氏."

126) 이동훈, 2008, 「高句麗遺民高德墓誌銘」『한국사학보』31.

127) 周一良은 高琳이 羽眞氏를 하사받았다고 했으나 『魏書』卷113 官氏志에는 羽眞氏가 없고 북위초에 羽眞, 大羽眞이라는 官名이 보이므로 관직명을 姓氏로 하였거나 이 관직을 겸임한 것으로 파악하였다. 周一良, 1997, 「領民酋長與六州都督」『魏晉南北朝史論集』, 北京大學出版社, 193쪽, 주1 참조.

128) 이동훈, 2008, 앞의 논문 참조.

129) 周一良, 1997, 「領民酋長與六州都督」『魏晉南北朝史論集』, 北京大學出版社,

용외시기에 중국에 인질로 끌려온 고구려 왕족의 후예가 한 세대가 지났음에도 불구하고 여전히 부락적인 색채를 유지하고 있었던 것이다. 이것은 당시 고구려 사회가 부락적 색채가 강력했거나 적어도 중국인의 눈에는 그렇게 인식되었다는 것을 시사한다. 즉 인질로 끌려 온 고구려 왕족과 그 휘하의 민호들 사이에는 부락적인 형태로 보이는 조직이 존재하고 있었으며, 이러한 사실은 북위에게 인정되어 영민추장이라는 직책을 하사받을 정도였던 것이다. 이 시기는 고구려의 봉상왕대로 추정되는데, 이와 같은 사료는 고구려에 부락제 또는 부락적인 형태를 가지는 조직이 우리의 예상을 초월하여 상당히 강력하게 존재하였을 것이라는 추정을 가능하게 한다.

2. 고구려 말기 대민편제의 군사조직화

그동안의 연구에 의하면 고구려 사회는 중앙집권적 지배체제가 확립되면서 지방에 대한 통치체제가 정비되었고, 그에 따라 성을 중심으로 하여 3~4단계로 구성되는 지방조직을 갖춘 것으로 이해되고 있다. 또한 고구려 중기에는 이미 각 인민에 대해서 성을 중심으로 하여 개별 호에까지 그 지배력이 관철되어 갔으며, 그에 따라 모든 주민은 호적에 등재되고 보편적인 법률에 따라 통치되었던 것으로 파악되고 있다.[130] 중국사에서 나타나는 고구려 유민에 관련 기록은 전통적으로 인식되는 고구려 후기의 사회조직 또는 대민지배방식과 차이가 있어 자못 곤혹스럽게 한다. 따라서 기존의 연구 성과를 그대로 인정한다면 고구려 사회는 사실 부락제적인 방식으로 운영되지 않았지만 중국에서 그렇게 인식할 수도 있는 어떤 특징이 있지 않았을까 추정해 볼 수 있다. 이를 규명하기 위하여 당나라로 이주한

191쪽.
130) 김현숙, 2005, 앞의 책, 268쪽.

고구려 유민들이 거주하고 있었던 성방의 특징을 다른 각도로 살펴 볼 필요가 있다. 앞에서 연구자는 '당이 내부한 유목민족들을 성 안에 안치하지 않은 이유는 그들의 풍속을 유지하도록 하여 유목민족의 기마전술과 혈연을 위주로 하는 부락조직을 보존하기 위한 것이다'라고 하였다. 즉 당이 고구려 유민을 성방에 안치한 이유는 유사시에 언제든지 즉각적으로 군사작전에 활용하기 위해서였던 것이다. 주지하듯이 유목민족의 생활 방식과 사회조직은 그 자체가 군사 조직과 상당부분 일치하고 있어 아무 때나 즉각적으로 전력화하여 투입할 수 있는 형식으로 구성되어 있다. 이와 비교하면 고구려는 유목을 위주로 생활하는 유목민족이 아니라 반수렵적 반농경적인 사회구조를 가진 민족이기 때문에 상시적인 군사 훈련이 생활화되지 않는 이상 일반민을 즉각적으로 군대에 투입하기는 어려운 사회였다. 특히 요동일대와 평양일대에 거주하고 있다가 4~5세기경 고구려에 복속된 지역 사람들은 대부분 농경민이었기 때문에 즉각적으로 전력화하기에는 상당히 어려웠다. 그럼에도 불구하고 당의 입장에서 고구려 유민 사회가 즉각적으로 전력화할 수 있는 군사조직체제로 편제된 사회로 인식되었다는 것은 고구려 후기, 적어도 고구려 멸망 당시 고구려 사회조직 또는 대민지배방식의 형식은 군사조직적인 색채를 강하게 가지고 있었다는 것을 보여준다고 하겠다.

그렇다면 5~6세기에 군현제 방식을 통한 대민지배방식을 취했던 고구려가 그 이후 군사조직적인 대민지배체제로 전환하게 된 것은 어떤 이유일까?[131] 아무래도 수·당과의 전쟁을 효과적으로 수행하기 위한 필요에서 비롯되었을 가능성이 크다. 고구려는 국가존망에 사활이 걸렸던 수나라와

---

131) 노태돈은 고구려 중기의 군제가 후기에 욕살의 성을 중심으로 재편되었다고 한다. 이점은 본고의 논의와 일맥상통한 바가 있다(노태돈, 1999, 앞의 책, 295쪽).

당나라의 전쟁에서 기존에 보유하고 있었던 전력을 극대화하려는 목적에서 대민지배방식의 변화를 도모하였으며, 이것은 대가족제도의 해체와 함께 군사조직적 편제라는 방식으로 나타났다. 그러나 고구려의 사회제도가 군현제적인 지배방식에서 어느 날 갑자기 군사편제적인 지배방식으로 바뀐 것은 아니었다. 그것은 5~6세기에도 여전히 고구려 사회에 강하게 남아 있었던 군사조직적인 색채가 작용하였기 때문이었다.

> L　己酉年月卅一日自此下向東十二里物荷小兄俳須百頭作節矣
> 　　己丑年三月卅一日自此下向□下二里內中百頭上位使尒文作節矣

6세기 평양성 축조과정에서 남겨진 금석문 L은 당시 고구려의 역역동원이 100명 단위로 조직되고 있었음을 보여주는 자료라고 할 것이다. 신라의 경우 그 역역동원단위가 각 지역별로 할당되고 있는 것과 비교할 때 정복국가였던 고구려의 특수한 경우라고 할 수 있다. 환도산성 등에서 출토된 '晋高句麗率善佰長' 銅印과 '晋高句麗率善仟長' 銅印 등은 3세기 중엽에서 4세기 초반 고구려 사회에 10진법적인 군사편제가 있었을 가능성을 내포한다.[132] L은 바로 이 시기에 해당하는 기사인데, 4세기 초 모용씨에게 인질로 갔던 고흡과 그 아들인 고종은 어쩌면 이러한 군사편제적 사회조직으로 고구려인들을 통솔하였기 때문에 역시 10진법적인 군사편제로 이루어졌던 돌궐의 사회조직과 유사한 것으로 간주되어 북위정권으로부터 영민추장이라는 직을 수여받았을 가능성이 있다. 4세기 초반 북중국에 끌려

---

132) 千長과 百長은 晋이 귀부한 새외민족들에게 하사한 하위관직이다. 천장과 백장으로서 고구려의 사회구성이 흉노 등 유목민족의 군사조직과 같이 10진법에 의해 구성되었는지는 알 수 없지만, 천장 백장 등으로 표현되는 10진법 단위가 흉노의 사회조직이자 군사편제라는 점에서 사회조직과 군사편제와의 밀접한 관련을 알려준다.

갔던 고구려 유민은 극심한 전란의 와중에서도 족적 성질을 계속 강하게 유지하고 있었다. 그리하여 4세기 말에 북위가 중원을 정벌한 이후 각 민족들을 대상으로 그들이 축조한 새로운 정치중심지인 평성지역으로 사민 정책을 펼쳤을 때 오환 등과 더불어 사민 대상이 될 수 있었다.

한편 고구려 후기의 군사지휘관인 말객이 1,000명의 병사를 지휘하는 무관이라는 점도 당시 고구려의 군사조직이 고구려 초기와 마찬가지로 10진법을 이용하여 편제되었다는 것을 말해 준다. 이 점을 분명하게 보여주는 사례는 바로 주필산 전투이다. 645년 고구려는 당의 공격을 받은 안시성을 구원하기 위하여 북부욕살 고연수와 남부욕살 고혜진이 통솔하는 15만 대군을 파견하였다가 주필산에서 패하였다. 이에 고연수와 고혜진은 무리 36,800명을 거느리고 당에 항복하였는데, 당은 이 중 욕살 이하 관장 3,500명을 뽑아 내지로 옮기고, 나머지는 방면하여 평양으로 돌아가게 하였다. 그리고 말갈인 3,300명을 거두어서 모두 구덩이에 묻어 죽였다.[133] 포로 중 약 10분의 1 정도가 차출되었던 것인데, 이것은 고구려 군사조직의 최하위 단위가 10명으로 구성되어 있었다는 것을 보여주는 것이다. 한편 살해당한 말갈족의 숫자 3,300명 역시 말갈족의 군대가 300명의 장교와 3,000명의 병사로 구성되었다는 것을 시사해 준다. 이것으로 고구려의 군사편제는 10명-100명-1000명 단위로 구성되었다는 것을 알 수 있다. 물론 이것은 앞에서 지적하였듯이 고구려 초기부터 이어져 왔던 군사편제 단위였던 것이다.

고구려 초기의 군사편제는 주로 國人(삼국지에 기록된 하호를 포함하는 개념)들에 의해 편성되었으며 피정복민은 그 대상에서 제외되었다. 그러나 정복

---

133) 『三國史記』卷21 高句麗本紀 第9 寶藏王 上 4年條 "延壽惠眞 帥其衆三萬六千八百人 請降 入軍門 拜伏請命 帝簡耨薩已下官長三千五百人 遷之內地 餘皆縱之 使還平壤 收靺鞨三千三百人 悉坑之"

전쟁을 수행하는 과정에서 점차 다수의 병력이 필요해지면서 피정복민도 군대에 포함되기 시작하였다. 고구려 광개토왕대에 동원된 군대는 다수의 피정복민이 동원되지 않으면 나올 수 없는 규모였다. 그럼에도 불구하고 이들은 장수왕 전반기까지 호적에 등재되지 않았으며 원고구려인과 동일한 대우를 받을 수 있는 존재도 아니었다. 피정복민은 장수왕 후기까지도 여전히 별도로 관리되는 대상이었으며 병역 또는 역역에 동원되어야 했다.

고구려 중기 대민지배방식과 관련하여 주목해야 할 것은 「광개토왕비」에 기록된 수묘인 편제에 관한 사료이다. 「광개토왕비」에 기록된 수묘인연호의 신분과 사회적 성격에 대해서는 그동안 많은 연구가 진행되었다.[134] 番上立役에 의해 수묘인이 차출되었다는 일부 의견도 있지만,[135] 국내성이나 그 주변지역으로 이주된 피정복민 집단으로 이해하는 것이 일반적이다. 國烟과 看烟의 성격에 대해서는 피정복지에서의 사회적 정치적 신분관계가 반영된 것이라는 견해도 있지만,[136] 이들은 피정복자로서 국내성 근처에 집단적, 예속적으로 수용된 이상 재지에서의 기존의 계급관계는 해소되고 동일한 처우를 받았다고 추정된다.

고구려는 영역을 확대하는 과정에서 (1) 정복한 지역의 수장층이 자진하여 투항하는 경우, (2) 저항하다가 마지못해 투항한 경우, (3) 최후까지 저항하다가 포로가 된 경우 등으로 구분하여 그에 맞는 합당한 처분을 했을 것이다. 적극적으로 협조를 한 재지유력자에게는 고구려의 관작을 수여하거

---

134) 수묘인의 사회적 신분에 대해서는 노예설, 양인설, 농노설 등이 있는데 이에 대한 연구사적 검토는 김현숙, 1989, 「광개토왕비를 통해 본 고구려수묘인의 사회적 성격」『한국사학보』65 참조.

135) 임기환은 처음엔 번상입역을 주장했지만(임기환, 1994, 「廣開土王碑의 國烟과 看烟」『역사와 현실』37, 한국사학회), 나중에 철회하였다(임기환, 2014, 「집안고구려비와 광개토왕비를 통해본 고구려 守墓制의 변천」『韓國史學報』54).

136) 김현숙, 1989, 앞의 논문 참조.

나 재지에서 보유하고 있었던 기존의 지위를 인정해 주었지만, 저항이 극심했던 지역은 해당 지역의 지배층을 국내성 주변의 특정 구역에 이주시켜 해당 지역과 격리시켰을 것이다. 후기의 사례이긴 하지만 당태종이 고구려의 포로 가운데 지배층에 한하여 당으로 이주시키고 일반 병사들은 평양으로 방면한 사실은 국내성 주변으로 강제 이주된 대상이 대부분 재지에서 유력한 지위를 보유했던 계층에 속했다는 것을 추정하게 한다. 그러므로 수묘인들이 국내성 주변으로 강제 이주된 이후 기존의 지위를 박탈당하고 양인보다 열악한 농노적 대우를 받았을 것은 자명하다. 그 중 일부는 고구려 지배층의 사적 소유가 되어 노복과 같은 역할을 수행하는 경우도 있었겠지만, 대부분은 국가의 관리를 받으면서 수묘역을 포함하여 각종 역에 종사했을 것이다. 이들은 국내성 주변에 집단적으로 수용되어 몇 개의 단위로 분산되어 국가적 관리의 대상이 되었기 때문에 그 편제방식도 군사적 편제방식에 준했던 것으로 보인다.

國烟과 看烟이 1:10의 비율을 보이고 있는 것은 당시 역역에 종사하는 집단에 대한 편제 방식을 보여 주는 구체적인 사례라고 할 수 있다. 그런데 이러한 대응관계는 『수서』 고려전 조세 조항에 등장하는 流人이 10인이 1조가 되어 국가의 징세단위로 파악하는 현상을 연상시키는데,[137] 앞서 流人은 고구려에 복속된 말갈이나 거란 등 유목민족으로서 병역에 동원되는 대신에 조세부담이 현저하게 낮게 책정되었을 것이라는 견해가 제시된 바 있다. 그런데 國烟과 看烟의 비율 역시 1:10으로 구성되어 있어 병역이나 수묘역 등 특수한 역에 종사하는 민에 대한 고구려의 편제방식이 十進法的으로 이루어졌다는 것을 보여주는 예라고 하겠다.

그런데 일각에서는 이를 확대 해석하여 수묘인편제에서 나타나는 국연

---

137) 趙法鐘, 1995, 「廣開土王陵碑文에 나타난 守墓制研究 -守墓人의 編制와 性格을 중심으로-」 『韓國古代史 研究』 8, 218쪽.

과 간연의 비율이 고구려의 사회 편제를 보여주는 것이라고 해석하기도 한다. 그리하여 적어도 광개토왕이 통치하기 이전까지는 고구려 사회의 기층에서는 什伍制가 이미 실시되었으며 이러한 조직제도는 軍政合一의 특색을 지니고 있다고 주장한다.[138] 하지만 수묘인들이 출신지역에서 유리된 채 국내성에서 수묘역에 종사했던 특수한 신분이었다는 것을 고려하면, 수묘인편제방식을 기준으로 고구려 전체의 사회편제방식을 유추하는 것은 지나친 억측이라고 생각한다.

한편 수묘인들이 家=烟=戶 단위로 징발되었다는 것은 이주 당시에 수묘인들이 家라는 自然戶의 형태를 그대로 유지하고 있었다는 것을 보여준다.[139] 피정복지역은 고구려에 복속된 이후에도 기존의 전통적인 가족구조를 그대로 유지하고 있었던 것이다. 이러한 상황은 장수왕 후기에 전국적으로 호적제도를 실시했을 때까지 지속되어 자연호를 기준으로 하는 호적 등재 사업이 진행되었을 것으로 예상할 수 있다. 그러나 수묘역을 담당하는 戶는 국가의 특별 관리 대상이었기 때문에 국내성 주변 지역에 이주한 즉시 관련 장부에 기록되어 관리되었을 것이다.

고구려 사회는 집권제가 강화됨에 따라 대민지배방식도 성-곡 중심에서 성-호 체제로 전환되었다.[140] 그리하여 호에 대한 파악이 점차 가능하게 되었다. 특히 전 국민을 대상으로 조세수취제도를 확립한 『수서』 고려전 조세 조항 관련 기사는 호에 대한 파악이 제도적으로 정립되었다는 것을 분명하게 보여준다. 『수서』 고려전 조세 조항에 의하면 10명을 단위로 하여 세금을 부과한 대상은 바로 유인이라고 불렸던 말갈족 등 이민족이

---

138) 耿鐵華, 1994, 앞의 책, 135쪽.
139) 조법종은 수묘인은 역의 효율적 수행을 위해 편호로 재편되었을 가능성이 있지만, 복속 당시에는 기왕에 유지되고 있었던 가족단위의 구성체는 그대로 유지되었을 것으로 파악한다(조법종, 1995, 앞의 논문, 233~236쪽 참조).
140) 武田幸男, 1989, 앞의 책, 48쪽.

었다. 그 밖에 일반민에게도 호별로 조세가 부과되었다. 『주서』와 『수서』에서 언급한 시기는 6세기에서 7세기 초까지의 고구려의 상황을 반영한 것이었다. 인구사적 각도에서 살펴본다면 피정복민은 아마 장수왕 후기부터 법률적으로나 사회적으로나 완전한 민으로서 대우를 받았다. 호적제도의 시행으로 완만한 증가 추세를 보이던 고구려의 호구는 멸망기에 이르러 다시 급속히 증가되었다. 수당전쟁을 수행하는 과정에서 일반민을 전쟁이나 역역에 즉각적으로 동원할 필요가 생겼고, 이에 따라 민을 대상으로 하는 군사편제화가 진행되었기 때문이다. 상시적인 전쟁상태에 있었던 당시에 있어서 고구려 사회가 군사편제화의 방향으로 흘러가는 것은 필연적이었다. 물론 이것은 집권제의 강화와 맞물려서 진행되었다.

그런데 군사화된 사회에서 주목해야 할 것은 지휘관과 병사와의 관계이다. 군사체제에서 병사는 지휘자의 명령에 반드시 복종해야 했다. 지휘관의 잦은 교체는 사적인 관계를 형성하기 어렵게 만들지만 지휘관이 장기간 한자리를 계속 유지할 경우에는 지휘관과 병사 사이에는 사속적인 관계가 형성되기 마련이다. 중기에 군현제 방식으로 지방을 통치하였던 고구려는 후기에 잦은 전쟁으로 평지에서의 생산 활동이 극도로 위축되는 상황을 맞이하였다. 이 때문에 생산물자의 원활한 수급을 위해 고구려는 별도의 방법을 강구해야만 했다. 정복국가적인 특징을 살려 외부 정복을 통한 물자공급도 고려해 볼 만한 일이었지만, 남방에서는 신라와 백제에 거듭 패배를 당하고, 북방에서는 거란 정벌이 실패하는 상황에서 수당과의 전쟁에 전력을 집중해야 했던 당시 고구려의 전력으로는 별개의 전쟁을 수행하는 것은 무리였다. 결국 자체적으로 생산 물자를 조달해야만 했던 고구려는 상시적인 공격의 상황에 노출되어 있는 평지보다는 산성에서의 생산 활동에 주력하였다. 생산 활동이 산성을 중심으로 전개됨에 따라 전쟁시기가 아닌 평상시에도 산성을 중심으로 생활이 이루어지게 되었으며, 산성은 군사방어시설이자 생산 활동의 중심지이자 교역의 중심지로서 역할을 수행하게 되었다. 그리하여 산성은 군사적인 방어시설이라는 성격 이외에도 일반민들의 생활의 중심지라는 성격을 추가하게 되었다.

이렇게 성에서의 일반민의 생활이 일상화되자, 성은 그 기능이 강화되어 일상적인 민정기관으로서의 역할도 수행하게 되었다. 평지성을 중심으로 전개되었던 기존의 군현제적인 운영방식은 지양되고, 성을 중심으로 한 새로운 행정조직이 자연스럽게 등장하게 되었다. 그리하여 고구려 후기의 행정은 성을 중심으로 전개되었다. 군사적 경제적 행정적 중요성에 따라 성은 대성-성-소성으로 구분되었고, 이들은 대성을 중심으로 하는 광역 행정체계를 구축하게 되었다.

성안에서의 생활은 병농이 일치된 사회였다. 일반민은 지휘관의 명령에 복종해야 했으며, 어쩌면 생산 활동도 둔전제같은 군사적인 조직으로 전개되었을 것이다. 그렇기 때문에 일반민은 지휘관의 부하이자 생산의 하부 조직을 담당했다. 그리하여 지휘관과 일반민의 사속적인 관계가 형성되었고, 점점 지휘관과 병사와 같은 관계로 발전되었다. 그리고 이러한 사속적 관계는 전쟁을 수행하는 과정에서 더욱 강화되었다. 고구려의 지배층 다수가 중국으로 강제 이주한 이후에도 안동 성방에 남아 있었던 고구려 유민들은 그러한 생활방식을 그대로 유지했다. 당나라도 이러한 군사편제방식으로 구성된 고구려 사회조직을 해체할 필요가 없었다. 유사시 고구려인들을 동원하기 편리했기 때문이다.

이상으로 고구려 멸망기의 고구려사회의 군사편제화에 대하여 살펴보았다. 한정된 사료로 인하여 억측도 많았다. 그러나 상시적 전쟁상태에 있었던 고구려 사회에서 사회조직의 군사편제화가 발생했다는 것은 충분히 예상할 수 있다. 그 결과 고구려는 수당전쟁에서 강력한 중국통일왕조와 오랫동안 강력하게 대응해 나갈 수 있었다. 고구려 사회의 군사편제화는 고구려의 중앙집권적 지배체제의 강화를 극명하게 보여주는 사례라고 평가받아 마땅하다.

제4장

지배세력의 재편과
국정운영방식의 변화

　제1장부터 제3장까지 관위체계, 지방통치체제, 대민지배방식 등을 통해 고구려의 중앙집권적 지배체제가 지속적으로 발전되는 과정을 살펴보았다. 특히 지방통치체제와 대민지배방식은 고구려 후기에 들어와서도 지속적으로 강력하게 진행되었던 사실을 확인했다. 이점은 바로 고구려 중앙의 지방에 대한 통제력과, 권력층의 대민지배력이 유지 내지는 강화되고 있었다는 것을 여실히 보여주고 있다. 중앙집권적 지배체제는 군주 1인에게 권력이 집중되었을 때 가장 큰 집권력을 발휘할 수 있다. 그러나 고구려 후기에는 국왕의 권력이 전대에 비해 약화되어 국왕을 중심으로 하는 집권력이 효율적으로 발휘될 수 없었다. 특히 장수왕 말기부터 진행된 몇 번의 정변은 지배층 내부의 상쟁을 유발함으로써 이에 따른 지배세력의 교체 내지는 재편이 진행되었다. 통설에 의하면 고구려 후기는 평양성 출신이 추군-세군 왕위계승전을 계기로 국정을 장악하여 후기사회의 국정주도세력이 되었다고 한다. 그러나 사료를 검토하면 이러한 통설에 문제점이 적지 않다는 것이 확인된다. 본 장에서는 고구려 후기의 국정주도세력이라는 평양 출신 유력 집단에 대해서 먼저 접근하고, 추군-세군 왕위계승전의 역사적 의미와 지배세력 재편의 실체 등에 대해서 분석하려고 한다.

그리고 이를 통해서 고구려 후기의 국정주도세력의 실체에 대해서 접근하려고 한다.

제1절 지배세력의 재편

1. 평양지역 호족 지배방식의 변화

『資治通鑑』 권88 晉愍帝 建興元年條에는 다음과 같이 낙랑군의 마지막 모습을 전하고 있다.

> 遼東人 張統은 樂浪·帶方 2郡을 점거하고, 고구려왕 乙弗利와 서로 공격했는데, 몇 년이 지나도 해결되지 않았다. 樂浪人 王遵은 張統을 설득하여 그 백성 천 여 家를 이끌고 (慕容)廆에게 귀속하였다. (慕容)廆는 樂浪郡을 설치하고 張統을 太守로 삼고, 王遵을 參軍事로 삼았다.[1]

그런데 당시 낙랑군은 지방관이 오래 전부터 파견되지 않아 행정력이 거세된 관성화된 주거집단에 불과하다는 견해가 일찍부터 제기되었다.[2] 그러나 291년에는 賈后의 편에 서서 惠帝를 도와 정사를 보좌하던 楊駿 일파를 제거하는데 큰 공을 세운 東安王 繇가 賈后까지 폐하려다가 형인 東武公 澹의 밀고로 대방군으로 유배되었다.[3] 또한 301년에 칭제하였던 趙

---

1) 『資治通鑑』 권88 晉愍帝 建興元年條 "遼東張統據樂浪帶方二郡 與高句麗王乙弗利相攻 連年不解 樂浪王俊說統其民千餘家屬廆 廆委之置樂浪郡 以統爲太守 遵爲參軍事"

2) 권오중, 1992, 『樂浪郡硏究』, 일조각, 88~91쪽.

3) 『晋書』 권4 惠帝紀 元康元年 3월 "庚戌, 免東安王繇及東平王楙, 繇徙帶方"; 『資治

王 倫이 제거되고 惠帝가 복귀하는데 결정적인 공을 세운 齊王 冏이 그 후 정권을 잡으면서 민심수습책의 하나로 사면령을 내리자 대방에 유배되어 있던 東安王 繇가 다시 옛 작위를 회복하고, 그 대신 그를 밀고하였던 형인 東武公 澹이 죄수의 신분으로 요동으로 옮겨졌다.[4] 이런 사실들을 볼 때 적어도 301년까지는 대방군에 대한 晉 제국의 통제가 정상적으로 이루어 지고 있다는 것을 알 수 있다. 그러므로 그와 인접한 낙랑군 역시 晉 제국 의 통제 하에 있었던 것은 말할 필요도 없다.

그러나 그 후 낙랑군은 晉으로부터 자립할 의지를 가졌던 幽州都督諸軍 事인 王浚 등 漢人 세력가와 요동과 요서 지역에서 패권을 장악하려는 慕 容氏와 宇文氏, 段氏 등 이민족 사이의 각축으로 인한 혼란 때문에 교통이 막혀[5] 晉의 중앙정부와는 실질적인 관계가 단절되면서 한인세력가인 遼 東人 張統에 의하여 군정이 장악되었다. 그렇지만 313년 고구려 미천왕의 거듭된 공격을 견디지 못하고 王遵의 설득하에 낙랑군민 1,000여 家를 이 끌고 慕容廆가 지배하고 있던 요서지역으로 이주하였고, 그 결과 낙랑군은 고구려에 복속되었다.

王遵은 당시 낙랑군 지역의 토착세력을 대표하던 세력으로 추정되는데, 그가 데려간 1,000여 가에는 王氏를 중심으로 하여 韓氏와 冬氏 등 고구 려의 낙랑지배에 반대하였던 호족세력이 다수 포함되었다. 또한 『자치통 감』의 낙랑군 복속기사와 『삼국사기』 고구려본기 미천왕 14년 "10월에 낙 랑군을 침범하여 남녀 2,000여 명을 사로잡았다"[6]는 기사를 합쳐서 보면,

---

通鑑』 권82 惠帝 元康 元年條 "庚戌, 詔免繇官, 又坐有悖言, 廢徙帶方."

4) 『資治通鑑』 권84 永寧元年 "赦天下, 東武公澹坐不孝徙遼東. 九月, 徵其弟東安王 繇復舊爵, 拜尚書左僕射."

5) 『晉書』 권108 慕容廆載記 附裴嶷傳 "屬天下亂, 嶷兄武先爲玄菟太守. 嶷遂求爲昌 黎太守, 至郡, 久之, 武卒. 嶷被徵. 乃將武子開送喪俱南. 旣達遼西, 道路梗塞, 乃與開投廆."

6) 『三國史記』 권17 고구려본기 제5 미천왕 14년조 "14年 冬十月, 侵樂浪郡, 擄獲男

고구려는 낙랑군을 정벌하면서 고구려에게 강력하게 저항했던 낙랑의 주 지배층 2,000명을 사로잡아 처리하였던 것 같다.

당시 고구려의 지배를 낙랑군 사람들이 어떻게 받아들였는지는 모르겠지만, 요서로 이주한 1,000여 가와 고구려에 사로잡힌 2,000명을 제외하면 낙랑인은 대체로 고구려의 지배를 별다른 저항없이 받아들였던 것 같다. 1,000여 가가 요서로 이동하였다는 기사를 토대로 낙랑인들이 고구려의 이 지역 진출에 반발했다고 해석한 연구와,[7] 또 당시『晉書』地理志에 기록되어 있는 호구 수에 근거하여 1,000여 가의 이동은 당시 낙랑군민의 1/3에 해당한다는 주장도 있다.[8] 그러나『晉書』에 기록된 인구수는 당시 호적제도의 문란으로 인하여 많은 수가 누락되었다는 것을 고려한다면 역시 대다수의 낙랑군민은 본래의 거주지에 그대로 남아있었다고 보는 것이 타당할 것이다.

낙랑군은 고구려에 복속하기 얼마 전까지 晉의 관할 밑에 있었지만, 중국의 정권이 漢, 魏, 晉으로 교체됨에 따라서 낙랑군이 관할하는 속현의 수가 점차 줄어드는 것에서 볼 수 있듯이 점차 주변지역들은 중국의 지배권에서 벗어나고 있었다. 그러나 그 중심지역은 여전히 중국의 강한 통제권 하에 있었다. 낙랑군이 이렇게 장기간 존속할 수 있는 요인이 무엇일까에 대해서는 몇 가지 견해가 있지만,[9] 在地를 강력하게 지배하고 있었던 豪族 세력의 존재와 이들의 향배도 중요한 역할을 하였을 것이라고 생각한다.

女二千餘口"

7) 이성제, 1996,『4~5세기 고구려의 낙랑 대방고지에 대한 통치와 평양 천도』, 서강대학교 석사학위논문, 9~12쪽.

8) 이성규, 2005,「4세기 이후의 낙랑교군과 낙랑유민」『중국과 한국』, 서해문집.

9) 대표적인 것으로 三上次男, 1964,「樂浪郡社會の支配構造」『朝鮮學報』제30집; 권오중, 1992,『樂浪郡研究』, 일조각; 오영찬, 2006,『樂浪郡研究』, 사계절 등이 있다.

낙랑군사회의 성격에 대해서는 그 동안 몇 가지 견해가 존재했었다. 하나는 낙랑군이 독자적인 토착적 성격을 계속 간직하고 있었다는 논리이고,[10] 또 하나는 이미 한의 군현지배가 철저히 진행되어 낙랑군사회는 한화되었다는 것이다.[11] 그 밖에 양자가 합쳐져 새로운 낙랑인을 형성하였다는 의견도 제시되었다.[12] 그러나 앞에서 살펴보았듯이 313년 전연정권으로 이주하였던 冬氏, 韓氏, 王氏 등의 출자를 고려할 때 당시 낙랑군사회는 한화되기는 했지만 토착적 성격을 간직하고 있었던 土着韓人 출신의 유력세력들이 이 지역을 관할하고 있었다고 추측된다. 왜냐하면 한의 군현지배가 철저하였다는 견해는 주로 관부문서에 근거하여 도출한 결론으로서 관부문서의 특성상 다루고 있는 대상이 주로 漢郡縣과 실질적인 관계를 맺고 있는 토착세력의 수장층이나 토착사회에서 이탈하여 漢人 출신의 豪族에게 사역되는 형태로 잡거하던 소수의 개별적인 民이기 때문이다. 그러므로 문서에만 의지하는 것은 한군현과 간접적인 형태로 복속하고 있는 다수의 토착민을 고려하지 않아 현실을 정확히 반영하지 않을 개연성이 크다고 할 수 있다.

　　지금까지 낙랑군지역에서 출토된 각종 印章·封泥·瓦·塼의 명문에는 낙랑군 주민으로 추정되는 王·韓·張·楊·高·公孫·周·孫·黃·橫·貫氏가, 그리고 칠기의 명문에도 王·張·韓·趙·周·孫·商씨가 확인된다.[13] 이들은 모두 중국식 성을 冠稱하고 있지만, 漢代 西南夷 자료에서 중국식 성을 가진 夷族 渠首들을 흔히 찾아볼 수 있는 것처럼 중국식 성으로 漢系

---

10) 권오중, 1992, 앞의 책 참조.
11) 김병준, 2006, 「중국 고대 簡牘자료를 통해 본 낙랑군의 군현지배」『歷史學報』 189; 이성규, 2006, 「중국군현으로서의 낙랑」『낙랑문화연구』, 동북아역사재단.
12) 오영찬, 2006, 『樂浪郡研究』, 사계절, 164쪽.
13) 이성규, 2005, 「4세기 이후의 낙랑교군과 낙랑유민」『중국과 한국』, 서해문집.

를 파악하는 것은 불가능하다. 특히 낙랑의 대표적인 大姓으로서 기자의 후손을 자칭한 韓氏와 王氏도 고조선계일 가능성이 높기 때문에, 중국식 성을 가진 낙랑군민의 상당부문도 이들 고조선계로 보아도 무방하다.[14] 참고로 낙랑군 출토 무덤에서 冬氏(冬壽) 혹은 佟氏(佟利)라고 성씨가 달리 표기되거나 동수를 冬壽 혹은 佟壽로 표기하는 것은 동씨가 한인성씨가 아니라는 것을 반영한다. 어느 시대보다도 성씨를 중요시하였던 당시의 사회적 분위기에서 사족의 성씨 표기에 이처럼 착오가 발생한다는 것은 상상하기 힘든 일이기 때문이다.[15] 이것은 이민족이 한인성씨를 차용하면서 그들의 성씨를 한자로 표기하는 과정에서 발생한 일이라고 생각하는 것이 더 합당할 듯하다.[16]

낙랑군이 설치된 후 기존의 사회는 "胡漢稍別"되어[17] 고조선계의 土着 韓人[18]들은 漢人과 분리되어 호적에 편제되었다. 그런데 이들은 인구의 다수를 점하면서 소수의 한인계열을 압도하였다.[19] 인구비율에서의 절대

---

14) 이성규, 2006, 「중국군현으로서의 낙랑」『낙랑문화연구』, 동북아역사재단. 이에 반해 三上次男(樂浪郡社會の支配構造)과 윤용구는 이들을 토착한인으로 파악하였다.

15) 避諱의 가능성을 상정해보았지만, 佟과 冬이 같은 平聲에 해당하는 글자이기 때문에 避諱일 가능성은 없다.

16) 野守健 외, 1937, 「永和九年在銘塼出土古墳調査報告」『昭和七年度古墳調査報告』, 朝鮮總督府.

17) 『三國志』권30 烏丸鮮卑東夷傳 濊條 "漢武帝伐滅朝鮮, 分其地爲四郡. 自是之後, 胡·漢稍別"

18) 여기서 韓人이라고 한 것은 三韓지역의 韓人을 지칭하는 것이 아니라, 古朝鮮이 래 한반도 서북지역에서 거주하고 있었던 주민을 지칭하는 것으로서, 衛滿朝鮮의 주민을 구성하였던 燕齊지역에서 이주한 漢人과 漢代 이후 이주한 漢人 즉 中國 系와 구별하는 의미에서 사용하였다.

19) 樂浪郡 初元4年 목간명을 분석한 손영종의 견해에 의하면 당시 토착한인은 인구의 86%, 한족계 한인은 인구의 14%를 점유하고 있었다(손영종, 2006, 「락랑군

적 우세와 고조선시대부터 가지고 있었던 在地的 기반으로 인해 土着韓人의 수장들은 낙랑군에서 시종 그 지위를 잃지 않았다. 비록 상충부에서는 내지에서 계속 파견된 太守와 縣令, 縣長이 장악하고 있었지만, 낙랑군 사회에서 재지세력을 장악하고 있었던 것은 위만조선 이래의 낙랑군 지역에서 정착하고 있었던 中國係 土着漢人과 고조선계 土着韓人이었다. 낙랑군 士人들은 낙랑군의 지정학적 요인으로 인하여 內郡에 비하여 차별적 대우

남부지역(후의 대방군 지역)의 위치-락랑군 초원4년 현별호구다소□□를 중심으로」『력사과학』198, 31~32쪽). 이 새로운 자료를 한국학계에 소개한 윤용구도 처음에는 손영종의 의견을 받아들였으나(윤용구, 2007, 「새로 발견된 樂浪木簡-樂浪郡 初元四年 縣別戶口簿」『한국고대사연구』46), 후에 다른 논문에서 낙랑출토목간의 문자를 분석한 후 종래의 견해를 철회하고 여기서 86%를 차지하고 있는 호수는 종족적으로 구분된 것이 아닌 다른 것을 지칭할 것이라는 견해를 밝히고 있다(윤용구, 2009, 「평양출토『樂浪郡初元四年縣別戶口簿』研究」『목간과 문자』3호). 당시 낙랑군의 인구구성과 인구성질에 대해서는 낙랑군에도 내지와 같은 지배가 행해졌을 것이라는 견해가 있지만, 이것은 관부문서에 의한 것으로 실상은 그렇지 못했다. 중국의 동한시대부터 이주해 온 각 소수민족들의 한화과정을 살펴보면 수백 년 이상 소요되는 것이 보통이었다. 匈奴와 羌族 氏族이 비록 일부에서 편호제민화 과정을 거치긴 했지만, 그들은 永嘉之亂이 발생하기까지 그들의 종족적 특징을 유지하고 있었으며, 이것이 결국 五胡亂華의 원인이 되었다. 이들 종족은 오호십육국시기에 국가를 건립한 후 해체의 길을 걸었는데, 黃烈은 종족을 초월한 국가의 건립이 소수민족의 해체를 가속화하였다고 하고, 국가를 건립하지 않았으면 그 종족이 오랫동안 족적정체성을 유지하였을 것이라는 견해를 제시하고 있다(黃烈, 1987, 『中國古代民族史研究』, 人民出版社, 331~350쪽). 위진남북조시기 독자적인 정권을 건립하지 못했던 契胡가 수당시기에도 여전히 산서지역에서 종족적 단위로 분포하고 있었다는 것은 그 비근한 예이다. 또한 최근 민족지 연구에 의하면 청해지구에 거주하고 있던 각 종족들은 동일한 지역에서 거주한 지 600년이 지난 현재까지도 종족이 완전히 융합하지 못하고 여전히 각자의 종족적 특징을 유지하고 있었다(「民族文化認同模式的多種可能性 -以青海多民族文化爲個案」『中國民族報』, 2010-08-06). 이러한 사례는 한화가 단기간에 이루어지기 쉽지 않다는 것을 설명하며 독자적인 정권을 수립하지 못했던 낙랑군사회가 고구려에 병합되기까지 종족적 특징을 계속 유지하고 있었다는 설명을 가능하게 한다.

를 받았지만,[20] 문벌사족화한 호족들이 중앙정계 진출 후 정쟁에 의해서 쉽게 제거되고 있는데 반해, 재지에서 비교적 안정된 상태로 존속하면서 그들의 세력기반을 확대하고 있었다. 그러므로 낙랑군을 지배하는데 있어서 이들 호족을 얼마나 효율적으로 제어하느냐가 고구려의 낙랑군 통치의 관건이 되었다.

그렇다면 여기에서 낙랑군 출신의 동수를 낙랑군 지배에 활용하게 된 이유를 찾을 수 있을 것 같다. 종래 이에 대해서는 동수를 중국계 망명인으로 파악한 후 낙랑군에 있었던 漢人士族을 효과적으로 지배하기 위해서라는 견해가 있었다.[21] 그런데 동수는 낙랑군 출신의 土着韓人으로 313년 전연으로 이주하였다가 336년에 다시 돌아온 인물이었다. 동수의 출자에 대해서는 이미 논의한 바가 있는데 이에 대해서 간략히 요약하면 다음과 같다. 안악 3호분의 묵서명의 주인공 동수는 모용정권에서 함께 入仕한 명문 출신의 기타 漢人士族과는 달리 그 출자가 대단히 한미하여 이민족과 관련된 성씨일 가능성을 먼저 제시했다. 그 결과 冬氏의 원류가 한반도 평양·황해지역이라는 것을 밝혔다. 그리고 낙랑군 출신인 동수가 사료에 요동으로 籍貫이 표기된 이유는 313년 낙랑군이 고구려에 멸망하는 과정에서 요서지역으로 이주한 낙랑군민이 당시 모용씨가 교치한 요동군에 수용되었기 때문이라고 보았다. 즉 묵서명의 요동군을 僑置郡으로 본 것이다.[22] 이에 대해서는 僑置郡이 '幽州[23]—遼東—平郭—都鄕—敬上里'처럼

---

20) 권오중, 앞의 책, 84~91쪽; 김한규, 1982, 『古代中國的世界秩序』, 일조각, 159
    ~162쪽.

21) 임기환, 2004, 『고구려 정치사 연구』, 한나래, 168~180쪽.

22) 이동훈, 2010, 「동수의 출자로 본 고구려의 낙랑군지배」『白山學報』 88. 본서의
    보론 참조.

23) 허구설을 주장하는 논자들은 요동군이 당시 평주 소속이라는 점을 들어 동수의
    출자가 조작되었다고 본다. 하지만 본고는 유주는 평주를 착각하여 적은 기록이
    라는 주장에 따른다.

晋代의 일반적인 지방행정체제를 갖출 수 있는가 반론이 제기될 수 있지만, 최근 연구에 의하면 교치군은 일반 지방 행정체계와 똑같은 행정체계를 갖추고 있었다는 것이 밝혀졌다.[24] 이렇게 동수가 한반도 토착한인 출신이라는 것이 밝혀진 이상 동수를 낙랑군지배에 활용한 이유에 대해서는 새로운 해석이 요구된다. 앞에서 언급하였듯이 낙랑군 사회는 한족보다는 토착한인이 다수를 차지하였던 사회였기 때문에 동일한 토착한인 출신으로서 중국에서의 경험으로서 중국사회에 대한 이해까지 갖게 된 동수는 낙랑군민을 통치하기에 가장 적합한 인물이었던 것이다.

고구려는 낙랑군을 복속하는 과정에서 요서로 간 1,000여 가와 고구려에 잡힌 2,000명이라는 반고구려성향의 인사들을 제거하였는데, 이들은 이 지역의 大姓이었던 韓氏와 王氏가 중심이 되었을 것이다. 그러나 낙랑·대방군에서 출토된 紀年銘文에는 313년 이후에도 王氏와 韓氏의 성씨가 기록된 명문이 가장 높은 비율을 차지하고 있다.[25] 이것으로 이들 大姓이 여전히 이 지역에서 상당한 세력을 보유하고 있음을 알 수 있다. 고구려는 이들을 견제하기 위하여 세력이 다소 미약하지만, 고구려와 협조적인 제3의 호족을 선택하였으며 그것은 평양 부근에 토착하고 있었던 동씨였다. 冬氏는 중국식 성씨를 채택하고 있었지만, 한화시기가 상당히 늦어 토착적 성격을 강하게 유지하고 있었던 것으로 보인다. 340년대에[26] 漁

---

24) 寇克紅, 2014, 「'都鄕'考略-以河西郡縣爲例」『敦煌研究』2014-4.

25) 공석구의 책에 기록된 표에 의하면 성씨가 기록된 313년 이후 407년까지의 기년명문 10개 중에서 한씨가 2개, 왕씨가 3개를 차지하고 있다(공석구, 앞의 책, 1998, 78~80쪽, 〈표 1〉 참조).

26) 張撫夷 명문전에 기록된 '戊申年'에 대해서는 288년 설, 348년 설, 408년 설 등이 있지만 대체로 348년 설을 따른다(韓國古代社會硏究所 編, 『譯註韓國古代金石文』제1권, 駕洛國史蹟開發硏究院, 1992, 393쪽; 공석구, 1998, 앞의 책, 94~95쪽). 따라서 張撫夷가 대방태수를 역임한 시기는 340年代가 되지 않을까 추정된다.

陽 출신의 張撫夷가 대방태수로 선택된 것도 역시 이 지역에서 강력한 세력을 형성하고 있는 한씨와 왕씨를 견제하기 위한 고구려의 의도가 작용한 결과였다. 고구려는 제2장에서 서술했듯이 이 지역의 호족들에게 행정적인 자율성만 부여하였을 뿐 군사적으로는 그 권한에 제한을 두어 강력하게 통제하고 있었다. 그러나 장수왕의 남천 후 이러한 사정은 변하였다. 낙랑계 호족들이 중국으로 이주하는 현상들이 사료에 종종 등장하는 현상이 발생하였던 것이다.

4~5세기에 낙랑·대방군지역에서 중국으로 이주한 인물들을 현재 남아 있는 문헌과 비문 등을 통하여 살펴보면 크게 두 개의 시기로 집중되었다는 것을 알 수 있다. 하나는 313년 낙랑군이 모용외 정권의 관할 하에 요서에 새롭게 교치되었을 때이다. 당시에 주로 이주하였던 일족은 주로 王氏와 韓氏를 비롯한 낙랑사회를 장악하고 있었던 大姓을 중심으로 하였다.[27] 그리고 다음은 아래와 같이 장수왕 후기에 집중되고 있다.

A-① 高崇은 字가 積善이며, 渤海 蓨人이다. 4세조 撫는 晉나라 永嘉 연간에 형 顧와 함께 난을 피하여 고려로 달아났다. 父인 潛은 顯祖 초에 歸國하여 開陽男이라는 작위를 사여 받고 요동에 거주했다. 황제가 조서로서 潛에게 沮渠牧犍의 딸을 처로 하사하고 武威公主에 봉했다. 그리고 駙馬都尉에 임명하고 寧遠將軍을 더하였다. 죽었다.[28]

A-② 스스로 운운하기를 본래 渤海 蓨人이었는데, 5세조 顧가 晉나라 永嘉 연간에 난을 피하여 고려에 들어왔다고 한다. 부친인 颺은 字

---

27) 이동훈, 2010, 「동수의 출자로 본 고구려의 낙랑군 지배」『백산학보』88.

28) 『魏書』卷77 高崇傳 "高崇, 字積善, 渤海蓨人. 四世祖撫, 晉永嘉中與兄顧避難奔於高麗. 父潛, 顯祖初歸國, 賜爵開陽男, 居遼東, 詔以沮渠牧犍女賜潛爲妻, 封武威公主. 拜駙馬都尉, 加寧遠將軍, 卒"

가 法脩이다. 高祖 초에 동생인 乘信과 더불어 마을 사람 韓內와 冀富 등과 함께 入國하였다. 조정은 厲威將軍, 河間子를 제수하고 乘信에게는 明威將軍을 제수하고, 모두 客禮로서 대했다. 마침내 颺의 딸을 거둬들였고, 그녀는 文昭皇后가 되어 世宗을 낳았다.[29)]

A-③ 公은 諱가 溫이고, 字는 平仁이다. 燕國 樂浪 樂都人이다. …… 漢나라 司徒 覇와, 晉나라 司空 晉侁의 후손이다. 祖父인 平은 魏나라 征虜將軍, 平州刺史이다. …… 父親 萇은 龍驤將軍, 樂浪太守이다. …… 옛날 永嘉 말에 晉나라 太中大夫였던 從祖 司空幽州牧 浚이 石氏의 治世 때에 화를 당하였다. 建興 元年 薊에서 樂浪으로 피난했으며, 이로 인해 그곳에 거주하였다. 魏나라 興安 2년에 祖父 平은 가솔을 이끌고 歸國하였다. 皇朝에서 벼슬이 끊이지 않고 이어졌으며 이리하여 도읍에 거주했다(『王簡公墓誌銘』).[30)]

A-④ 59년, 가을 9월 백성 노객 등이 위나라로 도망가 항복하였고, 위는 각각 전택을 하사했다.[31)]

A-①과 A-②의 기록은 『魏書』에 '渤海蓨人'으로 기록된 高句麗高氏인 高崇과 高肇의 기사이다.[32)] 기록에 의하면 高崇의 父인 潛은 顯祖 初

---

29) 『魏書』卷83下 高肇傳, "自云本渤海蓨人, 五世祖顧. 晉永嘉中避亂入高麗, 父颺. 字法脩, 高祖初, 與弟乘信及其鄕人韓內, 冀富等入國, 拜厲威將軍, 河間子. 乘信明威將軍, 俱待以客禮. 遂納颺女, 是爲文昭皇后, 生世宗"

30) 『王簡公墓誌銘』"公諱溫, 字平仁, 燕國樂浪樂都人. …… 漢司徒覇, 晋司空晉侁之後也. 祖平, 魏征虜將軍, 平州刺史, …… 父萇, 龍驤將軍, 樂浪太守. …… 昔逢永嘉之末, 晉太中大夫. 從祖司空幽州牧浚遇石世之禍. 建興元年, 自薊避難樂浪, 因而居焉. 至魏興安二年, 祖平携家歸國, 冠冕皇朝. 隨居都邑."(張乃壽, 1994, 「北魏王溫墓誌記事勾沉」『中原文物』1994-4).

31) 『三國史記』卷18 高句麗本紀6 長壽王 59年條 "五十九年 秋九月 民奴各等, 奔降於魏, 各賜田宅"

32) 高崇과 高肇 등 高句麗高氏의 출자에 대해서는 이동훈, 2008, 「高句麗遺民『高德墓誌銘』」『韓國史學報』31 참조.

에 北魏에 歸國하였다고 한다. 顯祖 初가 구체적으로 언제인지는 정확히 알 수 없지만, 顯祖 獻文帝가 재위한 기간이 466년부터 470년이므로 대략 466~467년 정도가 되지 않을까 추측할 수 있다. A-②에서 高肇의 父인 颺은 동생 乘信과 그 鄕人인 韓內, 冀富 등과 함께 高祖 初에 入國하였다고 한다. 高祖 初가 구체적으로 언제인지는 알 수는 없지만 高祖 初에 쓰였던 연호인 延興년간(471~475)이 아닐까 한다.

A-③은 太原王氏인 王溫의 묘지명이다.[33] 비문에 의하면 그의 종조는 八王의 亂에도 개입하면서 幽州지역에서 晉을 대신하여 稱制하면서 실질적인 自立을 도모하였던 王浚인데, 王浚이 石勒에게 살해되자 建興 元年 즉 313년에 낙랑군으로 피하였다고 한다. 이 때 王溫이 이주한 낙랑군에 대해서는 요서에 교치된 낙랑군으로 이해하는 견해도 있지만,[34] 다음의 興安 2년(453)에 귀국하였다는 기사를 보면 한반도의 낙랑군으로 파악하는 것이 타당할 듯하다. 왕온 일족이 이주한 지역이 이주한 곳이 요서에 교치된 낙랑군을 의미하는 것이라면 '歸國'이란 용어를 사용할 필요가 없기 때문이다. 439년 북연이 멸망한 후 요서지역은 북위의 관할 하에 들어가게 되어 요서지역에 거주하던 백성들은 자연히 북위의 신민이 되었을 것이기 때문에, 그 조부가 興安 2年 453년에 가솔을 데리고 북위에 귀국하였다는 기록은 그가 북위에 입국하기 전에 거주하였던 지역이 한반도에 위치한 낙랑군이었다는 것을 보여준다.

일반적으로『魏書』의 관례를 보면 어떤 인물이 北魏와 적대관계에 있던 국가나 관할 밖의 지역에서 북위에 들어올 때는 '歸國' 또는 '入國'이라고

---

33) 陳爽, 1998,『世家大族與北朝政治』, 中國社會科學出版社, 132~133쪽.

34) 이성규는 왕온의 비문 중 낙랑군이주기사에 주목하여 이 낙랑군을 요서지역에 교치된 낙랑군으로 파악하였다(이성규, 2005,「4세기 이후의 낙랑교군과 낙랑유민」『중국과 한국』, 서해문집).

하여 특기하고 있는데, 특히 후연과 북연관련 기록에서는 아직 후연과 북연이 멸망하기 전 대치하고 있던 상황에서 솔선하여 북위에 투항하는 경우를 '歸國'이라고 서술하고 있다.[35] A-①과 A-②에 기재된 高崇과 高肇 역시 '歸國'과 '入國'으로 기록하고 있다. 이것은 북위정권이 북위정권에 입국하는 태도를 중요시하여 자진하여 들어온 경우는 上客으로 대우하고, 저항하다가 정복당한 후 부득이하게 들어온 경우는 북위의 수도인 代지역으로 이주시키고 사역시켰던 북위의 정복정책과 밀접한 관련이 있다. 그러므로 王溫의 묘비기록에서 중요한 것은 낙랑군으로 간 기록보다는 자진하여 귀국한 때를 기록한 기사라고 할 수 있으며, 왕온이 북위에 귀국한 기사는 관부문서에 기록되어 남아 140년 전에 낙랑군으로 갔다는 기사보다 사실성을 더 반영한다고 할 것이다.

따라서 본고에서는 왕온 가계의 낙랑군 이주 기사는 왕온의 선조가 永嘉之亂 이후 전개된 북방의 혼란상황을 피하기 위해 낙랑군지역으로 이주하였다는 정도로 해석하려고 한다. 다만 그의 일족은 다른 고구려계의 高氏일족과는 달리 魏에서의 祖父의 관작과 晉에서의 從祖의 관작이 정확하게 기록되어 있어 위진남북조시대 북방의 최고의 가문 중의 하나인 太原王氏 출신이 확실하다고 할 수 있다. 아마 현실적으로 王溫 가계처럼 永嘉之亂 이후 중국내지에서 낙랑군으로 피신한 일족들이 존재하였기에, 이것이 나중에 고구려 고씨 등이 북조에 들어온 후 자신의 출자를 永嘉之亂 때 난을 피하여 고구려에 이주하였다고 주장하는 근거가 되었을 것이다.

이상의 高崇, 高肇, 王溫 일족이 북위에 입국한 시기를 검토해보면 대략 453년에서 475년 사이로 추정할 수 있는데, 이는 모두 고구려 장수왕 후

---

35) 『魏書』卷32 高湖傳 "寶走和龍, 兄弟交爭, 湖見其衰亂, 遂奉戶三千歸國. 太祖賜爵東阿侯, 加右將軍, 總代東諸部."; 『魏書』卷42 韓秀傳 "韓秀, 字白虎, 昌黎人也. 祖宰, 慕容儁謁者僕射, 父昞, 皇始初歸國, 拜宣威將軍, 騎都尉, 秀歷吏任, 稍遷尙書郞, 賜爵遂昌子, 拜廣武將軍." 등 제 열전 참조.

기에 해당하는 시기에 해당한다. 고구려는 장수왕 26년에 북연에서 망명한 馮弘을 제거한 후에 북위와 평온한 관계를 유지하고 있어 이들 고구려인이 북위로 망명한 이유는 알 수 없다. 그런데 『魏書』권100 百濟傳에는 百濟의 개로왕이 점증되는 고구려의 남침에 대항하기 위해서 北魏의 獻文帝에게 보낸 국서 중에 다음과 같은 기사가 있어 장수왕 말기의 고구려 국내 상황을 짐작하게 해준다.

> B 지금 璉은 죄가 있습니다. 나라 안에 내분이 발생하여 大臣强族이 끊임없이 살육되어 죄악이 가득히 쌓였으며, 백성들은 이리저리 흩어지고 있습니다. 이는 멸망의 시기이며 다른 사람의 힘을 빌려야 할 때입니다. 또 馮氏계열의 사람과 말에게는 鳥畜之戀이 있고, 낙랑 등 여러 군은 首丘之心을 품고 있습니다. 제왕의 위엄이 한 번 움직이면 정벌만이 있고 전쟁은 없을 것입니다.[36]

이 기사를 통하여 장수왕대 후기에 나라 안에 내분이 발생하여 大臣과 强族들이 살해되고, 그 여파로 백성들이 유리되는 상황이 발생했다는 사건이 발생하였다는 것을 알 수 있는데, 구체적으로는 A-①~③에서 보이는 王氏와 高氏 등의 북위로의 이주, A-④의 고구려 백성 奴各 등의 북위로의 도주 등으로 표현되고 있다.

B의 기사는 평양천도 후에 강력한 왕권강화정책에 반발하는 세력에 대해 장수왕이 대숙청을 단행한 것을 반영한 것이다.[37] 이 때 숙청은 장수왕과 천도 이후 새로 등용한 귀족세력들이 힘을 합쳐 국내성 출신 세력에 대

---

36) 『魏書』卷100 百濟傳 "今璉有罪, 國自魚肉, 大臣强族, 戮殺無已, 罪盈惡積, 民庶崩離. 是滅亡之期, 假手之秋也. 且馮族士馬, 有鳥畜之戀, 樂浪諸郡, 懷首丘之心. 天威一擧, 有征無戰."

37) 노중국, 1979, 「高句麗 律令에 關한 一試論」『東方學志』21, 114쪽.

한 탄압을 전개했다고 이해하기도 하지만,[38] A-③의 王溫은 장수왕이 평양으로 천도하기 이전부터 옛 낙랑·대방지역에 거주하던 유력 호족이었으며, A-②에서 高鵬과 함께 망명했다고 하는 같은 마을 사람 韓內, 冀富 등도 성씨로 보아 평양지역의 호족으로 추정된다. 따라서 숙청의 주대상에는 낙랑계 유민도 포함되어 있었다. B에서는 민심이 이반하고 있는 주민들에 낙랑계 주민과 더불어 북연의 유민까지도 거론되고 있는데, 이들도 역시 숙청의 대상에 포함되었을 것이다. 또한 이들이 북위로 이주한 시기를 살펴보면 453년부터 475년 사이에 넓게 분포되어 있다. 이렇게 특정 시점이 아닌 장기간에 걸쳐 북위로의 망명이 행해졌다는 것은 어떤 사건을 계기로 하여 우발적으로 발생한 것이 아니라 어떠한 정책적인 측면 때문에 기인되었다는 것을 보여준다.[39] 즉 원래 낙랑군 유력자들에게 이 지역에 대한 간접지배권을 위임했던 고구려가 천도 이후 직접지배로 전환하면서 낙랑군 호족세력에 대한 어떠한 압박정책을 실시한 것에 의해 비롯된 것이라는 추정이 가능하다. 따라서 백제왕이 북위에 보낸 국서의 내용은 일시적으로 발생한 정치적 사건을 서술한 것처럼 보이지만, 북위에 국서를 발송하기 전에 이미 망명인의 행렬이 20년 이상 지속되었다는 것으로 보아 이것은 472년 시점에서 과거의 사건을 일괄적으로 소급하여 그동안 수많은 사람들이 희생되었다는 것을 서술한 것으로 볼 수 있다.

사료의 한계로 인하여 평양지역 호족들을 고구려에서 이탈하게 한 정책이 무엇인가 추정하기 쉽지 않지만, 장수왕 후기 인구의 급격한 증가에서 그 원인을 유추해볼 수 있지 않을까 한다. 장수왕은 천도 초기에는 평

---

38) 임기환, 2004, 앞의 책, 270쪽.
39) 임기환은 개로왕의 국서가 북서에 전달된 시점인 장수왕 60년을 전후하여 장수왕권에 의한 구귀족세력의 대대적 숙청이 단행된 것으로 이해한다(임기환, 2003, 앞의 책, 270쪽).

양지역 호족을 중앙정계에 등용하는 등 평양지역 호족의 회유를 위한 정책을 추진했다. 한편으로는 국내성을 떠나서 새로이 평양으로 이주한 국내성 출신의 안정적인 생활을 보장해 줄 경제적 기반을 구축하는 것도 필요했다. 그러나 일부 특권층을 제외하고는 대다수의 국내성 출신 세력은 이 지역에서 수백 년 동안 확고하게 경제적 기반을 구축하고 있었던 평양지역 세력의 존재로 인하여 당초 의도했던 것만큼 쉽게 경제적 기반을 확보할 수 없었다.[40] 내부에서 제기되는 이러한 불만을 해소하기 위해 장수왕은 국내성 출신 세력의 경제적 기반 확보에 노력했으며, 그것은 필연적으로 평양지역 세력의 기득권에 저촉되는 정책으로 귀결될 수밖에 없었다. 이들이 평양지역 호족에게 타격을 입히고 그들의 경제적 기반을 확충할 수 있는 방법은 호적제도의 시행과 이를 위하여 사전에 기존 호족들이 은닉하고 있었던 백성[41]들을 색출하여 일반민으로 환원하는 방법이 예상될 수 있겠다.[42] 실제 장수왕 초기의 인구와 비교하여 후기의 급격한 인구증가는 바로 이러한 상황을 반영한 것이 아닌가 한다. 경제적 기반의 구축에 어려움을 겪었던 일부 지지 세력의 반발을 무마할 필요성 때문에 새로 천도한 평양에서 강력한 왕권을 구축하고자 했던 장수왕은 타협책으로 이들의 행위

---

40) 동진의 경우 북방에서 온 僑姓士族 중에서 장원을 경영한 경우는 많지 않다. 대부분 강남의 吳姓士族보다 경제적으로 열세에 처하여 관인의 봉록에 의해 생활하는 경우가 대부분이었다.

41) 漢代부터 晋代까지의 낙랑군지역의 급격한 인구 감소는 낙랑군의 관할 영역의 축소와 더불어 호족에 의한 인구 은닉이 주원인이었다. 낙랑군 인구는 전한시기 460,748명, 후한시기 257,050명에서 진대에 3,700호로 변화했다. "戶六萬二千八百一十二, 口四十萬六千七百四十八"(『漢書』 卷28 地理志 8 樂浪郡條) "樂浪郡武帝置. 雒陽東北五千里. 十八城, 戶六萬一千四百九十二, 口二十五萬七千五十"(『後漢書』 권23 郡國5 幽州 樂浪郡條) "樂浪郡 統縣六, 戶三千七百"(『晋書』 卷14 地理 上 平州 樂浪郡條).

42) 동진 정권의 경우 인구와 세수의 확보를 위해 대규모의 은닉 호구 색출과 호적 정리 등을 실시한 것이 참조가 된다.

를 일정 정도 용인할 수밖에 없었을 것이다. 천도로 인하여 중앙에 새롭게 등용되는 평양성 출신 세력도 있었지만 그 숫자는 제한적이었다.[43] 개로왕의 국서에 나타난 장수왕 말기의 세력 숙청의 주요 대상에는 국내성 출신뿐만 아니라 평양지역과 북연 계통의 세력도 포함되어 있었기 때문에 이를 통해서 평양성 출신 세력이 성장했다는 주장[44]은 재고할 필요가 있겠다.

2. 추군 · 세군 왕위계승전과 지배세력 재편

장수왕 후기에 벌어진 지배세력 내부의 정쟁 이후 고구려의 정치상황은 한동안 평탄하게 전개되었다. 그러나 이러한 상황은 안원왕 말기에 이르러 전환점을 맞게 되었다. 『일본서기』 흠명기 6년조와 7년조에는 고구려 안원왕 말년 麤群과 細群 집단 사이의 왕위계승분쟁을 다음과 같이 서술하고 있다.

> C 이 해(545) 고려에서 대란이 있었다. 무릇 싸워 죽은 자가 2천여 명이었다. 『백제본기』에 이르기를 고려에서 정월 병오에 중부인의 아들을 세워 왕으로 삼았는데 나이가 8세였다. 고려왕의 부인은 3명이었는데 正夫人은 아들이 없었다. 中夫人이 세자를 낳았는데 세자의 외가 사람들을 麤群이라 하였다. 小夫人도 아들을 낳았는데, 그 외가를 細群이라 하였다. 고려왕의 병이 위독하자, 세군과 추군이 각각 자기 쪽 부인의 아들을 세우려 하여 싸움이 벌어졌는데, 세군에서 죽은 자가 2

---

43) 동진의 경우에도 오성사족으로서 고위에 오르는 자는 드물었다. 정치적 권력은 북방에서 온 교성사족이 장악했으며 또 양자의 사회적 지위에도 큰 차이가 있었다. 한편 6세기 중앙에 입사한 인물로는 양원왕 평원왕대에 활약한 高句麗大丞相 王高德의 존재가 보인다.

44) 임기환, 2003, 앞의 책, 262~282쪽.

천여 명이었다.

이 기사에서 정변의 당사자인 추군과 세군의 성격에 대해서는 추군은 평양성 출신 세력을 대표하고, 세군은 국내성 출신 세력을 대표한다는 의견이 제시되었다. 그리고 이 왕위 계승 분쟁 결과 승리한 평양성 출신 세력이 고구려 후기 정국을 주도한 것으로 인식되었다.[45] 그런데 이 기사에서 추군과 세군은 고구려왕의 중부인과 소부인을 중심으로 한 왕의 외척을 구별하여 부르던 호칭이었다. 당시 정변에 휘말린 고구려 지배층은 왕실의 외척을 중심으로 분열되고 있었던 것이다.

추군과 세군이 외척 신분이었다는 것을 고려하여 이들의 출자를 추정하면 다음과 같다. 안장왕과 漢氏女와의 사랑이야기를 통해 고구려 후기의 왕의 통혼권에 변화가 있었다는 사실이 밝혀졌지만,[46] 고구려 왕가의 통혼대상은 여전히 국내성 출신이 우선적으로 고려의 대상이 되었을 것이 분명하다. 설화적 요소가 많기는 하지만『삼국사기』권45 온달전에 의하면 평원왕은 그의 딸 평강공주가 온달과 결혼하기 전에 혼인 대상자로서 上部 高氏를 염두에 두고 있었다.[47] 고구려는 일찍부터 족외혼을 실시하고 있었기 때문에 상부 소속의 고씨는 고구려 왕실과 혈연적으로 연계된 것이 아니라 고구려 멸망 과정에서 당나라에 투신한 高慈 가문처럼 賜姓 등의 과정을 거쳐 고씨에 편입된 일족일 것이다.[48] 평원왕이 안원왕 다음의 군왕이라는 것을 고려하면 평강공주 혼인 사건과 시간적 간극이 얼마 되지 않은 안원왕 말기 왕위계승분쟁의 당사자인 추군과 세군 일족 역시 국내

---

45) 임기환, 2003, 앞의 책, 262~282쪽.
46) 노태돈, 1999, 앞의 책, 462~467쪽.
47)『삼국사기』권45 온달전 참조.
48)『高慈墓誌銘』참조.

성 출신일 것이라는 것을 미루어 짐작할 수 있다.

다음은 추군과 세군의 왕위계승전쟁 이후 13년 후에 발생한 丸都城 干朱里의 반란 사건과의 연관 여부이다. 논고에서는 환도성의 반란사건이 왕위계승전쟁에서 패한 세군측과 연계된 환도세력 세력들이 분쟁의 결과에 반발하여 벌인 것으로 추정한다. 그러나 환도성 반란세력이 평양에 거주하고 있었던 평양성 출신 세력과 연관되어 있다는 증거는 없으며, 만일 연관이 있다면 당연히 평양으로 이주한 국내성 출신 세력과 연계되어 있다고 생각하는 것이 상식에 가깝다. 이 사건을 단독 발생한 사건이 아니라 13년 전에 발생한 추군－세군 왕위계승전쟁의 연장선으로 본다면, 추군－세군 전쟁은 평양으로 이주한 국내성 출신 세력 간의 분쟁이었고, 이들은 모두 국내성과 밀접한 관련을 맺고 있었다고 보는 것이 보다 합리적이다. 그러므로 간주리의 반란은 바로 패전한 국내성 출신 세력이 승전한 국내성 출신 세력에 도전한 사건이라고 봐야 할 것이다.

종합하면 장수왕 말기에 대두하던 평양성 출신 세력에 타격을 입히고 정권을 장악하였던 국내성 출신 세력은 안원왕 말기의 왕위계승분쟁에 의해 상당한 세력이 이탈하면서 과거보다 소수정예화되었다. 분쟁에 승리한 국내성 출신 세력들은 과거에 비해 고위직을 차지할 가능성이 상대적으로 높아졌으며 이로 인해 소수의 특정가문을 중심으로 하여 고위직을 독점하는 경향이 나타났다.[49] 그리고 이들은 관료 자체의 자기지향성에 따라 더

---

49) 고구려 귀족회의의 성격 분석을 통해 고구려 정치체제의 변화를 고찰한 윤성용은 『한원』 고려기에 규정된 고구려 고관회의의 규정은 대대로의 선출과정 및 왕위계승전으로 귀족들이 서로 상쟁한 결과 몇 몇 대로만이 회의에 참가할 수 있게된 것을 반영한 것으로 인식했다. 나아가 종래대로 중심의 귀족회의가 보다 특권화된 몇몇 대로만이 회의를 독점하는 형태로 변질된 것으로 해석했다(윤성용, 1997,「高句麗 貴族會議의 成立過程과 그 性格」『韓國古代社會의 地方支配』, 361~362쪽). 본고와는 관점을 달리하지만, 이러한 해석은 고구의 후기의 정국운영의 주체 세력을 소수의 귀족관료라고 판단한 본고의 논지와 어느 정도 일치하는

욱 더 귀족화되고 특권화되었다. 그러나 이와는 반대로 정쟁에서 승리한 편에 속하지 못한 세력은 도태되거나 중앙정계에서 물러나서 재지지배층으로 격하되었다. 다음은 그러한 사정을 잘 반영하고 있는 사료이다.

> D …… 법령이 가혹하고 세금이 과중하고, 强臣豪族이 국가의 권력을 다 장악하고, 붕당을 이루어 남을 배척하는 것이 풍속이 되었고, 뇌물을 주고받음이 시장과 같아 원통함을 펼치지 못한다. 게다가 해마다 재난과 흉년으로 집집마다 굶주리고 전쟁은 멈추지 않고 요역은 기한이 없다. 거듭된 재난에 사람들이 기근에 빠져 있으나 전쟁은 멈추지 않고 요역은 기한이 없다. 힘을 다하여 세금을 바치느라 몸은 도탄에 빠져있다. 이러니 누가 따를 것인가? 나라 안이 애통하고 두려워하여 그 피폐함을 이루 말할 수 없다. …… 50)

이 기사는 수나라 양제 대업 8년(612)에 고구려 정벌을 앞두고 발표한 조서로서 고구려의 내정에 대하여 비판하는 내용을 담고 있다. 고구려 정벌의 당위성을 강조하기 위하여 작성되었기 때문에 내용에 과장이 섞여 있지만, 어느 정도 객관적인 사실을 내포하고 있는 것으로 판단된다.51) 그런데 기사에서는 '강신호족'이 고구려의 국가권력을 장악하고 있다고 하여 주목된다. 이 기사를 개로왕이 북위에 보낸 국서(B)에 등장하는 '대신강족'과 비교하면 고구려의 지배층에 변화가 발생했다는 것을 알 수 있다. 해당 기사에 등장하는 대신강족과 강신호족에 대해서는 지금까지 학계에서

바가 있어 참조가 된다.

50) 『隋書』卷4 煬帝紀 楊廣 下 大業8年 "…法令苛酷, 賦斂煩重, 强臣豪族, 咸執國鈞, 朋黨比周, 以之成俗, 賄貨如市, 冤枉莫申. 重以仍歲災凶, 比屋饑饉, 兵戈不息, 徭役無期, 力竭轉輸, 身塡溝壑. 百姓愁苦, 爰誰適從, 境內哀惶, 不勝其弊…"

51) 노태돈, 2003, 『고구려사연구』, 사계절, 441~442쪽.

는 세심한 분석 없이 단순히 '귀족'으로 해석하는 경향이 있었다. 그리하여 강신호족이 귀족으로 해석되면서 D의 기사는 고구려 후기 사회가 귀족사회라는 중요한 논거로 제시되었다.[52] 대신강족 역시 귀족으로 해석됨으로써 B의 기사는 장수왕 후기에 이르러서도 장수왕이 왕권을 강화하기 위해서 귀족세력을 제거해야 할 만큼 귀족세력이 상당했다는 증거로 제시되기도 했다.[53] 그렇지만 이 기사에 등장하는 용어들은 모두 역사적 의미를 지닌 것으로 이를 좀 더 세심하게 분석하면 고구려 역사는 약간은 다른 방향으로 해석된다.

'강신호족'이나 '대신강족'은 언뜻 보기에는 비슷하게 보여 강신은 대신을, 호족은 강족을 대신하여 사용한 것 같다. 그러나 용어의 의미를 좀 더 구체적으로 파악하면 그 의미에는 상당한 차이가 있다는 것을 발견하게 된다.

강신은 권력을 차지한 대신을 지칭하는 의미로서 단순히 관위만 높았던 대신과는 차원이 달랐다. 중국정사 중 『晉書』를 예로 들면 '羈於强臣',[54] '制於强臣',[55] '失馭强臣'[56]과 '强臣專制',[57] '强臣專朝'[58] 등으로 표현되고 있다.

---

52) 노태돈, 2003, 위의 책, 441~442쪽.

53) 윤성용, 1997, 앞의 책, 356~357쪽.

54) 『晉書』卷5 孝愍帝 建興5年 "懷帝承亂得位, 羈於强臣, 愍帝奔播之後, 徒廁其虛名, 天下之政旣去, 非命世之雄才, 不能取之矣"

55) 『晉書』卷5 中宗元帝紀 元昌元年 "中宗失馭强臣, 自亡齊斧. 兩京胡羯, 風埃相望"

56) 『晉書』卷12 天文中 史傳事驗 天變條 "三年十月壬辰, 天又鳴, 甲午止. 其後王敦入石頭, 王師敗績. 元帝屈辱, 制於强臣, 旣而晏駕, 大恥不雪."

57) 『晉書』卷48 閻亨傳 "今皇孫沖幼, 去事多故. 若有不虞, 强臣專制, 姦邪矯詐"

58) 『晉書』卷54 陸機傳 "卒有强臣專朝 則天下風靡, 一夫從衡, 而城地自夷, 豈不危哉"

E-① 서한 말기에 强臣이 朝廷을 멋대로 하면서 법도와 윤리를 어지럽히고 신을 모욕하고 제사를 잘못 지내고 正道에서 벗어난 經典으로 神을 잘못 모셨다.[59]

E-② (동진 원제 대흥 3년) 10월 임진 하늘에서 다시 울음소리가 들리다가 갑오에 그쳤다. 그 후 왕돈이 석두에 진입하고 왕의 군대는 패배하였다. 원제는 굴욕하고 强臣에게 제압당했다. 그리고 얼마 후에 수모도 갚지 못하고 붕어하였다.[60]

E-③ 皇帝는 밖으로는 强臣에 압박당하고 안으로는 皇后에게 핍박당하니 언제나 불만스러워 황제의 자리를 귀하게 여기지 않았다.[61]

E는 强臣의 사례를 모아놓은 것인데 E-①에서 강신은 왕망을 지칭한다. 당나라 중종이 南郊를 거행하려고 의례절차를 논의하게 했을 때 褚無量이 역대 남교의 득실을 논하는 과정에서 서한 말 외척 신분으로 왕위찬탈을 기도하던 왕망이 古文經을 이용하여 천재지변을 새롭게 해석하면서 今文經派를 압박하였던 역사적 사실을 사례로 제시한 것이다. E-②는 동진을 건국하였던 원제가 굴욕적으로 강신에게 통제당하였던 사실을 천재지변과 연관시켜 기록한 천문지의 기록이다. E-③은 북위의 황제가 권력을 제대로 행사하지 못하고 강신 이주영에게 핍박당하였던 사실을 기록하였다.

외척, 왕돈, 이주영은 역사적으로도 유명한 강신이었는데, 이들의 사례는 강신이 조정의 권력을 독점하고 군주를 제압할 정도로 큰 세력을 보유하고 있던 대신을 지칭하는 것이라는 것을 보여주고 있다. 그러므로 강신

---

59) 『舊唐書』卷102 褚無量傳 "西漢末代, 强臣擅朝, 悖亂彝倫, 黷神詔祭, 不經之典, 事涉亟神."

60) 『晉書』卷12 天文中 史傳事驗 天變條 "三年十月壬辰, 天又鳴, 甲午止. 其後王敦入石頭, 王師敗績. 元帝屈辱, 制於强臣, 旣而晏駕, 大恥不雪."

61) 『北史』卷36 爾朱榮傳 "帝旣外迫强臣, 內逼皇后, 恒怏怏不 以萬乘爲貴."

의 출현은 특수한 상황에만 발생하였기 때문에 그 용례가 문헌에 등장하는 경우는 많지 않았다. 『구당서』의 경우는 역대 정치의 득실 등을 언급하면서 과거의 사례로 강신을 언급한 경우가 2번 등장한다. 당나라의 정치와 관련해서는 유일하게 1개만 등장한다. 황소의 난 이후 절도사가 득세하는 현실을 언급하면서 절도사를 강신으로 비유한 경우이다.[62] D의 출처인 『隋書』의 경우, 강신이라는 용례는 D가 유일하다. 이에 비해 大臣의 용례는 33개가 검출되었다.[63] 그러므로 『隋書』에서 고구려의 정치사회체제를 강신호족이라고 한 것은 단순한 외교적 언사로 치부해버릴 성질이 아니다.

다음은 호족과 강족의 차이에 설명하도록 하자.[64] 호족은 지방의 질서를 지배하던 재지세력을 지칭한다.[65] 强族은 世族, 士族, 門閥士族과 같은

---

[62] 『舊唐書』卷179 張濬傳 "內外逼於强臣"

[63] 자료의 통계는 臺灣中央研究院의 漢籍電子文獻資料庫를 검색하여 얻은 결과이다.

[64] 귀족과 호족은 완전히 다른 개념이다. 이 점에 대해서는 일본학자들이 대부분 동의하고 있다(谷川道雄 編著, 1993, 『戰後日本の中國史論爭』, 河谷文化教育出版社; 정태섭, 박종현 외역, 1996, 『일본의 중국사논쟁-1945년 이후』, 86쪽 참조). 일본학자의 의견은 대체적으로 호족은 사회적 존재로, 귀족은 정치적 존재로 파악하고 있다.

[65] 일반적으로 한국사에서 호족은 羅末麗初의 지방 세력을 지칭한다. 金甲東의 연구에 의하면 중국에서 豪族은 주로 漢代와 魏晋南北朝時代에 활동했으며 중앙의 貴族과 대비되는 개념을 갖고 있다고 한다. 때문에 호족은 지방의 토착세력으로서 그 지역의 실력자라는 것이다. 그리고 羅末麗初의 호족은 중국과 마찬가지로 경제력은 물론 권력 무력을 갖추고 문화의 독점적 향유까지 누리고 있는 존재라고 정의했다. 나아가 이들은 門閥貴族의 기초가 되었다고 했다(金甲東, 1990, 『羅末麗初의 豪族과 社會變動 研究』, 248~255쪽). 고구려의 경우 호족은 고구려에 멸망하기 전에 중국의 지배하에 있었던 낙랑·대방군지역에 존재하던 호족에서 그 존재가 확인된다. 고구려는 이 지역을 정복한 이후 상당 기간 동안 간접지배방식을 취했기 때문에 이 지역의 호족도 원래의 형태를 그대로 유지했을 것으로 추정된다. 다만 평양천도 이후에도 그와 같은 형태를 그대로 유지했는지는 확인할 수 없다. 그러나 평양 대방 지역을 제외하고 고구려 전체의 영역에서 본다면 재지를

의미로 사용되는데, 위진남북조의 사족은 호족에서 발전된 것이다.[66] 고위직을 대대로 역임하면서 정치, 경제, 사회적 지위를 획득하면서 세족 또는 사족으로 발전하였던 것이다.

> F-① 薛安都는 河東 汾陰人이다. 대대로 强族이었으며, 同姓의 親族이 3천 家나 되었다.[67]
>
> F-② 神武 明皇后 婁氏는 諱가 昭君이고, 증 司徒內干의 여식이다. 어려서부터 명석하여 强族들이 여러 차례 혼례를 요청했지만, 혼인하려고 하지 않았다.[68]

F-①은 남북조시기 淸河崔氏, 博陵崔氏, 趙郡李氏, 滎陽鄭氏, 太原王氏 등 북방명문사족과 나란히 할 정도로 강력한 세력을 떨쳤던 명문가문인 河東薛氏와 관련된 것이다. '강족'이라고 표현한 것을 통하여 强族이 士族, 世族과 같은 의미라는 것을 알 수 있다. F-②는 북제 신무 명황후 婁氏에 관한 것이다. 婁氏는 鮮卑著姓인데, 어렸을 때부터 총명하여 강족의 청혼

지배하고 있었던 기본적인 세력은 재지유력자들이었다. 그렇기 때문에 고구려의 지방세력을 일률적으로 호족이라고 명명할 수는 없다. 따라서 본고에서 서술과정에서 재지세력 이외에 가끔씩 사용하고 있는 '호족'이라는 용어는 재지세력을 중국식으로 표현한 것으로 보이는 '강신호족'을 설명하기 위한 목적에서 비롯되었으며, 고구려의 지방 세력을 '호족'이라고 지칭하는 것이 아니다.

66) 何玆全 主編, 1995, 『中國通史』 第5卷 「中古時代 · 三國兩晉南北朝時期(上)」, 557~647쪽 참조. 중국학계에서는 강족 즉 문벌사족에 대해서는 귀족적 성격의 관료라는 견해(田余慶, 2005, 『東晉門閥政治』, 279~284쪽; 閻步克, 2009, 앞의 책, 30쪽)도 있지만, 귀족으로 파악하는 견해도 적지 않다(唐長孺, 1993, 『魏晉南北朝隋唐史三論』, 50~52쪽). 일본학계는 대체로 강족, 사족을 귀족으로 파악한다 (谷川道雄 編譯, 정태섭, 박종현 외역, 1996, 앞의 책, 85~87쪽 참조).
67) 『南史』 卷40 薛安都 "薛安都, 河東汾陰人. 世爲强族, 族姓有三千家"
68) 『北齊書』 卷9 神武皇后 "神武明皇后婁氏, 諱昭君, 贈司徒內干之女也. 少明悟, 强族多聘之, 並不肯行."

이 끊이지 않았다고 서술하고 있다. 이러한 개념상의 차이를 근거로 '대신 강족'과 '강신호족'를 분석하면 '대신'보다는 '강신'의 지위와 세력이 강하고, '강족'보다는 '호족'이 세력이 약하다고 할 수 있다. 이것은 '대신강족'이라는 용어로 장수왕 후기의 정치사회지배세력은 설명할 수 있었다면, 영양왕 대는 '강신호족'이라는 용어로 설명해야 할 정도로 지배구조가 바뀌었다는 것을 의미한다. 그리고 이러한 지배구조의 전환은 안원왕 말기의 추군– 세군 왕위계승분쟁이 큰 역할을 했다. 승리한 소수의 국내성 출신 세력들은 고위직을 독점하면서 특권화 귀족화의 길을 걸었다. 패배한 대신들은 반면에 몰락화의 길을 걸었다. 고구려 중기 정치사회를 지배했던 대신강족들은 권력투쟁과정에서 자체 분해되면서 가계별로 분화되었다. 권력을 차지한 소수의 대신들은 중앙에 남아 왕권의 위상에 도전하면서 강신으로 발전하였다. 강족은 그를 대표하던 대신들이 몰락하면서 중앙에서의 정치적 지위를 상실하고 호족, 즉 재지유력자로 남아 그 명맥을 이어갔다. 이러한 변화를 거쳐 고구려 후기의 정치사회구조는 중기와는 확연히 다른 모습을 보이게 된 것이다. 다음에 보이는 고구려 후기 재지유력자들에 관한 사료는 이러한 추정이 사실에 부합한다는 것을 뒷받침해 준다.

고구려 후기를 대표하는 지방 세력의 출자는 크게 다음과 같이 구분할 수 있다. (1) 수세기 전부터 평양 지역을 지배하고 있었던 낙랑·대방 출신 전통호족, (2) 평양으로 천도하는 과정에서 국내성 지역에 잔류를 선택했던 고구려 초기 국내성 출신 세력, (3) 중국에서 망명하여 온 세력이다. 재지세력에는 고구려 후기 권력투쟁에서 패하여 중앙에서 권력 기반을 상실하고 주변 지역으로 낙향한 중앙 관료 출신도 있을 것으로 능히 짐작되지만, 현전하는 묘지명의 기록과 문헌을 통해서 확인되는 것은 이상의 세 가지 경우밖에 없다.

첫 번째, 낙랑·대방 출신의 경우 427년 평양천도 전까지 낙랑·대방지역의 행정수반이 되어 행정을 책임지거나, 대중외교에 종사하는 등의 속료로서 활약하였다. 그러나 이들은 앞서 설명한 것처럼 장수왕 후기에 정치적으로 상당한 타격을 받았다. 물론 양원왕과 평원왕대에 대승상 王高德이 중앙정계에서 활약하고 있는 사례도 나타난다.[69] 그러나 평양성 출신이 담당하고 있는 역할이 음악이나 불교 등 문화적인 면에 치중된 것으로 미루어 군사권과 같은 실질적인 권력은 국내성 출신에게 집중되었을 것으로 보인다.[70] 다음에 제시하는 예문들은 고구려 후기 평양성 출신 재지유력자의 실제 정치적 지위를 짐작하게 해주는 고구려 유민 묘지명 자료이다.

> G-① ㉮ 祖 湛은 海東에 거주하면서 고상한 지절을 지켜 벼슬하지 않았
> 다. 관작을 얻는 것을 영예롭게 여기지 않고, 오로지 칠현금을 타
> 면서 조용하고 편안하게 지내는 것을 중히 여겼다. 비록 사방이 1
> 丈 정도 되는 방 안에 거주했지만, 뜻은 九州를 품었다. 그 행적은
> 천하에 머물렀지만, 뜻은 하늘 바깥을 뛰어 넘었다. 魯連[71]이 東海
> 를 유람하고 四皓[72]이 商山에 은거하는 것과 같았다. ㉯ 父 排須
> 는 皇朝에서 安東府大都護에 추증되었다(왕경요묘지명).[73]

---

69) 徐永大, 1981, 「高句麗 平壤遷都의 動機 -王權 및 中央集權的 支配體制의 强化
과정과 관련하여-」『한국문화』 제2집. 한편 왕산악을 장수왕대의 인물로 추정하
는 의견도 있지만(임기환, 2004, 앞의 책, 272쪽) 왕산악이 활약한 시기는 4~5
세기 초이다(여호규, 2014, 앞의 책, 470쪽).

70) 『左傳』 成公 13년조의 "國之大事 在祀與戎"에서 나타나듯이 제사와 전쟁은 국가
의 중대사였다. 따라서 불교 등 문화적 업무를 관장하는 것도 중요한 일이라는
것을 부정할 수는 없지만, 현실적인 의미에서 실질적 권한을 갖는 군사와 관련된
업무는 주로 전쟁에 능했던 국내성 출신들이 담당했을 것이 분명하다.

71) 盧仲連이라고도 한다. 전국시대 후기 제나라 사람으로 웅대한 지략을 품었으나
세속에 초탈하여 벼슬에 뜻이 없었다(『史記』 卷83 魯仲連雛陽列傳 참조).

72) 秦나라 博士였지만, 분서갱유 이후 商山에 은거하였다. 漢 惠帝가 태자였을 때
廢位될 위기에 처해 있었을 때 산에서 잠시 나와 태자를 도와 이를 극복하고 등극
하는데 큰 도움을 주었다. 덕망이 높고 품행이 고결한 것으로 유명했다.

73) 『唐故右威衛將軍上柱國王公墓誌銘幷序』 "祖湛, 往在海東, 養高不仕, 不以軒冕爲

G-② ㉮ 一族의 姓은 李氏이다. 그 조상은 대체로 낙랑의 명망 있는 호족이다. 요임금 때부터 신하가 되었던 皐陶는 그 입이 말과 같았으며[74] 주나라 사관인 老子는 용과 같았다.[75] 진짜 후예는 이역에 흩어져 성씨를 보존하면서 대대로 전해졌다. ㉯ 부친 甲子는 천자께서 定州別駕에 추증했다(이인덕묘지명).[76]

『왕경요묘지명』에 의하면 왕경요(680~734)의 조부는 7세기 초반에서 중반 사이에 활약한 것으로 추정되는데, 벼슬에 뜻을 두지 않고 칠현금을 타면서 세월을 보냈다고 한다(G-①-㉮). 왕경요의 부친은 안동부대도호에 추증되고 있어(G-①-㉯) 평양 지역에서 그 세력이 상당했다는 것을 보여 주고 있다. 묘지명에는 그 조상이 중국 북방 최고의 명문 중의 하나인 太原王氏였지만, 서진 말 永嘉之亂 때 요동으로 이주하였다고 하였다. 그러나 당시 고구려유민 묘지명의 통례에 따른 것으로 실상은 낙랑왕씨였다.[77] 한편 왕경요 부친의 함자인 '排須'는 6세기 말 축조된 것으로 추정되는 평양성 석각에 남아 있는 '己酉年三月卄一日自此下向東十二里物荷小兄排須百

榮, 唯以琴尊自逸. 雖室居方丈, 以志狹九 州, 雖迹處寰中, 而情逾天外. 同魯連之游東海. 若四皓之隱南山. 父排須, 皇朝贈安東府大都護."

74) 원문의 '堯臣類馬'에서 堯臣은 咎繇 즉 皐陶를 지칭한다. 『元和姓纂』에 의하면 李氏는 顓頊高陽氏의 후예이며, 咎繇는 요임금의 신하로써 법을 주관하던 理官을 담당했다(林甫 撰, 岑仲勉 校記, 1994, 『元和姓纂』卷1, 李條, 中華書局, 1쪽). 또한 『淮南子』 修務訓에 의하면 "皐陶馬喙, 是謂至信, 決獄明白, 察于人情"이라고 하여 皐陶은 입이 말 주둥이같이 생겨 신용을 매우 중요시했다고 했다.

75) 『史記』 卷63 老子韓非列傳에 의하면 老子는 道가 높고 깊고 기묘하여 그 변화를 예측할 수 없는 용과 같다고 하였다.

76) 『大唐故冠軍大將軍行右威衛將軍上柱國金城郡開國公李公墓誌銘并序』 "其先盖樂浪望族也. 自堯臣類馬, 周史猶龍, 眞裔散於殊方, 保姓傳于奕代. 考甲子, 皇贈定州別駕."(周紹良 主編, 2002, 『全唐文新編』第5冊, 吉林文史出版社, 15094쪽)

77) 이동훈, 2014, 「高句麗·百濟遺民 誌文構成과 撰書者」 『韓國古代史研究』 76.

頭作節矣'에 보이는 排湏과 이름이 비슷하여[78] 고구려의 영향을 강하게 받고 있었던 인물이라는 것을 짐작하게 한다.

왕경요의 조부가 벼슬길에 오르지 않은 이유는 그가 생존하던 시기가 바로 고구려 후기 관직이 국내성 출신의 소수 가문에 의해 독점되는 상황에 기인했을 가능성이 크다. 아들이 당에서 높은 관직에 추증되고, 그 자신이 악기를 다루면서 소일하면서 살아갈 정도의 경제력을 구비하였다는 사실은 왕경요 일족이 고구려 후기에 평양 지역에 거주하던 재지세력이었다는 사실을 반영한다.

왕경요 일족과 비슷한 사례로 이인덕 일족을 들 수 있다. 묘지명에 이인덕 일족은 평양지역의 유명한 가문이었다(G-②-㉮). 이인덕 역시 조상의 기원을 중국에 의탁하였지만, 고구려 출신이 분명하다. 그런데 묘지명에는 그의 조부가 기록되어 있지 않고, 부친은 鄭州別駕에 추증되었다고 기록되어 있다. 이인덕의 조상과 왕경요의 조상은 다음과 같은 점에서 유사성을 보이고 있다. (1) 조부 때에 관직에 입사하지 않았다. (2) 고구려 멸망 후 부친이 당나라로부터 관직을 추증 받았다. 그러므로 이인덕 일족 역시 평양지역의 재지세력이라는 추정이 가능하다. 이인덕의 부친도 왕경요의 부친과 생존 시기가 비슷하여 영류왕과 보장왕 때 주로 활동했을 것으로 추정된다. 이인덕의 조부는 이인덕의 생존연대(673~731)를 고려했을 때 왕경요(684~741)의 조부보다 10년 정도 연상일 것이라고 추정된다. 나이를 고려했을 때 적어도 영류왕대에는 충분히 벼슬에 오를 수 있었다. 그런데도 관직에 전혀 나가지 못하고 있었다는 사실은 평양성 출신의 재지세력에 냉혹했던 당시의 정치적 상황을 반영하고 있다. 어쩌면 이인덕과 왕경요 일족은 한때 중앙정계에 진출했다가 정쟁에서 패한 후 지방의 세력가로 그 명

---

78) '排湏'의 '湏'은 '須'자와 같은 것으로 추정된다. 田中俊明, 1985, 「高句麗長安城城壁石刻の基礎的研究」『史林』 68-4.

맥을 이어왔을 가능성도 있지만, 하나의 가능성만 제시하고자 한다.[79]

두 번째의 사례로는 양원왕 13년 반란을 일으켰다가 살해된 桓都城 干朱里를 들 수 있다. 간주리의 난의 동기로는 평양성 출신 세력과 연결되어 있었던 국내성 토착세력이 추군-세군의 왕위계승분쟁의 결과에 반발하여 일으킨 것이라는 의견이 있다.[80] 이에 대해 본고는 추군과 세군은 모두 국내성 출신 세력을 기반으로 한 외척들 사이의 왕위계승분쟁이며, 간주리는 분쟁 결과 타격을 입은 국내성 계열과 연관되어 있을 것이라는 견해를 제시한 바 있다.

국내성 토착세력은 평양천도 과정에서 천도를 반대하거나 국내성 방어를 위해 별도로 남겨진 초기 고구려의 핵심세력이었다. 아마 평양성천도를 논의하는 과정에서 많은 반대의견이 표출되었을 것이다. 그렇지만 일단 평양천도가 결정된 이후에는 반대한 인사들도 대부분 군왕을 따라 평양천도에 동참하였을 것이다. 평양천도 논의과정에서 관료 출신들은 대부분 국왕의 견해를 지지하였을 것이지만, 국내성지역에 초창기부터 오랫동안 경제기반을 축적해왔던 중앙귀족에서 전화되어 온 관료들의 경우 반대하는 견해도 적지 않았을 것이다. 이 중에서 일부는 끝까지 평양천도에 동참하지 않고 그대로 국내성 지역에 남아 있었을 것이다. 그리고 군사방어 기지로서 전략적 가치가 높은 이 지역 방어를 위해 파견된 다수의 군대들을 관리하는 군사지휘관의 역할을 수행하면서 국내성지역을 관장하는 책

---

79) 「李仁德墓誌銘」은 이인덕의 조상을 '樂浪望族'이라고 표현하고 있는데, 여기서 望族이라는 일반적으로 강족이나 사족을 지칭한다. 『隋書』 권69 袁充傳에는 袁充을 '江南望族'이라고 하고, 『梁書』 권53 庾華傳에는 庾華를 '西楚望族'으로 표현하고 있는데, 潁川庾氏와 汝南袁氏는 琅琊王氏, 陳郡謝氏 등과 더불어 東晋南朝에서 '高門' 즉 최고의 가문에 속했다. 만일 이인덕의 조상이 낙랑의 망족이라는 표현이 사실을 반영한 것이라면 이인덕 일가는 중앙정계에 진출했다가 정쟁에서 패하여 낙향한 세력일 수도 있지만 그 가능성만 제시한다.

80) 임기환, 2004, 앞의 책, 262~269쪽.

임을 수행하였을 것이다. 다행히 이들의 기득권은 국내성 계열이 천도 이후에도 계속 정권을 장악하게 됨으로써 국내성 지역에서 오랫동안 유지되었을 가능성이 높다. 그런데 세군-추군 왕위계승 분쟁 결과 고구려 권력구조에 변화가 발생하였고, 소수특권귀족에 의한 관직독점화 현상이 발생하면서 중앙의 일부와 지방 출신들이 관직에 참여할 기회가 감소하고 관직수여 등에서도 차별을 받는 현상이 발생하였다. 간주리의 난은 바로 이러한 정치적 상황의 변화에 대응하여 발생했을 가능성이 있는 것이다.[81]

세 번째는 중국계 망명인이다. 4세기에 고구려에 이주한 중국계 망명인들은 대중외교와 평양경영과 관련하여 활동하고 있었다.[82] 이들은 주로요좌의 신분으로 대중외교를 담당하거나, 고구려의 관위를 수여받으면서낙랑지역의 호족으로서 그 지위를 유지해 나갔다. 고구려 후기에 고구려에 망명하여 정착한 호족으로는 두선부를 사례로 들 수 있다.

> 6세조 步蕃은 西魏의 장군으로서 河曲에 진을 치고 있었다. 北齊의 神武
> 齊에게 격파당하자 遼海로 달아났다. 그리하여 후예들은 그 지역을 집으
> 로 삼고 豆氏가 되었다. 당나라 황제가 당나라에 조알하지 않는 요동을 친
> 정하여 군대가 현도 지역에 주둔하고 있을 때 공의 부친은 그의 먼 조상
> 이 사리에 통달하여 황하 북쪽에서 귀순한 것을 사모하여, 드디어 九夷의
> 여러 성의 장수들을 참하고, 황제의 명령을 받은 군대가 머무른 막사[83]에
> 와서 무릎을 꿇고 절하였다. 읍락의 도탄에 빠진 사람들을 부축하여 성심

---

81) 이상은 북위의 낙양천도 이후 원래 도성에 남아 있었던 북위의 귀족 출신들이 후대에 중앙과 유리되면서 지위가 격하되고, 이런 불만이 육진의 난으로 표출되는 상황을 염두해 두고 가정된 것이다.

82) 임기환, 2004, 앞의 책, 274쪽.

83) 번역문의 원문에 해당하는 '旌門'의 원래의 의미는 帝王이 出行할 때 머무르던 곳에 막사를 세우고 깃발로 문을 표시하는 것을 말하는데, 여기서는 황제의 명령을 받은 군대가 머무르던 막사라는 의미로 쓰였다.

을 다해 조정에 귀순했다.[84]

두선부묘지명과 사료를 비교하여 분석하면 두선부의 6세조 紇豆陵步蕃
은 나중에 北齊 神武帝가 되는 高歡의 지원을 받은 爾朱兆에게 패하여 살
해당하였고, 紇豆陵步蕃 일당은 530년경 고구려에 망명하였다. 두선부는
선비족 계열의 고구려 유민이었던 것이다.[85] 두선부 일족은 그 후 130년
이상 고구려에 머물다가 멸망과정에서 당나라에 투항하였다. 그런데 투항
과정을 보면, 도탄에 빠진 읍락 사람들을 통솔하고 이들을 기반으로 고구
려 장수들을 격퇴하면서 당나라 軍門에 이르러 항복한 것으로 나와 있다.
두선부는 당나라 군대가 현도 지역에 주둔하고 있을 때 당나라 軍門에 나
가 투항하였다고 한 것으로 보아 고구려에 투항 후 국내성 일대에 머물렀
던 것 같다. 그리고 읍락 사람들을 이끌고, 성을 지키는 고구려 장수를 참
수하면서 당에 귀부한 것으로 보아 고구려에 투항 후 국내성 일대에서 재
지세력으로서 지위를 이어간 것 같다. 이러한 사례를 통하여 고구려 후기
는 고구려의 권력구조의 변화로 인하여 재지 출신들이 관직에 진출할 기회
가 전대에 비해서 많이 줄어들었다는 점을 알 수 있다.

고구려 역사를 돌이켜보면 초기 재지질서를 주도하던 지역 수장층은 중
앙집권화가 진전됨에 따라 중앙귀족으로 편입되었다.[86] 귀족들은 官位制
를 매개로 한 관직체계가 점차 정비됨에 따라 관료적 색채를 내포하게 되
었다. 관료체계는 더 많은 계층을 자체 내에 편입시켰고, 관직체계의 성격

---

84) 『大唐故忠武將軍攝右金吾衛郞將上柱國豆府君墓誌幷序』 "六世祖步蕃, 西魏將, 鎭
河曲, 爲北齊神武所破, 遂出奔遼海, 後裔因家焉, 爲豆氏. □皇唐征有遼之不庭,
兵戈次玄免之野, 君考夫卒慕遠祖融河外納款, 遂斬九夷列城之將, 稽顙旌門. 扶
邑落塗炭之人, 歸誠□魏闕."

85) 이동훈, 2014, 「고구려 백제유민 지문구성과 찬서자」 『한국고대사연구』 76.

86) 여호규, 2014, 앞의 책, 464쪽 참조.

상 공과에 따라 신분적 경계를 초월하여 높은 관직에 제수되는 경우도 발생했다. 대내적 체제정비와 대외적 영역확대 등을 통한 국왕권의 신장은 귀족세력의 상대적 위축을 가져왔으며, 이들은 점차 국왕 아래에서 관료적 색채가 강한 귀족으로 전환되었다.[87] 귀족의 관료적 성격은 태왕권이 정점에 다다르고 관료가 노객이라고 지칭되던 광개토왕대에 정점을 맞이했다.[88] 그리고 이러한 관료적 성격이 강한 귀족이 이후 고구려 정치사회를 주도해 나갔다. 백제 개로왕이 북위에 보낸 국서에 표현된 고구려 장수왕대의 '대신강족'이라는 말에서 알 수 있듯이 당시 대신의 상당수는 강족, 즉 관료적 성격이 강한 귀족과 밀접한 관계가 있었다. 중앙에 관료를 배출할 수 있었던 중앙귀족은 중앙의 관리라는 정치적 신분과 더불어 고래로부터 축적해 왔던 재지의 경제력을 기반으로 사회경제적으로 상위에 위치한 강족으로 군림했던 것이다. 물론 경제력의 발달에 힘입어 평민의 상층부에 위치하고 있다가 관직을 획득함으로써 점차 귀족으로 발전한 경우도 있었겠지만, 대부분은 왕권이 강화됨에 따라 중앙귀족에서 전화된 경우였다.

평양천도 이후 대신강족에는 낙랑계 호족과 북연계 망명인 출신도 포함되었지만, 장수왕 말기의 사건으로 인해 국내성 출신의 전통 '대신강족'들은 낙랑계와 북연계의 '대신강족'과의 경쟁에서 1차 승리를 거두면서 '대신강족'으로서의 지위를 유지했다. 그렇지만, 안원왕 말년에 발생한 추군-세군 왕위계승전의 승패는 국내성 출신의 '대신강족'의 운명을 좌우했다. 대신강족 사이에 발생한 분쟁에서 2차 승리를 거둔 승자는 지배세력으로서의 지위를 유지하고 강화했던 반면에, 패자는 강족으로서의 지위를 상실하고 도태되거나 호족 즉 재지세력으로 전화되어 갔다. 강족은 정치적 지위와 결합되어 있는 호족이라는 성격을 가지고 있었기 때문이다.

---

87) 여호규, 2014, 앞의 책, 466쪽 참조. 단 여호규는 이들을 '臣僚'라고 표현했다.
88) 제1장 참조.

그 결과 중앙정치무대에는 많은 대신들이 몰락하고 승리한 소수의 대신들에 의해서 관직이 독점되는 현상이 발생하였다. 세군-추군 정쟁과정은 국내성 출신 세력 사이의 권력 다툼이었기 때문에 같은 일족일지라도 정치적 이해에 따라서 세군과 추군 진영에 별도로 소속되어 있는 경우가 많았다. 그리하여 같은 일족이더라도 정치적 지위를 내려놓는 경우가 발생했다. 그 결과 대신들의 정치적 기반이었던 강족은 분지화와 해체화의 길을 걸었다. 패자 중 다행히 살아남은 경우는 중앙의 일체의 권력을 상실한 채 호족, 즉 재지세력으로 전화되었고, 승자는 권력을 독점하면서 강신으로 거듭 났다. 즉 후기의 '강신호족'은 중기의 '대신강족'에서 분화된 것이었다. 이것은 바로 족적 배경에 의해서 개인의 신분이 결정되던 고래의 신분질서구조가 일족에서 분화된 개별 가계의 위상에 따라 개인의 정치적 지위가 결정되는 방향으로 진전되었다는 것을 의미했다.

　중앙에서의 입지를 강화한 강신은 그가 속한 일족이 분해됨에 따라 이전에 비해 범위가 대폭 축소된 가계를 중심으로 하여 지방을 통제해 나갔다. 이에 따라 지방에 대한 통제도 족적으로 연결된 네트워크보다는 행정체계를 통하는 것이 보다 더 효율적이었다.[89] 이에 지방제도의 정비도 점차 강화되었다. 정쟁에서 패했지만 다행히 생존에 성공한 호족 즉 재지유력자는 중앙에서의 정치적 입지를 상실했기 때문에 지방에 대한 영향력은 그 전과 같을 수가 없었다. 그리하여 재지에 대한 중앙의 통제권도 보다 강화되었다. 이제 재지에 대한 유력자들의 지배권에도 중앙권력이 직접 관여하는 사회가 이루어지게 된 것이다. 그러므로 호족으로 표현된 재

---

89) 모두루 가문이 대를 이어가면서 그들과 연고권이 있는 부여 지역의 지방관을 역임한 사실은 고구려중기 지방통치가 중앙과 지방에서 족적으로 연결된 네트워크에 의해 이루어졌다는 것을 보여주는 대표적인 사례이다. 그러나 후기에는 「고제석묘지명」에 나타나듯이 국내성 출신이 요동성의 수장이 될 수 있어 지방에 대한 통제는 족적인 네트워크보다는 공식적인 행정체계를 통하여 이루어졌다

지세력은 지방에서 그 세력을 떨치기 위해서는 강신으로 표현된 중앙의 유력자들과 결탁할 수밖에 없었으며, 이것이 바로 "강신호족이 국가의 권력을 다 장악하고 붕당을 이루어 남을 배척하는 것이 풍속이 되었고 뇌물을 주고받음이 시장과 같았다"는 식으로 표현된 『수서』에 나타난 고구려 사회의 모습이었다.

제2절 국정운영방식의 변화

1. 대대로와 토졸

제1절에서 살펴보았듯이 고구려 후기의 지배층은 강신으로 대표되는 특권화한 소수귀족이었다. 소수의 가계로 이루어진 이들 특권집단은 관료적 색채가 강화된 중기의 귀족에서 발전된 집권세력으로서 초기의 지배계층인 귀족과는 질적인 차이가 있었다. 초기귀족이 족적 배경에 의해 그 신분이 결정되는 존재였다면 중후기의 귀족은 관직체계에 적극적으로 참여하고, 국왕에 충성을 다해 고위직을 획득함으로써 그 지위를 유지할 수 있었던 존재였다. 그러므로 이들 중후기 귀족들의 入仕에 대한 욕구는 전에 없이 강했고, 한정된 고위직을 둘러싸고 상호간에 암투가 벌어지기도 했다. 이러한 상황을 잘 반영하는 관직이 바로 고구려 후기에 등장한 대대로이다. 대대로는 국정을 총괄하던 위치에 있었기 때문에 일찍부터 많은 주목을 받았다. 대대로와 관련된 기사는 다음과 같다.

> H-① 지위가 높은 관으로는 대대로가 있다. 다음은 태대형, 대형, 소형, 의후사, 오졸, 태대사자, 대사자, 소사자, 욕사, 예속, 선인이 있어 욕살과 함께 모두 13등급의 관이 내외의 일을 나누어 관장한다. 그

대대로는 강약으로 서로를 업신여기며 빼앗아 스스로 한다. 왕에 의해 임명되어 설치되는 것이 아니다(『주서』 고려전).[90]

H-② 그 관에 가장 높은 것은 대대로라고 하는데 1품에 비견되며 국사를 총괄한다. 3년에 한 번씩 바꾸는데, 직무와 잘 어울리는 자라면 연한에 구애받지 않는다. 교체하는 날 혹 서로 공손하게 순종하지 아니하면 각자 군사를 동원하여 서로 공격하고 이긴 자가 대대로가 된다. 그 왕은 궁문을 닫고 스스로를 지킬 뿐이고 제어할 수 없다. 다음은 태대형으로 정2품에 비견된다. 대로 이하의 관은 모두 12등급이다(『구당서』 권149상 동이전 고려조).[91]

노태돈은 북주대의 역사를 기록한 『주서』와 당대의 역사를 기록한 『구당서』의 대대로 관련 기사의 분석을 통해 고구려의 6세기 후반 이후의 시기를 전시대와는 다른 귀족연립정권기로 파악했다. 즉 고구려 후기는 대대로가 국정운영의 중심이었고, 왕이 대대로의 임명에 결정권이 없었기 때문에 국정은 대대로와 귀족회의를 중심으로 운영되었다는 것이다.[92] 그는 대대로 선임 방식이 과거에 발생했던 예외적인 사건을 일반화한 것이 아니라고 주장하면서, 612년 수양제가 고구려 원정에 나서면서 발표한 조서(D)를 근거로 당시 고구려의 내정이 귀족에 의해 전단되었다는 자신의 주장을 보강했다. 즉 H-①~②와 D의 기사만 본다면 6세기 중반 이후부터 고구려의 국정이 대대로와 귀족회의를 중심으로 운영되었다는 주장은 일견 타

---

90) 『周書』 권49 異域上 高麗傳 "大官有大對盧, 次有太大兄, 大兄, 小兄, 意俟奢, 烏拙, 太大使者, 大使者, 小使者, 褥奢, 翳屬, 仙人幷褥薩凡十三等, 分掌內外事焉. 其大對盧, 則以彊弱相陵, 奪而自爲之, 不由王之署置也."

91) 『舊唐書』 권199상 東夷傳 高麗條 "其官大者號大對盧, 比一品, 總知國事, 三年一代, 若稱職者, 不拘年限. 交替之日, 或不相祗服, 皆勒兵相攻, 勝者爲之. 其王但閉宮自守, 不能制禦. 次曰太大兄, 比正二品. 對盧以下官, 總十二級."

92) 노태돈, 1999, 『고구려사연구』, 사계절, 437~448쪽.

당해 보인다. 그런데 H-②의 기사는 『한원』 고려기의 다음 기사를 참조하여 작성된 것으로 추정되고 있다.

I 그 나라의 관에는 9등급이 있다. ① 그 첫째는 토졸인데 1품에 비견된다. ② 옛 이름은 대대로이다. ③ 국사를 총괄하고 3년이 임기인데, 직무와 어울리는 자는 연한에 구애받지 않는다. ④ 교체하는 날 만약 서로 승복하지 않는 경우에는 각자 무력을 동원해 서로를 공격하고 승리한 자가 대대로가 된다. 왕은 단지 궁문을 닫아 걸고 스스로를 지킬 따름이다. 다음의 관은 태대형인데 2품에 비견되며 일명 막하라지라고 한다. 그 다음은 울절인데 종2품에 비견된다. 중국식 표현으로는 주부이다. 다음은 대부사자로서 정3품에 비견되는데 알사라고도 한다. 그 다음은 조의두대형으로서 종3품에 해당하며 일명 중리조의두대형이라고도 한다. 동이에서 전해져 오는 이른바 조의선인은 이를 말하는 것이다. 이 다섯 개의 관이 기밀을 관장하고, 정사를 도모하며, 군사를 징발하고, 사람을 선발하여 관작을 수여한다(『한원』 고려기).[93]

『한원』 고려기는 641년 고구려에 사신으로 파견되었던 진대덕이 직접 견문하고 작성했기 때문에 당시 고구려 관위구조와 국정운영 방식을 이해하는데 많은 참고가 된다. 해당 기사는 먼저 토졸, 태대형, 울절, 태대사자, 중리조의두대형 순으로 중국의 3품 이상의 관에 비정되는 관을 나열하고 나서 이 5개의 관이 국정 운영에 참여하여 국가대사를 논의하고 결정하는

---

93) 『翰苑』 高麗記 蕃夷部 高麗 官崇九等條 "高麗記曰, 其國建官有九等, 其一曰吐捽, 比一品, 舊名大對盧, 惣知國事. 三年一伐[代], 若稱職者不拘年限. 交替之日, 或不相祇服, 皆勒兵相政[攻], 勝者爲之. 其王但閉宮自守, 不能制禦. 次曰太大兄, 比二品, 一名莫何何羅支. 次鬱折, 比從二品, 華言主簿. 次大大夫使者, 比正三品, 亦名謂謁奢. 次皁衣頭大兄, 比從三品, 一名中裏皁衣頭大兄, 東夷相傳, 所謂皁衣先人者也, 以前五官, 掌機密謀改[政]事, 徵發兵, 選授官爵."

중요한 역할을 한다고 서술하는 방식을 취하고 있다. 그런데 다른 관에 대해서는 '옛 이름(舊名)', '일명(一名)', '중국명(華言)'이라는 식으로 간단하게 표현한 것과는 달리 가장 지위가 높은 관인 토졸은 대대로 관련 기사가 첨부되어 다소 장황하게 설명되어 있다. 『한원』 고려기 기사는 토졸에 대한 기사와 토졸의 전신인 대대로에 관한 기사가 혼재되어 있다는 점에서 주목된다. 즉 ①은 토졸에 대한 기사이고 ②와 ④는 대대로에 대해서 설명한 기사이다. ③은 토졸의 전신인 대대로에 대해서 설명한 것인지 토졸에 대해서 설명한 것인지 분명하지 않지만 문맥상 대대로에 대해 설명한 것으로 보는 것이 자연스럽다. 그러나 ③의 기사가 ②와 ④와 관련된 기록이 나와 있는 『주서』(H-①)에는 보이지 않기 때문에 토졸에 관한 설명일 가능성도 있어 정확한 판단은 보류하기로 한다. 다만 확실한 것은 ④는 641년 당시 고구려의 최고 관위인 토졸에 대한 설명이 아니라, 과거 어느 시점에서 토졸로 개칭되기 이전의 대대로 선임 과정을 설명한 자료라는 점이다. 만일 토졸에 대한 설명이었다면 승리한 자가 '토졸'이 된다고 기술했어야 하지만, 승리한 자가 '대대로'가 된다고 기록했기 때문이다. 그러므로 『한원』 고려기에 등장하는 대대로 관련 기사는 641년 무렵의 상황을 설명한 것이 아닌 것이다. 그런데 한 가지 의아한 것은 토졸이 641년 당시 최고 관위의 정식 명칭이었음에도 불구하고 다른 사서에서는 전혀 발견되지 않는다는 점이다. 심지어 『한원』 고려기의 저자인 진대덕조차 그가 고구려에 사행하여 관사에 머무르고 있을 때 대대로가 3번이나 방문했다는 식으로 기술되고 있다.

진대덕이 또 말했다. "고창이 멸망했다는 말을 듣고 그 대대로가 3번이나 숙소에 이르렀으며, 예를 더함이 있었습니다."[94]

---

94) 『新唐書』 권200 東夷傳 高麗條 "大德又言, 聞高昌滅, 其大對盧三至館, 有加禮焉."

진대덕의 고구려 사행 기사는 『신당서』 권220 열전 제145 동이 고려조에 기록되어 있는데, 같은 책에는 고구려의 관제에 대해서 다음과 같이 서술하고 있다.

J　관은 모두 12등급이 있다. (가장 높은 관은) 대대로라고 하는데 토졸이라고도 한다. (다음은) 울절이라고 하는데 圖簿를 주관한다. (다음은) 태대사자라고 한다. (다음은) 조의두대형이라고 하는데, 이른바 조의라는 것은 선인을 말한다. 국정을 주재하고, 3년에 1번 바꾼다. 직무를 잘 수행하면 바꾸지 않는다. 무릇 교체하는 날에 불복하는 자가 있으면 서로 공격한다. 왕은 궁문을 닫고 지키다가 이긴 자를 인정하여 준다. (다음은) 대사자라고 한다. (다음은) 대형이라고 한다. (다음은) 상위사자라고 한다. (다음은) 제형이라고 한다. (다음은) 소사자라고 한다. (다음은) 과절이라고 한다. (다음은) 선인이라고 한다. (다음은) 고추대가라고 한다.[95]

　　『신당서』는 『한원』 고려기와는 달리 고구려 제1관을 대대로라고 하고, 토졸을 이칭인 것처럼 서술하였는데, 이것으로 진대덕의 사행기사에 등장하는 대대로 방문 기사는 대대로를 기준으로 서술한 『신당서』의 체제에 의해 토졸이 대대로로 바뀌어 기술되었다는 것을 알 수 있다. 그러므로 같은 책에 서술되어 있는 연개소문의 부친이 대대로를 역임했다는 다음의 기록도 마찬가지로 토졸을 대대로라고 바꾸어 표현한 것이라는 것을 알 수 있다.

---

95) 『新唐書』 권200 東夷傳 高麗條 "官凡十二級, 曰大對盧, 或曰吐捽. 曰鬱折, 主圖簿者. 曰太大使者. 曰帛衣頭大兄, 所謂帛衣者, 先人也, 秉國政, 三歲一易, 善職則否, 凡代日, 有不服則相攻, 王爲閉宮守, 勝者聽爲之. 曰大使者. 曰大兄. 曰上位使者. 曰諸兄. 曰小使者. 曰過節. 曰先人. 曰古鄒大加. 본문 ( ) 안의 내용은 저자가 삽입.

개소문이라는 자가 있었다. 혹은 개금이라고 한다. 성은 천씨인데, 스스로 운운하기를 수중에서 태어났다고 하여 사람들을 현혹시켰다. 성질이 잔인하고 폭악하였다. 부친은 동부대인, 대대로인데, 부친이 죽자 개소문이 당연히 이어야 했다. 國人이 그를 미워하여 자리를 이을 수 없었다. 머리를 숙이고 무리에 사죄를 하면서 섭직하기를 청하면서, 불가함이 있으면 폐하더라도 후회가 없겠노라고 하였다. 사람들이 이를 불쌍히 여겨 마침내 자리를 이었다.[96]

그런데 『신당서』동이전 고구려전은 고구려의 관제에 관한 서술에서 몇 가지 문제점을 노출하고 있다. 첫째, 대대로 선임 방식에 해당하는 기사를 조의두대형 다음에 배치하여 마치 조의두대형이 왕의 의지와는 상관없이 권력가들의 세력에 의해 결정되는 것처럼 서술했다. 둘째, 고구려 제2관 태대형 기사가 누락되고, 고추대가를 관위로 파악하였다. 이러한 것은 고구려 관제에 대한 『신당서』찬자의 몰이해에서 비롯된 것으로서, 고구려 후기의 관제는 『한원』고려기를 기준으로 살펴봐야 한다는 것을 다시 한 번 확인하고 있다. 그러므로 641년 무렵 고구려 제1관위는 대대로가 아니라 토졸이었다는 것이 확실하다.[97]

그럼에도 불구하고 대대로라는 명칭이 사료에 종종 등장하고 있어 이 점에 대해서 검토해 볼 필요가 있다. 현재까지 사료에서 확인되는 대대로

---

96) 『新唐書』권200 東夷傳 高麗條 "有蓋蘇文者, 或號蓋金, 姓泉氏, 自云生水中以惑衆. 性忍暴. 父爲東部大人, 大對盧, 死, 蓋蘇文當嗣, 國人惡之, 不得立, 頓首謝衆, 請攝職, 有不可, 雖廢無悔, 衆哀之, 遂嗣位."

97) 노중국은 대대로와 토졸의 관명의 출현 시기에 근거하여 『한원』고려기에 보이는 관위제는 7세기 초반에 성립된 것으로 보았다(노중국, 2003, 앞의 논문, 114쪽). 김영하도 『한원』고려기 조항의 대대로는 옛 명칭이고, 7세기 중엽에는 토졸로 불렸다고 보았다(김영하, 2004, 『韓國古代社會의 軍事와 政治』, 315쪽, 주80 참조).

관련 기사는 총 5개가 있다. 이 중 2개는 앞에서 언급한 『신당서』 동이열전 고려조의 관련 기록이고 나머지는 다음과 같다.

> K-① 증조는 子遊이고 조부는 太祖이다. 나란히 莫離支를 역임했다. 부친은 蓋金인데, 太大對盧를 역임했다. 조부와 부친은 가업을 이어[98] 나란히 병권을 잡았고, 모두 국정을 오로지 했다(천남생묘지명).[99]
>
> K-② 조부는 蓋金이다. 본국에서 太大對盧를 역임했다(천헌성묘지명).[100]
>
> K-③ 고조와 증조는 中裏의 顯位를 이었고, 조부와 부친은 對盧의 큰 이름을 전했다(천남산묘지명).[101]

천남생(K-①)과 천헌성(K-②)의 묘지명에 의하면 연개소문은 태대대로를 역임했으며, 천남산묘지명(K-③)에 의하면 연개소문의 조부와 부친 역시 대대로를 역임했다. 즉 연개소문 자손의 묘지명에 의하면 대대로라는 관은 고구려 후기를 관통하여 지속적으로 존재했던 관이라는 인상을 받게 된다. 그러나 앞에서 언급했듯이 641년 무렵에는 대대로가 토졸이라는 이름으로 이미 그 명칭이 변경되었기 때문에[102] 묘지명에 기록된 대대로 관

---

98) 묘지명에 기재된 '良冶良弓'에 대해서 종래에는 '병장기를 잘 다루었다'는 뜻으로 풀이했는데, 여호규는 이와는 달리 '가업을 잘 世傳했다'로 해석했다(여호규, 2014, 앞의 책, 412~413쪽). 본고는 후자의 해석에 따른다.

99) 「泉男生墓誌銘」 "曾祖子遊 祖太祖 竝任莫離支 父蓋金 任太大對盧 乃祖乃父 良冶良弓 竝執兵鈐, 咸專國柄."

100) 「泉獻誠墓誌銘」 "祖蓋金 本國任太大對盧"

101) 「泉男産墓誌銘」 "乃高乃曾 繼中裏之顯位 惟祖惟禰 傳對盧之大名"

102) '대로'라는 관명이 『수서』에 등장하는 것으로 보아 적어도 『수서』 단계까지는 대대로가 제1위의 관의 역할을 수행했던 것으로 보인다. 그러나 대대로 선임 관련 기사가 기록되지 않았는데, 아마 『수서』 단계(581~618)에서는 대대로의 선임방식이 3년 교대 형식으로 정상적으로 진행되었기 때문에 기록의 필요성을 느끼지

련 기사는 달리 해석되어야 할 필요가 있다. 먼저 연개소문이 태대대로를 역임했다는 것은 일반적으로 묘지명에서는 묘주가 생전에 역임한 최고의 관을 기록하는 것이 보통이고, 이 경우 최후의 관이 최고의 관을 역임하는 경우가 대부분이므로 연개소문의 최후의 관을 기록한 것이라고 할 수 있다. 그런데 642년 이후 연개소문은 막리지를 계속 역임하고 있었으므로, 태대대로는 661년 이후 막리지 위에 대막리지가 신설되면서 이에 조응하여 만들어진 관이 아닌가 한다.[103] 이 때 태대대로는 막리지의 역할이 강화되면서 공동화된 토졸을 대신하고, 과거의 대대로라는 명칭을 회복하면서도 '태'자를 가하여 국정 최고위직이라는 새로운 위상을 가진 관으로서 재탄생된 것으로 추정된다. 하지만 이것은 『한원』 고려기가 서술된 이후의 사건으로서 641년 이전의 상황과는 별개라는 것을 유의해야 한다.

한편 연개소문의 조부 자유와 부친 태조가 대대로를 역임했다는 「천남산묘지명」의 기술과는 달리 「천남생묘지명」은 이들이 모두 막리지를 역임한 것으로 기록되어 막리지가 곧 대대로를 의미한다는 주장의 논거가 되기도 했다. 본고는 막리지가 곧 대대로라는 설에 동의하지 않는다. 그 대신 묘지명에 대대로 혹은 막리지를 역임했다고 기록한 것은 실제로 막리지와 대대로를 시차를 두고 역임했던 역사적 사실을 반영한 것이라고 생각한다. 그런데 정변 이전에 대대로(즉 토졸)의 위상이 막리지보다 상위에 위치하고 있었음에도 불구하고 대대로 대신 막리지가 기록된 것은 연개소문이 막리지로서 최고의 집권자로 군림했던 후대의 막리지상이 투영된 결과였다.[104] 조상이 막리지를 역임한 사실은 가문의 위상을 높이는 중요한 근

못했기 때문일 것이다. 따라서 대대로가 토졸로 명칭이 바뀐 시기는 영류왕대 (618~642)이다.

103) 천남생이 661년에 막리지에 선임된 것으로 보아 661년에 연개소문은 대막리지를 따로 신설하여 이에 취임한 것으로 추정된다.

104) 李文基, 2000, 「高句麗 莫離支의 官制的 性格과 機能」 『白山學報』 55, 89~91쪽.

거가 되었기 때문에 연개소문 후손뿐만 아니라 고질-고자 가문도 조상이 막리지를 역임한 사실을 기록했던 것이다. 게다가 정변 이전의 막리지가 정변 이후의 막리지와 마찬가지로 국정을 좌지우지하고 있었다는 식으로 표현되었다. 그러나 연개소문의 정변 이전까지는 토졸이, 그리고 토졸로 개칭되기 전에는 대대로가 국정의 최고위직이었다는 것은 명백하다. 이러한 사실은 「천남산묘지명」에서 그 단서를 엿볼 수 있는데, 「천남산묘지명」은 동시기의 다른 묘지명의 서술과는 달리 연개소문의 조부와 부친이 대대로를 역임한 것으로 기록했다.

그렇다면 「천남산묘지명」이 조상의 관작으로 막리지 대신 대대로를 선택하여 기록한 이유는 무엇일까? 그것은 대대로가 주는 이미지가 막리지에 못지않았기 때문이었다. 막리지가 정변 이후 최고의 관이었던 것처럼 대대로는 정변 이전 상당 기간 동안 최고의 관이었다. 그런데 앞에서 언급했듯이 641년 무렵에는 토졸이 최고 관위였기 때문에 연개소문의 부친 즉 연태조가 사망했을 무렵 그의 관작은 토졸이었어야 했다. 그럼에도 불구하고 대대로라고 기록된 것은 대대로가 지닌 특수한 이미지를 고려했기 때문이었다. 『주서』에 기록된 대대로의 선임 과정은 국왕의 의지와는 관계없이 연개소문이 스스로의 힘으로 막리지를 차지한 과정과 흡사했다. 가문의 위상을 강조하여 기록하는 묘지명의 일반적인 기재방식에 의하면 묘지명에 중국에 그다지 알려지지 않은 토졸을 기록하는 것보다는 이미 『주서』에 기재되어 있는 대대로를 선택하여 기록하는 것이 가문의 위상을 드높이는 수단이 되었을 것이다. 6세기 중반 이후 고구려 제1관이었다는 본래의 위상과 함께 왕의 의지와는 상관없이 실력에 의해 취임할 수 있는 관이라는 대대로가 주는 이미지는 이후 『구당서』와 『신당서』의 찬술과정에도 영향을 주었다. 그리하여 『구당서』는 고구려 관제를 기술하는 과정에서 『한원』 고려기를 저본으로 삼았음에도 불구하고 제1관위였던 토졸을 대신하여 대대로를 제1관위인 것으로 기술했다(H-② 참조). 심지어 『신당서』는 오히려 대대로가 원래 관명이고, 토졸이 이칭인 것처럼 기록했다(J 참조). 본말이 전도된 것이다. 하지만 이미 언급했듯이 641년 당시 고구려 제1관은 토졸이었으며, 대대로 선임 기사는 과거의 사건을 기록한 것이었다.

그렇다면 토졸이라는 명칭이 등장하기 전에 대대로는 언제까지 존재했을까? 앞에서 이미 『구당서』와 『신당서』는 『한원』을 저본으로 한 것이며, 그 때문에 『구당서』와 『신당서』에 기록된 대대로 관련 기사는 『한원』의 기록을 전사하는 과정에서 토졸을 대대로로 치환한 것임을 밝힌 바 있다. 또 대대로 관련 기사는 다음과 같이 『북사』와 『수서』에서도 찾아볼 수도 있다.

> L-① 관으로는 대대로, 태대형, 대형, 소형, 의후사, 오졸, 태대사자, 대사자, 소사자, 욕사, 예속, 선인이 있어 모두 12등으로 내외의 일을 나누어 관장한다. 그 대대로는 강약으로 서로를 업신여기며 빼앗아 스스로 한다. 왕에 의해 임명되어 설치되는 것이 아니다(『북사』 권94 열전 제82 고구려).[105]
>
> L-② 관에는 태대형이 있다. 다음은 대형, 다음은 소형, 다음은 대로, 다음은 의사사, 다음은 오졸, 다음은 태대사자, 다음은 대사자, 다음은 소사자, 다음은 욕사, 다음은 예속, 다음은 선인이다. 모두 12등이다(『수서』).[106]

『북사』의 고구려 관제 부분(L-①)은 13등에서 욕살을 제외하고 12등으로 서술한 부분만 제외하면 『주서』(H-①)를 그대로 전사한 것으로서 『주서』의

---

105) 『北史』 권94 高句麗傳 "官有大對盧, 太大兄, 大兄, 小兄, 意侯奢, 烏拙, 太大使者, 大使者, 小使者, 褥奢, 翳屬, 仙人, 凡十二等, 分掌內外事. 其大對盧則以强弱相陵奪而自爲之, 不由王署置."

106) 『隋書』 권81 列傳 46 東夷 高麗條 "官有太大兄, 次大兄, 次小兄, 次對盧, 次意侯奢, 次烏拙, 次太大使者, 次大使者, 次小使者, 次褥奢, 次翳屬, 次仙人, 凡十二等."

기록과는 차이가 있다. 『수서』(L-②)의 기록에서 대로는 대대로로 추정되는데, 그 순서도 태대형, 대형, 소형 등 형계 관위 다음에 기록되어 있어 차이가 있다. 이것은 『주서』와 『북사』와 마찬가지로 『수서』의 고구려의 관이 관직의 고하에 따라 관직을 나열한 것이 아니라 유형별로 구분하여 기록했기 때문이었다.[107] 『수서』 단계에서만 갑자기 관직의 서열에 커다란 변동이 있을 만한 특별한 요인이 발견되지 않기 때문에 이때까지는 대대로가 최고의 관으로서의 지위를 유지했다고 판단된다. 이와 같은 것을 종합하면 대대로가 토졸로 개칭된 것은 다음 왕인 영류왕 때였다는 것을 알 수 있다. 이상으로 대대로가 추군-세군 왕위계승전쟁으로부터 『수서』 단계 즉 영양왕 때까지 최고의 관직에 위치하고 있었으며, 영류왕대에는 토졸로 그 명칭이 바뀌었다는 것이 확인되었다.

2. 強臣執政

『수서』 양제기(H-③)의 기사에 의하면 당시 고구려는 강신호족이 정권을 운영하는 주체였다. 앞에서 살펴보았듯이 여기서 호족은 지방을 지배하던 재지세력을 중국식으로 표현한 것에 불과하므로 실제에 있어서 고구려의 정권을 장악한 것은 강신이었다. 그렇다면 여기서 강신은 구체적으로 누구를 의미하는 것일까? 사료에는 그 인명이 등장하지 않아 특정할 수는 없지만 관제적인 측면에서 강신이라고 부를만한 관직을 특정해 볼 수는 있겠

---

107) 김철준은 귀족이 형계 관위를 독점하고, 왕의 직속 관료가 사자계 관위를 담당한다는 전제하에 형계 관위와 사자계 관위의 배열 순서와 숫자 등에 유의하여 왕과 귀족 세력의 소장을 언급했다(김철준, 1956, 「高句麗·新羅의 官階組織의 成立過程」; 1990, 『韓國古代社會研究』, 서울대학교 출판부, 239~241쪽). 노중국 역시 형계관위와 사자계관위의 배열순서에 따라 왕권의 변화 추이를 설명하였다(노중국, 2003, 앞의 논문, 106~117쪽).

다. 대대로는 왕의 의지와는 상관없이 유력자의 실력에 의해서 선임되는 방식을 취하고 있어 강신이 내포하는 의미와 상통하는 바가 있다. 그렇다면 『수서』에서 지칭한 강신에 포함될 수 있는 사람은 대대로의 지위에 있는 인물로 특정할 수 있겠다. 그런데 고구려사에서 '강신'이라는 용어는 한 번 더 등장한다.

『삼국사기』 권21 고구려본기 제9 보장왕 상 4년조에는 당 태종이 안시성을 공격하자 이에 맞서 고연수 등이 15만 대군을 이끌고 안시성을 구원하는 기사가 기록되어 있다. 당 태종은 이에 두려워하여 고연수에게 사신을 보내어 말하기를 "나는 너희 나라의 강신이 왕을 시해하였기 때문에 죄를 물으려고 온 것이다. 교전하는 것은 나의 본심이 아니다"[108]라고 하였다. 여기서 강신은 연개소문을 지칭하는 것이 분명하다. 고구려본기 보장왕 상에는 당 태종이 연개소문이 왕을 시해한 사건을 언급한 내용이 총 5번 등장한다. 하나는 앞서 설명하였고, 나머지는 다음과 같다.

- M-① 개소문이 그 임금을 죽이고 국정을 오로지하니 진실로 참을 수 없다.[109]
- M-② 개소문이 그 임금을 죽이고 그 대신을 해치고 그 인민을 잔학하게 하고 지금 또 나의 명령을 어기고 이웃 나라를 침략하니 토벌하지 않을 수 없다.[110]
- M-③ 요동은 옛날 중국인데, 막리지가 그 왕을 해쳤으니 짐이 직접 가서

---

108) 『三國史記』 高句麗本紀 卷21 寶藏王 上 4年 5月條 "遣使給延壽曰 我以爾國强臣 弑其主 故來問罪 至於交戰 非吾本心"
109) 『三國史記』 卷21 高句麗本紀 第9 寶藏王 上 2年 閏6月條 "閏六月 唐太宗曰 蓋蘇 文弑其君 而專國政 誠不可忍"
110) 『三國史記』 卷21 高句麗本紀 第9 寶藏王 上 3年 正月條 "太宗曰 蓋蘇文弑其君 賊其大臣 殘虐其民 今又違我詔命 侵暴鄰國 不可以不討"

이를 경략하려 한다.[111)

M-④ 고구려의 개소문이 왕을 시해하고 백성을 학대하였으니 인정상 어
　　　찌 참을 수 있겠는가.[112)

　　당 태종은 고구려왕을 시해한 사람을 '개소문'이라는 인명으로 직접 언
급하거나, '막리지'라는 관명으로 부르거나 혹은 비정상적인 권력을 행사하
는 신하라는 의미를 가진 '강신'으로 지칭했다. 즉 개소문=막리지=강신으
로 간주한 것이다. 그런데 막리지는 M-①에서 설명했듯이 국정을 오로지
하는 관직으로 강신과 통하는 바가 있었다. 고구려유민묘지명에서도 막리
지의 직임은 '專國柄',[113) '獨知國政'[114)으로 표현되고 있다. 그러므로 강신
에 포함될 수 있는 사람은 막리지를 역임한 인물로 특정할 수 있다. 이렇
게 본다면 고구려 후기는 바로 강신에 의해 국정이 좌지우지되던 시대로
파악할 수 있다. 바꾸어 말하면 대대로와 막리지로 이어지는 국정최고책
임자에 의해 국정이 운영되는 시대였던 것이다.

　　그런데 『한원』 고려기의 기사에 의하면 고구려는 토졸, 태대형, 울절, 대
부사자, 조의두대형 등 5개의 관이 국가의 중대사를 상의하여 결정했다.
앞에서 언급했듯이 이 시기는 영류왕 때에 해당하므로 영류왕대에는 5개
의 고위 관의 합의에 의한 귀족정치가 시행되었던 것이다. 그러나 영류왕
이전의 국정이 이와 같이 운영되었는지는 의문이다. 왜냐하면 『한원』 고려
기를 제외하고는 대대로가 기록된 문헌들을 살펴보면 상위 5관이 공동으

---

111) 『三國史記』 卷21 高句麗本紀 第9 寶藏王 上 3年 10月條 "遼東 故中國地 而莫離
　　　支賊殺其主 朕將自行經略之"
112) 『三國史記』 卷21 高句麗本紀 第9 寶藏王 上 3年 11月條 "以高句麗蓋蘇文 弑主
　　　虐民 情何可忍"
113) 「泉男生墓誌銘」 참조.
114) 「高慈墓誌銘」, 「高質墓誌銘」 참조.

로 국정을 논의했다는 기록이 전혀 보이지 않기 때문이다. 즉 『주서』와 『북사』는 대대로의 비정상적인 선임과정에 대해서만 기록했고, 『수서』는 관 12등의 하나로서 '대로'라는 관만 기록했을 뿐이다. 그리고 『한원』 고려기를 저본으로 하여 작성된 것으로 알려진 『구당서』는 토졸과 대대로의 기사가 뒤섞여 기록되면서 대대로의 3년 임기규정과 비정상적인 선임과정 등을 기록했지만, 5관 합의제에 대해서는 전혀 언급이 없다. 그 대신 대대로가 국정을 총괄했다고 했다. 또한 『신당서』는 대대로 관련 기사를 조의두대형 다음에 배치하고, 조의두대형이 국정을 주재했다고 했다.

즉 이와 같이 대대로와 관련된 기사 조항에서는 일반적으로 알고 있는 것과는 달리 상위 5개의 관이 합의에 의해 국가중대사를 결정했다는 기록이 전혀 보이지 않고 그 대신 대대로가 국정을 총괄했다고만 기록하였기 때문에 대대로가 집정하던 시기의 정치가 귀족합의제에 의해 운영되었는지는 다시 한 번 검토할 필요가 있는 것이다.

먼저 대대로에 대해서 주목할 필요가 있다. 대대로의 임기 규정은 처음에는 임기규정이 없다가(『주서』·『북사』 참조), 나중에 3년 1대라는 임기규정이 신설된 것인지(『구당서』 참조), 기록되지 않았을 뿐 처음부터 3년 1대가 원칙이었는데, 후에 대대로 선임과정에 대한 설명이 좀 더 구체화되면서 3년 임기 규정이 추가로 기록된 것인지 확실하지 않다. 어쩌면 대대로는 임기 규정이 없었고, 대대로가 토졸로 명칭을 바꾼 이후에 토졸에 한에서만 3년 임기 규정이 새롭게 신설되었을 가능성도 전혀 없지는 않다.

기존의 연구에서는 『구당서』의 대대로 3년 임기 규정이 왕의 제도적 위상이 높아진 결과로 보는 견해가 제기된 바 있다.[115] 그런데 다른 국가들의 사례를 살펴보면 관직의 임기는 일반적으로 3년, 6년 등으로 규정되었

---

115) 김영하, 2003, 앞의 책, 315쪽과 주80 참조.

지만¹¹⁶⁾ 재상에 한해서만은 정해진 임기 규정이 없었다는 사실에 유의할 필요가 있다. 또한 대대로의 취임 과정에 왕이 간섭하지 못하고 강신들의 무력 대결에 의해 결정되었다는 사실은 대대로의 선임이 국왕권의 개입이 아닌 강신들의 역관계와 실력에 의해 상호 합의를 통해 결정되었다는 것을 의미하고 있기 때문에, 임기 제한 규정은 집권세력들의 상호 합의 하에 신설된 것으로 보는 것이 더욱 타당하다.¹¹⁷⁾ 그리고 대대로의 선임과정에 관여된 귀족 역시 대대로의 취임을 인정한 대가로 국정 운영에 관한 발언권을 일부 보장받았을 것도 충분히 예상할 수 있다. 그러므로 기록에는 보이지 않지만 대대로가 국정을 총괄하던 시기에도 고위 귀족 중심의 국정운영이 운영되었을 가능성을 배제할 수 없다.

그런데 대대로의 취임이 무력대결도 불사할 정도로 격렬하게 진행되었다는 것은 대대로의 권한이 다른 고관들의 권한을 압도할 만큼 그 권한이 아주 막강했던 데서 기인한다. 그러므로 대대로가 국정의 최고책임자로 있었던 시기는 국정합의제가 시행되었을지라도 형식적인 것에 그쳤을 뿐 실질적으로는 대대로에 의한 독단적인 정치가 행해졌을 것이다.¹¹⁸⁾ 다만 대대로의 선임과정에서 최대한 무력 대결을 지양했을 것이 자명하기 때문

---

116) 중국 위진남북조의 경우 지방관의 임기는 晉과 北魏는 6년, 宋, 齊, 梁은 3년으로 규정되었다(黃惠賢, 1992, 『中國政治制度通史』제4권, 413~416쪽.

117) 노태돈은 대대로의 임기규정은 『주서』 고려전에는 보이지 않던 규정으로서, 귀족층에서 대대로 선임이 관례화되면서 그에 대한 준칙이 만들어졌다고 이해했다(노태돈, 2003, 앞의 책, 443쪽). 본고와 논지는 다르지만, 국왕권에 의해서가 아니라 귀족간의 합의에 의해 해당 조항이 만들어졌다는 점에서는 일치하고 있다.

118) 노태돈은 '고려기'에 근거하여 대대로는 집권자이지만 당시 정체가 기본적으로 귀족들의 합의제를 바탕으로 하여 이루어졌다고 보았지만(노태돈, 2003, 앞의 책, 444쪽), 본고는 '고려기'에서 대대로 관련 기사는 토졸 이전의 기록으로 보았기 때문에 귀족합의제보다는 대대로의 독단적인 정치가 행해진 것으로 보았다.

에 대대로가 될 수 있는 실력을 보유한 몇 몇 후보군들은 국정의 최고세력으로서 그 지위를 유지했을 것이며, 그러므로 국정도 이들 소수의 특권귀족집단, 즉 강신들에 의해 운영되었을 것이다. 결국 이러한 상황을 종합하면 대대로가 등장한 6세기 중반부터 고구려의 국정은 일반적인 귀족합의제라는 표현보다는 대대로를 중심으로 한 소수의 특권귀족집단에 의한 강신집정으로 표현하는 것이 좀 더 실제에 부합한다고 할 것이다. 이러한 강신정치는 7세기 중반에 막리지에 의해 정점에 도달했는데, 당시 연개소문은 경쟁세력을 제거하고 1인 독재를 완성함으로써 강신정치의 전형을 보여주었다. 대대로와 막리지는 강약에서 차이가 있었지만 강신이라는 이러한 공통점이 있었기 때문에 연개소문 후손의 묘지명에는 그 조상이 역임한 관이 대대로 혹은 막리지로 혼용되어 사용되었으며, 이들은 모두 국정을 오로지 한 관이라고 설명되었던 것이다.

그렇다면 『한원』 고려기의 기사에 등장하는 5관에 의한 국정합의제 시행 기록은 어떻게 해석해야 할까? 이에 대한 기록이 없기 때문에 확신할 수는 없지만 한 가지 가능성을 제시하면, 수와의 전쟁에서 승리함에 따라 공을 세운 귀족들이 대거 등장하게 되고, 이들이 국정에 대한 참여권을 요구하면서 도입되었을 개연성이 많다는 것이다. 그 결과 대대로는 제 1품에 해당하는 최고의 관이라는 지위는 계속 유지했지만, 과거와 같이 국정을 총괄하는 권한을 갖지 못하게 되었고, 대대로라는 명칭 자체도 과거의 독단적인 이미지를 제거한다는 의미에서 토졸이라는 새로운 명칭으로 대체되었던 것이다. 그렇지만 이러한 귀족합의제는 연개소문이 국정을 장악하게 되면서 얼마 못가서 종식되었다. 연개소문이 정변을 일으킨 배경에는 이러한 귀족합의제를 타도하고 강신이 국정을 전담하는 과거의 정치체제로의 복귀를 꿈꿨던 세력들이 존재하지는 않았는지 한 번 생각해 볼 문제이다.

3. 연개소문집권의 성격과 의의

6세기 중엽 왕위계승을 둘러싼 외척세력의 경쟁은 왕권의 위축과 함께 소수 가문에 의한 관직의 독점화 현상을 가져왔다. 이에 따라 外朝를 중심으로 하여 정상적인 궤도를 걷던 관료화의 진전과정은 일시적으로 제약을 받게 되었다. 이에 대한 대응책으로 왕은 대대로를 중심으로 하는 관료조직의 왕권에 대한 도전에서 벗어나 자체 내에 왕권을 보좌할 새로운 조직을 필요하게 되었다. 그리하여 전통적으로 왕권을 보좌하였던 근시조직에 대한 정비가 이루어지게 되었다.

일반적으로 중국의 관직의 명칭에 들어가는 '中'은 '宮中', '宮內'를 지칭하는 말이다. '中裏'라는 칭호 역시 '裏內' 혹은 '禁中'을 의미하는 고구려 특유의 표현이다.[119] 중리는 5세기 중반 덕흥리고분에 기록되어 있는 중리도독과의 관련성도 제기되었는데, 중리직이 세분화되고 위계를 갖춘 조직으로 발전한 것은 6세기 중반부터였다.[120]

중리제는 고구려 국왕을 측근에서 보좌하고 국왕의 신변을 지키는 근위제도이다. 중리직에 있던 관리들은 국왕의 신변에 머무르면서 국왕의 일상 업무를 처리하였다. 국정에 대한 참모와 고문을 담당하였을 뿐만 아니라 국왕에 대한 시위도 담당하였다. 대대로를 수반으로 하는 外朝와 병립되는 內朝와 비슷한 역할을 수행하면서 자체적으로 중리위두대형, 중리대형, 중리소형, 선인 등으로 서열화한 체계적인 상하조직을 가지고 있었다. 중리제는 역사적으로 고구려 초기의 근시조직에 근원을 두고 있는데, 고구려 후기 대대로를 중심으로 하는 외조의 세력을 견제하려는 국왕의 정치적

---

119) 武田幸男, 1980, 「六世紀における朝鮮三國の國家體制」 『東アヅア世界における日本古代史講座』 4, 56~57쪽.
120) 이문기, 2003, 「고구려 중리제의 구조와 그 변화」 『大丘史學』 71.

의도에 의해 국왕을 보좌하는 핵심권력기구로 재탄생하였다. 그리고 연개소문의 정변 이후 외조를 능가하는 최고의 권력기구로서의 위상을 확립하였다.

연개소문 가문의 출자에 대해서는 평양설,[121] 국내성설,[122] 동부여설[123] 등이 제시되고 있다. 평양설은 「천남생묘지」가 「고자묘지」와 「모두루묘지」와는 달리 그의 선조를 주몽과 연결시키지 않는다는 점에 근거한 것이다. 그리하여 평양천도 이후 등장한 신진 귀족 세력으로서 구체적으로는 황해·평양지역의 지방호족세력으로 추정되었다.[124] 하지만 「천남생묘지」는 조상의 기원에 대신하여 성씨의 내력이 기록되어 있고, 3대조 이상의 조상의 관작도 기록되고 있어 당시 묘지명 기재 방식과 크게 어긋나지 않는다. 또한 한화의 영향을 받은 평양성 출신은 족적 기원을 중국에 의탁하는 것이 보통인데,[125] 이와는 달리 부여·고구려·신라의 개국전설에 보이는 것처럼 水精에서 태어난 존재를 시조로 삼고 있어[126] 평양성 출신과는 다른 계통이라는 것을 짐작하게 한다. 그런데 「천남산묘지」에는 「천남생묘지」와는 달리 그 족적 기원을 주몽과 연관시키고 있어 주목된다.

---

121) 임기환, 2004, 앞의 책, 277~281쪽.

122) 최일례, 2011, 「연개소문 출자에 관한 몇 가지 의문」 『韓國思想과 文化』 57.

123) 노태돈은 연개소문 가문의 동부여출자설의 개연성을 언급했다(노태돈, 1999, 『고구려사연구』, 사계절, 41~42쪽).

124) 임기환, 2004, 『고구려정치사연구』, 한나래, 277~281쪽. 연개소문이 신진귀족 세력이라는 주장에 대해 전미희는 묘지기재방식이 당시 관례에 일치한다는 사실 등을 들어 수용하기 어렵다는 태도를 보이고 있다(田美姬, 1994, 「淵蓋蘇文의 執權과 그 政權의 性格」 『李基百先生古稀紀念韓國史學論叢』 上 古代篇·高麗時代篇, 269쪽).

125) 「李仁德墓誌銘」, 「王景曜墓誌銘」 참조.

126) 李弘稙, 1956, 「淵蓋蘇文에 對한 若干의 存疑」 『李丙燾博士華甲紀念論叢』, 76~77쪽.

君의 諱는 男山이며, 요동 조선인이다. 옛날에 東明은 氣에 感應되어 (태어난 후) 瀘川을 건너 나라를 열었고, 朱蒙은 해의 정기를 받아 (잉태하여) 태어난 후, 浿水에 임해 國都를 열었다. 위엄이 점차 扶桑의 나루에 미치고, 세력은 蟠桃가 열리는 동해 건너편 지역의 풍속을 제압했다. 비록 별자리와 바다와 산악이 변방지역에 걸쳐 있지만, 俎豆와 詩書는 성인의 가르침과 통함이 있어 가업을 잇고 성씨를 하사받았으니(承家命氏), 君은 그 후예이다.[127]

誌文은 고구려가 비록 중원과 멀리 떨어져 있는 지역에 위치하고 있지만 俎豆와 詩書로 상징되는 그 文化는[128] 중국과 통하는 바가 있어 성씨문화도 발달했다고 설명하고, 이에 따라 남산의 조상도 고구려왕으로부터 성씨를 하사받았으며,[129] 남산은 바로 그 후예라고 하였다. 즉 지문의 내용에 의하면 연개소문 일족도 고구려 초기의 다른 성씨와 마찬가지로 賜姓이라는 방식을 통해 고구려 지배층에 편입되었던 것이다. 고구려 유리왕 21년 왕이 국내로 가서 지세를 살펴보고 돌아오는 길에 沙勿澤에서 연못 위에 앉아 있는 장부를 만나 沙勿이라는 이름과 位라는 성씨를 하사한 적도 있어 연씨 가문의 출자도 이와 비슷한 경우를 거치지 않았을까 추정해 볼 수 있다.

그러면 천남생과 천남산이 같은 형제임에도 불구하고, 묘지명의 조상 기

---

127) 「泉男生墓誌銘」 "君諱男産 遼東朝鮮人也 昔者東明感氣 踰瀘川而開國 朱蒙孕日 臨浿水而開都 威漸扶桑之津 力制蟠桃之俗 雖星辰海嶽莫繫於要荒 而俎豆詩書有 通於聲教 承家命氏 君其後也"

128) 『三國志』 卷30 魏書 烏丸鮮卑東夷傳 序文 "雖夷狄之邦, 而俎豆之象存. 中國失 禮, 求之四夷, 猶信."과 『三國志』 卷30 魏書 烏丸鮮卑東夷傳 夫餘條 "食飲皆用 俎豆, 會同, 拜爵, 洗爵, 揖讓升降."를 통해 俎豆가 부여의 예악문명의 상징으로 표현된다는 것을 알 수 있다.

129) '命氏'는 '賜姓'이라는 뜻이다(漢語大詞典編纂委員會 編纂, 1989, 『漢語大詞典』 3卷, 漢語大詞典出版社, 281쪽).

재 방식에 차이가 있었던 이유는 무엇일까? 그것은 이들이 고구려 멸망 당시 보여준 모습과 관련이 있는 것 같다. 천남생은 당나라에 투항하여 당의 천자에게 충성한 전력이 있지만, 고구려왕에 대해서는 逆臣의 이미지가 강하게 내포되어 있었다. 그러므로 고구려 왕실과의 관계에 있어서도 부정적으로 묘사되었다. 그의 묘지명에는 그의 가문이 극성하여 계루부의 성업을 대체하는 기운이 있었다[130]고 기술했는데, 이것은 당의 개입이 없더라도 언젠가는 고구려 왕실이 연씨 가문에 의해 대체될 운명에 있었다는 것을 의미하는 것으로 천남생의 당의 입조를 합리화한 표현이라고 할 수 있다. 천남산은 이와는 달리 당 왕조에 최후까지 항전하다가 포로로 잡힌 처지였기 때문에 당의 입장에서는 逆臣에 해당했지만, 고구려의 입장에서는 멸망하는 순간까지 왕의 옆을 지켰던 충신이었다. 그러므로 천남산의 묘지명에는 賜姓으로 이루어진 고구려 왕실과의 특별한 관계가 표현되어 있었던 것이다. 묘지명의 찬자도 묘지명 작성 시에 이러한 점을 고려하여 서술하지 않았나 싶다. 어쨌든 연개소문 가문은 고구려와 초기부터 밀접한 관계에 있었던 것이다. 연개소문 가문은 바로 이런 족적 배경 때문에 왕산악과 왕고덕 등 황해 평양지역 출신들이 행정이나 문화 방면의 업무를 담당하는 것과는 달리 중리에서 국왕근시업무를 맡고 있었던 것이다.

연씨가가 흥기하게 된 것은 544년에 있었던 추군과 세군의 무력대결에서 추군측에 참여한 것이 직접적인 계기가 되었다고 한다.[131] 그렇다면 당시 연씨가는 어떠한 형태로 당시 추군 진영에 참여하였을까? 「천남생묘지명」에 의하면 천남생의 고조와 증조는 모두 '中裏의 顯位'를 역임한 것으로 나타나고 있다. 1세대를 30년으로 계산한다면 고조가 한참 활동하던 시기

---

130) 『泉男生墓誌銘』 "桂婁盛業 赫然凌替之資 蓬山古視 確乎伊霍之任"
131) 노태돈, 1999, 앞의 책, 467쪽; 李弘稙, 1956, 「淵蓋蘇文에 대한 若干의 存疑」 『李丙燾博士華甲記念論叢』.

는 550년경이 된다. 그러므로 연개소문의 증조부는 545년 정변 당시 중리 직에 있었던 까닭으로 인하여 궁중정변에 참여한 것으로 추정할 수 있다.

연개소문은 정변 후 막리지에 취임한 후 전국의 군사권과 인사권과 의 정권을 장악하여 권력을 독점했다. 그리고 사적 권력 기반을 강화하면서 고구려 왕실을 능가할 정도로 정치적 권력을 확대해 갔다. 하지만 연개소문 가문의 역량에는 한계가 있었다. 그것은 다음과 같이 설명된다.

고구려는 정복전쟁을 통하여 획득한 지역을 새로운 통치구역으로 재편할 때마다 관할하는 민도 대폭적으로 증가하였다. 그러나 고구려의 영역 안에 새로 편입된 민들이 모두 고구려의 공민으로 전화되었는지에 대해서는 의문이다. 『한원』 고려기에는 계루부(內部) 등 고구려의 5부를 언급하면서 "성이 고씨인 자는 왕족이다. 고려에 성을 칭하지 않는 자는 다 내부 소속이다"[132]라고 하였다. 여기서 성을 칭하지 않는 자는 내부 소속의 지배 층을 지칭하는 것이 아니었다. 왜냐하면 고구려는 동명성왕과 유리왕 단계부터 이미 '仲室氏─少室氏'와 '大室氏' 등 賜姓을 받은 집단이 계루부 소속으로 편제되어 있었기 때문이다.[133] 일반적으로 성씨가 없는 사람들은 피지배층 즉 民으로 간주된다.[134] 그런데 일반 백성이 왕실 소속인 계루 부의 部民으로 편제되었다는 사실은 고구려가 일반 백성들을 국가적 공민 으로 간주하지 않고 왕실 소속으로 간주했다는 것을 반영한다. 물론 고대에는 '普天之下 莫非王土 率土之賓 莫非王臣'에서 표현되는 것처럼 하늘 아래 모든 토지와 인민은 국왕의 소유로 간주되었다. 그러므로 일반 백성이 국왕의 신민이 되는 것은 당연하다. 그런데 이러한 당연한 사실을 일반 백

---

132) "姓高卽王族也, 高麗無稱姓者, 皆內部也"
133) 박경철, 1996, 『고구려의 국가형성 연구』, 고려대학교 박사학위논문, 134·194쪽.
134) 이 점은 신라의 경우도 마찬가지였다(『新唐書』 권220 열전 135 新羅 "王姓金 貴人姓朴 民無氏有名" 참조).

성이 내부에 소속된다는 식으로 기술한 것은 무슨 이유일까? 백성이 국가가 아닌 왕실에 소속됨으로써 파생할 수 있는 문제는 조세와 군역 등에 있어서 백성은 국가가 아닌 왕실을 위해서 복무하게 된다는 점이다. 백성들이 납부한 조세는 왕실의 재산으로 간주되어 왕실 소유의 창고에 저장되고, 이렇게 축적된 재산은 왕실의 사적 업무와 관료들에 대한 봉급 등으로 사용되었을 것이다. 백성들의 재산에 대한 편취는 왕실 재산에 대한 편취로 간주되기 때문에 관료들의 부정은 보다 엄격히 다스려졌을 것이다. 이에 따라 지배층 전반에 대한 왕실의 상대적 우위는 전에 없이 강화되었을 것이다. 바로 이러한 이유 때문에 고구려 후기의 권력가들은 왕실에 의지하여 권한을 행사할 수밖에 없었다. 추군이나 연개소문 등이 모두 왕의 권위에 의지하여 왕실을 매개로 하여 지배력을 관철시킬 수밖에 없었던 이유이다.

연개소문은 정변 이후 왕실을 능가하는 강력한 권력을 구축했지만, 이러한 역관계를 일반 백성들에게까지 관철하지 못했다. 이것이 연개소문 정권이 가진 한계였다. 연씨가는 정치적으로는 권력을 장악하였지만, 총체적인 역량에서는 일반 백성을 왕실 소속으로 하고 있는 계루부 왕실에 비하여 열세일 수밖에 없었다. 이러한 현실을 감안한 연개소문은 역사적인 정통성과 함께 확고한 물적 인적 토대를 가지고 있는 왕실을 인정할 수밖에 없었으며, 그 결과 고구려 왕실은 멸망할 때까지 그 지위를 유지할 수 있었다.[135)]

연개소문은 집권 후에 토졸을 우두머리로 한 외조를 무력화시키고, 국

---

135) 고구려 후기 왕의 위상이 약화되었음에도 불구하고 멸망까지 왕의 지위를 유지할 수 있는 요인으로 (1) 신성화된 왕권의 존재와 이로 인한 대체 불가능한 왕의 권위, (2) 귀족연립제하에서 귀족 상호간의 권력의 균형을 이루어주는 조정자로서의 역할 등을 제시한 노태돈의 견해는 경청할 만하다(노태돈, 1999, 앞의 책, 448~456쪽).

왕의 근시조직인 중리직의 권한을 확대하고, 막리지 중심의 정치구조를 탄생시켰다. 즉 연개소문의 정권의 기반은 국왕의 근시조직에 있었으며, 이를 통해 국왕의 대리자로서 국정을 장악했던 것이다. 국왕의 권한을 대신하여 행사한 연개소문은 중앙집권체제를 강화했다. 권력 강화를 위하여 기존의 집권세력에 타격을 가했으며, 기존세력을 견제하기 위해 자신을 따르는 새로운 신진 세력도 등용했을 것이다. 그 결과 연개소문에게 권력을 탈취당한 왕은 유명무실해지고, 다른 지배세력은 몰락하게 되었다. 심지어 연개소문 가문 내에서도 자신과 대적하는 대상은 모두 제거되었다. 이리하여 고구려 말기의 정치는 소수특권귀족의 몰락과 왕의 위상의 약화, 그리고 연개소문 가문의 전횡이라는 형태로 전개되어 갔다. 이렇게 되자 고구려 국내에서 독점적인 지배력을 누리게 된 연개소문 가문은 수당전쟁에서 고구려의 전쟁을 지휘하는 거의 유일한 세력이 되었다. 그러나 바로 그러한 점 때문에 고구려는 연개소문 가문이 분열된 후 해체의 길을 겪게 되었다. 연개소문의 오랜 압정으로 인하여 연개소문 가문을 대체할 유력한 세력이 부재했기 때문이다. 고구려 멸망 이후 고구려의 부흥운동을 주도할 세력이 거의 남아 있지 않았던 것도 바로 그 때문이다.[136] 만일 고구려 후기의 정치체제가 귀족연립체제였다면 연개소문 가문의 몰락이후 이를 대체할 다른 귀족세력의 등장도 예상해 볼 수 있었겠지만, 모든 견제 세력이 제거된 고구려 말기의 연개소문 가문 중심의 중앙집권체제는 이러한 가능성을 원천적으로 봉쇄했던 것이다. 결국 고구려는 연개소문 가문이 몰락하면서 정권의 구심점이 사라지자 더 이상 재기하지 못하고 해체되어 버리고 말았다.

---

136) 검모잠 등은 재지세력에 불과했다.

결론

    고구려사에서 중기는 대체적으로 4세기를 전후하여 시작되었다. 4세기 이후 중앙집적 지배체제를 강화했던 고구려 내부에서 발생한 대표적인 정치적 사건으로는 평양천도, 장수왕 말기의 정치파동, 안원왕 말기의 왕위 계승 분쟁, 연개소문의 정변을 들 수 있다. 그리고 대외적으로는 4세기 낙랑·대방지역 복속, 5세기의 요동지역 정벌과 한강 이남으로의 영역 확대, 6세기 한강유역 상실, 7세기 수당전쟁 등을 들 수 있다. 이들은 모두 고구려의 지배체제와 권력구조에 커다란 영향을 미쳤다. 이 중에서 고구려 중·후기에서 지배체제를 바꿀 수 있는 가능성이 가장 높았던 사건은 평양천도였다. 실제로 평양천도는 장기적으로 고구려의 국가의 발전과 지배체제 변화에 커다란 영향을 미쳤다. 그러나 단기적인 관점에서 보면 천도 직후 고구려의 정치사회는 상당히 안정적이었다. 정치적 파동은 장수왕 말기가 되어서야 발생하였다. 이를 순서대로 정리하면 다음과 같다. (1) 제1차 정치파동: 장수왕 말기의 지배층 정리, (2) 제2차 정치파동: 안원왕 말기의 왕위 계승 분쟁, (3) 제3차 정치파동: 연개소문의 정변이 바로 그것이다.

본 논문은 이러한 정치파동으로 점철되었던 고구려 중·후기의 정치적 상황을 배경으로 하여 고구려 중·후기 지배체제의 발전과정을 고찰하였다. 이를 위해서 먼저 고구려 정치체제의 발전 양상을 극명하게 보여주는 관위체계의 성립과 발전과정을 제1장에서 분석하였다. 고구려는 4세기경 나부체제가 해체되면서 중앙집권체제가 정비되었다. 나부체제는 소국들이 나부로 편제하기 이전과 나부체제로 편제된 이후로 그 결합양상에 차이가 있다. 나부체제의 결합 형태에 따라 초기의 소국연합과 태조왕 이후의 나부체제로 구분할 수 있다. 고구려의 관제는 고구려 정치체제의 발전 단계에 수반하여 그 형태가 변화하였다. 고대사회에서는 개인의 신분을 표시하는 기능을 하는 품위가 특정 업무를 나누어 맡는 관직보다 훨씬 더 중요했기 때문에 품위를 중심으로 관제가 발전해 왔다. 역사적으로 품위구조는 작위제에서 관위제로 변화하는 과정을 겪었는데, 고구려 사회도 예외는 아니었다.

고구려 초기 소국연합단계에서 작위제는 계루부에 복속된 주변 소국의 수장층에게 왕-후 등의 外爵을 수여함으로써 고구려 제후의 신분으로 편제하는 기능을 했다. 이것은 외작체제라고 할 수 있다. 그런데 태조왕대에 나부체제가 성립되자 고추가-패자-우태 등 중국의 경대부에 해당하는 작위가 새롭게 등장했다. 이들 작위는 內爵에 해당하는 것으로 제후적 신분과 관료적 신분이라는 두 가지 성격을 보유하고 있었다. 이제 고구려에 복속된 나부의 수장들은 제후의 신분뿐만 아니라 중앙의 관인이라는 신분도 보유하게 된 것이다. 지금까지 초기집권론자와 부체제론자의 대립은 바로 이 중에서 어떤 성격을 더 강조하는가에 있었던 것이다. 4세기경 왕권의 강화와 함께 중앙집권체제가 성립되면서 중앙집권적 지배체제에 맞는 새로운 관제가 등장하게 되었다. 나부체제에 존재했던 반독립적 성격의 작위(외작→내작) 대신 형계 관위와 사자계 관위로 대표되는 국왕 직속의 관위가 등장한 것이다. 그런데 사자계 관위는 행정직을 수행하는 관위였고, 형계관위는 비행정직을 수행하는 관이라는 성격을 가졌다. 고구려 중기 관위제 형성의 기초가 된 형계 관위와 사자계 관위는 분화와 분화를 거듭하여 5세기에는 대략적인 모습을 갖추게 되었다. 또한 형계 관위와 사자계 관위로 이원적으로 구분되었던 관위제는 상호 경계를 허물고 일원화되는 방향으로 발전했다. 그리고 후기에 이르면 관위제는 더욱 체계를 갖추어 갔는데 7세기 초에는 9품 14등의 관위체계로 발전하였고, 최말기에는 9품 12등의 流內品과 2등의 流外品으로 구성된 관위조직으로 발전하였다.

제2장에서는 지방통치제도에 관하여 분석했다. 본장에서는 고구려의 중·후기 지방통치제도의 실상을 규명하기 위해서 먼저 고구려가 평양으로 천도하기 이전까지 평양지역에서 행해졌던 간접통치방식에 대해서 살펴보았다. 안악 3호분 묵서명 분석을 통해 평양황해지역에 대한 지배는 행정적으로는 재지유력자를 이용하여 통치하였지만, 군사적으로는 고구려가 통제하는 방식으로 이루어졌다는 것을 밝혔다. 그런데 이러한 간접지배방식은 고구려 초기부터 채택된 방식이었다. 동옥저 등 고구려초기에 정복된 지역은 모두 이러한 방식의 간접지배를 당하거나 고구려에 의해 직접 통치되었던 것이다. 고구려가 정복지역을 구분하여 직접지배와 간접지배라는 이중지배방식으로 통치하던 방식은 고구려가 평양으로 천도하면서 극복되기 시작하였다. 고구려는 거의 대부분 지역에 직접통치방식을 취하여 영역지배의 일원화를 도모하였다. 확대된 영역을 효율적으로 통치하기 위하여 군–현이라는 2단계 통치체계와는 별도로 守事를 각지에 파견하여 지배하는 방식을 취했다. 종래 수사에 대해서는 太守와 縣令 위에 설치된 상위의 지방관으로 파악하는 견해가 다수였지만, 본고에서는 수사가 국왕의 명령을 수행하기 위해서 임시적으로 파견된 관리이며, 그 성격에 따라 몇 가지 유형으로 구분되는 것으로 파악했다. 그리고 고구려 후기에 욕살로 발전하여 褥薩–處閭近支–婁肖로 이루어지는 3단계 지방통치체제를 완성한 것으로 보았다. 한편 可邏達에 대해서는 중국의 長史에 비유된다는 문구

에 근거하여 처려근지의 속관이 아닌 욕살의 속관에 해당하며, 그 지위는 처려근지와 동급이라는 사실을 밝혔다. 이처럼 고구려의 지배방식은 후대로 갈수록 점차 일원화되고 세분화되는 방향으로 발전했지만, 柵城 지역의 사례에서 알 수 있듯이 개별적으로 간접지배방식을 취하는 지역도 여전히 남아있었다. 이것은 고구려 지방제도 발전의 한계였다.

중앙과 지방에서 중앙집권화가 진전됨에 따라 대민지배도 강화되었다. 제3장은 인구사적 관점에서 이를 고증했다. 사료에 의하면 고구려 인구수는 3세기에 3만 호(『三國志』), 5세기 전반에 9만 호(『魏書』)였다고 한다. 그러나 5세기 말 장수왕 후기에는 21만 호로 증가하였으며(『三國遺事』), 고구려가 멸망할 때에는 69만 7천 호(『舊唐書』)였다고 한다. 이러한 고구려의 인구수의 급격한 변화에 대하여 많은 학자들은 인구기록에 회의적인 태도를 보였다. 그러나 본고는 이 기록들이 역사적 사실을 정확히 반영하고 있다고 판단했다. 그리고 인구수가 급격히 변화한 원인을 다음과 같이 분석하였다.

첫째, 3세기와 5세기 초의 인구수에는 원고구려인의 인구만 포함되어 있었고, 피복속민의 인구수는 반영되지 않았다. 둘째, 5세기 말 인구수가 5세기 초에 비해 3배나 증가한 것은 호적제도가 시행되면서 그동안 호구통계에 잡히지 않았던 피복속민의 인구수가 포함되었기 때문이다. 셋째, 7세기에 고구려의 호구수가 급격히 증가한 것은 가족제도의 변화와 밀접한 관련이 있었다.

일반적으로 고구려는 호당 인구수가 5명으로 인식된다. 그러나 『수서』 고려전에 의하면 고구려는 7세기 초까지 성인남녀가 분가하지 않고 한집에 동거하는 대가족형태를 유지하고 있었다. 그런데 멸망기의 인구를 분석해보면 호당 인구수가 5명인 것으로 나타났다. 이것으로 수당전쟁과정에서 가족제도가 변화했다는 사실이 드러났다. 그러면 가족제도가 변한 원인은 무엇일까? 고구려는 강력한 통일제국인 수왕조와 당왕조와의 전쟁에서 승리하기 위하여 국가적 총력전을 펼 수밖에 없었다. 그리하여 동원가능한 모든 성인남녀를 군역이나 역역에 동원할 필요성이 증대되었다. 그 결과는 대가족 해체와 단혼가족의 성립으로 나타났다. 이를 통하여 고구려는 이전보다 더 많은 병력자원과 노동력을 확보할 수 있었다. 이것이 바로 고구려 후기에 영역이 축소되었음에도 불구하고 호구수가 급격히 증가했던 원인이었다. 고구려 중·후기 인구수의 증가는 고구려 후기에도 고구려의 대민지배가 진전되고 강화되고 있었다는 사실을 보여준다.

한편 고구려가 멸망한 이후 당에 끌려간 고구려 유민은 당에서 멸망당시의 사회조직을 그대로 유지하면서 살고 있었다. 그런데 당에서 고구려의 사회조직은 돌궐, 거란족과 유사하게 취급되었다. 고구려의 사회조직이 부락적 색채를 가진 유목민족사회제도와 유사하게 인식된 것은 고구려 말기 고구려의 사회조직이 군사체제로 변했기 때문이었다. 고구려는 전쟁을 수행하는 과정에서 사회체제가 군사체제로 변하였다. 초·중기에 평상시는 평지성에 거주하다가 전쟁이 발생하였을 때에만 산성에서 생활하던 방식은 고구려 말기 상시전시체제에서 변모할 수밖에 없었다. 산성을 확대하여 수축하거나 평지성에 성곽을 축조함으로써 성에 대한 방어체제를 정비하고, 일반민은 군사적 체제로 편제되어 전쟁에 대비해야 했던 것이다. 그런데 이러한 대민편제방식은 초기에도 존재하였는데 그 형식은 일종의 10진법적 방식으로 운영되었다. 그런데 군사화는 바로 중앙집권화와 밀접한 관련이 있었다. 전쟁은 일원화된 지휘를 필요로 했기 때문이다.

제4장은 지배세력의 재편과 국정운영방식의 변화에 관한 것이다. 고구려는 관위제가 지속적으로 발전함에 따라 귀족의 관료화도 함께 진행되었다. 귀족은 광개토대왕에 이르러 국왕의 奴客이 되어 主奴관계를 형성하였고 이로써 전제왕권이 완성되었다. 귀족 역시 국왕에 대한 충성의 대가로 획득한 관직에 의지하여 그 존재가치를 확인하는 관료적 성격이 농후한 귀족으로 전환되었다.

그런데 장수왕 말기에 이르러 '대신강족'으로 표현된 관료적 귀족이 대규모로 숙청되는 대규모 정치파동이 발생했다. 원래 고구려는 낙랑군을 정복한 후 이 지역에 자리잡고 있었던 재지유력자를 이용하여 간접지배하는 방식을 취했다. 그러나 평양천도 이후 직접적인 지배방식으로 전환되면서 종래 이들을 상대로 베풀었던 각종 특혜가 축소되었다. 이것은 장수왕 말기에 집중된 낙랑·대방 출신들의 중국 망명 사료를 통해서 짐작할 수 있다. 또한 중국으로의 이주시기가 특정한 시점에 집중되지 않고 20여 년 이상 장기적으로 진행된 것으로 보아 일시적으로 발생한 정치적 사건이 아니라 어떠한 정책적인 측면에 의해 발생되었다는 것을 암시한다. 이것은 평양 지역의 기존의 세력이 점유하고 있었던 특혜 즉 일반 민호에 대한 점유권을 국가가 대신 관장하게 되면서 비롯되었다. 또한 이 대상에는 평양천도 이후 새로운 지역에 경제적 기반을 구축하고 있었던 국내성 출신의 귀족도 일부 포함되어 있었다. 이러한 정책 추진에 기득권 세력은 반발했지만 당시 이들을 압도했던 전제왕권에 의해 정리되는 운명을 맞았다. 제1차 정치파동은 지배세력에 많은 타격을 주었지만 국내성 출신 세력이 주도하는 정치 구도는 근본적으로 바뀌지 않았다. 제1차 정치파동은 크게 보면 낙랑계와 북연계 집단을 포함하는 신진정치세력과 평양천도 이전부터 이미 고구려 정권에 합류했던 전통적 정치집단의 대결이었다. 장수왕대 말기 숙청 대상에는 평양성 출신뿐만 아니라 국내성 출신의 지배세력도 다수 포함되었지만 그 숫자가 방대하고 수백 년 동안 축적해 온 기반이 상당했기 때문에 숙청에서 다수가 살아남아 이후에도 계속하여 정국운영의 주체가 될 수 있었다. 그리고 이러한 정치구조는 안원왕 말기까지 지속되었다.

　안원왕 말기에 이르러 왕위계승을 둘러싸고 외척들 사이에 정치적 분쟁이 발생했다. 국내성 출신의 귀족은 분쟁에 휘말려 들어가면서 승자와 패자로 양분되었다. 이것이 바로 제2차 정치파동인데 그 영향은 상당히 컸다. 승리의 과실을 획득한 소수의 국내성 출신의 전통귀족집단은 관직을 독점하면서 관직을 매개로 더욱 특권화 되고 더욱 귀족화되었던 것이다. 이들은 고위직을 독점하고 정국을 운영하면서 強臣으로 전환되어 갔다. 強臣은 바로 왕권으로는 통제할 수 없는 막대한 권력을 가진 신하를 지칭하는데 7세기 초 고구려의 지배계층인 소수의 특권귀족의 모습을 압축적으로 표현한 용어였다. 정쟁의 결과 중앙정계에서 소외된 지배계층도 발생했다. 최근 중국에서 새로 출토된 고구려유민묘지명은 평양천도 이후 고구려 지배층에 편입된 평양이나 선비 출신의 유력세력가들이 6세기 후반에서 7세기 초에 중앙 정계에 쉽게 진입하지 못하고 있었던 사실을 보여주고 있다. 이로써 당시 중앙 정계를 주도했던 세력이 국내성 출신의 소수의 특권귀족이라는 것이 방증되었다.

6세기 중반 이후 특권귀족들은 고구려 후기 최고 실력자인 대대로의 자리를 놓고 경쟁하였다. 대대로는 왕권이 제어할 수 없는 관으로서 그 속성은 강신과 같았다. 그런데 대대로와 유사한 성격의 관으로서 7세기 중반 이후의 막리지의 존재가 확인된다. 따라서 고구려 후기는 대대로와 막리지가 주도하던 강신집정시대라고 정의할 수 있다. 강신집정시대의 최후의 실력자는 연개소문이었다. 국내성 출신의 전통 귀족이었던 연개소문 가문은 6세기 중반 발생했던 추군—세군 왕위계승전쟁에서 추군 측에 참여한 것을 계기로 흥기하였다. 연개소문은 정변 후 막리지를 역임하면서 전국의 군사권과 인사권과 의정권을 장악하면서 권력을 독점했다. 그리고 사적 권력 기반을 강화하면서 고구려 왕실을 능가할 정도로 정치적 권력을 확대해 갔다. 그러나 연개소문 가문은 전국의 인민과 재산을 국가 소유가 아니라 왕실에 귀속시켜 지배하고 있었던 高氏 왕실을 대체할 수 없었다. 연개소문 가문은 정치적으로는 권력을 장악했지만 총체적인 역량에서는 계루부왕실에 열세에 있었던 것이다. 이러한 현실을 인정한 연개소문은 역사적인 정통성과 함께 확고한 물적 인적 토대를 가지고 있는 왕실을 인정할 수밖에 없었으며 그 결과 고구려 왕실은 멸망할 때까지 그 지위를 유지할 수 있었다. 연개소문은 집권 후에 국왕의 근시조직인 중리직의 권한을 확대시켜 막리지 중심의 정치구조를 탄생시켰다. 즉 연개소문의 정권 기반은 국왕의 근시조직에 있었으며 이를 통해 국왕의 대리자로서 국정을 장악했던 것이다. 국왕의 권한을 대신하여 행사한 연개소문은 중앙집권체제를 강화했다. 권력기반을 강화하기 위해 기존의 집권세력에 타격을 가하였으며 그 결과 기존의 집권세력은 몰락했으며 연개소문 가문은 수당전쟁에서 전쟁을 지휘하는 거의 유일한 세력이 되었다. 결국 연개소문 가문이 몰락하면서 정권의 구심점이 사라진 고구려는 연개소문 가문을 대체할 만한 세력이 남아 있지 않아 더 이상 제기하지 못하고 해체되어 버리고 말았다.

  이상의 분석을 통해 왕의 위상의 약화에도 불구하고 고구려 후기에도 중기부터 형성되어 온 중앙집권적 지배체제가 지속적으로 진행되었다는 사실이 확인되었다. 그리고 어떤 부분에 있어서는 중앙집권적 지배체제가 오히려 강화되는 측면도 있었다. 즉 관위체계는 고구려 후기에 이르러 12등으로 구성된 중기에서 9등 14관으로 더욱 세분화되는 방향으로 정비되어 갔다. 지방통치체제는 태수-현령으로 구성된 중기 초기의 2단계 행정구조에서 그 위에 수사가 상위에 설정되는 과도기적 단계를 거쳐 욕살-처려근지-루초로 이어지는 3단계 행정단계로 발전 정비되었다. 또한 인구도 호적제도의 정비 등을 통하여 비약적으로 증가하였다. 그리고 7세기에는 수당전쟁의 영향으로 사회의 군사편제화가 이루어지면서 대민지배력이 한층 강화되었다. 지배구조에 있어서도 비록 왕권은 약화되었지만, 귀족 사이의 정쟁으로 점차 지배층이 소수화 특권화되면서 과두제적인 지배양상을 보였다. 이에 따라 국정도 강신에 의한 집정체제로 전환되었다. 이러한 정치 경제 사회에 나타난 여러 현상은 고구려 후기에도 중앙집권적 지배체제가 지속되었다는 것을 보여주었다. 그러므로 고구려 중기와 후기는 중앙집권체제가 유지되고 발전되었던 시기라고 할 수 있다. 다만 정국운영에 있어서는 고구려 중기가 전제왕권체제라고 한다면 고구려 후기는 강신집정체제로 운영되었다고 정의할 수 있다.

참고문헌

1. 사료

『三國史記』,『三國遺事』,『高麗史』,『朝鮮王朝實錄』,『燃藜室記述』,『史記』,『漢書』,
『三國志』,『晉書』,『魏書』,『北齊書』,『周書』,『南史』,『北史』,『隋書』,『舊唐書』,『新
唐書』,『資治通鑑』,『元和姓纂』,『通志』,『通典』,『皇朝通志』,『太平御覽』
『全唐文』,『十六國春秋』,『翰苑』,『唐文粹』,『唐六典』

(淸)洪亮吉 撰,「十六國疆域志」『二十五史補編』, 中華書局.

(淸)湯球, 1985,「十六國春秋輯補」,『叢書集成』, 中華書局.

趙超 編著, 1998,『新唐書宰相世系表集校』, 中華書局.

(淸)張澍 徐興海等點校, 2003,『姓韻 附古今姓氏書目考証』(全二册), 三秦出
版社.

(淸)顧炎武 著·(淸)黃汝成 集釋, 秦克誠 點校, 1994,『日知錄集釋』, 岳麓書社.

孫文范 等, 2003,『三國遺事』(校勘本), 吉林文史出版社.

湯淺幸孫 校釋, 1983,『翰苑郊釋』, 圖書刊行會.

趙超, 1992,『漢魏南北朝墓誌彙編』, 天津古籍出版社.

周紹良 主編, 2002,『文新編』第5册, 吉林文史出版社.

韓國古代社會研究所 編, 1992,『譯註 韓國古代金石文』제1권(高句麗·百濟·樂
浪 卷), 駕洛國史蹟開發研究院.

2. 연구서

강진철, 1989, 『한국중세토지소유연구』, 一潮閣.

공석구, 1998, 『高句麗 領域擴張史 研究』, 서경문화사.

권오중, 1992, 『樂浪郡研究』, 일조각.

琴京淑, 2004, 『高句麗 前期 政治史 研究』, 高大民族文化研究院.

金甲童, 1990, 『羅末麗初의 豪族과 社會變動研究』, 고려대학교 민족문화연구소.

김기섭, 2007, 『韓國古代 · 中世 戶等制研究』, 혜안.

김기흥, 1991, 『삼국 및 통일신라 세제의 연구 -사회변동과 관련하여-』, 역사비
        평사.

김태식 · 양기석 · 강종훈 · 이동희 · 조효식 · 송기호 · 이근우 지음, 2008, 『한국고
        대사국의 국경선』, 서경문화사.

金瑛河, 2002, 『韓國古代社會의 軍事와 政治』, 高麗大學校 民族文化研究院.

김영하, 2007, 『新羅中代社會研究』, 일지사.

김영하, 2012, 『한국고대사의 인식과 논리』, 성균관대학교 출판부.

김재진, 1967, 『韓國의 戶口와 經濟發展』, 博英社.

김철준, 1975, 『한국고대사회연구』, 지식산업사; 1990, 학교출판부.

김한규, 1982, 『古代中國的世界秩序』, 일조각.

김현숙, 2005, 『고구려의 영역지배방식연구』, 모시는 사람들.

노태돈, 1981, 「국가의 성립과 발전」『한국사연구입문』, 지식산업사.

노태돈, 2003, 『고구려사연구』, 사계절.

박용운, 1997, 『고려시대 개경연구』, 일지사.

백남운, 1933, 『朝鮮社會經濟史』, 改造社: 하일식 옮김, 1994, 『朝鮮社會經濟史』,
        이론과 실천.

손영종, 1990, 『고구려사1』, 과학백과사전종합출판사; 1999, 백산자료원.

申瀅植, 1990, 『統一新羅史研究』, 三知院.

오영찬, 2006, 『樂浪郡研究』, 사계절.

李景植, 2005, 『韓國 古代 · 中世初期 土地制度史』, 서울대학교 출판부.

이기백, 1969, 『고려사』 병지 역주, 고려사연구회.

李基白 · 李起東, 1982, 『韓國史講座』I 古代篇, 一潮閣.

이병도, 1959, 『韓國史』(古代篇), 震檀學會.

이병도, 1996, 『삼국사기』상, 을유문화사.

이병도, 2001, 『한국고대사연구』, 박영사.

李玉, 1984, 『高句麗民族形成과 社會』, 교보문고.

이호철, 1992, 『농업경제사연구』, 경북대학교 출판부.

임기환, 2004, 『고구려 정치사 연구』, 한나래.

전덕재, 2006, 『한국고대사회경제사』, 태학사.

주보돈, 1998, 『신라지방통치체제의 정비과정과 촌락』, 신서원.

지배선, 1986, 『中世東北亞史研究-慕容王國史』, 일조각.

하일식, 2006, 『신라집권관료제연구』, 혜안.

역사연구소, 1976, 『고구려사연구』, 사회과학출판사.

조선사회과학원역사연구소, 1979, 『조선전사』3 중세편(고구려사), 과학백과사 전출판사.

高福順·姜維公·威暢, 2003, 『『高麗記』연구』, 吉林文史出版社.

耿鐵華, 2003, 『好太王碑一千五百八十年際』, 中國社會科學出版社.

唐長孺, 1998, 『魏晋南北朝隋唐史三論』, 武漢大學出版社.

譚其驤, 1987, 『長水集』(上), 人民出版社.

譚其驤 主編, 1988, 『『中國歷史地圖集』釋文滙編』(東北卷), 中央民族學院出版.

牟發松, 2006, 『社會與國家關係視野中的漢唐歷史變遷』, 華東師範大學出版社.

拜興根, 2012, 『唐代高麗百濟移民研究』, 中國社會科學出版社.

白剛 主編, 1996, 『中國政治制度通史』(第1卷), 人民出版社.

白壽彝 主編, 1995, 『中國通史』第7卷, 上海人民出版社.

孫文范 等, 2003, 『三國遺事』(校勘本), 吉林文史出版社.

楊寬, 2003, 『戰國史』, 上海人民出版社.

嚴耕望, 1963, 『中國地方行政制度史 上編 卷中 魏晋南北朝地方行政制度』上册, 中央研究院歷史語言研究所.

閻步克, 1991, 『察擧制度變遷史稿』, 遼寧大學出版社.

閻步克, 2002, 『品位與職位-秦漢魏晋南北朝官階制度研究』, 中華書局.

閻步克, 2009, 『從爵本位到官本位-秦漢官僚品位結構研究』, 三聯書店.

梁方仲, 1980, 『中國歷代戶口, 田地, 田賦統計』, 上海人民出版社.

王育民, 1995, 『中國人口史』, 江蘇人民出版社.

王鐘翰 主編, 1994, 『中國民族史』, 中國社會科學出版社.

姚薇元, 1962, 『北朝胡姓考』, 中華書局.

劉統, 1998, 『唐代羈縻府州研究』, 西北大學出版社.

李錦綉, 1998, 『唐代制度史略論考』, 中國政法大學出版社.

田余慶, 1989, 『東晋門閥政治』, 北京大學出版社.

周一良, 1991, 『魏晋南北朝論集續編』, 北京大學出版社.

陳爽, 1998, 『世家大族與北朝政治』, 中國社會科學出版社.

何玆全 主編, 1995, 『中國通史』 第5卷 「中古時代・三國兩晋南北朝時期(上)」.

黃烈, 1987, 『中國古代民族史研究』, 人民出版社.

黃惠賢, 1992, 『中國政治制度通史』 第4卷 魏晋南北朝, 人民出版社.

侯旭東, 2005, 『北朝村民的生活世界－朝廷, 州縣與村里』, 商務印書館.

吉林省文物考古研究所 集安市博物館 編著, 2004, 『集安高句麗王陵 －1999～
　　　　2003年 集安高句麗王陵調査報告』, 文物出版社.

金哲, 1967, 『韓國の人口と經濟』, 岩波書店.

谷川道雄 編著, 1993, 『戰後日本の中國史論爭』, 河谷文化教育出版社; 정태섭・
　　　　박종현 외 역, 1996, 『일본의 중국사논쟁 －1945년 이후』, 신서원.

宮川尚志, 1956, 「六朝時代の村に就いて」 『六朝史研究－政治社會編』, 日本學術振
　　　　興會.

白鳥庫吉, 1910, 『東胡民族考』, 明治43年; 方壯猷 譯, 1934, 『東胡民族考』, 商
　　　　務印書館, 中華民國 23年 9月.

內田吟風, 1975, 『北アジア史研究 鮮卑柔然篇』, 同朋舍.

末松保和, 1996, 『高句麗と朝鮮古代史』 末松保和朝鮮史著作集3, 吉川弘文觀.

武田幸男, 1989, 『高句麗と東アジア』, 岩波書店.

三上次男, 1937, 『金代女眞の研究』, 滿日文化協會.

井上秀雄, 1972, 『古代朝鮮』, 日本放送出版協會.

池內宏, 1985, 『通溝』 上卷, 昕晟社.

3. 연구논문

강봉룡, 1992, 「삼국시기의 율령과 민의 존재형태」 『한국사연구』 78.

姜晉哲, 1965, 「韓國土地制度史」 上 『韓國文化史大系』 Ⅱ.

권은주, 2014, 「고구려유민 고흠덕 고원망 부자묘지명 검토」 『대구사학』 116.

권태환·신용하, 1977, 「朝鮮王朝時代 人口推定에 관한 一試論」 『동아문화』 14.

琴京淑, 1995, 「高句麗前期의 地方統治考察」 『史學研究』 50.

금경숙, 1996, 「4~5세기 고구려의 지방통치에 관한 시론적 고찰」 『한국사학보』 1.

김광수, 1983, 『高句麗 古代集權國家의 成立에 관한 研究』, 연세대학교 박사학위
　　　논문.

金其興, 1992, 「고구려 淵蓋蘇文政權의 한계성」 『西巖趙恒來敎授華甲紀念 韓國史
　　　學論叢』.

김미경, 1997, 「高句麗의 樂浪·帶方地域 진출과 그 支配形態」 『學林』 17, 연세대
　　　학교.

김선숙, 2014, 「4~6세기 고구려 지방운영체제에 대한 일고」 『정신문화연구』 37
　　　-2.

김병준, 2006, 「중국 고대 簡牘자료를 통해 본 낙랑군의 군현지배」 『歷史學報』 189.

김영하, 2002, 「三國時代의 王과 權力構造」 『韓國史學報』 12.

김영하, 2003, 「고대귀족의 존재 양태와 변화」 『강좌 한국고대사』 2, 가락국사적
　　　개발연구원.

김정배, 1988, 「고구려와 신라의 영역문제」 『한국사연구』 61·62집.

김철준, 1956, 「高句麗·新羅의 官階組織의 成立過程」 『李丙燾博士華甲紀念論叢』.

김현숙, 1989, 「광개토왕비를 통해 본 고구려수묘인의 사회적 성격」 『한국사연구』
　　　65.

金賢淑, 1992, 「高句麗의 靺鞨支配에 관한 試論的 考察」 『韓國古代史研究』 6.

김현숙, 1997, 「高句麗中後期 中央集權的 地方統治體制의 發展過程」 『韓國古代社
　　　會의 地方支配』, 韓國古代史研究 11, 신서원.

金賢淑, 1997, 「高句麗 中·後期 地方統治體制의 發展過程」 『韓國 古代社會의 地
　　　方 支配』, 韓國古代史研究 11.

김현숙, 2007, 「고구려사에서의 촌」 『한국고대사연구』 48.

盧泰敦, 1981, 「渤海 建國의 背景」『大邱史學』19.

노태돈, 1984, 「삼국의 사회구성」『한국사』2, 국사편찬위원회.

盧泰敦, 1986, 「高句麗史 研究의 現況과 課題」『東方學志』52.

盧泰敦, 1996, 「5~7세기 고구려의 지방제도」『韓國古代史論叢』8.

盧重國, 1979, 「高句麗律令에 관한 一試論」『東方學志』28.

노중국, 1990, 「총론; 한국 고대의 국가형성의 제문제와 관련하여」『한국고대국가의 형성』, 한국고대사연구회 편, 민음사.

노중국, 2003, 「삼국의 관등제」『강좌한국고대사』2, 가락국사적개발연구원.

리승혁, 1987, 「고구려의 주·군·현에 대하여」『력사과학』1987-1.

박경철, 1996, 「扶餘國家의 支配構造 考察을 위한 一試論」『古朝鮮과 扶餘의 諸問題』, 신서원.

朴京哲, 1989, 「高句麗 軍事戰略考察을 위한 一試論-平壤 遷都이후 高句麗 軍事戰略의 指向點을 中心으로」『史學研究』40.

朴京哲·柳濟旼, 2015, 「集安高句麗古墳群에 대한 統計的 接近 試論」『한국사학보』59.

朴南守, 2004, 「三國의 經濟와 交易活動」『新羅文化』24.

박대재, 2013, 「국가형성기의 복합사회와 초기국가」『선사와 고대』38.

박희진, 2006, 「조선의 인구」『古文書研究』28.

백영미, 2011, 『韓國 古代의 戶口 編制와 戶等制』, 고려대학교 박사학위논문.

백종오, 2008, 「북한의 고구려 유적 연구 현황 및 성과」『정신문화연구』31.

邊太燮, 1958, 「韓國 古代의 繼世思想과 祖上崇拜信仰」『歷史敎育』3.

徐永大, 1981, 「高句麗 平壤遷都의 動機-王權 및 中央集權的 支配體制의 强化과정과 관련하여-」『한국문화』제2집.

손영종, 1985, 「중원고구려비에 대하여」『력사과학』58-2.

신동하, 1983, 「한국고대국가의 官等制와 身分制」『東大論叢』13.

申瀅植, 1990, 「統一新羅時代 高句麗遺民의 動向 -王建世系의 出自와 그 南下時期를 중심으로」『統一新羅史研究』, 三知院.

안정준, 2013, 「『李他仁墓誌銘』에 나타난 李他仁의 生涯와 族源 -高句麗에서 활동했던 柵城지역 靺鞨人의 사례-」『목간과 문자』11호.

余昊奎, 1995, 「3세기 후반~4세기 전반 고구려의 교통로와 지방 통치 조직 -남도와 북도를 중심으로-」『韓國史研究』91.

여호규, 1997, 『1~4世紀 高句麗 政治體制 研究』, 서울대학교 박사학위논문.

余昊奎, 1998, 「高句麗 初期의 兵力動員體系」『군사』36.

余昊奎, 2005, 「고구려 중기 관등제의 구조와 성립기반」『역사문화연구』특별호, 한국외국어대 역사문화연구소.

余昊奎, 2009, 「4세기 고구려의 낙랑 -대방경영과 중국계 망명인의 정체성 인식」『한국고대사연구』53.

윤용구, 2007, 「새로 발견된 樂浪木簡-樂浪郡 初元四年 縣別戶口簿」『한국고대사연구』46.

윤용구, 2009, 「평양출토 樂浪郡初元四年縣別戶口簿 研究」『목간과 문자』3호.

李基白, 1973, 「新羅時代의 葛文王」『歷史學報』58; 1978, 『新羅政治社會史研究』.

李基白, 1977, 「韓國의 傳統社會와 兵制」『韓國學報』6.

이도학, 1988, 「고구려의 낙동강유역 진출과 신라 가야 경영」『국학연구』2, 국학연구소.

李東勳, 1999, 『慕容燕政權拉儱漢人策與漢族士人動向』, 北京大學碩士學位論文.

이동훈, 2008, 「高句麗遺民『高德墓誌銘』」『韓國史學報』31.

이동훈, 2010, 「동수의 출자로 본 고구려의 낙랑군 지배」『백산학보』88.

이동훈, 2014, 「고구려 백제유민 묘지명의 지문구성과 찬서자」『한국고대사연구』76.

李文基, 1983, 「新羅 中古의 國王近侍集團」『歷史教育論集』5.

李文基, 1999, 「高句麗 德興里古墳壁畵의 '七寶行事圖'와 墨書銘」『歷史教育論叢』25.

李文基, 2000, 「高句麗 莫離支의 官制的 性格과 機能」『白山學報』55.

이문기, 2003, 「고구려 중리제의 구조와 그 변화」『대구사학』71.

李丙燾, 1979, 「中原高句麗碑에 대하여」『史學志』13.

이성규, 2005, 「4세기 이후의 낙랑교군과 낙랑유민」『중국과 한국』, 서해문집.

이성규, 2006, 「중국군현으로서의 낙랑」『낙랑문화연구』, 동북아역사재단.

이성제, 1996, 「4~5세기 고구려의 낙랑 대방고지에 대한 통치와 평양천도」, 서강대학교 석사학위논문.

李成制, 2014, 「高句麗·百濟遺民 墓誌의 出自 기록과 그 의미」『한국고대사연구』.

이순근, 1987, 「나말여초 호족 용어에 대한 연구사적 검토」『성신여자대학논문집』 19.

이영훈, 1995, 「韓國經濟史 時代區分 試論—戶의 역사적 변천과정의 관점에서」『한국사의 시대구분에 관한 연구』, 한국정신문화연구원.

李玉, 1997, 「高句麗의 人口」『京畿史論』 創刊號.

이인철, 1998, 「德興里壁畫古墳의 墨書銘을 통해 본 고구려의 幽州經營」『歷史學報』 158.

이인철, 2003, 「고대국가의 군사조직과 그 운영」『강좌 한국고대사 2』, 가락국사적개발연구원.

李種旭, 1979, 「高句麗初期의 左右輔와 國相」『全海宗博士華甲記念史學論叢』.

李鍾旭, 1982, 「高句麗初期의 中央政府組織」『東方學志』 33.

李鍾旭, 1982, 「高句麗初期의 地方統治制度」『歷史學報』 94·95.

李弘植, 1971, 「淵蓋蘇文에 대한 若干의 存疑」『韓國古代史의 研究』, 新丘文化史.

李弘植, 1971, 「日本書紀所載 高句麗關係記事考」『韓國古代史의 研究』.

李鍾旭, 1982, 「高句麗前期의 中央政府組織」『東方學志』 33.

林起煥, 1987, 「高句麗 初期의 地方統治體制」『慶熙史學·朴性鳳敎授回甲紀念論叢』 1987-11.

임기환, 1994, 「廣開土王碑의 國烟과 看烟」『역사와 현실』 37, 한국사학회.

임기환, 1995, 「4세기 고구려의 樂浪 帶方지역 경영」『歷史學報』 147.

林起煥, 1995, 『高句麗 集權體制 成立過程의 研究』, 경희대학교 박사학위논문.

임기환, 1996, 『한국사』 5(삼국의 정치와 사회 I—고구려), 국사편찬위원회.

임기환, 2003, 「고구려 정치사의 연구 현황과 과제」『한국고대사연구』 31.

임기환, 2014, 「집안고구려비와 광개토왕비를 통해본 고구려 守墓制의 변천」『韓國史學報』 54.

손영종, 2006, 「락랑군남부지역(후의 대방군 지역)의 위치—락랑군 초원4년 현별 호구다소□□를 중심으로」『력사과학』.

田美姬, 1994, 「淵蓋蘇文의 執權과 그 政權의 성격」『李基白先生古稀紀念韓國史

學論叢』上 古代篇·高麗時代篇.

趙法鐘, 1995, 「廣開土王陵碑文에 나타난 守墓制研究 -守墓人의 編制와 性格을 중심으로-」『韓國古代史 研究』8.

조법종, 1996, 「삼국시대 민 백성의 개념과 성격에 대한 검토」『백제문화』25.

조법종, 2003, 「고구려 사회경제사의 연구현황과 과제」『한국고대사연구』32.

조상현, 2009, 「삼국유사의 삼국 전성시기 호구 기사 검토」『한국고대사연구』56.

趙仁成, 1987, 「慕本人 杜魯 -高句麗의 殉葬과 守墓制에 관한 一檢討」『歷史學報』 87.

최광식, 2006, 「한국의 고대국가형성론」『한국고대사입문』1, 신서원.

최일례, 2011, 「연개소문의 출자에 관한 몇 가지 의문」『韓國思想과 文化』57.

崔熙洙. 2008, 『高句麗地方統治運營研究』, 서강대학교 박사학위논문.

최희수, 2012, 「5~6세기 高句麗 地方統治의 운영」『한국고대사탐구』10.

하일식, 2000, 「삼국시대 관등제의 특성에 대하여-작제, 관위제와의 비교」『한국 고대사논총』9.

漢㬂, 1993, 「고려왕조의 성립과 발전」『한국사』12, 국사편찬위원회.

韓沽劤, 1960, 「古代國家成長過程에 있어서의 對服屬民施策(上)」『歷史學報』12.

홍승기, 1973, 「1~3세기의 民의 존재형태에 대한 일고찰 -소위 「下戶」의 실체와 관련하여」『역사학보』63.

강세권, 2005, 「고구려지방통치체제연구」『고구려사연구론문집(1)』, 사회과학출 판사.

高升斗, 1992, 「莫賀非鮮卑語辯」『北方文物』, 1992-4.

高升斗·劉春華, 2001, 「莫賀弗試析」『西北民族研究』.

寇克紅, 2014, 「"都鄉"考略-以河西郡縣爲例」『敦煌研究』, 2014-4.

羅新, 1997, 「五胡政權下的華北士族」『國學研究』4.

勞幹, 1943, 「跋高句麗大兄冉牟墓誌兼高句麗都城之位置」『歷史言語研究所集刊』 第11本.

牟發松, 1996, 「略論唐代的南朝化傾向」『中國史研究』, 1996-2.

變保群, 1981, 「西漢外戚專政談外戚與皇權的關係」『天津師院學報』, 1981-3.

孫鐵山, 1998, 「唐李他仁墓誌考釋」『遠望集』下, 陝西人民出版社.

楊光輝, 2002, 『漢唐封爵制度』, 學苑出版社.

楊軍, 2006, 「高句麗人口問題研究」『東北史地』, 2006-5.

楊冬荃, 1993, 「漢代家譜研究」『譜牒學研究』 3.

楊保隆, 1998, 「高句麗族族源與高句麗人流向」『民族研究』, 1998-4.

閻步克, 2012, 「政治類型學視覺中的 "中國專制主義問題"」『北京大學學報』, 2012
　　　-11.

王克奇, 1984, 「論秦漢郎官制度」『秦漢官制史考』, 齊魯書社.

王其褘・周曉薇, 2013, 「國內城高氏:最早入唐的高句麗移民 -新發現唐上元元年
　　　『泉府君夫人高提昔墓誌』釋讀」『陝西師範大學學報(哲學社會科學版)』, 2013
　　　-2.

袁祖亮, 1991, 「西漢至明清家庭人口數量規模研究」『中州學刊』, 1991-2.

劉士英, 2013, 『魏晉南北朝兼官問題研究』, 鄭州大學校 碩士學位論文.

劉永智, 2006, 「三國史記高句麗本紀校評」『社會科學戰線』, 2006-6.

李德山, 2006, 「高句麗族人口去向考」『社會科學輯刊』, 2006-1.

張金光, 1988, 「商鞅變法後秦的家庭制度」『歷史學報』, 1988-6.

張乃翥, 1994, 「北魏王溫墓誌記事勾沉」『中原文物』, 1994-4.

張春光・張德玉, ・邢啓坤, 2007, 「從《佟氏族譜》研究看一個氏族的發展與演變」
　　　『滿族發祥地歷史研究』, 遼寧人民出版社.

張博泉・武玉環, 1989 「金代的人口與戶籍」『學習與探索』, 1989-2.

秦升陽・李樂寶・黃甲元, 1997, 「高句麗人口問題研究」『通化師範學報』, 1997-4.

周一良, 1997, 「領民酋長與六州都督」『魏晉南北朝史論集』, 北京大學出版社.

宮崎市定, 1959, 「三韓時代の位階制について」『朝鮮學報』 14.

吉田光男, 1977, 「翰苑註所引高麗記について」『朝鮮學報』 85.

山眉幸久, 1974, 「朝鮮三國の軍區組織 -コホリのミヤケ研究序說-」『古代朝鮮と
　　　日本』, 龍鷄書舍.

三上次南, 1964, 「樂浪郡社會の支配構造」『朝鮮學報』 30.

武田幸男, 1978, 「高句麗官位制とその展開」『朝鮮學報』 86.

武田幸男, 1979, 「廣開土王碑からみた高句麗の領域支配」『紀要』 78, 東京大學東
　　　洋文化研究所.

武田幸男, 1980, 「六世紀における朝鮮三國の國家體制」『東アジア世界における日本古代史講座』4.

武田幸男, 1981, 「牟豆婁一族と高句麗王權」『朝鮮學報』99·100합집.

武田幸男, 1989, 「德興里壁畵古墳被葬者の出自と經歷」『朝鮮學報』130.

野守健 外, 1937, 「永和九年在銘塼出土古墳調査報告」『昭和七年度古墳調査報告』, 朝鮮總督府.

李成市, 1993, 「高句麗泉蓋蘇文の政變について」『朝鮮史研究會論文集』.

田中俊明, 1985, 「高句麗長安城城壁石刻の基礎的研究」『史林』68-4.

鄭早苗, 1981, 「中國周邊諸民族の酋長號」『村上四男先生和歌山大學退官記念朝鮮使論文集』, 弘文書館.

井上直樹, 2007, 「集安出土文字資料からみた高句麗の支配體制についての一考察 -安岳三號墳 德興里古墳にみえる被葬者の職位の再檢討と府官制」『朝鮮學報』203.

坂元義種, 1978, 「金石文(Ⅱ朝鮮)」『考古學ゼミナール』, 山川出版社.

補論

冬壽의 出自로 본 高句麗의 낙랑군지배

1. 머리말

313년 고구려가 낙랑군·대방군 지역을 점령한 이후 이 지역을 어떻게 지배하였는가에 대해서 그동안 몇 몇 연구가 있었지만,[1] 안악 3호분과 덕흥리벽화고분의 묵서명에 나오는 인물을 중심으로 시간의 추이에 따른 지배방식의 변화에 대해서 살펴보았을 뿐, 구체적으로 그 지배하에 있었던 낙랑군 호족세력에 대한 고구려의 지배방식과 이에 대한 호족세력들의 동향에 대해서는 본격적인 연구가 진행되지 못하였다.

본고는 당시 낙랑군은 문벌사족이 확립되어 가던 3~4세기의 중국사회의 영향을 받아 몇 몇 유력 사족들의 통제 하에 있었으며, 고구려의 낙랑군

---

[1] 대표적인 것으로는 武田幸男, 1989, 「德興里壁畵古墳被葬者の出自と經歷」『朝鮮學報』13; 공석구, 1998, 『高句麗 領域擴張史 硏究』, 서경문화사; 임기환, 1995, 「4세기 고구려의 樂浪 帶方지역 경영」『歷史學報』147; 김미경, 1996, 「고구려의 낙랑·대방 진출과 그 지배 형태」『학림』17, 연세대학교; 이성제, 1996, 『4~5세기 고구려의 낙랑·대방 고지에 대한 통치와 평양천도』, 서강대학교 석사학위논문 등이 있다.

지배는 이들을 얼마나 효과적으로 제어할 수 있는가에 따라 그 성패가 좌우되었을 것이라는 기본적인 인식에서 비롯되었다. 그러나 사료의 한계로 인하여 이에 대하여 접근할 수 없었는데, 다행히 안악 3호분의 묵서명 주인공인 동수의 출자를 세밀히 검토하는 과정에서 이에 대하여 본격적으로 살필 수 있는 기회를 갖게 되었다.

안악 3호분의 주인공에 대한 논의는 1957년 2월 23일 과학원 고고학 및 민속학연구소 미술사연구실에서 '안악 3호분의 연대와 그에 대한 학술토론회'를 통해 본격화된 후 그동안 동수묘설, 미천왕릉설, 고국원왕릉설 등 다양한 견해가 제시되었다. 그러나 일본과 중국, 그리고 한국학계의 대부분은 동수묘설을 지지하고 있다.[2] 그런데 안악 3호분의 피장자가 누구인가에 대한 논의는 많이 진행되었지만, 안악 3호분의 묵서명의 주인공인 冬壽에 대해서는 다만 중국계 망명인이라는 것만 단편적으로 언급될 뿐 冬壽의 출자에 대한 본격적인 연구는 전무하다.

일반적으로 冬壽의 출자에 대해서는 모용씨정권에서 관료를 역임하였던 중국계 한인관료로 파악한다. 하지만 당시 북중국은 漢人세력이 몰락하고 이민족이 주가 된 五胡十六國시대가 전개되어 민족구성에서 지극히 복잡하였던 시기라는 것을 감안하면 冬壽의 出自를 막연히 중국계라고 파악하는 것은 문제가 있어 보인다. 중국계라고 할지라도 이민족 출신일 가능성이 상존하기 때문이다.

본고는 동수의 출자에 대한 이러한 의문점을 해결하고자 시작되었다. 그리하여 기존의 논문들에서 간과하였던 중국의 역대 성씨 관련 문헌들을 세밀히 조사하였으며, 또한 위진남북조시대에 제작된 비문 및 낙랑군 현지에서 출토된 성씨관련 기록물들을 검토하였다. 그리고 낙랑군멸망기사를

---

2) 안악 3호분의 묘주논쟁에 대해서는 駕洛國史蹟開發研究院, 1992, 『譯註韓國古代金石文』제1권에 실려 있는 서영대, 「안악3호분 묵서명」참조.

재검토하고 동수의 출자와 관련된 기록을 다시 분석하였다. 그 결과 동수는 위만조선 후 낙랑군을 지배하였던 중국계집단과 협력하였던 낙랑지역의 유력한 토착세력으로서 모용씨가 요서·요동지역을 장악하자 이에 협력하였던 인물이라는 것을 밝혔다.

이렇게 볼 경우 고구려가 4세기에 낙랑지역을 지배하는 과정에서 漢人세력을 이용하였다는 기존의 연구는 좀 더 검토할 필요가 있다. 단순히 중국문물을 잘 아는 한인세력으로 파악하기보다는 낙랑군 토착세력과 연결되어 있는 인사로 파악하는 것이 좀 더 합리적이다. 따라서 동수의 출자와 더불어 당시 낙랑군 토착세력의 성질에 대한 분석 역시 필요하다. 낙랑군토착세력의 성질에 대한 규명은 이 지역 출신인 동수를 낙랑군지배에 활용한 고구려의 낙랑군지배방식과 밀접한 연관성이 있기 때문이다. 본고는 이와 같이 동수의 출자, 낙랑군토착세력의 성질과 동향, 그리고 이들과 고구려의 낙랑군 지배와의 관련성을 다각적으로 규명하고자 시도하였다.

2. 冬壽의 出自

1) 籍貫으로 본 冬壽의 출자

북한의 현 황해남도 안악군 오국리에서 발견된 고구려 시대의 벽화고분인 안악 3호분의 전실 서벽 좌측 장하독 그림 위에 적혀 있는 墨書銘에는 7행 68자에 걸쳐 冬壽라는 인물의 사망일자, 작위, 관직 등이 기술되어 있다. 동수의 출자는 "幽州遼東平郭都鄕敬上里"라고 기록하고 있어 일반적으로 이에 근거하여 中國系 亡命人으로 인식하고 있다. 한편 佟壽는 평안남도 평양시 평양역구내의 전축분 안에서 발견된 "永和九年三月十日遼東

韓玄菟太守領佟利造"[3] 명문에 보이는 佟利와 宗族的으로 연관성을 갖고 있는 인물로 파악하기도 한다.

묵서명에 나타난 冬壽는 일반적으로 모용황 즉위 후 요동에 자신의 세력권을 형성하여 이에 대항하던 慕容仁의 僚屬이었던 佟壽와 같은 인물로 보고 있다. 『資治通鑑』 권95 晋紀 17 成帝 咸康 2년條에 의하면 336년 慕容皝은 慕容仁을 급습하여 대파하고 慕容仁과 더불어 그 휘하에 있었던 僚屬들을 살해하였는데, 이 때 佟壽는 郭充과 더불어 고구려로 도망하였다고 한다.[4] 佟壽는 바로 전년도인 335년 모용황의 司馬로서 慕容仁을 공격하다가 패했는데, 원래 慕容仁의 司馬를 역임하였던 전력으로 인하여 慕容仁에게 항복하여 그 속하에 다시 들어갔었다.[5] 그런데 동일한 사건을 기록하고 있는 『晋書』[6]와 『十六國春秋』 前燕錄[7]에서는 冬壽라고 기록하고 있어 冬壽와 佟壽는 동일한 인물로서 한자로 표기하는 과정에서 착오가 있었던 것으로 보인다.[8] 문헌에서도 역시 冬壽의 地望을 遼東이라고 표기

---

3) 野守健 外, 1937, 「永和九年在銘塼出土古墳調査報告」『昭和七年度古墳調査報告』, 朝鮮總督府.

4) 『資治通鑑』 권95 晋紀17 成帝 咸康 2年 "皝先爲斬其帳下之叛者, 然後賜仁死. 丁衡, 游毅, 孫機等, 皆仁所信用也, 皝執而斬之. 王冰自殺. 慕容幼, 慕容雉, 冬壽, 郭充, 翟楷, 龐鑒, 皆東走, 幼中道而還. 皝兵追及楷, 鑒斬之, 壽, 充奔高麗"

5) 『資治通鑑』 권95 晋紀17 成帝 咸康 元年條 "皝賜昭死, 遣軍祭酒封奕懇撫遼東, 以高詡爲廣武將軍, 將兵五千與庶弟建武將軍幼, 稚, 廣威將軍軍, 寧遠將軍汗, 司馬遼東佟壽共討仁. 與仁戰於汶城北, 皝兵大敗, 幼, 稚, 軍皆爲仁所獲, 壽嘗爲仁司馬, 遂降於仁."

6) 『晋書』 권109 慕容皝載記 "慕容皝司馬冬壽"

7) 『十六國春秋』 前燕錄 2 慕容皝條 "慕容皝左司馬冬壽, 皝使討征虜將軍慕容仁, 爲仁所獲 壽嘗爲仁司馬 遂沒于仁."

8) 본문에서는 冬氏와 佟氏를 같은 성씨로 보고 그 출자를 분석하려고 한다. 사료에는 冬氏보다는 佟氏로 표기된 것이 더 많지만, 안악 3호분에서 발견된 冬壽묵서명을 중요시하여 冬氏로 통일하여 서술하고자 한다.

하고 있어,[9] 그 출자를 "幽州遼東平郭都鄕敬上里"라고 기록하고 있는 안악 3호분의 묵서명과 일치하여 양자가 동일한 인물이라는 것을 확실하게 한다.

그런데 冬壽와 같은 시기에 慕容氏政權하에서 司馬직을 역임하였던 漢族 관료를 살펴보면, 慕容廆시기의 裵開는 河東裵氏이고,[10] 慕容皝시기에 司馬를 역임한 관료 중 封奕은 渤海封氏, 高詡는 渤海高氏이고,[11] 韓矯는 太原韓氏,[12] 韓壽는 昌黎韓氏, 李洪은 渤海李氏이다.[13] 또 慕容仁의 관작을 받았던 관료 중 郭充은 太原郭氏이며, 사료에 籍貫이 표시되어 있지 않지만 모용인의 遼東相을 역임한 龐鑒은 성씨로 보아 永嘉 初에 遼東太守를 역임한 龐本의 동족이라는 것을 알 수 있다. 또한 游毅는 그 성씨로 보아 慕容廆 초기에 股肱之臣이었던 廣平 游邃[14]와 慕容熙 때 樂浪太守를 역임하였던 游鯤[15]과 관련 있는 廣平游氏로 추정된다. 이들은 모두 魏晋시대의 혁혁한 郡望에 해당하고 있으며, 龐氏를 제외한 다른 郡望은 모두 『新唐書宰相世系表』에도 수록되어 있는 저명한 사족들이다.

그 외 丁衡과 孫機가 보이는데, 丁衡은 後燕 건국주인 慕容垂의 부인인 丁氏와 慕容盛 때 七兵尙書를 역임한 丁信과 같은 北族 출신으로 추정된다. 왜냐하면 모용씨는 段氏, 蘭氏, 可足渾氏, 丁氏 등 北族 출신하고만 통혼관계를 형성하고 있기 때문이다. 한편 孫機는 그 籍貫이 기록되어 있지

---

9) 주2 참조.

10) 『晋書』 권108 慕容廆載記.

11) 『晋書』 권109 慕容皝載記 참조.

12) 『資治通鑑』 권95 晋紀17 咸和8년조.

13) 이상은 羅新, 1997, 「五胡政權下的華北士族」 『國學研究』 제4권과 李東勳, 『慕容燕政權拉儱漢人策與漢族士人動向』, 北京大學 歷史學係 碩士學位論文 참조.

14) 『晋書』 권108 慕容廆載記.

15) 『魏書』 游明根傳.

않는데, 慕容燕에서 仕宦한 孫氏로는 廣平孫氏, 昌黎孫氏[16]와 武邑孫氏[17] 그리고 慕容廆 초기인 286년에 장군으로 활약하였던 孫丁[18] 등이 있어 그 籍貫을 추정하기가 쉽지 않다.

이에 비하여 冬氏는 그 가문에 대한 자세한 기록이 보이지 않는다. 다만 사료에서 확인할 수 있는 인물로는 冬鸞과 佟萬만 있을 뿐이다. 이 중 冬 鸞에 대해서 살펴보면 冬鸞은 慕容垂에 의해서 後燕이 건국된 지 얼마 지나지 않아 齊涉이 반란을 일으키자 이를 진압하는 과정에서 齊涉을 사로 잡아 燕에 보내는 親燕的인 성향을 가진 인물로 묘사되고 있다.[19] 그런데 冬鸞에 대해서는 新柵人 冬鸞이라고 하여『資治通鑑』에서 취한 士族의 일 반적인 기재방식과는 차이가 있다. 즉 일반적으로『資治通鑑』에서는 인명 앞에 郡望을 표기할 경우에는 渤海高瞻, 平原劉讚처럼 地名 다음에 "人"字 를 적지 않기 때문이다. 따라서 新柵人 冬鸞은 新柵이란 지역에 거주하면서 반란을 진압할 수 있을 정도의 세력을 보유한 유력인사 정도로 해석하는 것이 타당할 것이다.

新柵은 현재의 河北省 廊坊市 서북쪽에 위치한 곳으로 당시에는 冀州 魏郡에 예속되어 있었다. 新柵에 거주하였던 冬鸞이 冬壽와 어떤 관계인지는 분명하지는 않지만 姓氏로 보았을 때 그 一族일 가능성을 배제할 수 없다. 遼西지역에서 발흥한 慕容氏政權은 일찍이 요동지역을 정복한 후, 그 후 冀州방향으로 발전하여 후에는 북중국의 동부지역에 前燕帝國을 건립하였다. 그 과정에서 초기에 遼西지역을 중심으로 합류하였던 建國集團역시 현재의 북경지역인 薊를 거쳐 수도인 鄴을 중심으로 한 冀州지역으로

---

16)『資治通鑑』권96 晉紀18 咸康 4년조.
17) 趙超編著, 1998,『新唐書宰相世系表集校』, 中華書局.
18)『晉書』권108 慕容廆載記.
19)『資治通鑑』권107 晉紀19 太元 12년조.

많이 이동하였는데, 冬氏도 역시 그러한 과정을 겪었던 것 같다.

前燕정권이 멸망한 후 前秦의 苻堅에 의하여 관중지역 등으로 이주했었던 인물들은 후에 後燕이 건국되는 과정에서 본거주지였던 山東지역이나 遼東·遼西지역으로 이주하였다.[20] 부여 출신의 餘巖이 후연정권 건립과정에서 협조하였다가 반란을 일으키고 요서지역으로 이주한 사건은[21] 東夷系 인물의 동향을 엿볼 수 있는 한 예라고 할 수 있다. 冬鸞이 東晉과 연결하여 後燕정권에 반기를 든 齊涉을 살해하고 후연정권에 협력한 것은 冬氏가 慕容氏와 매우 밀접한 관계에 있었다는 것을 반영한다.

다음 佟萬에 대해서 살펴보면 佟萬은 『十六國春秋』 北燕錄一 馮跋 太平 3年조에 "昌黎郝越, 營丘張買, 成周刁溫, 建德何纂以賢良, 遼東佟萬以文章知名, 皆擢敍之"라고 하여 문장으로 이름이 높아서 北燕정권에 발탁된 인물로 표현되어 있다. 北燕시기에 기록된 것으로 보아 그는 前燕이 발전하는 과정에서 다른 인물과는 달리 그대로 遼東이나 遼西지역에 거주하고 있었거나, 아니면 다른 사람들과 마찬가지로 龍城(요서) → 薊(북경) → 鄴(기주) → 龍城으로 돌아오는 과정을 거쳐 北燕 때에 이르러 다시 龍城 근처에 거주하였을 것이다.

그런데 佟萬의 경우에는 그 籍貫이 姓氏 앞에 표시되어 있어 佟壽와 마찬가지로 그 籍貫이 遼東일 가능성을 제시하고 있어 자못 주목된다. 그런데 佟萬과 함께 발탁된 다른 인물들의 籍貫을 보면 昌黎, 營丘, 成周, 建德

---

20) 淝水之戰에서 前秦의 苻堅이 패한 후 關中에 남아있던 慕容泓 등은 모두 山東지역으로 이동하고자 하였다. 前秦이 이를 막으려 하자 나중에 後秦王이 되는 姚萇은 "鮮卑皆有思歸之志, 故起而爲亂, 宜驅令出關, 不可遏也"라고 하여 간하였다 (『資治通鑑』 권105 晉紀27 孝武帝 太元9年(384)조 참조).

21) 『資治通鑑』 권106 晉紀28 孝武帝 太元10年(385)조 "燕建節將軍餘巖叛, 自武邑北趣幽州", "(慕容)農將步騎三萬至令支, 嚴衆震駭, 稍稍踰城歸農, 嚴計窮出降, 農斬之."

으로서 전통적으로 중원에 기반을 둔 지명이 아니라 慕容氏정권이 독자적으로 새로 建置하거나 僑置한 지역이라는 특징이 있다.

이들 郡들을 좀 더 살펴보면 昌黎는 晉代에도 설치되어 있던 郡이지만, 營丘와 成周는 慕容廆시기에 자신의 관할지역으로 流亡한 士人들을 안치시키기 위하여 독자적으로 설치한 僑郡 중의 하나이다. 慕容廆는 310년 冀州人을 대상으로 冀陽郡을, 豫州人을 대상으로 成周郡을, 靑州人을 대상으로 營邱郡을, 并州人을 대상으로 唐國郡을 설치하였다.[22] 그리고 347년에는 渤海人을 대상으로 興集縣을 설치하고, 河間人을 대상으로 寧集縣, 魏郡人을 대상으로 興平縣, 東萊·北海人을 대상으로 育黎縣, 吳人을 대상으로 吳縣을 설치한 적이 있다.[23]

그런데 建德은 前燕과 後燕에서는 찾아볼 수 없는 지명으로[24] 北燕에 이르러서야 建治된 郡이었다. 그러므로 北燕이 건국된 지 불과 3년밖에 지나지 않은 때에 실시한 인재선발에서 建德에 그 籍貫을 둔 何纂이라는 인물이 발탁되는 것은 그와 같이 등용된 佟萬의 이름 앞에 있는 遼東이라는 籍貫이 北燕이 행정구역을 개편하는 과정에서 새롭게 편제되었을 가능성을 보여준다. 사실 요동군은 이보다 6년 전인 405년에는 이미 고구려의 복속 하에 완전히 들어갔기 때문에 당시 북연에 있어서 遼東郡은 僑郡에 불과하였기 때문이다.

다음은 佟萬과 같이 발탁된 昌黎郝越, 營丘張買, 成周刁溫, 建德何纂을 구체적으로 분석하기로 하자. 우선 成周에 籍貫을 둔 刁溫은 石勒 하에서

---

22) 『晉書』 권108 慕容廆載記 "時二京傾覆, 幽冀淪陷. 廆刑政修明, 虛懷引納. 流亡士庶多襁負歸之. 廆乃立郡以統流人. 冀州人爲冀陽郡, 豫州人爲成周郡, 靑州人爲營邱郡, 并州人爲唐國郡."

23) 『晉書』 권109 慕容皝載記.

24) (淸)洪亮吉 撰, 「十六國疆域志」 『二十五史補編』, 中華書局.

股肱之臣으로 장군을 역임하였던 刁應 또는 西燕 慕容永하에서 公卿의 지위에 있다가 慕容垂에 의해 멸망당한 후 後燕으로 이주된 刁雲과 같은 宗族으로 추정된다. 서연 멸망 후 和龍으로 遷徙된 馮跋 일족의 경우로 미루어 보아[25] 이 때 刁雲 등 刁씨 일족도 역시 和龍으로 이주한 것 같다. 刁溫은 東晉 元帝 때 尙書令이란 고위직을 역임한 刁協 일족으로 추정되는데, 刁協의 郡望은 渤海饒安이었으므로[26] 刁溫은 和龍으로 이주한 후 새로이 成周라는 籍貫을 부여받은 것으로 보인다.

昌黎를 籍貫으로 하는 郝越과 같은 성씨로서 慕容燕 정권에서 사환하였던 인물로는 前燕정권이 멸망한 후 前秦이 關東士望을 등용하는 기사에 보이는 郝略이 유일하다.[27] 郝略의 郡望은 太原일 가능성이 높은데, 郝略이 일찍이 淸河相을 역임하였고, 淸河 崔玄伯에 대하여 인물평을 한 郝軒의 郡望이 太原이기 때문이다. 이렇게 볼 때 郝越은 본래 太原을 郡望으로 하였다가 後燕의 영역이 축소되는 과정에서 昌黎지역으로 이동한 후, 後燕 말이나 北燕 초에 행정구역 재편과정에서 昌黎를 籍貫으로 하게 된 것을 알 수 있다. 물론 烏桓에서 출자한 郝氏도 있어 郝越이 烏桓 출신일 가능성도 배제할 수 없지만,[28] 만일 그렇게 볼 경우 이민족 출신도 모용연정권 하에서 새로이 籍貫을 부여받고 있는 사례로 볼 수 있어 주목된다.

何纂은 晉武帝 때 丞相을 역임한 何曾을 포함하여 魏晉시기에 혁혁한

---

25) 『晉書』권125 馮跋載記 "父安, 雄武有器量, 慕容永時爲將軍. 永滅, 跋東徙和龍, 家于長谷"

26) 『晉書』권69 刁協傳 "刁協字玄亮, 渤海饒安人也"

27) 『資治通鑑』簡文帝 咸安 二年 春 二月條.

28) 예를 들어 『晉書』권104 石勒載記에는 "烏丸審廣, 漸裳, 郝襲背王浚, 密遣使降于勒, 勒厚加無納."이라고 하여 유주지역에서 활약하던 오환 출신의 郝襲이 보인다. 姚薇元은 『北朝胡姓考』郝氏條에서 平原郝氏 등 郝氏는 烏桓大人 郝旦의 후예로 이름을 姓氏로 삼았다고 하였다.

郡望을 떨치다가 永嘉 末에 거의 멸문당한 陳國陽夏河氏[29]일 가능성을 배제할 수 없지만 정확한 판단은 하기 힘들다. 그러나, 그 외에는 전연·후연 등 모용정권에서 사환한 다른 인물을 찾을 수 없기 때문에, 그 역시 刁溫이나 郝越과 마찬가지로 後燕 말이나 北燕 초에 요서지역으로 이주하여 建德에 적관을 부여받았을 가능성이 높다.

마지막으로 營丘張買의 원래의 郡望을 살펴보기로 하자. 모용연정권에서 사환한 張氏의 郡望으로는 사료에 遼東, 新興, 淸河東武城人 등이 보이고, 또한 烏桓 출신의 張氏일 가능성도 배제할 수 없기 때문에 營丘張買의 본래의 郡望을 추정하기는 쉽지 않다. 그러나, 營丘라는 籍貫을 부여받은 사람은 처음 慕容廆시기에는 靑州人이 주 대상이 되었겠지만, 후대에는 기타지역 출신으로 이 지역에 들어온 사람들도 편제의 대상이 되었을 것이라는 것은 새삼 설명할 필요는 없을 것이다. 이것은 앞에서 설명한 成周刁溫의 경우를 보면 더욱 분명해진다. 刁溫은 後燕대에 西燕 멸망 후 成周로 이주한 인물로, 그의 원래의 郡望인 渤海郡 饒安縣은 冀州에 소속되어 있어 豫州人을 대상으로 설치된 成周의 建置 역사와 부합하지 않기 때문이다.

이상의 분석결과를 살펴보면, 佟萬과 함께 발탁된 4명의 인물 중 郝越, 刁溫, 何纂 등 적어도 3명 이상의 郡望이 후연 말에서 북연 초기에 새롭게 부여받은 것으로 파악되고 있어, 佟萬에게 부여된 遼東이란 적관도 원래의 郡望을 가리키는 것이 아니라, 북연에 들어와서 새롭게 부여받았을 것이라는 추정이 성립된다는 것을 알 수 있다. 그렇지만, 같은 佟氏인 佟壽의 籍貫이 遼東으로 표기되어 있기 때문에 佟萬의 籍貫이 원래부터 가지고 있던 籍貫일 가능성도 배제할 수 없다. 그러나 만일 그렇다고 한다면 그것은 후술하겠지만 佟壽 일족이 요동지역에 정착한 이후의 상황을 반영한 것에 불과할 것이다.

---

29) 『晋書』 권33 何曾傳.

안악 3호분의 묵서명에 기록된 佟壽의 籍貫인 '幽州遼東平郭都郷敬上里'은 당시의 현실을 제대로 반영하지 못하기 때문에 그 진위가 의심되고 있지만, 모용씨 정권에서 잦은 행정구역 개편이 이루어지고 있는 사실을 고려하면 묵서명의 기록이 사실일 가능성도 배제할 수 없다. 앞에서 언급한 몇 몇 인물들처럼 佟壽도 타 지역에 거주하다가 어떠한 연유로 요동으로 이주하게 되었고, 그 후 遼東이라는 적관을 부여받았을 가능성이 있기 때문이다. 특히 요동 平郭이라고 구체적으로 표기된 묵서명과 그의 경력으로 보아 그의 적관은 慕容廆나 慕容皝 또는 慕容仁 치하에서 새롭게 부여받았을 것이다. 문헌상에는 기록되어 있지 않지만 요동을 일시적으로 차지한 慕容仁은 실제로 遼左지역을 차지한 후 車騎將軍 平州刺史 遼東公을 자처하였고 그 휘하에 많은 관직를 설치한 바 있어,[30] 이 때 모종의 행정구역을 개편하는 조치도 함께 취했을 가능성이 높기 때문이다. 그러나 幽州와 遼東郡의 소속관계의 불일치, 慕容仁이 平州刺史라고만 자칭한 사실을 고려하면 묵서명에 기록된 적관이 사실을 제대로 반영하지 못하고 있다는 기존의 견해는 여전히 타당하다. 그렇지만 한 가지 분명한 것은 동수는 요동지역에 거주한 적이 있으며, 그 적관은 요동 평곽이었다는 사실이다. 그렇다면 요동 평곽이라는 籍貫을 갖기 전에 동수는 어디서 온 것일까?

2) 姓氏로 본 冬壽의 출자

위진남북조는 문벌사회가 확립되어 가는 시기로서 高門이 아니면 고위직을 역임할 수 없는 사회였다. 그런데 佟萬, 冬鸞 이외에는 별다른 인물이 보이지 않는 冬氏의 일족인 冬壽가 혁혁한 문벌사족과 同列의 위치에서

---

30) 『十六國春秋』前燕錄 二 慕容皝.

太守급에 해당하던 司馬[31]라는 고위직을 역임한 것은 그 출자에 대하여 의문을 품게 한다. 胡三省이『資治通鑑』권95 晋紀17 成帝 咸康 元年條의 해당기사의 주에서 佟壽를 언급하면서 다른 성씨와는 달리 "佟, 徒冬翻, 姓也"[32]라고 특기한 것도 佟氏가 그만큼 생소한 성씨였기 때문이었던 것이다. 그런데 慕容氏정권에서 관직을 역임한 관료는 한족계열 이외에도 이민족계열이 다수 차지하고 있었다. 可足渾氏와 段氏, 蘭氏 등이 慕容氏와 혼인관계를 이루고 있었고, 扶餘氏, 烏桓張氏, 烏桓魯氏 등이 주요관직을 역임하고 있었다.[33] 따라서 佟氏가 중국 즉 漢族系姓氏인지는 의문의 여지가 있다. 이를 해명하기 위하여 본고에서는 당시의 성씨관련 서적을 면밀히 검토하려고 한다.

중국은 오래 전부터 姓氏族望에 관련된 서적을 많이 편찬하였다. 淸末에 張澍가 쓴『古今姓氏書目考證』은『史記』,『漢書』에서 인용한 적이 있는『五帝系牒』,『帝考德』,『唐帝系』,『虞帝系』,『禹帝系』부터 시작하여 청대 萬光泰가 저술한『元姓氏略』까지 대표적인 성씨관련 서적 254부를 열거하

---

31) 慕容皝 시기의 司馬는 모용황의 막부의 중요 長吏에 해당하는데, 후에 모용황이 전연왕을 사칭하면서 왕국체제로 전환하여 그 직급이 높아지게 되자, 자연 司馬에 해당하던 인물은 모두 太守이상의 고위직으로 전환되고 있다.

32) 주2 참조.

33) 烏桓張氏, 烏桓魯氏 등이 前燕시기에 어떤 관직을 역임했는지는 사료에 나타나 있지 않다. 그러나 전진이 망하고 후연이 건국되는 과정에서 可足渾氏, 段氏 등과 함께 慕容氏와 긴밀하게 협조하고 있는데(『資治通鑑』권106 晋紀28 孝武帝太元9년(384)條 참조), 이것은 그들이 초기부터 모용씨와 밀접한 관련을 맺고 있었기 때문일 것이다. 그리고 烏桓은 주로 요서지역을 근거로 활약하고 있었으므로 초기부터 모용씨정권에 합류하였을 가능성이 크다. 참고로 慕容楷는 후연건국과정에서 燕을 따르지 않고 관망하던 이들을 포벌하려는 慕容紹에게 "鮮卑, 烏桓及冀州之民 本皆燕臣"이라고 하여 무력토벌을 반대하였다(『資治通鑑』권106 晋紀28 孝武帝太元 9년(384)條 참조).

고 있다.[34]

이 중에서 위진남북조수당대에 활약하던 士族의 姓氏에 대해서 정리한 대표적인 것으로는 『新唐書』 宰相世系表와 『元和姓纂』 그리고, 『通志』의 氏族略을 들 수 있다. 이 시기는 문벌귀족사회로서, 家格에 따라서 역임할 수 있는 관직의 고하가 결정되었기 때문에 士族의 판별은 그 무엇보다도 중요시되었으며, 그 결과 족보와 보학이 매우 발달하였다. 그리하여 족보의 간행도 사대부들이 독자적으로 자신의 족보를 편찬하던 한대[35]와는 달리 관청에서 직접 편찬하고 주관하였다.[36]

『元和姓纂』은 당 헌종 때에 재상인 李吉甫가 林寶에게 명령하여 元和 7년(812)에 완성한 책이다. 편찬기간이 짧았고, 또 私家의 족보를 포함하여 族姓의 기원을 서술하였기 때문에 그 진실성에 의심을 받는 경우도 있지만, 漢代에 편찬된 것으로는 알려진 『世本』, 『風俗通義』, 『三輔決錄』, 『百家譜』, 『姓苑』 등 실전된 원시 사료를 보존하고 있다는 데서 큰 의미가 있는 문헌이다. 원래의 책은 이미 실전되었으며, 현재 남아있는 판본으로는 명나라 초에 『永樂大典』에 수록된 것과 송나라 때에 저술된 『古今姓氏書辨證』 등의 서적을 참조하여 집성한 四庫全書輯本, 그리고 孫星衍과 洪瑩이 교감하고 보충한 간행본을 金陵書局에서 판각한 金陵書局本 등이 있다. 또한 금릉서국본을 교감한 羅振玉의 교감본도 있다. 그러나 현재 가장 많이 통용되는 것은 이러한 역대 판본을 기초로 하고, 여기에 다시 역대 서적과 출토된 비문 등을 망라하여 자세히 보충한 岑仲勉의 교감본이다.[37] 그런데 모두 1,232개의 姓氏가 수록되어 있는 岑仲勉의 교감본에는 冬氏나

---

34) (淸) 張澍 徐興海等點校, 2003, 『姓韻 附古今姓氏書目考証』(全二冊), 三秦出版社.

35) 楊冬荃, 1993, 「漢代家譜硏究」 『譜牒學硏究』 3.

36) 周一良, 1991, 『魏晋南北朝論集續編』, 北京大學出版社.

37) 林寶 撰, 岑仲勉校記, 1994, 『元和姓纂(附四校記)』, 中華書局, 1~2쪽.

佟氏와 관련된 기록이 보이지 않는다.

『新唐書』宰相世系表는 송대 呂夏卿이 편찬한 것으로 정사로 분류되는 24史 중에서 유일하게 皇室王族 이외의 가문의 계보를 기록한 表이다. 唐代의 宰相 369명, 98姓의 世系와 수만 명의 인물을 망라하여 당대의 高門은 거의 대부분 기록하고 있는 것으로 평가받고 있는데,[38] 여기에서도 冬氏나 佟氏와 관련된 기록은 전혀 찾아 볼 수 없다.

한편 『通志』氏族略은 宋 高宗 紹興 31년에 鄭樵가 편찬한 백과사전식의 서적인 『通志』20略 중의 하나인데 모두 2,255개의 성씨가 수록되어 있다. 氏族略은 국가·지명·관직·작위·시호 등 得姓과정에 따라 姓氏를 구분하였다. 그리고 그 기원이 분명하지 않는 성씨는 聲韻에 따라 분류하였는데, 그 중 平聲에 해당하는 성씨에 冬氏와 佟氏가 수록되어 있다. 그런데 冬氏에 대해서는 '前燕錄 慕容皝 左司馬 冬壽'라고만 기록하고 있고, 佟氏에 대해서는 '北燕有遼東佟萬以文章知名'이라고만 설명하고 있어,[39] 앞서 제2장 제1절에서 언급한 기존의 알려진 사료에 나타난 내용 이외에는 冬氏와 佟氏의 관계나 그들의 기원에 대하여 밝혀줄 단서에 대해서는 일절 언급이 없다. 이것은 先秦시대부터 그 성씨의 기원을 기록하고 있는 대부분의 성씨와는 차이가 있다.

이상과 같은 성씨관련 문헌에서 동씨에 대한 별반 기록을 찾아 볼 수 없다는 것은 동수가 한족계의 명문사족이 아닌 이민족계의 유력인사일 가능성이 크다는 사실을 시사한다. 그러므로 冬氏의 기원을 찾기 위하여 이민족관련 성씨를 전문적으로 기록한 문헌을 살펴볼 필요성이 있다.

위진남북조시대에 이민족 성씨를 기록한 대표적인 서적으로는 우선 『魏書』官氏志를 들 수 있다. 『魏書』官氏志는 전반부에서 북위시대의 官制를

---

38) 趙超 編著, 1998, 『新唐書宰相世系表集校』, 中華書局, 1쪽.
39) 『通志』 권29 氏族5 平聲 冬氏條, 佟氏條(鄭樵 撰, 1987, 『通志』, 中華書局, 476쪽).

서술한 다음 후반부에는 孝文帝 때 姓族을 分定한 이후의 姓族을 중심으로 하여 宗姓十姓, 勳臣八姓, 內入諸姓, 四方諸姓 등 모두 118姓을 기록하였다. 후에 姚薇元은 官氏志에 기록된 胡姓 이외에도『魏書』에 기재된 기타 75姓을 고증하여 모두 193개의 이민족계의 姓氏를 판별하였다.[40] 그런데 이들 서적에서도 冬氏나 佟氏는 전혀 보이지 않고 있다.

그러므로 동씨에 대한 연원을 추적하기 위해서 딱히 별다른 자료가 남아있지 않은 현재로서는 비교적 冬氏에 대한 사료가 많이 수록되어 있다고 파악되는『皇朝通志』의 氏族略을 검토해 볼 필요성이 있다. 필자가『皇朝通志』를 주목하게 된 것은 佟氏가 유명한 滿洲八大姓의 하나이기 때문이다.『皇朝通志』는『淸朝通志』라고도 불리는데, 乾隆년간에『통지』의 체제에 따라서 편찬되었으며 모두 126권으로 구성되었다. 이 중 氏族略은 총 10권으로 청태조가 건국할 무렵부터 건륭 50년까지 통치민족인 만주족 성씨를 중심으로 여러 성씨를 기록하였다.

佟氏는 청대의 滿洲八大姓이라고 하는 八旗氏族 중의 하나인 佟佳氏와 관련되어 있는 저명한 성씨로서 佟佳氏의 別支로 알려져 있다.[41] 佟佳氏는 지명에서 유래된 성씨로 현재의 遼寧省 新賓縣 경내를 중심으로 하여 佟佳江 일대에 분포하던 씨족이다.

그 밖에『皇朝通志』권8 氏族略8 滿洲旗分內高麗姓條에는 金氏, 韓氏, 李氏, 朴氏 등 조선에서 건너온 성씨 44개가 기록되어 있다. 이 중 佟氏에 대해서는 "世居開州地方 佟佐正白旗包衣人 其孫佟英擧任知府 元孫六格任郎中參領兼佐領 四世孫安保任員外郎"이라고 하여 佟氏는 開州지역에서 대대로 거주하다가 佟佐 때에 청나라에 귀순하여 正白旗包衣人이 되었고 그

---

40) 姚薇元, 1962,『北朝胡姓考』, 中華書局.
41)『皇朝通志』권2 氏族略2 滿洲八旗姓1 佟佳氏條와 같은 책 권7 氏族略8 同族異氏條 참조.

손자인 佟英擧 등 후손들은 청의 관직을 역임한 것으로 나와 있다. 『皇朝通志』의 氏族略은 이들 성씨를 高麗姓으로 분류하고 있지만, 별도로 朝鮮姓이라고 분류된 항목이 없다는 것과 佟佐의 사례를 볼 때, 朝鮮人을 일률적으로 高麗人으로 칭하였다는 것을 알 수 있다.

그러면 佟氏가 청나라에 귀순하기 전에 대대로 거주하였다는 開州는 어느 지역이었을까? 開州는 고려 태조 때부터 시작하여 고려 성종 14년에 開城府로 승격할 때까지의 현재의 開城을 지칭하던 지명이었지만, 그 이후로는 開州라는 명칭을 사용하지 않았기 때문에 조선의 경내에 있었던 옛 開城을 가리키는 것이 아니라는 것은 분명하다. 여기서 開州는 義州와 遼東을 잇던 교통로에 위치한 지역으로서 의주에서 100여 리 떨어진 곳에 위치한 요동에 있던 開州를 지칭한다.[42)]

『조선왕조실록』에 의하면 조선 전기에 평안도의 백성들은 防戍뿐만 아니라 중국에 入朝하는 사신의 영접과 전송을 하는 데에도 매우 시달리게 되어 태반이 (요동의) 東八站과 海州·蓋州 등 여러 州로 유입하였다고 한다.[43)] 이들은 동쪽으로는 개주로부터 서쪽으로는 요하, 남쪽으로는 바다에 이르기까지 요동지역에 많은 취락을 이루어 거주하였다.[44)] 『황조통지』에 佟氏와 함께 기록된 조선인들의 출신지가 平安道, 平壤, 開城府, 博川뿐만 아니라, 海州, 蓋州, 開州, 易州 등으로 표기된 것은[45)] 바로 이러한 이

---

42) 『朝鮮王朝實錄』成宗實錄 216권 19년 5월 27일(戊寅) "開州距義州百有餘里, 湯站六七十餘里"

43) 『朝鮮王朝實錄』世祖實錄 40권 12년 11월 2일(庚五) "平安之民, 非徒困於防戍, 亦甚困於入朝迎送之行, 大半流入於東八站及海, 盖諸州."

44) 『朝鮮王朝實錄』睿宗實錄 6권 1년 6월 29일(辛巳) "前此本國平安之民, 逃賦役者, 流入於彼, 東自開州, 西至遼河, 南至于海, 盖州聚落相望, 不知幾千萬人. 永樂年間, 漫散軍凡四萬餘人, 近年遼東戶口, 東寧衛居十之三."

45) 『皇朝通志』권8 씨족략8 滿洲旗分內高麗姓條 참조.

유에서였다. 그러므로 佟氏 역시 평안도지역에 거주하다가 開州지역으로
이동한 후, 淸나라에 귀순한 것임을 알 수 있다. 그런데『世宗實錄』地理志
의 각 府牧郡縣의 姓氏條에 기재된 村姓, 次姓, 入姓 등에 冬氏 또는 佟氏
가 전혀 보이지 않고 있어 정확히 평안도의 어느 지역에서 이주한 것인지
는 확인할 길이 없다.

한편 漢族으로서 滿洲旗에 편입된 佟氏도 보인다.『皇朝通志』권8 씨족
략8 滿洲旗金刀內尼堪姓에 보이는 대대로 松山지역에 거주하였다고 하는
佟田猷와 滿洲旗分內撫順尼堪姓에 보이는 대대로 沈陽지역에 거주하고 있
었다는 佟德明이 그들이다.[46]

이상과 같이『皇朝通志』에 수록된 佟氏를 정리하면 佟氏는 첫째, 만주족
佟佳氏에서 갈라져 나온 佟氏, 둘째, 조선의 평안도지역에서 이주해 온 佟
氏, 셋째, 심양 일대에서 거주하던 漢族 성씨인 佟氏로 구분할 수 있다. 그
러므로 우리는 이들을 통하여 동수의 출자에 대한 단서를 좀 더 찾아볼 수
있을 것 같다.

먼저 만주족 佟佳氏에서 유래한 佟氏를 살펴보면 이들 姓氏의 기원은
상당히 늦다. 佟佳氏는 佟佳江 유역에 살았기 때문에 이를 姓氏로 삼았던
것 같은데, 현재 渾江이라고도 지칭되는 佟佳江은 명나라 때에는 婆猪江
이라고 불렀고, 청대에 이르러서야 비로소 佟佳江이라는 명칭을 갖게 되기
때문이다.[47]

그런데 다른 문헌에는 佟佳氏와는 계통을 달리하는 또 다른 만주족 성
씨인 佟氏가 보인다.『조선왕조실록』에는 조선 초기 함경도 국경부근에서

---

46)『皇朝通志』권8 氏族略8, 滿洲旗金刀內尼堪姓과 滿洲旗分內撫順尼堪姓條 참조.

47) 이와는 반대로 佟佳江의 명칭이 佟佳氏가 이 지역에 다수 거주하였던 데서 유래
하였을 것으로 추정하는 견해도 있다(張春光·張德玉·邢啓坤, 2007,「從《佟氏族
譜》研究看一個氏族的發展與演變」『滿族發祥地歷史研究』, 遼寧人民出版社).

동씨가 다수 나타나고 있다.[48] 그러나 이들 佟氏는 佟佳氏에서 분리되어 나온 佟氏와는 별다른 관계가 있는 것 같지 않다. 만주족 성씨에 붙던 만주어 어미인 '佳'가 초기의 만주성씨에는 보이지 않다가 청대에 보편적으로 붙은 형태로 나타나다가 다시 여기서 佟氏가 분리되어 나왔다는 것은 논리적으로 설명이 되지 않기 때문이다.

이들 초기 만주족 佟氏는 청의 건국시조인 누루하치와 관련이 있는 듯하다. 누루하치의 성씨는 '愛新覺羅'이지만 몇 몇 사서에는 佟氏라고 기록되어 있기 때문이다.[49] 태종 초에 함경도 부근에서 활약했던 佟氏는 그 지리적인 위치로 보아 후대의 누루하치의 佟氏와 관련이 있는 성씨임에 분명하다. 누루하치가 속해있던 建州女眞은 원래 흑룡강성 북쪽의 布庫里山과 布勒和里湖에 거주하고 있었다. 그러나 주변민족의 계속된 침입과 海西女眞과의 원한관계 때문에 원거주지에서 이탈하여 元나라 말기에 阿哈出과 猛哥帖木爾에 의해 송화강과 목단강 합류지역인 현재의 흑룡강 依蘭지역으로 이주하였다가 明代 永樂年間에 이르러 현재의 新賓, 桓仁 지역으로 이동하였다. 따라서 누루하치와 연관된 이들 佟氏는 원거주지가 요동과는 거리가 먼 흑룡강유역이기 때문에 동수가 활약하던 시기의 佟氏와는 종족적 연원관계가 전혀 없다고 결론지을 수 있다.

그러므로 동수의 출자와 관련하여 고려해 볼 수 있는 것은 요동지역에 거주한 것으로 알려진 漢人 출신의 佟氏와 조선의 평안도지역에서 건너간 한반도 출신의 佟氏만이 남는다. 그런데 佟氏가 佟萬 이후 遼東의 世族으로서 존재하였다면 그 후 이 지역을 차지하였던 고구려와 발해관련 자료를

---

48) 태조 때의 개국공신인 여진족 출신의 李芝蘭은 본성이 童氏 혹은 佟氏라고 하며 (李肯翊, 『練藜室記述』 제2권 太祖朝名臣), 그 외 『太宗實錄』 4년조에는 '禿魯兀千戶 佟參哈, 佟阿蘆 17년조에는 '佟阿里答' 18년조의 '佟景', '佟觀音奴' 등이 보인다.
49) 李肯翊, 『燃藜室記述』 제21권 廢主光海君故事本末條 "努爾哈赤 佟姓"

찾아보면 그 행적이 나올 법도 하지만, 현존하는 『三國史記』, 『三國遺事』, 『渤海國志長篇』 등에서는 동씨와 관련된 기록이 전혀 보이지 않는다. 현재 중국에 남아있는 동씨 족보 중 일부에서는 동씨의 선조를 전연과 북연시기에 활약하였던 佟壽와 佟萬과 연결시켜 보기도 하지만, 이 경우에도 역시 동수와 동만 이후에 동씨는 쇠미해져서 그 사적을 알 수 없다는 식으로 그 계보에 대하여 정확히 기술하지 못하고 있어 신빙성이 떨어진다.[50] 따라서 현재로선 이들 漢人 佟氏와 4~5세기에 활약하였던 佟壽와 佟萬과는 별다른 연관성을 찾을 수 없다. 중국에 현존하는 동씨족보에 남아있는 기록은 그 종족의 명망과 역사의 유구함을 강조하기 위하여 그 조상을 사료에 기재되어 있는 佟壽와 佟萬에 부회한 것으로 추정된다.

그러므로 동수의 원래의 출신지는 요동이 아닐 가능성이 높다. 만일 동수가 평곽을 중심으로 한 요동지역에 世居하고 있었고, 동씨 일족이 후대에 심양에서 거주하고 있던 이들 동씨와 관련이 있다면 동수는 선대부터 평곽을 중심으로 하여 그 세력을 떨치고 있다가 후에 慕容廆정권에 합류했다고 분석할 수도 있지만, 동씨가 希姓이라는 점, 그리고 후대에 이 지역에서 거주하였던 동씨와 별다른 관련성을 찾을 수 없다는 점은 동수의 일족이 요양지역의 세족이 아니었을 가능성을 높여준다.

결국 마지막으로 남는 한 가지 가능성은 冬氏가 한반도에서 기원하였다는 것이다. 冬壽는 佟萬과 비교하여 그 활동시기가 앞서고 또 冬壽와 비슷한 시기에 활동한 佟利와 같은 종족으로 보이기 때문에, 冬壽와 佟利의 무

---

50) 청대 강희년간에 편찬된 佟國器, 『佟氏宗譜』의 序와 1929년에 편찬된 佟兆元, 『佟氏宗譜』 등 동씨족보에서는 그 시조를 佟壽와 佟萬과 연결하고 있지만, 청대에 편찬된 『佟氏宗譜』의 序二에서는 그 시조를 명대의 佟達禮라고 하여 청대 때부터 佟氏는 그 시조에 대하여 모호한 기술을 하고 있었다(張春光·張德玉·邢啓坤, 2007, 「從《佟氏族譜》研究看一個氏族的發展與演變」 『滿族發祥地歷史研究』, 遼寧人民出版社 참조).

덤이 조성되어 있는 평안도 지역이 冬氏집단의 원거주지라고 이해할 수 있다. 즉 冬氏는 낙랑군지역에서 거주하고 있었는데, 그 중 일부가 모용씨정권이 요동지역을 장악할 무렵에 요동지역으로 이동하여 모용정권에 합류하였고, 그 후 冬壽를 대표로 하는 일족은 다시 옛 낙랑군지역에 돌아왔지만, 佟萬을 대표로 하는 일족은 요동에 그대로 남아 이후 요동지역을 중심으로 거주한 것으로 정리할 수 있다.

동수의 종족이 모용씨정권이 요동지역을 장악할 무렵에 요동지역으로 이동하였다고 추정하는 근거는 다음과 같다. 만일 冬壽는 요동에서 태어났다고 가정한다면 묵서명의 동수 사망연대를 기준으로 계산할 때 동수는 288년경에 "幽州 遼東 平郭 都鄕 敬上里"에서 출생한 것이 되고 동수 일족은 선대부터 이미 晉정권 하에서 요동지역에서 世居하고 있었다는 추론에 이르게 된다. 그러나 이 기록에 대해서 많은 학자들은 274년에 이미 평주가 유주에서 분리된 이후 요동군은 평주 관할에 속하기 때문에 실제 상황과 맞지 않다고 지적하였다.[51] 여기에 덧붙여 모용황정권에서 동수가 역임한 관작에 주목할 필요가 있다. 앞에서도 잠깐 설명했지만, 동수가 역임한 司馬라는 관직은 혁혁한 군망을 가진 한인사족이나 역임할 수 있는 상당한 고위직이다. 만일 동수의 가문이 이 정도의 관직을 역임할 수 있을 정도로 요동지역에서 지역적인 기반을 가지고 있었다면, 그 가문은 이미 사료에 다수의 인물이 등장할 정도로 혁혁한 가문이었어야 한다. 그러나 그런 사례는 전혀 찾아볼 수 없었다. 따라서 정통한인 명문가문 출신이 아닌 동수가 높은 관직을 역임하였다는 것은 그 일족이 현실적으로 상당한 능력을 갖춘 이민족 출신의 유력 집단이었다는 것을 보여준다.

---

51) 공석구, 1998, 『高句麗領域擴張史硏究』, 서경문화사; 여호규, 2009, 「4세기 고구려의 낙랑 ─대방경영과 중국계 망명인의 정체성 인식」『한국고대사연구』53.

그런데 만일 이민족 출신인 동수 일족이 동수가 출생한 288년 이전에 이미 요동군으로 이주하여 거주하였다면 그 일족은 종족적 근거지와 멀어지면서 자연스럽게 토착사회의 수장층이라는 신분적 특권을 상실하고 그 지위가 하락되는 과정을 거쳤을 것이다. 또는 서진 말부터 시작된 요동지역의 극변한 전란에 휩쓸려 종족적 기반이 해체되었을 것이다. 그럼에도 불구하고 동수 일족이 모용씨정권에 중용되었다는 것은 동수 일족이 그 토착적 기반을 그대로 유지하고 있었다는 것을 나타내며, 그것은 동수 일족이 요동에 진입한 시기가 모용씨가 요동을 점령할 무렵과 대략 일치하고 있다는 것을 보여준다. 구체적으로 말하면 동수 일족은 낙랑군이 고구려에 점령될 무렵인 313년 요동으로 이주하였던 1,000여 가에 속하였을 가능성이 크다. 동수 일족은 313년 당시 낙랑에 상당한 재지적 기반을 구축한 상태였고, 그 세력을 가지고 그대로 요동군으로 이주하였기 때문에 모용황 밑에서 고위직을 역임하였다고 보아야 할 것이다.

3) 冬壽의 籍貫이 遼東으로 표기된 이유

만일 필자가 주장한대로 동수가 낙랑군에서 요동군으로 이주한 것이라면 동수의 적관이 낙랑이 아닌 요동으로 표기된 이유는 무엇일까. 우선 동수의 일족인 동만의 적관이 부회되었을 가능성을 상정해 볼 수 있다. 북연은 북위에 멸망하였지만, 북위정권에 합류하면서 효문제 때 한화개혁을 주도하였던 馮太后와 같이 그 영향력을 발휘하고 있어, 魏書 등의 사서에는 北燕과 관련된 사료가 상대적으로 많이 보존되어 있었다. 따라서 佟萬의 사적도 그대로 보존되어 있었을 것이고, 자치통감의 저자인 사마광은 이를 참조로 동수의 적관을 요동으로 표기했을 가능성이 있기 때문이다. 참고로『資治通鑑』이 저술된 宋代에 쓰여진 鄭樵의『通志』에서도 高句麗王姓인 高氏를 후세의 적관에 부회하여 遼東高氏로 표현하고 있어 이와 같은 가능성을 뒷받침해준다.[52] 그러나 요동이라는 출자를 기록한 동수의 묵서명의 존재는 이러한 가능성을 배제한다. 그러므로 다시 기존의 사료를 검토해보기로 하자.

주지하듯이 낙랑군은 313년 고구려 미천왕의 거듭된 공격을 피하여 요서지역으로 이주하였는데, 그 구체적인 위치는 棘城부근으로 추정되고 있다.[53] 그런데 이때의 기록을 살펴보면

> 遼東人 張統은 樂浪·帶方 2郡을 점거하고, 고구려왕 乙弗利와 서로 공격하였는데, 몇 년이 지나도 해결되지 않았다. 樂浪人 王遵은 張統을 설득하여 그 백성 천여 家를 이끌고 (慕容)廆에게 귀속하였다. (慕容)廆는 樂浪郡을 설치하고 張統을 太守로 삼고, 王遵을 參軍事로 삼았다.[54]

이라고 하여 낙랑군민은 낙랑군에 소속된 것으로 표현되어 있다. 이것은 이주된 지역에 원래의 주민을 그대로 안치시키는 僑郡의 특징이기는 하지만, 이를 통솔하고 있는 張統과 王遵의 관직을 보면 약간의 의문이 생긴다. 장통을 낙랑태수에 임명함으로써 낙랑군민을 그 관할하에 두는 것은 이해가 가는데, 문제는 왕준이 맡은 관직이다. 參軍事라는 직책은 都督이나 將軍府 하에 설치된 관직으로 郡太守 하에 설치되지 않기 때문이다.[55] 따라서 왕준이 역임한 參軍事는 당시 慕容廆가 가지고 있었던 모종의 將

---

52) 이동훈, 2008, 「高句麗遺民『高德墓誌銘』」『韓國史學報』31.

53) 譚其驤 主編, 1988, 『『中國歷史地圖集』釋文滙編』(東北卷), 中央民族學院出版社, 44쪽.

54) 『資治通鑑』簡文帝 晋愍帝 建興 元年條 春 二月條遼東張統據樂浪帶方二郡 與高句麗王乙弗利相攻 連年不解 樂浪王俊說統其民千餘家屬廆 廆委之置樂浪郡 以統爲太守 遵爲參軍事

55) 嚴耕望, 1963, 『中國地方行政制度史 上編 卷中 魏晉南北朝地方行政制度』上冊, 中央研究員歷史語言研究所, 제3장 州府僚佐 참조.

軍府 또는 都督府[56) 휘하의 參軍事일 가능성이 있다. 만일 장통이 사료에 적시되지 않은 將軍號를 가지고 있어, 장통 휘하의 軍府의 佐吏의 신분에 임명된 것이라면, 그것은 새로 교치된 낙랑군민 중 낙랑태수의 관할 밖의 다른 지역에 거주하게 된 낙랑인에 대하여 軍府 소속이란 형식으로 지배하에 둔 것이 아닐까 하는 추정을 가능하게 한다.

이 점에 대해서 좀 더 명확히 알아보기 위하여 우리가 주목해야 할 대상은 昌黎韓氏이다. 『新唐書』 권73上 宰相世系表의 韓氏源流에 의하면 韓氏는 그 기원을 주나라의 姬姓에 두고 있으며 또한 전국 7웅의 하나였던 韓나라의 시조였다. 그 후 대표적인 후손 몇 사람을 열거하였는데 북위 효문제 때 활약하였던 韓顯宗은 그 시대의 韓氏를 대표하는 인물로서 기록되어 있다. 그런데 『魏書』의 기사에 의하면 韓顯宗의 아버지 韓麒麟은 昌黎棘城人 출신이었다.[57) 따라서 『新唐書』의 재상세계표의 기사에 의거하면 韓麒麟→韓顯宗으로 이어지는 한씨는 낙랑과는 어떤 관련성도 찾을 수 없게 된다. 그런데 「大魏揚列大將軍太傅大司馬安樂王第三子給事君夫人韓氏之墓誌」에 기록된 다음의 기사에 의하면 韓麒麟의 昌黎韓氏가 낙랑군 출신일 것이라는 것을 암시한다.

> 夫人韓氏, 逯城人也, 燕儀同三司武邑公波之六世孫, 聖朝幽營二州刺史廣
> 陽靖侯道岷之第二女, 冀齊二州刺史燕郡康公昌黎黃麒麟之外孫. …… 其辭

---

56) 당시 慕容廆가 어떤 관직을 칭하고 있었는지는 분명하지 않다. 모용외는 312년 王浚이 사여한 관작을 받지 않았으며 이후 建興 中(314년 혹 315년) 愍帝가 사여한 관작과 317년에 元帝가 사여한 관작을 받지 않았다(『晋書』 권108 慕容廆載記 참조. 참고로 312년 왕준이 사여한 관직에는 冠軍將軍 前鋒大都督이 포함되어 있다). 하지만 낙랑군 멸망 당시 모용외는 이미 독자적으로 遼東郡 등을 설치하였고, 휘하에 官職을 사여하는 등 독자적인 관직체계를 보유하고 있어 將軍이나 都督을 자칭하였을 가능성이 크다.

57) 『魏書』 권60 韓麒麟傳.

曰 樂浪名邦, 韓氏名宗, 殖根萬丈 擢穎千重 ……58)

이 묘지명은 동일한 인물에 의하여 동시에 찬술된 것으로 추정되는「魏
黃鉞大將軍太傅大司馬安定靖王第二子給事君夫人王氏之墓誌」와 더불어
『역주 한국고대금석문』에서는 낙랑유민 관련 금석문으로 소개되었는데, 묘
지명에는 '樂浪의 名邦'을 자부하고 있어 韓巘麟의 韓氏가 낙랑 출신이라
는 것을 입증하고 있다.59) 그러면 이들 낙랑 출신의 韓氏가 昌黎지역으로
이동하여 昌黎韓氏라고 자칭하게 된 시기는 언제쯤일까? 그리고 이들은
어떻게 하여 낙랑 출신과는 관련이 없는 중국의 漢 大司馬 增의 후손이라
고 주장하게 되었을까?

「魏故著作郎韓(顯宗)君墓誌銘」의 비문에 의하면 韓顯宗은 "故燕左光祿大
夫儀同三司雲南莊公之玄孫"이라고 하여 4대조인 莊公이 燕에서 고위직을
역임하였다고 한다. 莊公이 누구를 지칭하는지 현전하는 문헌에서는 확인
할 길은 없지만, 어쨌든 韓氏 일족은 燕代에 이미 낙랑을 떠나 중국에서 활
동하고 있었다는 것은 분명하다. 현전하는 사료에 의하면 慕容燕정권에서
활동하던 韓氏로는 韓恒, 韓軌 등 10명을 확인할 수 있다.60) 이 중 韓軌,
韓範, 韓謨 등은 昌黎徒河를 그 籍貫으로 하고 있는데, 昌黎棘城이라고도
볼 수 있으므로61) 모용정권에서 활약한 昌黎韓氏의 존재는 적어도 후연시

58) 趙超, 1992,『韓魏南北朝墓誌彙編』, 天津古籍出版社, 71~72쪽.

59) 이성규, 2005,「4세기 이후의 낙랑교군과 낙랑유민」『중국과 한국』, 서해문집.

60) 韓恒, 韓壽, 韓偏, 韓稠, 韓延, 韓稠, 韓軌, 韓業, 韓範, 韓謨 등이『資治通鑑』과
　　『十六國春秋輯補』 등에서 확인된다((宋)司馬光, 1992,『資治通鑑』, 中華書局標點
　　本; (淸)湯球, 1985,「十六國春秋輯補」『叢書集成』, 中華書局).

61)『魏書』 권108 慕容廆載記에서는 "慕容廆字弈洛瓌, 昌黎棘城鮮卑人也"라고 하였
　　는데,『北史』 권93 慕容廆전에는 "徒河慕容廆字弈洛瓌, 本出昌黎"라고 하여 그
　　적관에 약간의 차이가 있다는 것을 알 수 있다. 그러나 이것은 모용외 시기에 모
　　용씨가 徒河와 棘城 등 몇 차례 천도하면서 중심지를 옮기었던 상황을 반영한 것으

대까지 확인된다. 그런데 이 중 그 籍貫이 기재되어 있지 않은 前燕시기의 인물로는 모용황시기에 司馬를 역임하였던 韓壽과 侍郞을 역임한 韓偏 그리고 慕容皝시기에 遼東太守를 역임하였던 韓稠 등을 들 수 있다. 이들의 적관은 알 수 없지만 이 중에서 昌黎棘城을 籍貫으로 하는 인물이 있을 가능성이 있다.[62] 또한 韓範은 劉裕에게 항복하면서 "自亡祖司空 世荷燕寵"이라고 하여 그 조부가 前燕에서 司空을 역임한 적이 있다고 하는데, 이것으로 보아 昌黎韓氏는 전연 초기부터 모용정권에서 활약하였다는 것은 충분히 증명된다. 아마 韓麒麟의 조상은 313년에 樂浪에서 昌黎지역으로 이주하여 정착하였을 것이다.

그런데 같은 韓氏로서 慕容廆시기에 參軍事, 新昌令을 역임하였던 韓恒을 살펴보면 韓恒은 冀州의 安平國 灌津縣 출신으로 永嘉之亂에 요동으로 피신하였다가 훗날 昌黎에 이주한 것으로 나오고 있다.[63] 韓恒은 昌黎에 정착한 이후 昌黎韓氏가 되었다.[64] 이렇게 볼 때 昌黎에는 낙랑 출신 이외에도 冀州 安平國 灌津縣 출신도 있게 되었다. 이 외에도 昌黎에는 선비족 계열로 보이는 昌黎屈氏,[65] 昌黎谷氏[66] 등도 거주하고 있어, 당시 前燕의 昌黎는 중원에서 피난한 일족 이외에도 낙랑, 선비계열 등 각 지역 출신들이 잡거하던 지역이었다는 것을 알 수 있다. 이 과정에서 본래 낙랑 출신

로 昌黎韓氏에 昌黎棘城과 昌黎徒河라는 구분이 있는 것은 동일한 이유에서이다.

62) 羅新은 이들을 모두 昌黎棘城人으로 파악하였지만(羅新, 1997, 「五胡政權下的華北士族」『國學硏究』 제4권), 慕容廆 시기에 遼東相을 역임한 太原韓氏인 韓矯를 이에 포함시키는 등 고증의 약간의 잘못이 있어 주의를 요한다.

63) 『晉書』 권110 慕容儁載記 "韓麒麟, "韓恒字景山, 灌津人也. …… 永嘉之亂, 避地遼東. 廆旣逐崔毖, 復徙昌黎."

64) 羅新, 1997, 「五胡政權下的華北士族」『國學硏究』(第4卷), 北京大學出版社.

65) 姚薇元, 1962, 『北朝胡姓考』, 138쪽.

66) 羅新, 위의 논문.

의 韓氏는 안평 출신과 동일한 昌黎韓氏라는 籍貫을 가지게 됨으로써 그 조상의 출자에 대하여 變改할 가능성을 가지게 되었다. 그리하여 원래 '樂浪名邦'이라는 의식을 가지고 있었던 낙랑 출신 韓氏는 전연정권 이후 安平 출신이 가지고 있었던 漢 大司馬 增의 후손이라는 관념을 공유하게 되어 昌黎韓氏라는 이름으로 이들과 하나로 합쳐졌던 것이다.[67]

이제 창려한씨의 경우를 요동의 적관을 갖게 된 冬氏의 상황에 적용시켜 보기로 하자. 제2장 1절에서 佟萬과 함께 관직에 나아간 사람들을 분석하면서 자세히 살펴보았듯이, 모용씨정권은 건립 초기부터 새로운 유민 또는 포로들을 안치시키는 방법으로 僑郡이나 僑縣을 설치하는 방법을 시행하여 왔다. 일찍이 313년 낙랑계주민이 요서지역으로 이주하기 2년 전인 311년 慕容廆는 素連과 木津이 이끌던 선비족 2部를 격파하고, 남은 무리를 棘城으로 옮기고 遼東郡을 설치하였다.[68] 따라서 313년 낙랑군이 僑置되었을 당시 棘城 부근에는 樂浪郡 뿐만 아니라 遼東郡[69] 그리고 晋代부터 설치되어 있던 昌黎郡이 공존하고 있었다. 昌黎郡 역시 晋代에 단지 昌黎, 賓徒縣만 설치된 것과는 달리 徒河, 龍城, 棘城 등의 현이 새롭게 설치되고 있었다. 따라서 본래 昌黎郡에 소속되었던 이 지역은 樂浪郡, 遼東郡, 昌黎郡이 혼재되어 존재하게 되었다. 모용외는 전쟁 후 포로들을 棘城

---

67) 『魏書』 권60 "韓麒麟, 昌黎棘城人也. 自云漢大司馬增之後."

68) 『晋書』 권108 慕容廆載記 "廆子翰言於廆曰, 求諸侯莫如勤王, 自古有爲之君靡不杖此以成事業者也. 今連, 津跋扈, 王師覆敗, 蒼生屠膾, 豈甚此乎. …… 遼東傾沒, 垂已二周. 中原兵亂, 州師屢敗. 勤王杖義, 今其時也. 單于宜明九伐之威, 救倒懸之命. 數連, 津之罪. 合義兵以誅之. 上則興復遼邦, 下則并呑二部. 忠義彰於本朝, 私利歸于我國. 此則吾鴻漸之始也, 終可以得志於諸侯. 廆從之. 是日, 率騎討連, 津, 大敗斬之. 二部悉降, 徙之棘城, 立遼東郡而歸."

69) 요동군이 정식으로 모용씨의 영역에 편입된 것은 요동군 교군이 설치된 지 8년 후에 平州자사 崔毖가 모용씨와의 전쟁에서 패하고 몰락한 319년이다(지배선, 1986, 『中世東北亞史硏究-慕容王國史』, 일조각, 46쪽).

주변으로 徙民시켜 都城의 방어를 강화하는 정책을 펼쳤는데, 낙랑군이 이 지역에 僑置된 것도 비슷한 이유에서였다. 따라서 기존의 樂浪 출신들은 앞서 樂浪韓氏의 경우에서 알 수 있듯이 낙랑군 부근의 인접 군현에도 분산 거주할 수밖에 없었다. 그 결과 樂浪冬壽는 遼東冬壽라는 籍貫을 갖게 되었다. 낙랑 출신의 호족 중 낙랑의 大宗이었던 王氏는 새로 교치된 낙랑군에 그대로 거주하게 되면서 樂浪遂城縣이라는 籍貫을 그대로 보유하였지만 그 외에 韓氏는 昌黎韓氏로, 冬氏는 遼東冬氏로 그 적관을 바꾸어가며 새로 이주한 중국사회에서 적응하여 갔던 것이다. 그러므로 모용외가 王遵을 낙랑태수의 속관이 아닌 軍府의 參軍事로 임명하여 낙랑군 주변 지역에 거주하였던 낙랑 출신을 관할하게 한 것은 이러한 이유에서였던 것이다.

3. 고구려의 낙랑군 지배

1) 고구려의 낙랑군 호족에 대한 정책

『資治通鑑』권88 晉愍帝 建興元年條에는 다음과 같이 낙랑군의 마지막 모습을 전하고 있다.

> 遼東人 張統은 樂浪·帶方 2郡을 점거하고, 고구려왕 乙弗利와 서로 공격하였는데, 몇 년이 지나도 해결되지 않았다. 樂浪人 王遵은 張統을 설득하여 그 백성 천여 家를 이끌고 (慕容)廆에게 귀속하였다. (慕容)廆는 樂浪郡을 설치하고 張統을 太守로 삼고, 王遵을 參軍事로 삼았다.[70]

----

70) 遼東張統據樂浪帶方二郡 與高句麗王乙弗利相攻 連年不解 樂浪王俊說統其民千餘家屬廆 廆委之置樂浪郡 以統爲太守 遵爲參軍事

그런데 당시 낙랑군은 지방관이 오래 전부터 지방관이 파견되지 않아 행정력이 거세된 관성화된 주거집단에 불과하다는 견해가 일찍부터 제기되었다.[71] 그러나 291년에 惠帝를 도와 정사를 보좌하던 楊駿을 제거하려는 賈后의 편에 서서 楊駿 일파를 제거하는데 큰 공을 세운 東安王 繇가 賈后까지 폐하려다가 형인 東武公 澹의 밀고로 대방군으로 유배되고 있는 기사와[72] 301년에 칭제하였던 趙王 倫이 제거되고 惠帝가 복귀하는데 결정적인 공을 세운 齊王 冏이 그 후 정권을 잡으면서 민심수습책의 하나로 사면령을 내리자 대방에 유배되어 있던 東安王 繇가 다시 옛 작위를 회복하고, 그를 밀고하였던 형인 東武公 澹가 대신하여 요동으로 죄수의 신분으로 옮겨지고 있는 기사[73]를 통하여 볼 때 적어도 301년까지는 대방군에 대한 진제국의 통제가 정상적으로 이루어지고 있다는 것을 알 수 있다. 그러므로 그와 인접한 낙랑군 역시 진제국의 통제하에 있었던 것은 말할 필요도 없다.

그러나 그 후 낙랑군은 晉으로부터 자립할 의지를 가졌던 幽州都督諸軍事인 王浚 등 한인세력가와 요동과 요서지역에서 패권을 장악하려는 慕容氏와 宇文氏, 段氏 등 이민족 사이의 각축으로 인한 혼란으로 인해 교통이 막혀[74] 晉의 중앙정부와는 실질적인 관계가 단절되면서 한인세력가인 遼東人 張統에 의하여 군정이 장악되었다. 그렇지만 313년 고구려 미천왕의

---

71) 권오중, 『樂浪郡研究』, 일조각, 88~91쪽.

72) 『晉書』 권4 惠帝紀 元康元年 3월 "庚戌, 免東安王繇及東平王楙, 繇徙帶方.";『資治通鑑』 권82 惠帝 元康 元年條 "庚戌, 詔免繇官, 又坐有悖言, 廢徙帶方."

73) 『資治通鑑』 권84 永寧元年 "赦天下, 東武公澹坐不孝徙遼東. 九月, 徵其弟東安王繇復舊爵, 拜尚書左僕射."

74) 『晉書』 권108 慕容廆載記 附裴嶷傳 "屬天下亂, 嶷兄武先爲玄菟太守. 嶷遂求爲昌黎太守, 至郡, 久之, 武卒. 嶷被徵. 乃將武子開送喪俱南. 旣達遼西, 道路梗塞, 乃與開投廆."

거듭된 공격을 견디지 못하고 王遵의 설득하에 낙랑군민 1,000여 家를 이끌고 慕容廆가 지배하고 있던 요서지역으로 이주하였고, 그 결과 낙랑군은 고구려에 복속되었다.

王遵은 당시 낙랑군지역의 토착세력을 대표하던 세력으로 추정되는데, 그가 데려간 1,000여 가에는 王氏를 중심으로 하여 韓氏와 冬氏 등 고구려의 낙랑지배에 반대하였던 호족세력이 다수 포함되었다. 또한 『자치통감』의 낙랑군 복속기사와 『삼국사기』 고구려본기 미천왕 14년 "10월에 낙랑군을 침범하여 남녀 2,000여 명을 사로잡았다"[75]는 기사를 합쳐서 보면, 고구려는 낙랑군을 정벌하면서 고구려에게 강력하게 저항했던 낙랑의 주 지배층 2,000명을 사로잡아 처리하였던 것 같다.

당시 고구려의 지배를 낙랑군 사람들이 어떻게 받아들였는지는 모르겠지만, 요서로 이주한 1,000여 가와 고구려에 사로잡힌 2,000명을 제외하면 낙랑인은 대체로 고구려의 지배를 별다른 저항없이 받아들였던 것 같다. 1,000여 가가 요서로 이동하였다는 기사를 토대로 낙랑인들이 고구려의 이 지역 진출에 반발했다고 해석한 연구와,[76] 또 당시 晉書 地理志에 기록되어 있는 호구 수에 근거하여 1,000여 가의 이동은 당시 낙랑군민의 1/3에 해당한다는 주장도 있지만,[77] 晉書에 기록된 인구수는 당시 호적제도의 문란으로 인하여 많은 수가 누락되었다는 것을 고려한다면 역시 대다수의 낙랑군민은 본래의 거주지에 그대로 남아있었다고 보는 것이 타당할 것이다.

낙랑군은 고구려에 복속하기 얼마 전까지 晉의 관할 밑에 있었지만, 중

---

75) 『三國史記』 권17 고구려본기 제5 미천왕 14년조 "14年 冬十月, 侵樂浪郡, 擄獲男女二千餘口"

76) 이성제, 1996, 『4~5세기 고구려의 낙랑·대방고지에 대한 통치와 평양천도』, 서강대학교 석사학위논문, 9~12쪽.

77) 이성규, 2005, 「4세기 이후의 낙랑교군과 낙랑유민」 『중국과 한국』, 서해문집.

국의 정권이 漢, 魏, 晉으로 교체됨에 따라서 낙랑군이 관할하는 속현의 수가 점차 줄어드는 것에서 볼 수 있듯이 점차 주변지역을 중심으로 중국의 지배권에서 벗어나고 있었다. 그러나 그 중심지역은 여전히 중국의 강한 통제권 하에 있었다. 낙랑군이 이렇게 장기간 존속할 수 있는 요인이 무엇일까에 대해서는 몇 가지 견해가 있지만,[78] 在地를 강력하게 지배하고 있었던 豪族세력의 존재와 이들의 향배도 중요한 역할을 하였을 것이라고 생각한다.

낙랑군사회의 성격에 대해서는 그 동안 몇 가지 견해가 존재했었다. 하나는 낙랑군이 독자적인 토착적 성격을 계속 간직하고 있었다는 논리이고,[79] 또 하나는 이미 한의 군현지배가 철저히 진행되어 낙랑군사회는 한화되었다는 것이다.[80] 그 밖에 양자가 합쳐져 새로운 낙랑인을 형성하였다는 의견도 제시되었다.[81] 그러나 앞에서 살펴보았듯이 313년 전연정권으로 이주하였던 冬氏, 韓氏, 王氏 등의 출자를 고려할 때 당시 낙랑군사회는 한화되기는 했지만 토착적 성격을 간직하고 있었던 토착한인 출신의 유력세력들이 이 지역을 관할하고 있었다고 추측된다. 왜냐하면 한의 군현지배가 철저하였다는 견해는 주로 官方文書에 근거하여 도출한 결론으로서 관방문서의 특성상 문서행정에서 다루고 있는 대상이 주로 漢郡縣과 실질적인 관계를 맺고 있는 토착세력의 수장층이나 토착사회에서 이탈하여 漢人 출신의 豪族에게 사역되는 형태로 잡거하던 소수의 개별적인 民이

---

78) 대표적인 것으로 三上次南, 1964, 「樂浪郡社會の支配構造」『朝鮮學報』 제30집; 권오중, 1992, 『樂浪郡硏究』, 일조각; 오영찬, 2006, 『樂浪郡硏究』, 사계절 등이 있다.

79) 권오중, 1992, 『樂浪郡硏究』, 일조각.

80) 김병준, 2006, 「중국 고대 簡牘자료를 통해 본 낙랑군의 군현지배」『歷史學報』 189, 이성규, 2006, 「중국군현으로서의 낙랑」『낙랑문화연구』, 동북아역사재단.

81) 오영찬, 2006, 『樂浪郡硏究』, 사계절.

기 때문이다. 그러므로 문서에만 의지하는 것은 한군현과 간접적인 형태로 복속하고 있는 다수의 토착민을 고려하지 않아 현실을 정확히 반영하지 않을 개연성이 크다고 할 수 있다.

지금까지 낙랑군지역에서 출토된 각종 印章·封泥·瓦·塼의 명문에는 낙랑군 주민으로 추정되는 王·韓·張·楊·高·公孫·周·孫·黃·橫·貫氏가 그리고 칠기의 명문에도 王·張·韓·趙·周·孫·商氏가 확인된다.[82] 이들은 모두 중국식 성을 관칭하고 있지만, 漢代 西南夷 자료에서 중국식 성을 가진 夷族 渠首들을 흔히 찾아볼 수 있는 것처럼 중국식 성으로는 漢系를 파악하는 것은 불가능하다. 특히 낙랑의 대표적인 大姓으로서 기자의 후손을 자칭한 韓氏와 王氏도 고조선계일 가능성이 높기 때문에, 중국식 성을 가진 낙랑군민의 상당부문도 이들 고조선계로 보아도 무방하다.[83] 참고로 낙랑군 출토 무덤에서 冬氏(冬壽) 혹은 佟氏(佟利)라고 성씨가 달리 표기되거나 동수를 冬壽 혹은 佟壽로 표기하는 것은 동씨가 한인성씨가 아니라는 것을 반영한다. 어느 시대보다도 성씨를 중요시하였던 당시의 사회적 분위기에서 사족의 성씨 표기에 이처럼 착오가 발생한다는 것은 상상하기 힘든 일이기 때문이다.[84] 이것은 이민족이 한인성씨를 차용하면서 그들의 성씨를 한자로 표기하는 과정에서 발생한 일이라고 생각하는 것이 더 합당할 듯하다.[85]

---

82) 이성규, 2005, 「4세기 이후의 낙랑교군과 낙랑유민」『중국과 한국』, 서해문집.

83) 이성규, 2006, 「중국군현으로서의 낙랑」『낙랑문화연구』, 동북아역사재단. 이에 반해 三上次南(樂浪郡社會の支配構造)과 윤용구는 이들을 토착한인으로 파악하였다.

84) 避諱의 가능성을 상정해보았지만, 佟과 冬이 같은 平聲에 해당하는 글자이기 때문에 避諱일 가능성은 없다.

85) 野守健 외, 1937, 「永和九年在銘塼出土古墳調査報告」『昭和七年度古墳調査報告』, 朝鮮總督府.

낙랑군이 설치된 후 기존의 사회는 "胡漢稍別"되어[86] 고조선계의 土着韓人[87]들은 漢人과 분리되어 호적에 편제되었다. 그런데 이들은 인구의 다수를 점하면서 소수의 한인계열을 압도하였다.[88] 인구비율에서의 절대

---

86) 『三國志』권30 烏丸鮮卑東夷傳 濊條 "漢武帝伐滅朝鮮, 分其地爲四郡. 自是之後, 胡·漢稍別"

87) 여기서 韓人이라고 한 것은 三韓지역의 韓人을 지칭하는 것이 아니라, 古朝鮮이 래 한반도 서북지역에서 거주하고 있었던 주민을 지칭하는 것으로서, 衛滿朝鮮의 주민을 구성하였던 燕齊지역에서 이주한 漢人과 漢代 이후 이주한 漢人 즉 中國系와 구별하는 의미에서 사용하였다.

88) 樂浪郡初元 4年 목간명을 분석한 손영종의 견해에 의하면 당시 토착한인은 인구의 86%, 한족계 한인은 인구의 14%를 점유하고 있었다(손영종, 2006, 「락랑군 남부지역(후의 대방군 지역)의 위치-락랑군 초원4년 현별호구다소□□를 중심으로」『력사과학』198, 31~32쪽) 이 새로운 자료를 한국학계에 소개한 윤용구도 처음에는 손영종의 의견을 받아들였으나(윤용구, 2007, 「새로 발견된 樂浪木簡-樂浪郡 初元四年 縣別戶口簿」『한국고대사연구』46), 후에 다른 논문에서 낙랑출토목간의 문자를 분석한 후 종래의 견해를 철회하고 여기서 86%를 차지하고 있는 호수는 종족적으로 구분된 것이 아닌 다른 것을 지칭할 것이라는 견해를 밝히고 있다(윤용구, 2009, 「평양출토『樂浪郡初元四年縣別戶口簿』研究」『목간과 문자』3호). 당시 낙랑군의 인구구성과 인구성질에 대해서는 낙랑군에도 내지와 같은 지배가 행해졌을 것이라는 견해가 있지만, 이것은 관방문서에 의한 것으로 실상은 그렇지 못했다. 중국의 동한시대부터 이주해 온 각 소수민족들의 한화과정을 살펴보면 수백년 이상 소요되는 것이 보통이다. 匈奴와 羌族 氏族이 비록 일부에서 편호제민화과정을 거치긴 했지만, 그들은 영가지란이 발생하기까지 그들의 종족적 특징을 유지하고 있었으며, 이것이 결국 五胡亂華의 원인이 되었다. 이들 종족은 오호십육국시기에 국가를 건립한 후 해체의 길을 걸었는데, 黃烈은 종족을 초월한 국가의 건립이 소수민족의 해체를 가속화하였다고 하고, 국가를 건립하지 않았으면 그 종족이 오랫동안 족적정체성을 유지하였을 것이라는 견해를 제시하고 있다(黃烈, 1987, 『中國古代民族史研究』, 人民出版社, 331~350쪽). 위진남북조시기 독자적인 정권을 건립하지 못했던 契胡가 수당시기에도 여전히 산서지역에서 종족적 단위로 분포하고 있었다는 것은 그 비근한 예이다. 또한 최근 민족지연구에 의하면 청해지구에 거주하고 있던 각 종족들은 동일한 지역에서 거주한 지 600년이 지난 현재까지도 종족이 완전히 융합하지 못하고 여전히 각자의 종족적 특징을 유지하고 있었다(「民族文化認同模式的多種可能性-以青海多民

적 우세와 고조선시대부터 가지고 있었던 在地的 기반으로 인해 土着韓人의 수장들은 낙랑군에서 시종 그 지위를 잃지 않았다. 비록 상층부에서는 내지에서 계속 파견된 太守와 縣令, 縣長이 장악하고 있었지만, 낙랑군 사회에서 재지세력을 장악하고 있었던 것은 위만조선 이래의 낙랑군지역에서 정착하고 있었던 中國係 土着漢人과 고조선계 土着韓人이었다. 낙랑군 士人들은 낙랑군의 지정학적 요인으로 인하여 內郡에 비하여 차별적 대우를 받았지만,[89] 문벌사족화한 호족들이 중앙정계 진출 후 정쟁에 의해서 쉽게 제거되고 있는데 반해, 재지에서 비교적 안정된 상태로 존속하면서 그들의 세력기반을 확대하고 있었다. 그러므로 낙랑군을 지배하는데 있어서 이들 호족을 얼마나 효율적으로 제어하느냐가 고구려의 낙랑군통치의 관건이 되었다.

그렇다면 여기에서 낙랑군 출신의 동수를 낙랑군지배에 활용하게 된 이유를 찾을 수 있을 것 같다. 종래 이에 대해서는 동수를 중국계 망명인으로 파악한 후 낙랑군에 있었던 漢人士族을 효과적으로 지배하기 위해서라는 견해가 있었다.[90] 그런데 동수가 낙랑군 출신의 土着韓人 출신으로 313년 전연으로 이주하였다가 336년에 다시 돌아온 것이라고 파악하게 된 이상 이에 대해서는 새로운 해석이 요구된다. 앞에서 언급하였듯이 낙랑군사회는 한족보다는 토착한인이 다수를 차지하였던 사회였기 때문에 동일한 토착한인 출신으로서 중국에서의 경험으로서 중국사회에 대한 이해까지 갖게 된 동수는 낙랑군민을 통치하기에 가장 적합한 인물이었던

族文化爲個案」『中國民族報』, 2010-08-06). 이러한 사례는 한화가 단기간에 이루어지기 쉽지 않다는 것을 설명하며 독자적인 정권을 수립하지 못했던 낙랑군사회가 고구려에 병합되기까지 종족적 특징을 계속 유지하고 있었다는 설명을 가능하게 한다.

89) 권오중, 위의 책.

90) 임기환, 2004, 『고구려 정치사 연구』, 한나래, 168~180쪽.

것이다.

고구려는 낙랑군을 복속하는 과정에서 요서로 간 1,000여 가와 고구려에 잡힌 2,000명이라는 반고구려성향의 인사들을 제거하였는데, 이들은 이 지역의 大姓이었던 韓氏와 王氏가 중심이 되었을 것이다. 그러나 낙랑·대방군에서 출토된 紀年銘文에는 313년 이후에도 王氏와 韓氏의 성씨가 기록된 명문이 가장 높은 비율을 차지하고 있는데,[91] 이것으로 이들은 여전히 이 지역에서 상당한 세력을 보유하고 있음을 알 수 있다. 고구려는 이들을 견제하기 위하여 세력이 다소 미약하지만, 고구려와 협조적인 제3의 호족을 선택하였으며 그것은 평양 부근에 토착하고 있었던 동씨였다. 冬氏는 중국식 성씨를 채택하고 있었지만, 한화시기가 상당히 늦어 토착적 성격을 강하게 유지하고 있었던 것으로 보인다. 어양 출신의 張撫夷가 대방태수로 선택된 것도 역시 이 지역에서 강력한 세력을 형성하고 있는 한씨와 왕씨를 견제하기 위한 고구려의 의도가 작용한 결과였다. 그러나 고구려는 이들에게 행정적인 자율성만 부여하였을 뿐 군사적으로는 그 권한에 제한을 두어 강력하게 통제하고 있었다. 고구려는 낙랑과 대방지역을 정복한 후 이 지역에 대한 효율적인 통치와 방어를 위하여 평안도지역에는 평양성을 증축하고,[92] 황해도지역에는 현 함경남도 신원에 장수산성, 서흥에는 대현산성, 평산에는 태백산성 등을 축조하고 있었다.[93] 이것은 이 지역에 대하여 호족들에게 어느 정도의 자율성을 부여하면서도 군사력으로 이들을 통제하고 있었다는 것을 보여준다. 그러나 장수왕의 남천 후 이러한 사정은 변하였다.

---

91) 공석구의 책에 기록된 표에 의하면 성씨가 기록된 313년 이후 407년까지의 기년 명문 10개 중에서 한씨가 2개 왕씨가 3개를 차지하고 있다(공석구, 1998, 앞의 책, 78~80쪽, 〈표 1〉 참조).

92) 『三國史記』 권18 高句麗本紀 제6 故國原王 4年條.

93) 손영종, 1990, 『고구려사』, 과학백과사전종합출판사, 183~185쪽.

2) 장수왕 후기 낙랑지역 호족의 동향

4~5세기에 낙랑·대방군지역에서 중국으로 이주한 인물들을 현재 남아 있는 문헌과 비문 등을 통하여 살펴보면 크게 두 개의 시기로 집중되었다는 것을 알 수 있다. 하나는 313년 낙랑군이 요서의 모용외정권의 관할 하에 새롭게 교치되었을 때이다. 당시에 주로 이주하였던 일족은 주로 王氏와 韓氏를 비롯한 낙랑사회를 장악하고 있었던 大姓을 중심으로 하였는데 이 점은 앞에서 살펴보았다. 그리고 다음은 장수왕 후기에 집중되고 있다. 즉 다음의 사례는 그 경우이다.

A. 高崇, 字積善, 渤海蓚人. 四世祖撫, 晉永嘉中與兄顧避難奔於高麗. 父潛, 顯祖初歸國, 賜爵開陽男, 居遼東, 詔以沮渠牧犍女賜潛爲妻, 封武威公主. 拜駙馬都尉, 加寧遠將軍, 卒.[94]

B. 自云本渤海蓚人, 五世祖顧. 晉永嘉中避亂入高麗. 父颺. 字法脩, 高祖初, 與弟乘信及其鄕人韓內, 冀富等入國, 拜厲威將軍, 河間子. 乘信明威將軍, 俱待以客禮. 遂納颺女, 是爲文昭皇后, 生世宗[95]

C. 王簡公墓誌銘 公諱溫, 字平仁, 燕國樂浪樂都人. …… 燕國樂浪樂都人, …… 漢司徒覇, 晋司空晋仉之後也. 祖平, 魏征虜將軍, 平州刺史, …… 父蒝, 龍驤將軍, 樂浪太守. …… 昔逢永嘉之末, 晉太中大夫. 從祖司空幽州牧浚遇石世之禍. 建興元年, 自薊避難樂浪, 因而居焉. 至魏興安二年, 祖平携家歸國, 冠冕皇朝, 隨居都邑.[96]

D. 五十九年 秋九月, 民奴各等, 奔降於魏, 各賜田宅[97]

---

94) 『魏書』 卷77 高崇傳.
95) 『魏書』 卷83下 高肇傳.
96) 張乃翥, 1994, 「北魏王溫墓誌記事勾沉」 『中原文物』, 1994-4.
97) 『三國史記』 권18 高句麗本紀6 長壽王 59年條.

A와 B의 기록은 『魏書』에 '渤海蓨人'으로 기록된 高句麗高氏인 高崇과 高肇의 기사이다.[98] 기록에 의하면 高崇의 父인 潛은 顯祖 初에 北魏에 歸國하였다고 한다. 顯祖 初가 구체적으로 언제인지는 정확히 알 수 없지만, 顯祖 獻文帝가 재위한 기간이 466년부터 470년이므로 대략 466~467년 정도가 되지 않을까 추측할 수 있다. B에서 高肇의 父인 颺은 동생 乘信과 그 鄕人인 韓內, 冀富 등과 함께 高祖 初에 入國하였다고 한다. 高祖 初가 구체적으로 언제인지는 알 수는 없지만 高祖 初에 쓰였던 연호인 延興년간 (471~475)이 아닐까 한다.

C는 太原王氏인 王溫의 묘지명이다.[99] 비문에 의하면 그의 종조는 八王의 亂에도 개입하면서 幽州지역에서 晉을 대신하여 稱制하면서 실질적인 自立을 도모하였던 王浚인데, 王浚이 石勒에게 살해되자 建興 元年 즉 313년에 낙랑군으로 피하였다고 한다. 이 때 王溫이 이주한 낙랑군에 대하여 이성규는 요서에 교치된 낙랑군으로 이해하였지만,[100] 다음의 興安 2년(453)에 귀국하였다는 기사를 보면 한반도의 낙랑군으로 파악하는 것이 타당할 듯하다. 왕온 일족이 이주한 지역이 이주한 곳이 요서에 교치된 낙랑군을 의미하는 것이라면 '歸國'이란 용어를 사용할 필요가 없기 때문이다. 439년 북연이 멸망한 후 요서지역은 북위의 관할 하에 들어가게 되어 요서지역에 거주하던 백성들은 자연히 북위의 신민이 되었을 것이기 때문에, 그 조부가 興安 2年 453년에 가솔을 데리고 북위에 귀국하였다는 기록은 그가 북위에 입국하기 전에 거주하였던 지역이 한반도에 위치한 낙

---

98) 高崇과 高肇 등 高句麗高氏의 출자에 대해서는 이동훈, 2008, 「高句麗遺民『高德墓誌銘』」『韓國史學報』31 참조.

99) 陳爽, 1998, 『世家大族與北朝政治』, 中國社會科學出版社, 132~133쪽.

100) 이성규는 왕온의 비문 중 낙랑군이주기사에 주목하여 이 낙랑군을 요서지역에 교치된 낙랑군으로 파악하였다(이성규, 2005, 「4세기 이후의 낙랑교군과 낙랑 유민」『중국과 한국』, 서해문집).

랑군이었다는 것을 보여준다.

일반적으로『魏書』의 관례를 보면 어떤 인물이 北魏와 적대관계에 있던 국가나 관할 밖의 지역에서 북위에 들어올 때는 '歸國' 또는 '入國'이라고 하여 특기하고 있는데, 특히 후연과 북연관련 기록에서는 아직 후연과 북연이 멸망하기 전 대치하고 있던 상황에서 솔선하여 북위에 투항하는 경우를 '歸國'이라고 서술하고 있다.[101] A와 B에 기재된 高崇과 高肇 역시 '歸國'과 '入國'으로 기록하고 있다. 이것은 북위정권이 북위정권에 입국하는 태도를 중요시하여 자진하여 들어온 경우는 上客으로 대우하고, 저항하다가 정복당한 후 부득이하게 들어온 경우는 북위의 수도인 代지역으로 이주시키고, 그 주민들을 사역시켰던 북위의 정복정책과 밀접한 관련이 있다. 그러므로 王溫의 묘비기록에서 중요한 것은 낙랑군으로 간 기록보다는 자진하여 귀국한 때를 기록한 기사라고 할 수 있으며, 왕온이 북위에 귀국한 기사는 관방문서에 기록되어 남아 140년 전에 낙랑군으로 갔다는 기사보다 사실성을 더 반영한다고 할 것이다.

따라서 본고에서는 왕온 가계의 낙랑군 이주 기사는 왕온의 선조가 영가지란 이후 전개된 북방의 혼란상황을 피하기 위해 낙랑군지역으로 이주하였다는 정도로 해석하려고 한다. 다만 그의 일족은 다른 고구려계의 高氏일족과는 달리 魏에서의 祖父의 관작과 晋에서의 從祖의 관작이 정확하게 기록되어 있어 위진남북조시대 북방의 최고의 가문 중의 하나인 太原王氏 출신이 확실하다고 할 수 있다. 아마 현실적으로 王溫 가계처럼 영가지란 이후 중국내지에서 낙랑군으로 피신한 일족들이 존재하였기에, 이것이 나중에 고구려 고씨 등이 북조에 들어온 후 자신의 출자를 永嘉之亂 때 난

---

101)『魏書』권32 高湖傳 "寶走和龍, 兄弟交爭, 湖見其衰亂, 遂奉戶三千歸國. 太祖賜爵東阿侯, 加右將軍, 總代東諸部."; 『魏書』권42 韓秀傳 "韓秀, 字白虎, 昌黎人也. 祖宰, 慕容儁謁者僕射, 父昞, 皇始初歸國, 拜宣威將軍, 騎都尉, 秀歷吏任, 稍遷尙書郎, 賜爵遂昌子, 拜廣武將軍." 등 제 열전 참조.

을 피하여 고구려에 이주하였다고 주장하는 근거가 되었을 것이다.

이상의 高崇, 高肇, 王溫 일족이 북위에 입국한 시기를 검토해보면 대략 453년에서 475년 사이로 추정할 수 있는데, 이는 모두 고구려 장수왕 후기에 해당하는 시기에 해당한다. 고구려는 장수왕 26년에 북연에서 망명한 馮弘을 제거한 후에 북위와 평온한 관계를 유지하고 있어 이들 고구려인이 북위로 망명한 이유는 알 수 없다. 그런데 『魏書』 권100 百濟傳에는 延興 2년(472) 百濟의 개로왕이 北魏의 獻文帝에게 보낸 국서 중에 다음과 같은 기사가 있어 장수왕 말기의 고구려 국내 상황을 짐작하게 해준다.

E. 지금 璉은 죄가 있습니다. 나라 안에 내분이 발생하여 大臣들과 强族들이 끊임없이 살육되어 죄악이 가득히 쌓였으며, 백성들은 이리저리 흩어지고 있습니다. 이는 멸망의 시기이며 다른 사람의 힘을 빌려야 할 때입니다. 또 馮氏계열의 사람과 말에게는 鳥畜之戀이 있고, 낙랑 등 여러 군은 首丘之心을 품고 있습니다. 제왕의 위엄이 한 번 움직이면 정벌만이 있고 전쟁은 없을 것입니다.[102]

이 기사를 통하여 장수왕대 후기에 나라 안에 내분이 발생하여 大臣과 强族들이 살해되고, 그 여파로 백성들이 유리되는 상황이 발생했다는 사건이 발생하였다는 것을 알 수 있는데, 구체적으로는 A, B, C에서 보이는 王氏와 高氏 등의 북위로의 이주, D의 고구려 백성 奴各 등의 북위로의 도주 등으로 표현되고 있다.

E의 기사는 평양천도 후에 강력한 왕권강화정책에 반발하는 세력에 대해 장수왕이 대숙청을 단행한 것을 반영한 것이라고 하는데,[103] C에서 보

---

102) 今璉有罪, 國自魚肉, 大臣强族, 戮殺無已, 罪盈惡積, 民庶崩離. 是滅亡之期, 假手之秋也. 且馮氏士馬, 有鳥畜之戀, 樂浪諸郡, 懷首丘之心. 天威一擧, 有征無戰.
103) 노중국, 1979, 「高句麗 律令에 關한 一試論」『東方學志』 21, 114쪽.

이는 인물이 장수왕이 평양으로 천도하기 이전부터 옛 낙랑·대방지역 거주하던 유력 호족인 것으로 보아 숙청의 주 대상에는 낙랑계 유민도 포함되어 있었던 것으로 보인다. E에서는 민심이 이반하고 있는 주민들에 낙랑계주민과 더불어 북연의 유민까지도 거론되고 있는데, 이들도 역시 숙청의 대상에 포함되었을 것이다. 또한 북위로의 이주의 시기가 453년부터 475년 사이에 넓게 분포되어 있는 것으로 미루어 보건데, 고구려의 옛 낙랑계 인사에 대한 통제는 장수왕 후기에 이르러 장기간 동안 지속되었고, 이런 분위기에서 또 대대적인 숙청사건이 발발한 것으로 해석할 수 있다. 즉 고구려가 평양으로 천도한 후 고구려의 지배층에 포섭되었던 낙랑 대방지역 출신의 인사들에 대하여 국내성에서 이주하였던 원고구려 출신들이 장수왕의 동의하에 타격을 가한 것이 아닌가 생각된다.

고구려는 천도 이후 평양을 중심으로 하여 이 지역을 직접적인 통제하에 둠으로써 313년 미천왕이 정복한 이후 427년 평양천도까지 오랜 세월 동안 佟利·冬壽같은 호족세력, 또는 덕흥리고분의 주인공인 □□鎭같은 중국계 망명인에게 일부 위임시켰던 이 지역의 행정권을 회수하였다. 이와 함께 광개토왕 이후 이 지역의 호족세력에 대하여 견제·분산시키고,[104] 고구려 왕권의 지배체제하에 예속시키려는 정책을 지속적으로 펼쳤는데, 이 과정에서 자율성을 상실한 일부 낙랑지역의 호족이 이에 반발하여 고구려를 이탈하여 북위정권으로 귀속하였다. 그들의 흔적은 중국지역에서 발견된 비문에서 유추할 수 있으며, 고구려의 정책에 순응하였던 호족들은 그대로 고구려에 남아서 정권에서 중용되었을 것이다. 고구려 후기에 보이는 백암성 성주 孫代音은 그 성씨가 낙랑지역 출토 유물에 보이기 때문에 낙랑지역 출신일 가능성도 배제할 수 없다. 하지만 장수왕 이후의 고구

---

104) 『三國史記』 권18 高句麗本紀 제6 廣開土王 18년조 "秋七月, 築國東禿山等六姓, 移平壤民戶."

려 후기의 관련 기록에는 낙랑지역의 대성이었던 王氏나 韓氏이 보이지 않는데, 이것은 이들 호족이 가장 강력하게 장수왕의 왕권강화정책에 반대하여 살육되거나 북위지역으로 이주하였기 때문으로 추측된다.

4. 맺음말

본 연구는 안악 3호분의 묵서명의 주인공 冬壽가 慕容政權에서 함께 入仕한 명문 출신의 기타 漢人士族과는 달리 그 출자가 대단히 한미하여, 동씨가 이민족과 관련된 성씨가 아닐까 하는 의문점을 해결하는 과정에서 시작되었다. 그 결과 동씨는 낙랑지역에 거주하였던 토착호족이 중국계성씨를 차용한 것이라는 것이 밝혀졌다. 다음은 낙랑 출신인 동수가 사료에는 요동이라는 적관으로 표기된 이유를 추적하였다. 모용씨는 초기 도성인 극성주위에 피정복민과 유민 등을 안치하면서 많은 교군과 교민을 설치하였는데, 그로 인하여 313년 요서로 이주한 낙랑군민은 교군인 낙랑군이외에도 인접한 창려군, 요동군 등에 분산 수용되었다. 그리하여 낙랑한씨는 창려한씨로, 낙랑동씨는 요동동씨로 새로운 적관을 부여받았으며, 그결과 원래의 낙랑동씨는 요동동씨로 표기되기에 이르렀다.

낙랑군을 복속한 고구려는 낙랑군을 수백 년 동안 지배하던 호족을 어떻게 통제하느냐가 통치의 관건이 되었다. 고구려는 낙랑군 대성인 왕씨와 한씨를 견제하기 위하여 이 지역의 차등호족인 동씨를 이용하여 낙랑군지배를 관철해 나갔다. 단 이들에게는 행정적인 자치권은 보장되었지만 군사권은 철저히 고구려의 통제하에 있었다. 이렇게 통제를 받던 한씨와 왕씨 등은 장수왕의 낙랑천도 이후 왕권강화정책의 희생양이 되어 타격을 받았다. 그 결과 이들은 낙랑을 떠나 중국으로 이주하였다. 이러한 것은 중국내에 남아있는 비문의 분석을 통해서 확인되었다.

고구려에 의해서 타격을 받은 왕씨와 한씨는 고구려 후기의 사료에 그

흔적을 찾기 힘들 정도로 그 세력이 약해졌고, 고구려의 지배에 순응한 일부 낙랑인은 고구려 후기에서 여전히 중요한 지위를 차지하였다.

참고문헌

『三國史記』,『朝鮮王朝實錄』,『燃藜室記述』,『三國志』,『晋書』,『魏書』,『北史』,『資治通鑑』,『元和姓纂』,『通志』,『皇朝通志』

(淸)洪亮吉 撰,「十六國疆域志」『二十五史補編』, 中華書局.

(淸)湯球, 1985,『十六國春秋輯補』,『叢書集成』, 中華書局.

趙超編著, 1998,『新唐書宰相世系表集校』, 中華書局.

(淸) 張澍 徐興海等點校, 2003,『姓韻 附古今姓氏書目考証』, (全二冊), 三秦出版社.

駕洛國史蹟開發硏究院, 1992,『譯註韓國古代金石文』제1권.

공석구, 1998,『高句麗 領域擴張史 硏究』, 서경문화사.

권오중, 1992,『樂浪郡硏究』, 일조각.

김미경, 1996,「고구려의 낙랑·대방 진출과 그 지배 형태」『학림』17, 연세대학교.

김병준, 2006,「중국 고대 簡牘자료를 통해 본 낙랑군의 군현지배」『歷史學報』189.

노중국, 1979,「高句麗 律令에 關한 一試論」『東方學志』21.

여호규, 2009,「4세기 고구려의 낙랑-대방경영과 중국계 망명인의 정체성 인식」『한국고대사연구』53.

오영찬, 2006,『樂浪郡硏究』, 사계절.

윤용구, 2007,「새로 발견된 樂浪木簡-樂浪郡 初元四年 縣別戶口簿」『한국고대사연구』46.

윤용구, 2009,「평양출토『樂浪郡初元四年縣別戶口簿』硏究」『목간과 문자』3호.

이동훈, 2008,「高句麗遺民『高德墓誌銘』」『韓國史學報』31.

이성규, 2005, 「4세기 이후의 낙랑교군과 낙랑유민」『중국과 한국』, 서해문집.

이성규, 2006, 「중국군현으로서의 낙랑」『낙랑문화연구』, 동북아역사재단.

이성제, 1996, 「4~5세기 고구려의 낙랑 대방고지에 대한 통치와 평양천도」, 서강
　　　대학교 석사학위논문.

임기환, 1995, 「4세기 고구려의 樂浪 帶方지역 경영」『歷史學報』147.

임기환, 2004, 『고구려 정치사 연구』, 한나래.

지배선, 1986, 『中世東北亞史研究-慕容王國史』, 일조각.

손영종, 1990, 『고구려사』, 과학백과사전종합출판사.

손영종, 2006, 「락랑군남부지역(후의 대방군 지역)의 위치-락랑군 초원4년 현별
　　　호구다소□□를 중심으로」『력사과학』.

三上次南, 1964, 「樂浪郡社會の支配構造」『朝鮮學報』제30집.

武田幸男, 1989, 「德興里壁畵古墳被葬者の出自と經歷」『朝鮮學報』13.

野守健 外, 1937, 「永和九年在銘塼出土古墳調査報告」『昭和七年度古墳調査報告』,
　　　朝鮮總督府.

羅新, 1997, 「五胡政權下的華北士族」『國學研究』4.

譚其驤 主編, 1988, 『中國歷史地圖集』釋文滙編(東北卷), 中央民族學院出版.

楊冬荃, 1993, 「漢代家譜研究」『譜牒學研究』3.

嚴耕望, 1963, 『中國地方行政制度史 上編 卷中 魏晉南北朝地方行政制度』上册,
　　　中央研究員歷史語言研究所.

姚薇元, 1962, 『北朝胡姓考』, 中華書局.

李東勳, 『慕容燕政權拉攏漢人策與漢族士人動向』, 北京大學碩士學位論文.

張乃翥, 1994, 「北魏王溫墓誌記事勾沉」『中原文物』, 1994-4.

張春光·張德玉·邢啓坤, 2007, 「從《佟氏族譜》研究看一個氏族的發展與演變」『滿
　　　族發祥地歷史研究』, 遼寧人民出版社.

周一良, 1991, 『魏晋南北朝論集續編』, 北京大學出版社.

陳爽, 1998, 『世家大族與北朝政治』, 中國社會科學出版社.

黃烈, 1987, 『中國古代民族史研究』, 人民出版社.

찾아보기

(ㅊ)

(ㅌ)

• 이동훈

고려대 동양사학과를 졸업하고, 북경대 역사학과 석·박사과정을 수료한 후, 고려대 한국사학과에서 박사학위를 취득했다. 고려대·충북대·목원대에서 강의를 했으며, 현재 고려대학교 한국사연구소 연구교수로 있다. 한국사와 중국사를 전공하고 북방민족에 관심을 많이 가지고 있기 때문에, 고구려사 이외에도 한중관계사·북방민족사·유민사 등에 연구를 집중하고 있다.

『중국역사교과서의 통일적다민족국가론』(공저), 『초기 백제사의 제문제』(공저), 「고구려유민『고덕묘지명』」, 「高句麗·百濟 遺民 誌文構成과 撰書者」, 「위진남북조시기 중국의 코리안 디아스포라 –고조선·고구려·부여 이주민집단 연구–」 등 다수의 논문을 발표했다.

고구려
중·후기
지배체제 연구

초판인쇄일   2019년 2월 26일
초판발행일   2019년 2월 28일
지 은 이   이동훈
발 행 인   김선경
책 임 편 집   김소라
발 행 처   서경문화사
        주소 : 서울시 종로구 이화장길 70-14(204호)
        전화 : 743-8203, 8205 / 팩스 : 743-8210
        메일 : sk8203@chol.com
신 고 번 호   제1994-000041호
ISBN   978-89-6062-213-5   93900
ⓒ 이동훈. 2019

정가 25,000